Peter Bentele
Thomas Metzger

Didaktik und Praxis der Heilerziehungspflege

Ein Lehrbuch

Lambertus

Peter Bentele
Thomas Metzger

Didaktik und Praxis der Heilerziehungspflege

Ein Lehrbuch

Lambertus

Die Deutsche Bibliothek – CIP-Einheitsaufnahme

Bentele, Peter :
Didaktik und Praxis der Heilerziehungspflege :
ein Lehrbuch / Peter Bentele ; Thomas Metzger. –
4. Aufl. – Freiburg im Breisgau : Lambertus, 2008
ISBN 978-3-7841-1789-8

4. Auflage 2008

Umschlaggestaltung: Nathalie Kupfermann, Bollschweil
unter Verwendung einer Grafik von: Firma ScanCargo
Freundlicherweise zur Verfügung gestellt von: ScanCargo,
Int. Speditionsservice, Wien
Herstellung: Druckerei F. X. Stückle, Ettenheim
ISBN 978 - 3 - 7841 - 1789 - 8

Inhalt

Zweiter Teil: Bildungskonzepte für Menschen mit Behinderungen

Einleitung

Die Unterstützung und Assistenz von Bildungsprozessen bei Menschen mit Lernschwierigkeiten spielen in der theoretischen wie in der fachpraktischen Ausbildung der Heilerziehungspflege eine zentrale Rolle. Das Unterrichtsfach Didaktik und Praxis der Heilerziehungspflege, auch als Didaktik und Methodik oder Praxis- und Methodenlehre bezeichnet, gilt als wesentliche Schnittstelle zwischen Theorie und Praxis.

Die Kapitel dieses Buches orientieren sich am Bildungsplan der Fachschulen für Sozialpädagogik, Fachrichtung Heilerziehungspflege, in Baden-Württemberg (Dezember 2000). Sie bauen aufeinander auf, können aber auch unabhängig voneinander gelesen und genutzt werden.

Im ersten Teil des Buches geht es um die Grundlagen heilerziehungspflegerischer Tätigkeiten, wobei wir uns hier bemüht haben, wesentliche Aspekte, die den Alltag von Menschen mit Unterstützungs- oder Assistenzbedarf betreffen, zu berücksichtigen. Im Kapitel über Didaktik haben wir versucht, ein Gesamtkonzept vorzulegen, welches den Ansprüchen einer zeitgemäßen Erwachsenenbildung ebenso gerecht wird wie den Prinzipien der Selbstbestimmung und der Partizipation.

Im zweiten Teil des Buches geht es um die konkreten Bildungsmöglichkeiten und Angebote zur Unterstützung für Menschen mit Lernschwierigkeiten, schweren Behinderungen oder psychischen Erkrankungen. Hier wird zunächst Grundlagenwissen zur Entwicklung der Wahrnehmung, der Kommunikation, des Denkens u. Ä. vermittelt. Daran schließen sich die unterschiedlichen Konzepte zur Unterstützung von Bildungsprozessen an. Um den Text nicht unnötig schwer lesbar zu machen, haben wir uns entschlossen, immer von der Heilerziehungspflegerin zu sprechen; ansonsten verwenden wir sowohl die weibliche wie auch die männliche Form.

Thomas Metzger verfasste die Kapitel 1, 2, 4, 5, 6, 7, 8, 9 und 10, Peter Bentele die Kapitel 3, 11, 12, 13, 14 und 15.

Wir haben darauf Wert gelegt, viele praktische Übungen in diesem Buch vorzustellen, weil sie Erfahrungen vermitteln können, die sich nicht ohne weiteres aus dem theoretischen Wissen ableiten lassen. Es muss jedoch darauf hingewiesen werden, dass viele dieser Übungen nicht ohne fachliche Anleitung und Reflexion (spezielle Fort- und Weiterbildungen) in die Praxis umgesetzt werden sollen.

Wir wünschen uns, dass dieses Buch in der nun völlig überarbeiteten Neuauflage von vielen Menschen genutzt wird, die im Praxisfeld der Heilerziehungspflege, der Heilpädagogik oder der Sozialpädagogik tätig sind. Wir würden uns freuen, wenn wir direkt oder indirekt dazu beitragen, dass gemeinsame Erlebnisse, Erfahrungen und Bildungsprozesse gelingen und dadurch Lebensqualitäten erhöht werden können.
Wir bedanken uns bei allen, die zum Gelingen dieses Buches beigetragen haben.

Erster Teil:
Grundlagen

1 Theorie und Praxis

In der Heilerziehungspflege und noch mehr in der Ausbildung stehen „Theorie und Praxis" nicht selten in einem spannungsgeladenen Verhältnis zueinander. Das eigene Verständnis und die eigene Grundhaltung zu diesem Themenbereich haben immer auch Einfluss und Auswirkungen auf die Praxis. Denn Praxis entsteht im täglichen Zusammensein von Menschen. Eigentlich kann Praxis als solche nicht beschrieben werden, sie ist zu komplex und vielschichtig. Dort wo wir mit der Beschreibung von Praxis beginnen, müssen wir auswählen, zuordnen, Zusammenhänge herstellen. Damit befindet man sich bereits auf dem Weg zur Theorie. Praxis lässt sich demnach immer nur unvollständig und exemplarisch beschreiben.
Zwei solche Versuche sollen im Folgenden unternommen werden.

Beispiel 1:

Spätschicht: Herr Heinz H. montiert gerne. Zum Geburtstag hat er einen Metallbaukasten bekommen. Mit diesem beschäftigt er sich im Augenblick in seinem Zimmer. Meine Kollegin ist krank. Herrn Peter T. habe ich gebeten zum Baden zu gehen (von sich aus würde er nicht gehen ...). Mit Herrn Walter R. und Herrn Fred E. backe ich gerade einen Apfelkuchen. Herr Hans L. ist in Urlaub gefahren. Darüber bin ich nicht unglücklich, weil ich heute alleine im Dienst bin, und Herr Hans L. für mich sehr anstrengend ist. Oft kommt er alle zehn Minuten und hat dann ein dringendes, unaufschiebbares Anliegen. Wenn man sich um sein Anliegen kümmert, rennt er weg. Herr Walter R. und Herr Fred E. freuen sich am Backen, sie sind gerne dabei. Herr Walter R. muss manchmal ermahnt werden, er würde sonst alle Äpfel so essen. Ich schaue auf die Uhr, Herr Martin M. und Herr Karl A. kommen bis in einer halben Stunde von der Arbeit. Spätestens dann sollte der Kuchen im Ofen sein. Herrn Martin M. muss ich beim Duschen helfen, er hat anschließend einen Arzttermin wegen seinem Knie. Es ist nötig, dass ich vorher nochmals in die Akte reinschaue. Herr Karl A. ist ein sehr ruhiger Bewohner, er wird sich wahrscheinlich nach der Arbeit gleich in sein Zimmer zurückziehen und Radio hören. Das aber so laut, dass alle etwas davon haben, und leider eben Volksmusik – nicht mein

Geschmack. Herr Jan H. *arbeitet* als einziger außerhalb, er benützt die öffentlichen Verkehrsmittel. Trotzdem muss ich ihn gleich abpassen. Wenn er, was häufig geschieht, eine Tüte voll eingesammelter Kippen aus der Stadt mitbringt, tausche ich sie mit seinem Einverständnis gegen frischen Tabak – er würde sonst diese Kippen in seiner Pfeife rauchen. Herr Peter T. geht gerade an der Küchentür vorbei. „Peter!?" Ich höre Plätschern im Bad. „Peter, geh jetzt bitte schnell ins Bad, sonst reicht es nachher für Martin nicht mehr!" Aber warum höre ich bloß Wassergeräusche? Ich zeige auf die Apfelschnitze und werfe Herr Walter R. einen deutlichen Blick zu. Ich denke, dass er ihn verstanden hat. Dann ins Bad. Da läuft kein Wasser. Es kommt aus dem Zimmer von Herrn Heinz H. Eine ungute Ahnung steigt in mir auf. Und wirklich, eine dicke lange Wasserzunge schiebt sich langsam unter dem Türspalt von Herrn Heinz H.s Zimmer hervor. „Heinz!" Ich kann es nicht fassen. Bei ihm ist doch das Wasser abgestellt worden, weil er von seinem „zwanghaften Verhalten", alles mit Wasser füllen zu müssen, mit nichts abzubringen war. Im Bad hatte man ihm deshalb extra Spielraum und Gefäße zur Verfügung gestellt. Ich rufe nochmals „Heinz" und reiße die Tür auf. Herr Heinz H. trieft vor Nässe. In der einen Hand hält er eine Rohrzange, mit der anderen presst er ein Kleidungsstück an die Wand. Der Hahn liegt abmontiert im Waschbecken. Herr Heinz H. ist zugleich ängstlich, hilflos und erstaunt. Das Wasser lässt sich im Zimmer nicht abstellen, auch den Hahn bringe ich nicht wieder in das Rohr – wahrscheinlich ist das Gewinde kaputt. Ich merke, wie ich hektisch werde. Den Hausmeister anrufen? Nein, zuerst in den Keller und das Wasser abstellen. Wo ist der Haupthahn? Endlich, es hat aufgehört. Ich gebe Herrn Heinz H. trockene Kleider und ziehe mich dann selbst um. Herr Fred E. ist sehr hilfsbereit. Er hat schon den Putzeimer geholt und macht sich nun daran, mit Herrn Heinz H. das Wasser aufzuwischen.

Wo ist Herr Walter R.? Ich renne in die Küche. Zu spät – ich war zu lange weg – die Äpfel sind „verputzt", auch die, die schon auf dem Kuchen waren.

Das Telefon läutet. Es ist die Mutter von Herrn Hans L. Sie beschwert sich über die neuen Kleider, die wir ihrem Sohn gekauft haben. So würde sie mit ihm nicht herumlaufen. Ich erkläre ihr, dass sich Hans diese Kleider selbst ausgesucht hat und dass wir sie schön fänden. Sie klärt mich darüber auf, dass sie schon in der Textilbranche *gearbeitet* habe, dass sie sich mit Mode sehr gut auskenne und sich von uns Heilerziehungspflegern in dieser Hinsicht

nichts zu sagen lassen brauche. Ich versuche ihr zu erklären, dass ich im Moment keine Zeit habe, weil ich alleine im Dienst bin, wohingegen sie mir mit der Heimleitung droht. Ich gebe ihr die betreffende Nummer und beende das Gespräch.
Herr Martin M., der inzwischen von der Arbeit gekommen ist, klopft wütend an die verschlossene Badezimmertüre. Niemand rührt sich. Herr Martin L. ist ganz aufgebracht, er muss zum Arzt. „Peter“! Ich schließe auf.
Peter steht eingeseift in der Dusche – es kommt kein Wasser mehr. Endlich ist der Hausmeister da, ich zeige ihm den Schaden. Dann klingelt wieder das Telefon. Ich kann keinen Ton verstehen. „Schwarzbraun ist die Haselnuss …“, schallt es durch die Räume. „Mach doch die Musik leiser!“ Es ist der Fahrdienst, der nach Herrn Martin L. fragt. Sie warten schon, um ihn zum Arzt mitzunehmen. Ich sage mir, dass ich jetzt ganz ruhig bleiben muss, und hole tief Luft. Es stinkt nach alten Zigarettenkippen … Herr Jan H. raucht sie bereits in seiner Pfeife.

Wenn viel zusammenkommt, sieht die Praxis so oder so ähnlich aus. Sie umfasst Begegnungen, Beziehungen, Verbindlichkeiten und Verantwortung. Sie erfordert, mit verschiedenen Bedürfnissen, Ausdrucksformen und Eigenheiten der Menschen umzugehen und sich auf diese Vielfalt einzustellen. Aus heutiger Sicht versuchen wir die praktische Lebenssituation mehr aus der Perspektive der Personen mit Lernschwierigkeiten, Behinderung oder psychischen Erkrankung zu sehen und zu verstehen.

Beispiel 2

Frau Lena K. wohnt in einer Wohngemeinschaft zusammen mit drei anderen Frauen. Einmal am Tag kommt eine Heilerziehungspflegerin für eine Stunde. Frau K. ist sehr stolz, dass sie diesen Schritt gewagt und geschafft hat, nachdem sie vorher sechs Jahre in einer größeren Einrichtung der Behindertenhilfe gelebt hatte. Die vier Frauen kommen gut miteinander aus. Kleinere Schwierigkeiten im Zusammenleben gibt es überall, und es ist selten, dass die drei Frauen in dieser Hinsicht Beratung beanspruchen.
Im Umgang mit Geld gibt es noch Unsicherheiten, deshalb sollen die drei Personen für Anschaffungen über 20 Euro Rücksprache mit der Heilerziehungspflegerin halten. Frau K. hat seit einem halben Jahr einen Freund – leider wohnt der in einer anderen Stadt.

Frau K. und ihr Freund arbeiten in der gleichen Werkstatt, haben aber durch die Entfernung der Wohnungen nur selten Möglichkeiten für gemeinsame Freizeit. Frau K. liest kürzere Texte und schreibt gelegentlich einen Einkaufszettel. Eine Zugverbindung zu dem Ort, in dem ihr Freund lebt, gibt es nicht, die Busverbindung ist mangelhaft. Zusammenziehen? Da sind sich alle einig: Die Eltern von Frau K., das Betreuungsteam, der sozialpädagogische Fachdienst, und die Verantwortlichen in der Werkstatt für Menschen mit Behinderung – es ist noch zu früh dafür – Frau K. wäre noch nicht so weit. Das Beispiel mit dem Handy soll diese Haltung begründen. Frau K. hatte sich auf Drängen ihres Freundes vor zwei Wochen für nur einen Euro ein Handy gekauft und ist den damit verbunden Vertrag eingegangen. Leider hatte sie sich über die Konsequenzen nicht beraten lassen, so dass nach kurzer Zeit sehr hohe Forderungen auf sie zukamen. In einem Gespräch zwischen dem sozialpädagogischen Fachdienst, der begleitenden Fachkraft, der Mutter von Frau K. und Frau K. selbst wurde festgelegt, welche Entwicklungsschritte und Teilziele noch erreicht werden müssen, damit in eine selbstständigere Wohnform gewechselt werden kann. Eigentlich will Frau K. mit ihrem Freund zusammenziehen, ob mit oder ohne Entwicklungsschritte. Frau K. glaubt nicht, dass die Betreuer Recht haben. Frau K. merkt, dass es die anderen nur gut mit ihr meinen, aber das hat doch nichts mit der Selbstbestimmung zu tun, von der andauernd die Rede ist. Frau K. ist traurig und wütend. Sie fragt sich, ob das immer so bleibt.
In der abschließenden Dokumentation der individuellen Entwicklungsplanung von Frau K. steht: Gemeinsam wurde mit Frau K. festgelegt, dass sie im Laufe des nächsten Jahres ihre Kompetenzen im Bereich der Besorgungen weiter ausbauen wird. Selbstständiger Kleidereinkauf sowie Wäsche waschen sollen gezielt und kontinuierlich gefördert werden. Frühere Hobbys wie Fotografieren und Musizieren können Frau K. wieder sinnvolle Lebensperspektiven geben. Es ist geplant, Kontakte zu bestehenden Gruppen in der Stadt herzustellen. Um ihre Partnerschaft mit ihrem Freund günstig zu begleiten, wird vom sozialpädagogischen Fachdienst versucht, einen Termin für eine gemeinsame Ferienfreizeit unter diesem Themenschwerpunkt zu finden.

Beratung zur eigenen Lebensplanung, Integration und Normalisierung sind die theoretischen Leitlinien im heilerzieherischen Alltagshandeln der „professionellen Helfer". Aber wo fängt das an und wo hört das auf?

Mögliche Aufgaben:

1. Bewerten sie die Handlungsansätze in beiden Beispielen und zeigen Sie, wo und wann das Handeln der Mitarbeiter eher alltagspraktisch beziehungsweise theoretisch orientiert ist.
2. Analysieren Sie die jeweiligen Interessenslagen aller beteiligten Personen im zweiten Beispiel und entwickeln Sie für die pädagogischen Mitarbeiter alternative Handlungsstrategien.

Die Gegensätzlichkeit von Theorie und Praxis

Theoretiker der Naturwissenschaften haben gesellschaftlich ein hohes Ansehen. Sie arbeiten mit dem Kopf, haben Umgang mit Theorien, entwickeln neue Hypothesen und übersetzen ihre Ergebnisse in neue Techniken. Im Gegensatz dazu werden „Theoretiker", die sich mit dem Zusammenleben der Menschen befassen, von „Praktikern" häufig genug mit Argwohn betrachtet, lässt sich doch vieles von dem, was sich theoretisch gut anhört, nicht umsetzen beziehungsweise nachvollziehen. Bisweilen entsteht sogar der Eindruck, dem Theoretiker fehlten fundamentale Erfahrungen von der Basis. Der „Praktiker" hingegen handelt, weiß, was in der jeweiligen Situation zu tun ist. „Das Wort Praxis wird mit Aktivität, tätigem Einsatz und gelebtem Leben gleichgesetzt, beim Wort *Theorie* denken viele an abstrakte Gedankengebäude, idealistisch überzogene Vorstellungen oder wirklichkeitsfremde Entwürfe" (Badry u.a. 1992, 10).
Die Gegensätzlichkeit von Theorie und Praxis ist aber, genauer besehen, nur eine scheinbare. Die Lehrerin, die im Pädagogikunterricht verschiedene Theorien vorstellt, steht aus ihrer Sicht mitten in der Praxis, nämlich der des Unterrichtens, während die Schüler sich ganz der Theorie ausgeliefert sehen. Aber es ist nicht so sehr die Frage des Standpunktes, welche das Verhältnis von Theorie und Praxis erhellen kann, sondern viel eher die Frage ihrer wechselseitigen Beeinflussung. Ist das Vorausdenken von Handlungen schon Theorie – oder erst das Nachdenken? Oder ist erst dann von einer Theorie zu sprechen, wenn ihre Aussagen wissenschaftlich belegbar sind?

Die Begriffe Praxis und Theorie kommen ursprünglich aus dem Griechischen: Theoria bedeutet wissenschaftliche Erkenntnis, die auf dem Zuschauen, Betrachten und Untersuchen beruht, Prattain bedeutet Vollbringen, Handeln, Tun. Theorie wurde als zweckfreies Erkennen um der Erkenntnis willen verstanden und gerade nicht als Handlungsanweisung für die Praxis. Die Praxis selbst wurde im Gegensatz zum heutigen Verständnis in zwei Begriffe, in „Praxis" und „Poiesis" aufgeteilt. „Praxis" bedeutet das verantwortliche, selbstbestimmte und ideengeleitete Handeln und „Poiesis" das herstellende Tun, kunstvolles Hervorbringen und Verfertigen von Werken. Diese Unterscheidung ist insofern von Bedeutung, als „Poiesis" ein Begriff ist, der im Gegensatz zur „Praxis" nicht auf das Phänomen Erziehung zu beziehen ist. „Während das (poietische) Machen auf ein Ergebnis zielt und seine Zwecke erst erfüllt, wenn das geplante Werk vollendet ist, trägt das (praktische) Handeln seinen Wert immer schon in sich und erfüllt seinen Sinn allein schon dadurch, dass es als etwas Gutes und Gerechtes tun geschieht, unabhängig davon, ob das Tun gelingt oder Erfolg hat" (Badry u.a. 1992, 13).

Theorie und Praxis in der Erziehung/Beziehung

Für die Theorie und Praxis der Erziehung – in unserem Fall die Heilerziehung – sollte dieses ursprüngliche Begriffsverständnis Konsequenzen haben: Die Theorie ist keine Handlungsanweisung für die Praxis! Und Praxis ist nichts „Machbares", so wenig wie Erziehung oder zwischenmenschliche Beziehungen etwas „Machbares" sind. Theorie muss nicht sofort wieder an Praxis zurückgegeben werden, sondern sie kann indirekt in das „selbstbestimmte und ideengeleitete Handeln" einfließen und muss, das ist für die praktische Pädagogik von besonderer Brisanz, verantwortet werden. Heilerziehungspflegerinnen können also ihr praktisches Handeln nicht einfach über Theorien legitimieren, sondern müssen es in der Auseinandersetzung mit theoretischen Erkenntnissen und ethischen Grundsätzen verantworten.
Mit der Entwicklung der industriell-technischen Gesellschaft hat sich auch das Verständnis von Theorie deutlich gewandelt: „Theorie im neuzeitlichen Sinne bezeichnet ein durch und durch instrumentelles Wissen, mit anderen Worten ein *know-how*" (Böhm 1985, 45). Dieser Wandel steht im gesamtgesellschaftlichen Zusammenhang, in dem Technik und Industrie die Basis menschlichen Lebens weitgehend bestimmen. „Der Anspruch, mit dem sich einst Theorie auf Praxis bezog, ist apokryph (unecht) geworden. Anstelle einer Emanzipation

durch Aufklärung tritt die Instruktion (Anweisung) der Verfügung über gegenständliche oder vergegenständlichte Prozesse. Die gesellschaftlich wirksame Theorie ist nicht mehr an das Bewusstsein zusammenlebender und miteinander sprechender, sondern an das Verhalten hantierender Menschen adressiert" (Habermas 1971, 308).

Eine solche Haltung birgt die Gefahr in sich, Menschen zu Objekten zu degradieren. Selbstverständlich soll hier nicht unterstellt werden, dass die betreuten Menschen absichtlich als „Objekte" wahrgenommen und behandelt werden. Es gilt aber zu bedenken, dass allein schon die Tatsache, dass die Kategorie des „Machbaren" einer gesellschaftlichen Norm entspricht, die Gefahr in sich birgt, Menschen mit einer Behinderung zu „behandeln", d.h. sie zu manipulieren, Einschränkungen und Begrenzungen zu organisieren und institutionalisieren. Zu Recht weisen Böhm und Badry darauf hin, dass der Behaviorismus (Verhaltenspsychologie auf der Ebene des Reiz-Reaktions-Modells) dazu eine passende wissenschaftliche Theorie geliefert und die pädagogische Praxis beeinflusst hat.

Ein technischer Begriff von Theorie und ein Praxisverständnis, das eigentlich dem der „Poiesis" entspricht, verbauen tatsächlich einen zwischenmenschlichen, dialogischen und also interaktionalen Handlungsansatz.

Für eine professionelle pädagogische Arbeit muss ein Theoriebegriff im Sinne einer Handlungsanweisung an die Praxis genauso abgelehnt werden wie ein Praxisbegriff, der sich am „Machbaren" orientiert. Theorie und Praxis müssen wechselseitig aufeinander bezogen bleiben. Da es *die Praxis* nicht gibt, kann es auch niemals *die Theorie* zu der Praxis geben. Theorie kann immer nur eine partielle Verallgemeinerung gewisser Teilaspekte aus der Praxis sein.

Alltagstheorien und wissenschaftliche Theorien

Häufig wird von Mitarbeiterinnen in der Heilerziehungspflege die Meinung vertreten, eine bestimmte Einarbeitungszeit und der gesunde Menschenverstand seien ausreichend, um in diesem Praxisfeld zu arbeiten. Die eigene Lebenserfahrung – beispielsweise in einer Familie mit Kindern oder in einem anderen pädagogischen Praxisfeld – böten genügend Voraussetzungen, auch in diesem Bereich tätig zu werden. Weit davon entfernt, die Bedeutung persönlicher Reife in Abrede stellen zu wollen, sind wir der festen Überzeugung, dass die Anforderung an die Heilerziehungspflegerin selbst über ein spezifisch „sozialpädagogisches Wissen" weit hinausgehen muss. Menschen mit einer Behinderung sind in einem höheren Maß sensibel, wenn sie sich mit unangemessenen Umgangsformen oder Lebensbedingungen konfrontiert sehen. Unter Umständen haben sie weniger Möglichkeiten, sich zu wehren beziehungsweise widrige Bedingungen zu kompensieren. Ein Situationsverständnis im alltagsüblichen Sinne kommt hier schnell an Grenzen. Gerade das Verstehen lässt sich nicht mehr nur auf dem Hintergrund von Alltagstheorien standardisieren.

Alltagstheorien sind wie folgt zu beschreiben: „(Sie) sind durch eigene Erfahrung und durch die Übernahme von Informationen geprägte Antworten auf den mit der menschlichen Existenz verbundenen Orientierungs- und Handlungsdruck, auf die Notwendigkeit und das Bedürfnis, sich in der Welt zurecht zu finden und sich in seinem Handeln erfolgreich zu erleben (...)"

„Alltagstheorien beinhalten Erkenntnisse, die nur zum kleineren Teil der eigenen Erfahrung, zum größeren jedoch einem vermittelten Wissen entstammen und mit ihm zusammen relativ einheitliche, biographisch gefärbte und damit subjektive Erklärungsmuster bilden"(...)

„Alltagstheorien haben für das handelnde Subjekt die Funktion, das in der alltäglichen Lebenswelt unmittelbar Erfahrene oder Bevorstehende zu erfassen und zu bewältigen" (Hierdeis/Hug 1992, 90ff.).

Diese Zitate zeigen, dass Alltagstheorien in bestimmten Situationen nicht ausreichen, um adäquat zu reagieren, da sie nicht uneingeschränkt verallgemeinerbar sind. Darüber hinaus bergen sie die Gefahr in sich, die Übernahme von wissenschaftlichen Erkenntnissen zu blockieren.

Was ist im Gegensatz dazu unter wissenschaftlichen Theorien zu verstehen?

„Als wissenschaftliche Theorien bezeichnen wir Systeme von Begriffen und Aussagen, die eine zusammenhängende Darstellung von Sachverhalten sowie insbesondere deren Verstehen, Erklären, Kritik oder Voraussage ermöglichen. Als konzentrierte (verdichtete) Wissensansammlung sind sie die wichtigsten Informationsträger im Erkenntnisprozess. Ihr Wissenschaftscharakter ergibt sich wesentlich aufgrund entsprechender Zuschreibungen von Seiten jener, die Wissenschaft betreiben" (Hierdeis/Hug 1992, 67).

Diese Gegenüberstellung zeigt zum einen, dass wir alle auf Alltagstheorien angewiesen sind und, bewusst oder unbewusst, ihren Grundzügen folgen, und zum anderen, dass Alltagstheorien auch die Basis von wissenschaftlichen Theorien, die den Anspruch auf Allgemeingültigkeit erheben, bilden. Für unseren Zusammenhang ist es allerdings wichtig, unterscheiden zu können, wann wir uns alltagstheoretisch verhalten, wann wir eine wissenschaftliche Theorie in die Praxis

transformieren sollen und wo uns wissenschaftliche Theorien helfen können, unsere Alltagstheorien in Bezug auf die Praxis kritisch zu hinterfragen.
Inwieweit die Auseinandersetzung mit wissenschaftlichen Theorien im Alltag der Heilerziehungspflege fruchtbar stattfinden kann, hängt allerdings nicht nur von der individuellen Transferleistung der einzelnen Mitarbeiter/-innen ab, sondern auch von den institutionellen Rahmenbedingungen. Wie diese Transferleistung aussehen könnte, zeigt das folgende Schaubild:

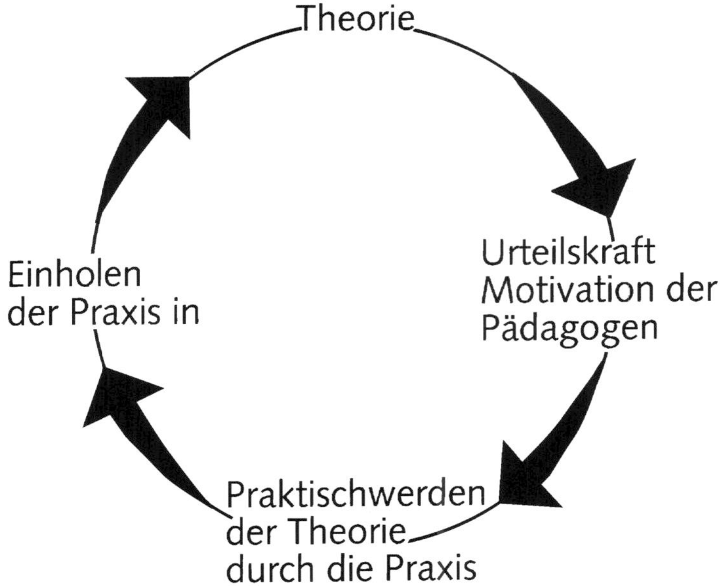

Abb. 1: Die Wechselwirkung von Theorie und Praxis (Badry u. a. 1992, 25)

LITERATUR

Badry, E./Buchka, M./Knapp, R. (Hrsg.) (1992): Pädagogik. Neuwied, Kriftel, Berlin
Böhm, W. (1985): Theorie und Praxis. Stuttgart
Habermas, J. (1971): Theorie und Praxis. Frankfurt a.M.
Hierdeis, H./Hug, T. (1992): Pädagogische Alltagstheorien und erziehungswissenschaftliche Theorien. Bad Heilbrunn/OBB

2 Zwischenmenschliche Beziehungen

Charakteristika zwischenmenschlicher Beziehungen

Im Alltag sprechen wir dann von einer Beziehung, wenn sich zwei oder mehrere Menschen wiederholt in ihrem Handeln aufeinander beziehen. Die Formen, in denen Menschen in Beziehung treten, können sehr unterschiedlich sein: Es kann sich um flüchtige oder intensive, regelmäßige oder unregelmäßige, vertragliche oder private, emotionale oder kognitive, symmetrische oder asymmetrische usw. Beziehungen handeln. Eines ist dieser Vielfalt von Beziehungen gemeinsam: Das Wesen einer Beziehung liegt im Gerichtetsein des Leibes zum Selbst und in der Bestätigung dieses Vorgangs durch andere Menschen. Der Mensch verkörpert ein System, welches in der Lage ist, durch Bezüge nach außen und innen ein Selbst aufzubauen. „Beziehungen sind dem Menschen aufgrund seiner leiblichen Fähigkeiten möglich und nötig, sonst könnte er nicht existieren" (Fornefeld 1989, 202).

Die Bestätigung, die jeder Mensch in Beziehungen sucht und braucht, bedarf einer Kontinuität. Voraussetzung für kontinuierlichen Austausch sind die Sinne und die Wahrnehmung. Mit dieser Ausstattung, die gleich auf mehreren „Kanälen" angelegt ist, kann Kommunikation stattfinden. Kommunikation ist hier im weitesten Sinne (siehe unser Kapitel zur Kommunikation) als ein auf analoger oder digitaler Basis stattfindendes intentionales Sich-Äußern zu verstehen.

Bei einer Kommunikation werden Botschaften entweder mit Hilfe des Mediums Zeichen (Sprache) oder direkt mit Hilfe des Mediums Leib ausgetauscht. Wechselseitige Kommunikation ist also Interaktion. Bei den Teilnehmenden kann ein „Gleiches", zumindest ein „Ähnliches", das wiederum als Basis für weitere Bezüge dienen kann, entstehen.

Eine weitere Dimension von Beziehungen ist der Faktor Zeit, denn Beziehungen sind auf gemeinsame Zeiten angewiesen. In der Zeit steckt die Möglichkeit der Fortführung des „Bezugnehmens" und damit die Kontinuität der Beziehung.

Mit den Begriffen Intentionalität und Motivation richten wir unseren Blick auf einen weiteren Aspekt von Beziehungen – auf die „Antriebskräfte" von bezüglichem Handeln. Hierbei spielt die emotionale Ebene eine entscheidende Rolle. Sie erst ermöglicht eine ganzheitliche

Beziehung. Die Gefühle der Menschen sind die subjektiv wertende „Messgröße" für die Gesamtheit der Interaktionen, welche die Entwicklung der Beziehung beeinflussen. Gefühle spiegeln nicht nur die Qualität einer Beziehung wider, sondern sie verleihen in ihrer Lebendigkeit und Wechselhaftigkeit jeder Beziehung einen dynamischen Charakter.

Die Begegnungen sind die Bausteine einer Beziehung – in ihnen sollen das Gemeinsame, das wirkliche Verstehen und das darauf bezugnehmende Handeln gelingen. Das kann durchaus mühevolle Kleinarbeit sein.

Zwischenmenschliche Beziehungen bedeuten, dass vom Ich zum Du beziehungsweise vom einen zum anderen Ich eine Relation hergestellt wird. Oder wie es der Philosoph Martin Buber (1878–1965) formuliert: „Beziehung ist Gegenseitigkeit. Mein Du wirkt an mir, wie ich an ihm wirke" (Buber 1997, 19), und seine vielleicht bekannteste Aussage in diesem Zusammenhang: „Der Mensch wird am Du zum Ich" (Buber 1997, 32). Beziehung wird in jedem „Ich" erlebt und ist die Voraussetzung dafür, dass überhaupt ein „Ich" entstehen kann. Identität kommt aber nicht erst im bewussten „Ich" zum Ausdruck, sondern sie entsteht vor allem in den sozialen Bezügen. Nach Erikson geht es bei der Identität um die Wahrnehmung der Selbstgleichheit und Kontinuität der eigenen Existenz in Zeit und Raum und zugleich um die Bestätigung und Anerkennung dieser Gleichheit durch die Anderen (vgl. Erikson 1970, 47). Zwischenmenschliche Beziehungen sind also ein wesentlicher Bestandteil bei der Entwicklung und Entfaltung von Identität: Persönliche Identität und soziale Identität führen zur Ich-Identität: „Nur wenn beide Identitäten sich die Waage halten, kann sich Ich-Identität oder Ich-Stärke herausbilden" (Bosch 1986, 8).

Die Beziehung ist die Voraussetzung für die Herausbildung der Ich-Identität – und nicht umgekehrt, wie häufig angenommen wird.

Grundsätzlich gibt es zwei Möglichkeiten, wie Beziehungen entstehen: Entweder treffen zwei Menschen eine bewusste Entscheidung (z.B. bei einer Partnerwahl), oder Zufall und Notwendigkeit bringen die Menschen zueinander – beispielsweise eine Mutter und ihr Kind. In der Folge ist dann entscheidend, ob die betreffenden Menschen in der Lage sind, sich auf die Beziehung einzulassen. Auch wenn es zu den Wesenszügen eines jeden Menschen gehört, in Beziehungen zu leben, lassen sich Beziehungen doch nicht einseitig erzwingen.

Wie sich die Identitätsbildung in der Heilerziehungspflege über die Beziehungsebene herstellt, wird in folgendem Schaubild verdeutlicht:

Abb. 2: Die Beziehungsebene in der Heilerziehungspflege

Beziehungen zu Menschen mit einer schweren Behinderung

Das elementare Beziehungsgeschehen wird von Fornefeld in einem graphischen Modell dargestellt. Es handelt sich um zwei ineinander greifende Doppelspiralen, anhand derer die Rückbezüglichkeit und die Auswirkung der Beziehung auf das Selbst und auf die Identität gezeigt wird.

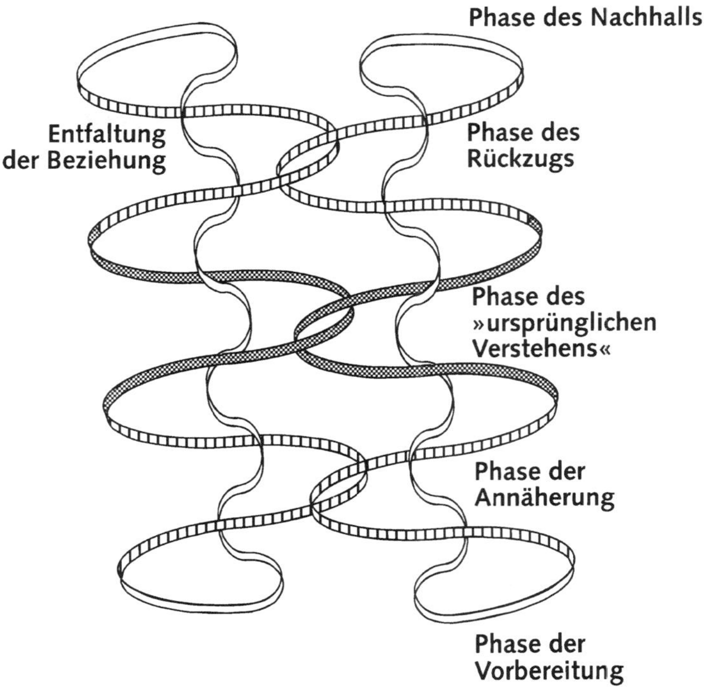

Abb. 3: Das elementare Beziehungsgeschehen (Fornefeld 1989, 234)

Fornefeld unterscheidet in diesem Modell fünf Phasen: „Während die erste Beziehungsphase eine grundsätzliche Haltung dem Anderen gegenüber symbolisiert, kommt es in der zweiten bereits zur ersten Berührung der beiden Wendeln. Die Intensität, die horizontale Dynamik, des Aufeinander-Gerichtet-Sein nimmt langsam zu, was durch die Färbung des Helices verdeutlicht wird“ (Fornefeld 1989, 230).
In der ersten Phase der Begegnung, also der Phase der Vorbereitung, geht es um gegenseitige Annäherung, um das Öffnen von gemeinsamen Sinneskanälen, um eine wechselseitige Polarisierung, um Interesse und Motivation.
Die Heilerziehungspflegerin hat hier zwei wesentliche Aufgaben zu bewältigen: Erstens muss sie die eigene Verblüffung darüber, wie anders ihr Gegenüber ist und wie wenig ihr deshalb Standards aus dem

gewohnten Verhaltensrepertoire weiterhelfen, reflektieren und zweitens den/die anderen genau beobachten, um eine Veränderung im Verhalten, die als Beziehungsaufnahme zu interpretieren wäre, zu bemerken. In dieser Phase ist es nicht einfach, die eigenen Intentionen zunächst zurückzustecken, um die Intention beim anderen überhaupt erfassen zu können.

Auch die zweite Phase wird bei Fornefeld noch als relativ offen bezeichnet. In dieser Phase der Annäherung findet noch kein reziprokes Verhalten statt: „Diese Phase ist dadurch gekennzeichnet, dass die beiden Partner zur Welt für einander werden" (Fornefeld 1989, 230).

In der dritten Phase – der des ursprünglichen Verstehens – reagieren beide Beziehungsteilnehmer aufeinander und beteiligen dabei mehrere Sinneskanäle. Diese Phase hält Fornefeld für die intensivste: „Wobei der Modus des Anrufens beziehungsweise des Antwortens, also die Gesten des Leibes oder noch anders, die Beziehungselemente (hier sind die Sinneskanäle gemeint, d. V.) für die Intensität des Erlebens unerheblich sind. Doch durch die von den beiden sich Beziehenden getroffene Wahl der jeweiligen Modi (der verwendeten Beziehungselemente) wird jede elementare Beziehung zur individuellen; vergleichbar sind sie lediglich in ihrem strukturellen Aufbau" (Fornefeld 1989, 231).

Die vierte Phase, die Phase des Rückzugs, wird durch die Unterbrechung der Reziprozität eingeleitet. Dies kann zum Beispiel durch das Lösen eines Körper- oder Blickkontaktes oder durch das Unterbrechen im auditiven Bereich zustande kommen. „Obwohl die Intensität des Erlebens nachlässt, ist die Beziehung aber nicht augenblicklich vorbei, sondern hal(l)t in jedem nach" (Fornefeld 1989, 232).

Die Phase des Rückzugs kann durch äußere Störungen, aber auch durch plötzliches Abwenden des Gegenübers eintreten. Es ist wichtig, dass der Rückzug akzeptiert wird. Vielleicht können ganz bestimmte Angebote (Ritualisierung) den Anschluss für die nächste Begegnung erleichtern: „Wie in der ersten, der Vorbereitungsphase, kommt es auch in der fünften, der des Nachhalls, nicht mehr zur Überschneidung der beiden Wendeln; sie sind einander lediglich zugewandt und bilden die Voraussetzung beziehungsweise den Wendepunkt für die rückläufige, innere Helix, für die Entfaltung der Beziehung" (Fornefeld 1989, 232).

In der Phase des Nachhalls wirkt die Spezifität des Erlebens, die für beide Partnerinnen durchaus verschieden sein kann, weiter. Für die Heilerziehungspflegerin ist dieser Nachhall deshalb von so großer Bedeutung, weil in diesem Moment die Phase der Reflexion beginnt und damit die Professionalität in der Beziehungsgestaltung.

Mediale Beziehung

Mit diesem Begriff sind Beziehungen gemeint, die über einen Umweg, über ein Hilfsmittel, also über etwas Drittes zustande kommen. Diese Form ist besonders für die Menschen geeignet, die eine direkte leibliche Bezogenheit nicht ertragen können und diese ablehnen, zum Beispiel Menschen mit einem autistischen Syndrom oder Menschen, die aufgrund ursprünglicher leiblicher und psychischer Negativerfahrungen den direkten Bezug als angstvoll erleben und zum Teil widersprüchliche Reaktionen zeigen. Der Bezug auf etwas Drittes erlaubt einen gewissen Sicherheitsabstand. Zum Beispiel: Ein 40jähriger autistischer Mann versucht jeden direkten Beziehungskontakt zu vermeiden. Er dreht sich bereits weg, wenn sich ihm jemand auch nur zuwendet, und vermeidet selbst den Blickkontakt. In der Regel lässt er keinen direkten Dialog zu – weder auf der sprachlichen noch gestischen oder mimischen Ebene. Allein auf ein Stofftier, das in eine kleine „Spielszene" eingebunden ist, reagiert er – bezieht seine Reaktionen aber ausschließlich auf den „medialen" Gegenstand. „Elementare Beziehungen sind nicht nur bedeutungsvoll, weil sie Schüler und Lehrer (in unserem Fall Menschen mit einer Behinderung und die Heilerziehungspflegerin, d.V.) einander näher bringen und durch Abgrenzung vom Anderen Selbsterleben beziehungsweise Selbstfindung ermöglichen, sondern weil sie über den eigentlichen Vollzug hinaus wirkungsvoll sind und insofern gleichzeitig in mehrfacher Weise zur Selbstverwirklichung des Kindes (Menschen) mit einer Behinderung beitragen können" (Fornefeld 1989, 241).

Die Beziehungsstörung

In der Praxis ist immer wieder von Beziehungsunfähigkeit die Rede, wenn eigentlich Beziehungsstörungen gemeint sind. Jeder Mensch ist beziehungsfähig, wenn auch auf unterschiedlichen Entwicklungsniveaus. Mit Beziehungsstörung ist also nicht die Beziehungsunfähigkeit oder eine im wertenden Sinne „schlechte" Beziehung gemeint.
Eine Beziehungsstörung kommt dann zustande, wenn der Kommunikationsfluss gehemmt oder unterbrochen ist und als Folge gegenseitiges Verstehen nicht mehr möglich ist. Dies kann zu einer Fehleinschätzung der Beziehungsdimension in der subjektiven Wahrnehmung des Einzelnen führen. Beziehungen können sich aber immer erst dann entwickeln, wenn es diese Anknüpfungspunkte gibt: „In der gestörten Beziehung aber komme es durch Ausbleiben oder durch unerwartete

Gestaltung der Antwort nicht zur erwarteten Seins- und Selbstbestätigung; sie bewirke statt dessen Verblüffung, zu der Bodneheimer ausführt: ‚Die Situation, welche durch das ausbleibende oder das unerwartbar veränderte Echo verblüfft (und ängstigt), verstehen wir als gestörte Beziehung'" (Fornefeld 1989, 199).
Beziehungsstörungen haben für den Menschen mit einer Behinderung die Konsequenz, dass ausbleibende Antworten oder nicht passende Antworten als Stille, als möglicherweise angstvolle Stille erlebt werden. In diesem Zusammenhang stellt Fornefeld (1989, 200) folgende Fragen:
„Stille als Antwort erzeugt Angst. Angst wovor? Angst vor dem Nichts? Angst, sich zu verlieren? Was bewegt diese Angst ihrerseits wieder?"
Wie der gegenseitige Kreislauf des Nicht-Verstehens durchbrochen werden kann, zeigt Fornefeld am Beispiel eines Lehrers und eines Schülers, das wir ohne Abstriche auf die Beziehung einer Heilerziehungspflegerin und eines Menschen mit Behinderung übertragen können: „Doch aussichtslos bleibt diese Situation für beide nur so lange, bis der Lehrer die Beziehungsstörung selbst zum Ziel seiner (ihrer) Erziehung macht, das heißt, bis er (oder sie) Beziehung/elementare Beziehung zu seinem Schüler als Voraussetzung seiner bisherigen Förderintention begreift und sich durch Bewusstmachung eben dieser Störung um deren Überwindung bemüht. Dies ist möglich, wenn er dem Kind eine Welt anbietet, in der es (er) subjektiven Sinne entnehmen kann. Die erforderliche Welt ist hier zunächst der Lehrer selbst, in dem er (sie) sich unmittelbar auf das Kind richtet, sich auf den elementaren Bezug mit ihm einlässt und insofern zur Lebenswelt für es (ihn) wird" (Fornefeld 1989, 205).

Private Beziehungen/berufliche Beziehungen

Wenn wir davon ausgehen, dass das Wesen einer Beziehung darin besteht, dass zwei Menschen sich ganzheitlich aufeinander beziehen, dann erlaubt diese Charakterisierung keine Unterscheidung von beruflichen und privaten Beziehungen. So wenig wie sich echte Beziehungen planen lassen, so wenig lassen sie sich professionalisieren. Die Professionalität eines Menschen, der im pädagogischen Bereich tätig ist, zeichnet sich dadurch aus, dass er/sie von der Bereitschaft geprägt ist, sich immer wieder einlassen zu können, und über die Fähigkeit verfügt, immer wieder neue Beziehungsangebote machen zu können – und zwar jeweils auf den verschiedenen Kommunikationskanälen. Zur

Professionalität gehört auch die Fähigkeit, über eigene Beziehungswiderstände oder mögliche Missverständnisse im Kommunikationsprozess zu reflektieren. Eine Heilerziehungspflegerin sollte sich auf keinen Fall nur auf objektive und funktionale Einzelausschnitte des Gegenübers beziehen.

In vielen Gesprächen mit Fachschülern und Fachkräften wird das Bedürfnis nach Grenzziehung zwischen Arbeitsbereich und privater Welt deutlich formuliert. Da die Arbeitsbeziehungen kein „Nebenprodukt“ der beruflichen Tätigkeit darstellen, sondern im Zentrum stehen, wirken sie über die Arbeitszeit hinaus. Es entwickelt sich eine Verantwortung, die nicht nur über den Arbeitsvertrag definiert ist, sondern die aus der Beziehung selbst erwächst. Hier gilt es, den goldenen Mittelweg zwischen grenzenlosem Sich-Einlassen und zu frühem Rückzug zu finden. Es gilt zu verhindern, dass das Gefordertsein der ganzen Person zu Schutzmechanismen führt, die sich in einer gewissen Abkühlung beziehungsweise in einer Reduzierung der Beziehungsangebote gegenüber den zu betreuenden Personen zeigt. Dabei ist zu berücksichtigen, dass die verfrühte Abgrenzung auf der Beziehungsebene insofern zu einer paradoxen Situation führen kann, als die Energie und Kraft, die für die Abgrenzung notwendig ist, beim Gegenüber zu Reaktionen führt, die zusätzlich beziehungsbelastend werden. Somit kann der Energieaufwand zur Abgrenzung größer sein als die Kraft, die zum Sicheinlassen notwendig wäre.

Wo und wann Abgrenzungen notwendig sind, muss jeweils von beiden in Beziehung zueinander stehenden Personen zum Ausdruck gebracht werden. Das „Wie“ hat allerdings eine hoch bedeutsame Wirkung im Hinblick auf die zukünftige Beziehungsentwicklung. Von unklaren und diffusen Grenzen bis hin zu ständig sich verändernden Grenzen kann derselbe Stress ausgehen wie von einem permanenten Zurückweisen, welches mit aller Macht nur noch die Grenzen vor Augen hat. Die Unterscheidung berufliche Beziehung und private Beziehung taugt aus diesem Grunde kaum für eine Aussage zur Qualität einer Beziehung. Gerade im Berufsfeld der Heilerziehungspflege ist es nach unserer Auffassung erforderlich, dass man sich der Herausforderung einer persönlichen Beziehung stellt – ohne dass deshalb die eigene Identität in Frage gestellt wird. Im Gegenteil, wir sehen den Gewinn für die eigene Identität.

Literatur

Bosch, D. (1986): Beziehungsfähigkeit als Erziehungs- und Unterrichtsziel in der Primarstufe. Münster

Buber, M. (1997): Das dialogische Prinzip. 8. Aufl., Heidelberg

Erikson, E. H. (1970): Die Psychodynamik im sozialen Wandel. Stuttgart

Fornefeld, B. (1989): „Elementare Beziehung“ und Selbstverwirklichung geistig Schwerstbehinderter in sozialer Integration. Reflexion im Vorfeld einer leiborientierten Pädagogik. Mainz

3 Kommunikation

DEFINITION

Das Wort Kommunikation leitet sich aus dem Lateinischen ab, die Verbform communicare lässt sich mit „teilen, mitteilen, teilnehmen lassen, gemeinsam machen, vereinigen“ (www.wikipedia.org/wiki/Kommunikation) übersetzen. Der Begriff Kommunikation wurde zunächst in der Nachrichtentechnik und der Informationstheorie verwendet. Erst seit den 1970er Jahren findet er vermehrt Eingang in die Pädagogik und wird, allerdings äußerst unterschiedlich, auch alltagssprachlich verwendet.

verbal Kommunikation	**nonverbal Kommunikation**		
	vokale Kommunikation	körpersprachliche Kommunikation	mediale Kommunikation
Lautsprache Schriftsprache z.B. Syntax (»Grammatik«) Semantik (»Bedeutung«) Pragmatik (»Wirkung«)	Stimme, z.B. laut, leise Sprechweise z.B. langsames, schnelles Sprechen, Pausen beim Sprechen, Tonfall, Betonung usw.	Distanz/Nähe, Körperhaltung und Bewegung, Berührungen Habitus, Mimik, Gestik, Gebärde, Blick	Ikon, (Zeichen, das sein Objekt abbildet z.B. Bilder, Modelle) Index, (Zeichen, das direkt auf ein Objekt hinweist oder es anzeigt; z.B. Wegweiser, oder Eigennamen) Symbol (Zeichen, das ein Objekt willkürlich repräsentiert, z.B. Wort für Auto)

Abb. 4: Kommunikationsarten (nach Wachsmuth 1986, 24; mit Ergänzungen, d.V.)

Die weiteste Definition des Wortes Kommunikation umfasst jede Form, derer sich Individuen bedienen, um ihrem inneren oder äußeren Zustand Ausdruck zu verleihen, unabhängig davon, ob er sprachlich, mimisch oder gestisch erfolgt. Inhalte und Art der verwendeten Zeichen spielen zunächst ebenso wenig eine Rolle wie die Tatsache, ob das Gegenüber diese Zeichen versteht (Fröhlich 1989, 104).
Enger sind die Definitionen, die ausschließlich den Austausch von Informationen zwischen Personen, Organismen und Systemen (Baun 1981, 13) umfassen oder nur den wechselseitigen Austausch von Mitteilungen zwischen zwei oder mehreren Personen (in Anlehnung an Watzlawick u.a. 2003).
Für unseren Zusammenhang ist die Definition von Fröhlich ausschlaggebend, denn wir definieren, im Sinne Watzlawicks, jedes Verhalten als Kommunikation (vgl. 1. Axiom).
Verbale und nonverbale Kommunikationsformen ergänzen sich: „Der Sprecher beginnt seine Ausführungen mit einem Blick auf seinen Partner. Dann wendet er mit zunehmendem Gewicht seiner Gedanken und Worte seinen Blick ab. Gegen Ende der Äußerungen schaut er wieder kurz seinen Partner an, um festzustellen, welchen Eindruck seine Worte hinterlassen haben. Während dieser Zeit hat der Zuhörer den Sprecher genau beobachtet, aber jetzt, da der Zuhörer selbst zum Sprecher wird, blickt er seinerseits weg und wirft gelegentliche Blicke, um die Wirkung seiner Worte zu prüfen. Auf diese Weise wechseln Rede und Blicke nach allgemein vorhersagenden Mustern hin und her“ (Morris 1978, 75). Grundsätzlich kann man feststellen, dass die verbalen Anteile mehr den Inhalt bestimmen, während die nonverbalen Zeichen mehr die Beziehung zwischen den Kommunikationspartnern definieren. Watzlawick unterteilt die menschliche Kommunikation in Anlehnung an Morris (1972, 104) in drei Felder: Syntaktik, Semantik und Pragmatik. Die Syntaktik befasst sich mit dem Aspekt der Nachrichtenübermittlung (z.B. Codes, Kanäle, Kapazitäten, Redundanzen usw.), die Semantik mit der Bedeutung der Wörter. Die Weitergabe von Informationen auf verbale Art setzt bei Sender und Empfänger ein semantisches Übereinkommen voraus, das heißt beide müssen sich unter einem Begriff dasselbe vorstellen. Die Pragmatik befasst sich mit den verhaltensmäßigen Wirkungen der Kommunikation; ihr Material sind nicht nur Worte und deren Konfiguration und Bedeutung, also die Daten der Syntaktik und Semantik, sondern auch alle nonverbalen Begleiterscheinungen (Körpersprache). Watzlawick (2003, 23) führt weiter aus: „In dieser pragmatischen Sicht ist demnach nicht nur die Sprache, sondern alles Verhalten Kommunikation, und jede Kommunikation – selbst die kommunikativen Aspekte jedes Kontextes – beeinflusst das Verhalten.“

Die Grundregeln der Kommunikation (Axiome)

Die ersten fünf Aussagen nach Watzlawick, Beavien und Jackson (Menschliche Kommunikation 2003) werden von den Autoren als *pragmatische Axiome* bezeichnet. Ein Axiom ist ein Grundsatz, der keines Beweises bedarf. Pragmatisch heißt hier soviel wie auf das praktische Handeln (Kommunizieren) bezogen. In Anlehnung an Watzlawick u.a. wird das Axiom zuerst besprochen und am Schluss der Ausführungen definiert.
Wenn man die Definition von Kommunikation wie die Autoren als eine Mitteilung bezeichnet, dann umfasst diese Mitteilung die sprachliche Ebene der Kommunikation genauso wie die nonverbale Ebene. Jedes Verhalten hat für Watzlawick Mitteilungscharakter: „Wenn man also akzeptiert, dass alles Verhalten in einer zwischenpersönlichen Situation Mitteilungscharakter hat, das heißt Kommunikation ist, so folgt daraus, dass man, wie immer man es auch versuchen mag, nicht *nicht* kommunizieren kann" (2003, 51). Jedes Verhalten, auch das abweisende, schweigende, beeinflusst die Umwelt, tritt also in Beziehung zu ihr, kommuniziert mit ihr. Selbst der Wunsch, nicht kommunizieren zu wollen, setzt eine wie auch immer geartete Mitteilung dieses Wunsches voraus. Begegnen wir zum Beispiel in einem Zugabteil einem Mann, der seine Schirmmütze ins Gesicht gezogen hat und die Augen geschlossen hält, so teilt er uns dadurch mit, dass er seine Ruhe haben will. Jeder von uns versteht die Geste eines Menschen, der zusammengekauert, in alter zerlumpter Kleidung am Straßenrand sitzt und einen Hut vor sich hat. Ohne dass es nötig wäre, einen Blick zu wechseln oder ein Wort zu sprechen, ist jedem Passanten der Aufforderungscharakter dieser Handlung klar.
Auf ein Kommunikations- beziehungsweise Interaktionsangebot kann man nach Watzlawick (Watzlawick u.a. 2003, 75ff.) auf verschiedene Weise reagieren:

(1) durch Annehmen: Wenn jemand auf der Straße mit einem bestimmten Anliegen angesprochen wird und auf dieses Gesprächsangebot eingeht, so wird das Kommunikationsangebot angenommen;
(2) durch Abweisen: Einem Kommunikationsangebot kann man sich entziehen, indem man expressis verbis sagt, dass man keine Kommunikation wünscht, oder sich räumlich entfernt;
(3) durch Entwerten: Die eigenen Aussagen oder die des Partners werden ihrer klaren Bedeutung beraubt: Aussagen werden beispielsweise absichtlich missverstanden, man bildet unvollständige Sätze oder wechselt das Thema;

(4) durch Vortäuschen von Kommunikationsunfähigkeit: durch gespielte Schläfrigkeit, Trunkenheit, Unkenntnis der Sprache oder Ähnliches. Also erstes Axiom:

Man kann nicht nicht kommunizieren (Watzlawick u.a. 2003, 53).

In jedem Kommunikationsprozess geht es zunächst um die Vermittlung von Informationen, das heißt um den Inhalt (Inhaltsaspekt). Die „neutrale“ Nachricht wird aber in einem bestimmten Bezugssystem vermittelt. Aus der Perspektive des Senders bedeutet das, dass kein Sachinhalt vermittelt werden kann, ohne dass es zu einer Wechselwirkung im Beziehungsgeschehen der Kommunikationsteilnehmer kommt (vgl. Schulz von Thun 2005, 156). Watzlawick u.a. gehen nun so weit, dass sie behaupten, dass der Beziehungsaspekt für den Kommunikationsprozess die entscheidende Rolle spielt. Der Beziehungsaspekt ist also häufig die eigentliche Kommunikation, die hinter- oder (meta) über dem Kommunikationsprozess steht.

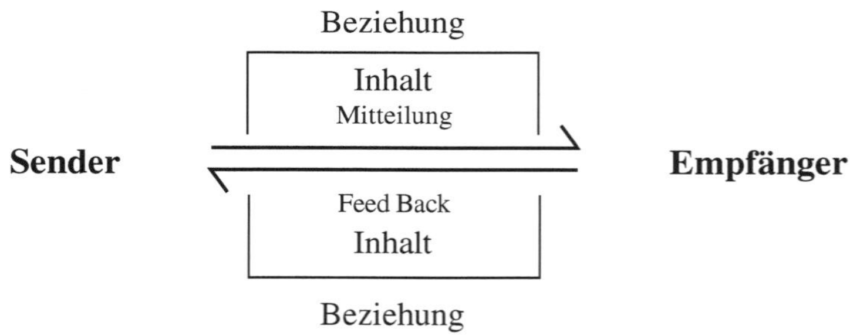

Abb. 5: Jede Kommunikation hat einen Inhalts- und Beziehungsaspekt

Beispiel:

Eine angehende Heilerziehungspflegerin beobachtet bei einem Mann mit hohem Assistenzbedarf das Einnehmen des Essens. Sie stellt fest, dass Herr H. bei bestimmten Speisen (die er wahrscheinlich gerne mag) seinen Mund schnell öffnet und isst, hingegen bei anderen Speisen seinen Mund für längere Zeit geschlossen hält und dann doppelt so viel Zeit benötigt, bis er das Essen hinuntergeschluckt hat. Die angehende Heilerziehungspflegerin sieht hier eine Möglichkeit einen Bildungsprozess in Richtung mehr Selbstbestimmung beim Essen zu unterstützen. Sie bringt einen entsprechenden Vorschlag in die Teambesprechung ein. Mit dem Argument, man habe das alles schon ausprobiert und es gebe auch keine Zeit für eine geplante Maßnahme wird der Vorschlag von der Teamleiterin mit belehrendem Unterton zurückgewiesen. Die angehende Heilerziehungspflegerin versucht das Argument mit der fehlenden Zeit dadurch zu entkräften, in dem sie dagegenhält, dass durch ihren Vorschlag sich die Unterstützungszeit eher verkürzen würde. Die Teamleiterin entgegnet darauf, dass sie als Schülerin den Sachverhalt noch nicht richtig einschätzen könne und dass dieses Thema damit abgeschlossen wäre.

Wenn man die Aspekte der Inhalts- und Beziehungsebene getrennt betrachtet, kann an dem oben dargestellten Kommunikationsbeispiel sehr schön gezeigt werden, dass das Kommunikationsgeschehen wesentlich von der Beziehungsebene gesteuert wird. Offensichtlich ist die Unterstützung im Bildungsprozess für Herrn H. der zentrale Kommunikationsinhalt. Entscheidend ist aber die Beziehungsebene der beiden Kommunikationsteilnehmerinnen. Die persönliche und individuelle Beziehungsdimension wird in diesem Beispiel nicht ersichtlich. Jedoch wird etwas über die kollegiale Beziehungsebene zum Ausdruck gebracht. „Schülerin“ und „Teamleitung“ vereinigen jeweils ganz unterschiedliche Rollenerwartungen auf sich. Die Frage der fachlichen Kompetenz zwischen beiden Personen ist auf dem Hintergrund der unterschiedlichen beruflichen Rollen (in Ausbildung/Leitung) unstrittig. Im oben gezeigten Beispiel ist es so, dass die Inhalte der Kommunikation durch die „Arbeitsbeziehung“ bedingt sind. Interessant ist, dass die Beziehungsebene, nämlich die ungleiche berufliche Kompetenz im Allgemeinen, zum Argument genommen wird, um eine unliebsame fachliche Argumentation im Besonderen, in diesem Fall die Unterstützung von Herr H. bei der Mahlzeit, abzuwehren. Hier wird die Dominanz der Beziehungsebene besonders deutlich. Man könnte vermuten, dass sich die Teamleiterin indirekt angegriffen fühlt, weil die angesprochene Beobachtung nicht von ihr, sondern von der „fachlich weniger kompetenteren“ Schülerin eingebracht wurde.

Natürlich gibt es noch andere Möglichkeiten zu reagieren. Dieses Beispiel soll uns nur vor Augen führen, wie sehr der Beziehungsaspekt den Inhaltsaspekt dominieren kann. In der Kommunikation können bezüglich des Inhalts- und Beziehungsaspektes nach Watzlawick (2003, 81f.) folgende Variationen auftreten:

(1) Die Partnerinnen sind sich sowohl auf der Inhalts- und der Beziehungsebene einig. Das ist der Idealfall.
(2) Die Partnerinnen sind sich auf der Inhaltsebene nicht einig, doch diese Meinungsverschiedenheit führt nicht zur Beeinträchtigung ihrer Beziehung.
(3) Die Partnerinnen sind sich auf der Inhaltsebene einig, auf der Beziehungsebene dagegen nicht.
(4) Es herrscht Uneinigkeit auf der Inhalts- und der Beziehungsebene, das heißt es findet überhaupt keine befriedigende Kommunikation statt. Beziehungsstörungen werden häufig auf der Sachebene ausgetragen. Viele Kommunikationspartner diskutieren auf der Sachebene, obwohl sie im Prinzip die gleiche Position vertreten, können das aber aufgrund von Schwierigkeiten auf der Beziehungsebene nicht zugeben.
Schulz von Tun erweitert den Beziehungsaspekt um die Aspekte Selbstkundgabe und Appell.

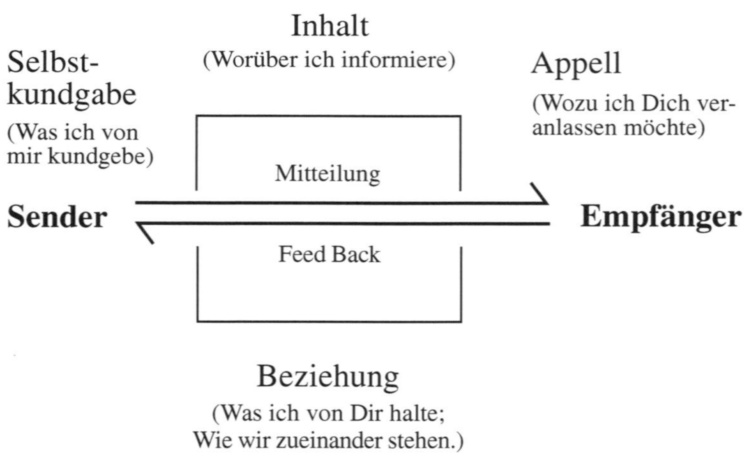

Abb. 6: Jede Nachricht hat vier Aspekte (nach Schulz von Tun 2005, 25ff.)

Untersucht man die oben im Beispiel aufgeführte Kommunikationssequenz nach den vier Aspekten wie sie Schulz von Tun unterscheidet so könnte man zu folgender Interpretation kommen:

1. Die angehende Heilerziehungspflegerin sagt über sich aus: „Ich beobachte genau, ich nehme meine Arbeit sehr ernst, ich habe schon fachliche Kompetenzen und möchte dieses gerne umsetzen ...
   Die Teamleiterin sagt über sich aus: Ich möchte mich nicht schon wieder mit neuen Ideen auseinandersetzen. Ich bin die Chefin und treffe die Entscheidungen.
2. Die Beziehungsebene wird von der angehenden Heilerziehungspflegerin so gesehen: Wir sind Kolleginnen und jeder kann hier seine fachlichen Anliegen einbringen – auch wenn ich erst im Status der Schülerin bin.
   Die Teamleiterin definiert die kollegiale Beziehung ähnlich, findet aber dass es klar sein muss dass letztlich sie das Sagen hat.
3. Der Inhalt der Kommunikation ist die Unterstützung und Assistenz von Herrn H. beim Essen.
4. Der Appell seitens der Heilerziehungspflegeschülerin an die Kolleginnen könnte lauten: Engagiert euch mehr, schaut genauer hin oder unterstützt mich im richtigen beruflichen Handeln.
   Der Appell von der Teamleiterin könnte lauten: Dein Aktionismus nervt, akzeptiere erst einmal was und wie es hier läuft – wir haben uns auch schon unsere Gedanken gemacht. Gib einfach Ruhe mit diesem Thema.

Allerdings stellt der in Abbildung 5 und 6 dargestellte Kommunikationsverlauf, bezogen auf den gesamten Kommunikationsprozess, der in Abbildung 7 dargestellt wird, nur eine Mikrosequenz dieses Sachverhaltes dar. Kommunikation ist ein weitaus komplexeres Geschehen, das sich nur schwer in einem Schaubild darstellen lässt. Watzlawick u.a. fassen das Geschehen zum zweiten Axiom zusammen:

Jede Kommunikation hat einen Inhalts- und einen Beziehungsaspekt, derart, dass letzterer den ersteren bestimmt und daher eine Metakommunikation ist (Watzlawick u.a. 2000, S. 56).

Die Interpunktion von Ereignisfolgen

Kommunikation ist nicht einfach der Austausch von Informationen, denn jede Mitteilung erhält ihren Sinn erst durch die entsprechende Einordnung des Empfängers. Diese Einordnung ist abhängig von unserer Wahrnehmung, das heißt von dem Resultat der Interpunktion. „Interpunktieren“ heißt „(willkürlich) das eine Verhalten als Ursache, das andere Verhalten als Folge oder Reaktion auslegen“ (Schulz von Thun 2005, 85).

Watzlawick u.a. (2003, 59) beschreiben das an einem klassischen Beispiel: Ein Ehepaar hat andauernd Probleme. Der Mann behauptet, er müsse sich zurückziehen, weil seine Frau nörgelt; sie behauptet, nur deshalb zu nörgeln, weil sich ihr Mann zurückzieht.
Diese Interpunktionskonflikte lassen sich quasi auf alle Situationen übertragen, auch auf ein Team. In einem Team herrscht beispielsweise schlechte Stimmung. Eine Gruppe behauptet, mehr arbeiten zu müssen, weil die anderen faul sind. Die andere Gruppe ist der Meinung, nicht so viel tun zu können, weil die anderen ihnen die Arbeit wegnehmen.
In der Grammatik versteht man unter Interpunktion das Verfahren, durch Satzzeichen den Sinn einer Wortfolge oder eines Satzes klarzustellen. Auf Kommunikationsprozesse übertragen, bedeutet das, dass jede Mitteilung ihren Sinn erst durch die Einordnung in ein Bezugssystem, durch die Deutung von Empfängerrinnen und Senderinnen erhält. Ursache für Interpunktionskonflikte ist also die widersprüchliche Annahme der Partnerinnen hinsichtlich dessen, was Ursache und Wirkung des Konfliktes ist. Da die Interaktion der Partnerinnen aber nicht linear, sondern kreisförmig erfolgt, ist kein Verhalten nur Ursache des anderen, sondern jedes Verhalten ist sowohl Ursache als auch Wirkung zugleich (vgl. Watzlawick u.a. 2003, 93). Das Wesen einer Beziehung wird durch die Art und Weise der Kommunikationsfolgen bedingt (d.h. die Beziehung bestimmt die Kommunikationsfolgen und umgekehrt, die Kommunikationsfolgen wirken sich auf die Beziehung aus). Daraus folgt das dritte Axiom:

Die Natur einer Beziehung ist durch die Interpunktion der Kommunikationsabläufe seitens der Partner bedingt (Watzlawick u.a. 2003, S. 61).

Digitale und analoge Kommunikation

Informationen können auf unterschiedliche Art und Weise gesendet werden, dabei wird zwischen der digitalen und analogen Form unterschieden. Digital bedeutet, dass eine Information ausdrücklich (mit Zeichen oder Symbolen) formuliert wird. Sie ist eindeutig und unmissverständlich: Zum Beispiel: „Ich komme aus Hamburg". „Morgen ist Sonntag". „Das ist meine Mutter." Dies kann auch in schriftlicher Form erfolgen.
Grundlage für digitale Kommunikation ist ein semantisches Übereinkommen, um die Beziehung zwischen dem Wort und dem Inhalt herzustellen. Zum Beispiel verstehen wir unter der Buchstabenkombination H-U-N-D im deutschsprachigen Kulturkreis ein Tier mit Schnauze,

vierbeinig mit Fell und Schwanz. Ist uns dieses semantische Übereinkommen nicht bekannt, so ist es uns nicht möglich, die Bedeutung des Wortes zu erkennen. Wir können beispielsweise eine Radiosendung in einer uns unbekannten Sprache in keinem Fall inhaltlich verfolgen. Die digitale Mitteilung „Das ist meine Mutter“ ist eine Information auf der Inhaltsebene. Diese Mitteilung sagt noch nichts über die Qualität der Beziehung zwischen der Senderin und der Mutter aus. Erst durch die Beobachtung von Mutter und Kind kann man erkennen, wie sie sich zueinander verhalten. Mitteilungen, die durch ein bestimmtes Verhalten erfolgen beziehungsweise der nicht sprachliche Ausdruck von Beziehungen fallen in den Bereich analoger Kommunikation. Watzlawick u.a. (2003, 64) sagen dazu: „Überall, wo die Beziehung zum zentralen Thema der Kommunikation wird, erweist sich die digitale Kommunikation als fast bedeutungslos.“ Die Aussage einer Partnerin „Ich mag dich“ ist dann ohne reelle Bedeutung, wenn sie nicht durch analoge Informationen verdeutlicht wird. Sympathie, Empathie beziehungsweise Nähe bedürfen der analogen Kommunikationsform.

Die analoge Kommunikationsform ist die ursprünglichere und besitzt eine weitaus allgemeinere Gültigkeit. So können wir die Körperhaltung von uns unbekannten Personen immer in einer gewissen Weise deuten, auch wenn sie einem anderen Kulturkreis angehören.

Die Körpersprache wird häufig unbewusst eingesetzt und sagt oft mehr aus als tausend Worte. Wir genießen auch häufig diese Form der Kommunikation – zum Beispiel die Umarmung eines geliebten Menschen. Der analogen Kommunikationsform fehlen aber so grundlegende Sinnelemente wie „Wenn-dann"- beziehungsweise „Entweder-oder"-Konstruktionen. Abstrakte Begriffe können darin kaum ausgedrückt werden. Doppeldeutigkeiten und die Unterscheidung zwischen Vergangenheit, Gegenwart und Zukunft sind ebenfalls nicht möglich. Die digitale Form ist sehr geeignet zur Wissensvermittlung, zum Beispiel von Person zu Person oder von Generation zu Generation (z.B. Märchen, Geschichten, Wissen) und erweist sich als komplexer und abstrakter als die analoge Form.
Probleme in der analogen Kommunikation sind quasi vorprogrammiert. Die nichtsprachlichen Ausdrucksformen lassen sich auf verschiedene Weise interpretieren; Störungen treten meist dann auf, wenn analoge Kommunikation anders gedeutet wird, als sie gemeint war, also falsch in die digitale Kommunikation übersetzt wird. Viele analoge Kommunikationsformen werden gerade bei Menschen mit geistiger Behinderung überhaupt nicht als Kommunikation verstanden, was für diesen Personenkreis oft fatale Folgen hat.
Informationen können dann eindeutig von Senderin zur Empfängerin übermittelt werden, wenn alle Signale – die sprachlichen und nichtsprachlichen – in die gleiche Richtung weisen. Schulz von Thun bezeichnet eine solche Nachricht als kongruent. Stimmen die sprachlichen und nichtsprachlichen Signale nicht überein, so enthalten diese Nachrichten widersprüchliche Handlungsaufforderungen und schaffen eine „verrückt machende Doppelbindung" (vgl. Watzlawick u.a. 2003, 194ff.). Diese Ausführungen lassen sich zum vierten Axiom zusammenfassen:

Menschliche Kommunikation bedient sich digitaler und analoger Modalitäten. Digitale Kommunikationen haben eine komplexe und vielseitige logische Syntax, aber eine auf dem Gebiet der Beziehungen unzulängliche Semantik. Analoge Kommunikation dagegen besitzt dieses semantische Potential, ermangeln aber die für eindeutige Kommunikationen erforderliche logische Syntax (Watzlawick u.a. 2003, 68).

Kommunikationsprozesse lassen sich in symmetrische und komplementäre Interaktionen unterscheiden

Beziehungen selbst können als symmetrisch, das heißt auf Gleichheit beruhend bezeichnet werden oder als komplementär, wenn sie auf Ungleichheit beruhen.

So befinden sich zum Beispiel in dem System Schule die Schülerinnen beziehungsweise die Lehrerinnen untereinander in symmetrischen Beziehungen. Bei komplementären Beziehungen ergänzen sich die Partnerinnen gegenseitig in ihrer Unterschiedlichkeit, das heißt, das System Schule funktioniert nur in dieser Ergänzung von Lehrern und Schülern. Mit der Einteilung in symmetrische und komplementäre Interaktionsprozesse ist noch keine Wertung verbunden, es kommt darauf an, ob die Partner mit der Rolle, die sie in einem Interaktionsprozess einnehmen, einverstanden sind. Diese Beziehungsstruktur wirkt sich entsprechend auf den Kommunikationsprozess aus. Es ist im Grunde eine Ausdifferenzierung der zweiten Grundaussage. Der Inhaltsaspekt richtet sich nach dem Beziehungsaspekt und dabei spielt die Gleichheit oder Ungleichheit einer Beziehung eine ganz gewichtige Rolle.
Neben den symmetrischen und komplementären Beziehungen gibt es nach Haley (1978) noch die metakomplementären Beziehungen. Darunter versteht man, dass eine Person (A) einen anderen (B) dazu bringt, über ihn zu verfügen, ihn zu lenken oder ihm zu helfen. B hat jetzt scheinbar die Oberhand über A, aber nur aufgrund seiner Erlaubnis. Andererseits kommt es zu metakomplementären Beziehungen, wenn ein Partner dem anderen in einer komplementären Beziehung erlaubt, ihm gegenüber als gleichwertig und gleichrangig aufzutreten. Diesen kommunikationstheoretischen Ansatz halten wir besonders im Hinblick auf das Verständnis von Assistenz in der Heilerziehungspflege für hoch aktuell und bedeutsam.
Fünftes Axiom:

Zwischenmenschliche Kommunikationsabläufe sind entweder symmetrisch oder komplementär, je nachdem, ob die Beziehungen zwischen den Partnern auf Gleichheit oder Unterschiedlichkeit beruht (Watzlawick u.a. 2003,70).

Der Kommunikationsprozess

Kommunikation erfolgt nicht linear, sondern stellt sich immer als ein Prozess mit vielen Rückkopplungsmechanismen dar. Deshalb kann der Verlauf einer Kommunikation am besten als Kreis dargestellt werden. Dabei ist es in Wirklichkeit mühsam festzustellen, wer beim Eintreten in die kommunikative Situation zuerst Sender beziehungsweise Empfänger war. Die beiden Rollen wechseln häufig sehr schnell, ein Blickkontakt eröffnet etwa die Situation, ein Blick zurück verändert die Position (analoge Rückkoppelung).

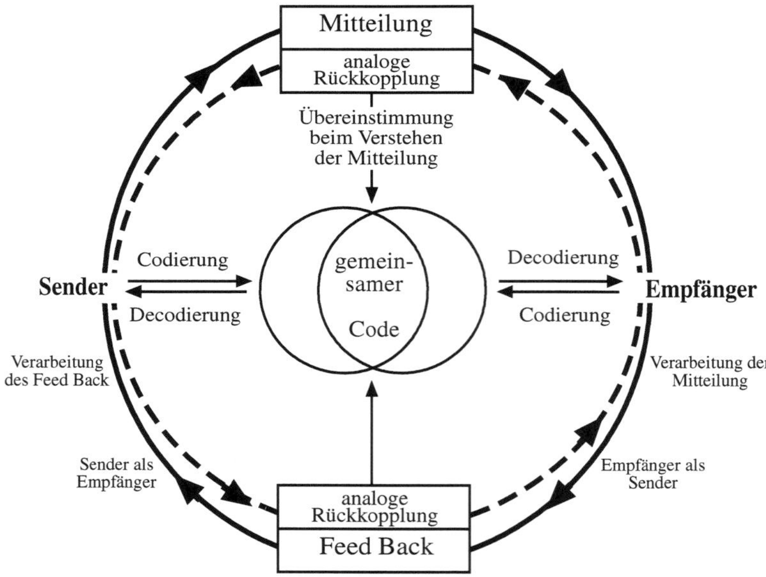

Abb. 7: Der Kommunikationsprozess

Obwohl Kommunikation so komplex ist, dass sie in ihren Einzelheiten kaum darstellbar ist, scheint es uns dennoch sinnvoll zu sein, einzelne Phasen herauszugreifen und zu beschreiben. Informationen und Mitteilungen werden von einer Senderin an den Kommunikationspartner, den Empfänger, gerichtet. Dazu kann sie bewusst oder unbewusst verschiedene Kommunikationskanäle einsetzen. Diese werden definiert durch die Art der Wahrnehmung des Empfängers. Wenn die Vermittlung sprachlich erfolgt, sprechen wir von einem auditiven Kommunikationskanal; nonverbale Informationen werden über den visuellen und teilweise über den taktilen Kanal (bei Berührungen) aufgenommen. Ein wenig beachteter Kommunikationskanal ist der Olfaktorische. Die Aussage „Ich kann dich nicht mehr riechen“ verdeutlicht die Bedeutung dieser Wahrnehmungsmodalität. Ob eine Nachricht vom Empfänger so verstanden wird, wie sie der Sender gemeint hat, hängt im Wesentlichen davon ab, inwiefern die Empfängerin in der Lage ist, die Codierung des Senders zu entschlüsseln beziehungsweise dessen analoge Kommunikationsinhalte richtig zu interpretieren. Wenn beide im optimalen Fall die gleichen Codes benutzen, so gibt es ein hohes Maß an Übereinstimmung bei der transportierten Information. Sind

die benutzten Codes sehr unterschiedlich, ist das Maß der Verzerrung beziehungsweise der Missverständnisse sehr hoch. Codierungen in der Sprache ergeben sich also durch die Grammatik (Satzbau, Satzlänge usw.), den Wortschatz, die Semantik (Benutzen von Fremdwörtern), die Pragmatik, durch das Sprechen von Jargon, Dialekt und Fremdsprache usw. Auch durch die Artikulation und Modulation der Sprache können Inhalte in ihrer Verständlichkeit deutlich variieren.
Verfügen die Kommunikationspartnerinnen über gleiche oder ähnliche kommunikative Voraussetzungen, so kann bei der Vermittlung von Information über die Sprache ein hohes Maß an Übereinstimmung erzielt werden.
Schwieriger wird es bei der Übermittlung von Informationen auf der nonverbalen Ebene. Nonverbale Informationen haben meist zwei Ebenen: Zum einen unterstützen sie, zum Beispiel durch Gesten, die digitale Information, zum anderen definieren nonverbale Signale die Beziehung zwischen Senderin und Empfängerin. Gesten, das heißt Körperbewegungen hauptsächlich der Arme und Hände, aber auch der Beine, unterstützen häufig die sprachliche Information. Gesten treten simultan mit der Sprache auf, versuchen sie zu unterstützen, sie zu akzentuieren. Sie sind kulturabhängig. Auch die Mimik kann das gesprochene Wort deutlich unterstützen; auch sie verfügt über eine selbstständige Aussagekraft. Schon ein Stirnrunzeln kann die Kom-

munikationspartnerin in größere Schwierigkeiten bringen. Mimik, Körperhaltung und Berührungen signalisieren auch das Verhältnis zwischen den Gesprächspartnerinnen, was deshalb spannend ist, weil wir häufig zwar das gesprochene Wort kontrollieren, die Signale des Körpers jedoch häufig ehrlicher sind und damit ein Widerspruch zum gesprochenen Wort entsteht. So merkt man bei einer Umarmung, dass die sprachlich gefundene Beziehungsdefinition durch die verspannte Körperhaltung der Partnerin widerlegt wird. Auch das äußere Erscheinungsbild der Kommunikationspartner erlaubt Rückschlüsse auf die soziale Herkunft, den Status, usw.
Die Gebärde hat im Vergleich zur Geste meist keinen sprachunterstützenden Charakter, sondern tritt an die Stelle der Worte. Gebärden können einmal aus dem Alltag abgeleitet sein, oder es handelt sich um Zeichen, die ein Objekt willkürlich repräsentieren und damit gelernt werden müssen. Der Sender kann dem Empfänger aber auch Informationen über Medien, sei es über einen Brief, ein Bild, ein Foto usw., zukommen lassen. Diese Form der Kommunikation gewinnt vor allem bei Personen, die nicht über Sprache verfügen und aufgrund motorischer Probleme Gebärden nicht genau definieren können, an Bedeutung. Ein nicht zu unterschätzender Faktor ist die räumliche Distanz zwischen den Gesprächspartnerinnen. Man unterscheidet im europäischen Raum grundsätzlich vier Zonen: Intime Distanz bis 45 cm, persönliche Distanz 45–120 cm, gesellschaftliche Distanz 1,2–2,7 m, und die öffentliche Distanz ab 2,7 m (vgl. Argyle/Trower 1981, 23). Überschreitet einer der Kommunikationspartner die intime Distanz von anderen, so fühlen sich diese bedrängt, dass man ihnen „auf die Pelle" rückt. Üblicherweise halten Gesprächspartner eine Entfernung von ca. 60–100 cm ein. Feedback oder Rückkopplungsmechanismen sind immer aktiv. Einmal wird der Sender bereits in dem Moment, wo er eine Botschaft mitteilen möchte, durch die Körperhaltung, Mimik, Gestik usw. seines Gegenüber beeinflusst. Stirnrunzeln beziehungsweise das Zusammenkneifen der Augen können den Kommunikationspartner in Rückzugsposition bringen. Auf der anderen Seite reagiert jeder Empfänger auf die Mitteilung des Senders. Diese Reaktion stellt ebenfalls ein Feedback auf die Information des Senders dar, das wiederum vom Verhalten des Kommunikationspartners beeinflusst wird. Abbildung 8 zeigt einige Faktoren auf, die sowohl den Sender als auch die Empfängerin in ihrem Kommunikationsbestreben beeinflussen.

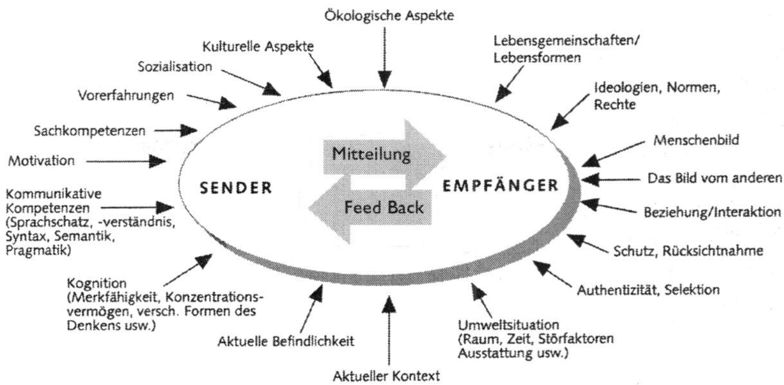

Abb. 8: Faktoren, die sowohl Senderin wie auch Empfängerin in der Kommunikation beeinflussen

Die in Abbildung 8 dargestellten Faktoren stellen nur eine Auswahl dar. Dabei ist die Frage nach der Motivation von entscheidender Bedeutung. Besonders wenn wir in die Kommunikation mit Menschen mit einer geistigen Behinderung eintreten, hängt es wesentlich von unserer Bereitschaft ab, uns auf die kommunikative Situation unserer Partnerinnen einzustellen und damit einen Informationsfluss überhaupt zu ermöglichen. Ist eine intrinsische Motivationslage (intrinsisch bedeutet, dass der Antrieb zu handeln von innen kommt; es besteht ein „direktes“ Interesse an Personen, Gegenständen und Vorgängen) vorhanden, so kann man davon ausgehen, dass die Einzelne mehr Zeit, Geduld darauf verwendet, die Partnerin zu verstehen. Bei einer extrinsischen Motivationslage (extrinsisch bedeutet, dass der Antrieb zu handeln von außen bestimmt wird) ist die Bereitschaft zur Kommunikation oft geringer, so dass Probleme im Kommunikationsprozess wahrscheinlicher werden, die Probleme sind vorprogrammiert. Weitere Faktoren, wie die kommunikativen Kompetenzen, die Kognition, die Vorerfahrung und die Sachkompetenz spielen eine wesentliche Rolle. Aber auch Normen, Einstellungen und Prägungen sowie die äußere Situation (Ort und aktueller Zusammenhang) sind für den Kommunikationsprozess äußerst wesentlich.
Jeder Kommunikationspartner wird von seinem Gegenüber beeinflusst. So berücksichtigt die Senderin die Erwartungen, Haltungen, Empfindlichkeiten, Verfassungen usw. des Empfängers und umgekehrt. Unterscheiden sich Sender und Empfänger in mehreren dieser

Faktoren deutlich, so sind in der Regel Kommunikationsstörungen zu erwarten.
Vergegenwärtigt man sich die dargestellte Komplexität der Kommunikation, so erscheint es fast aussichtslos, zu kommunizieren, ohne dass Missverständnisse produziert werden. Dass trotz aller Schwierigkeiten Kommunikation möglich ist, hängt mit der Redundanz in der Kommunikation zusammen. Redundanz bedeutet Überfluss, Überfülle und Wiederholung. In der Praxis menschlicher Kommunikation ist davon soviel enthalten, dass es möglich wird, Kommunikationsregeln zu lernen, sich auf ein Beziehungssystem einzustellen und sich auf Deutungsmöglichkeiten zu einigen. Dieser kommunikative Lernprozess verläuft in der Regel weitgehend unbewusst und spontan.
Menschliche Kommunikation kann auch als System betrachtet werden, das sich, wenn sich ein Teil verändert, auch als Ganzes verändert. Die Ursachen sind aus dem konkreten Kommunikationsablauf nicht mehr zu erheben, da aufgrund der Offenheit des Systems verschiedene Ursachen zum gleichen Ergebnis führen können. Unter offenen Systemen werden in den Sozialwissenschaften Organisationen, Kollektive oder Gruppen verstanden, in denen die Interessen, Bedürfnisse und Intentionen, zum Beispiel die Interpretation der Akteure, in den Vordergrund des praktischen und wissenschaftlichen Interesses rücken (vgl. Kron 1993, 299ff.). Menschliche Kommunikation ist durch Strukturen geprägt, das heißt durch die Wiederholung oder Redundanz von Ereignissen. Diese Ereignisse liegen im Beziehungsbereich und bestimmen die Atmosphäre zwischen den Kommunikationspartnern. „Wenn wir also untersuchen, wie sich Menschen gegenseitig beeinflussen, müssen wir der Entstehung und den Ergebnissen der Beziehung viel weniger Bedeutung beimessen als ihrer Organisation“ (Watzlawick u.a. 2003, 122). Beziehungen müssen aber zwischen den Kommunikationspartnern definiert und geklärt, schließlich müssen sie auch stabil werden. Redundanzen auf der Beziehungsebene sind Grundlage für ein stabiles zwischenmenschliches Kommunikationssystem. Ein schönes Beispiel dafür ist die Familie. Dieses hochempfindliche Kommunikationssystem strebt nach Stabilität (Homöostase), das heißt, die Mitglieder stehen in einer engen Wechselwirkung und bilden ihre Beziehung so aus, dass sich jedes Mitglied in einem möglichst spannungsarmen Zustand befindet und die Familie als Ganzes die bestmögliche Anpassung an ihre Situation erreicht. Das dadurch erreichte Gleichgewicht ist dabei nicht notwendig identisch mit dem besten. Um das Gleichgewicht zu erhalten, werden Rollen verteilt und fixiert. Bricht ein Teil der Familie aus der Rollenfixierung heraus, ist das ganze System verunsichert. Das geschieht beispielswei-

se, wenn die Kinder erwachsen werden, die Frau wieder berufstätig oder ein Mitglied der Familie krank wird. Das System versucht nun, die alte Stabilität wiederherzustellen oder ein neues Gleichgewicht zu schaffen. Dieses kann erreicht werden, wenn zum Beispiel die Einstellung eines Systems (Kalibrierung), etwa die Aufgaben- und Rollenverteilung, die Verantwortungsbereiche im Sinne einer Stufenfunktion verändert werden. Dann kann das System, zum Beispiel die Familie, eine hohe Flexibilität erreichen (Watzlawick u.a. 2003, 135).

Kommunikationsprobleme/-störungen und Lösungsansätze

Im Arbeitsprozess der Heilerziehungspflegerin überwiegen in der Regel die Inhaltsaspekte der Kommunikation. Geschieht dies auf einer sachlichen Ebene, so ergibt sich die größte Chance für eine gute Vermittlung. Schulz von Thun verdeutlicht das (2005, 129): „Sachlichkeit ist erreicht, wenn die Verständigung auf der Sachebene weiterkommt, ohne dass die Begleitbotschaften auf den anderen drei Seiten der Nachricht (vgl. Abb. 6) störend die Oberhand gewinnen." Treten aber Störungen zum Beispiel in der Beziehungsebene auf, so ist ein Verharren auf der Sachebene zwecklos und ohne Ertrag. Ruth Cohn (2004, 122) formuliert: „Störungen haben de facto Vorrang, ob Direktiven gegeben werden oder nicht. Störungen fragen nicht nach Erlaubnis, sie sind da: als Schmerz, als Freude, als Angst, als Zerstreutheit; die Frage ist nur, wie man sie bewältigt. Antipathien und Verstörtheiten können den einzelnen versteinern und die Gruppe unterminieren; unausgesprochen und unterdrückt bestimmen sie die Vorgänge in Schulklassen, in Vorständen und in Regierungen." Auch in der heilerzieherischen Praxis sollen, noch bevor über die Inhalte der Arbeit gesprochen wird, die Störungen falls vorhanden geklärt werden. Wenn das nicht möglich ist, sollte zumindest ein Bewusstsein über diese Probleme vorherrschen. Die Erfahrung zeigt, dass die Qualität der Arbeit leidet, wenn die Beziehungsebene nicht stimmt.

Beziehung über alles

Die Wichtigkeit des Beziehungsaspektes innerhalb der Kommunikation ist unumstritten. Dabei sind grundsätzlich zu beachten: die Einstellung der Partnerinnen zueinander und ihre Beziehung zu- und miteinander. Die Sichtweise meiner Kommunikationspartnerin wird deutlich im alltäglichen Umgang. Wertschätzung bedeutet, dass ich mein Gegenüber als vollwertige, gleichberechtigte Person achte und ihr Wohlwollen entgegenbringe. Kennzeichen dieser Vorgehensweise ist

einmal die Reversibilität der Sprache, aber auch entsprechende Umgangsformen, das heißt eine freundliche Grundhaltung. Geringschätzung zeigt sich in einer entsprechenden herablassenden autoritären, demütigenden Art. Auch die Freiheiten, die ich meinem Partner zugestehe, verdeutlichen meine Grundhaltung. Starke Lenkung und Bevormundung führen immer zu Beziehungsproblemen und deutlichen Reaktionen des Kommunikationspartners im Sinne von Abwehr, Auflehnung, Widerstand usw.
Unser kommunikatives Verhalten lässt sich häufig leiten durch das Bild, das wir von dem anderen Menschen haben. Auftreten, Kleidung, Haltung und Sprache ermöglichen uns eine gewisse Einschätzung unseres Gegenübers. Häufig spielen jedoch auch unbewusst ablaufende Vorgänge eine Rolle. Auf zwei bekannte wollen wir hinweisen: die Projektion und die Übertragung.
Unter Projektion versteht man das Lenken von bestimmten seelischen Vorgängen oder Eigenschaften, die die eigene Person betreffen, die man aber an sich selbst nicht wahrhaben kann und will, nach außen beziehungsweise auf andere Personen. Kommt beispielsweise eine Heilerziehungspflegerin nicht zurecht und will dies nicht wahrhaben, so wird sie das Team dafür verantwortlich zu machen.
Bei einer Übertragung geschieht Folgendes: Bestimmte Äußerlichkeiten einer Person erinnern uns an einen Menschen aus unserer Vergangenheit. Daraufhin übertragen wir Einstellungen und Gefühle, die wir von der Person aus der Vergangenheit kennen auf die aktuelle Bezugsperson. Übertragungen belasten Interaktionsprozesse äußerst schwer, da sie etwas ins Spiel bringen, was mit der aktuellen Situation nichts zu tun hat.

Beziehungsdefinition

Wenn immer sich zwei Menschen begegnen, gibt es ein Beziehungsangebot. Dabei hat der Empfänger grundsätzlich vier Möglichkeiten, auf die Beziehungsdefinition des Senders zu reagieren:

(1) Akzeptieren:
Das Beziehungsangebot wird vom Partner bestätigt. Begegnen sich zwei fremde Personen und begrüssen sich mit Handschlag, so handelt es sich um eine Beziehungsdefinition, die von beiden akzeptiert wird.
(2) Durchgehen lassen:
Hier wird das Beziehungsangebot zwar nicht zurückgewiesen, aber auch nicht bestätigt. Manche Menschen haben die Angewohnheit, bei der Begrüssung den Partner zum Beispiel an der Schulter/Oberarm zu berühren. Oft lässt man das durchgehen, obwohl es als unangenehm erlebt wird.

(3) Zurückweisen:
Hier gibt der Partner klar zu erkennen, dass das Beziehungsangebot so nicht akzeptiert wird. Spricht zum Beispiel ein Angeklagter eine Richterin mit Vornamen an, so wird die Richterin diese Beziehungsdefinition zurückweisen und das Verhältnis neu definieren.
(4) Ignorieren (entwerten):
Entweder wird das Beziehungsangebot von dem Empfänger gar nicht wahrgenommen, registriert oder es wird entwertet. In einem Teamgespräch bringt zum Beispiel ein junger Praktikant einen Gesprächsbeitrag ein, der von keinem der Teilnehmer zur Kenntnis genommen und völlig übergangen wird.

Häufig treffen in einer Kommunikationssituation sehr unterschiedliche Partner aufeinander. Deshalb ist es nicht unerheblich, welches Selbstkonzept sie haben. Je unterschiedlicher sich dieses gestaltet, desto schwerer mag sich der Akt der Kommunikation entwickeln.
Beziehungsstörungen können nicht einfach ignoriert werden. Eine Möglichkeit, mit ihnen umzugehen, ist die Metakommunikation. „Gemeint ist eine Kommunikation über der Kommunikation, also eine Auseinandersetzung über die Art, wie wir miteinander umgehen, und über die Art, wie wir die gesendeten Nachrichten gemeint und die empfangenen Nachrichten entschlüsselt und darauf reagiert haben“ (Schulz von Thun 2005, 91). Dies hört sich einfach an, bedarf aber eines gewissen Mutes: „Es scheint kaum eine kommunikative Verhaltensklasse zu geben, die die meisten Menschen so ungewohnt finden, so scheuen und doch so befreiend erleben können, wie ein Gespräch über die Beziehung, wie die explizite Metakommunikation“ (Mandel u.a. 1971, 127).
Ein wesentlicher Aspekt ist, wie der Einzelne sich in die Kommunikation/Beziehung als Person einbringt. Schulz von Thun spricht von Selbstkundgabe.
In jede Interaktion und Kommunikation fließen, ob ich das will oder nicht, Informationen über meine Person ein. Oft verwenden Menschen viel Energie darauf, in den Augen der anderen gut dazustehen. Schulz von Thun unterscheidet drei verschiedene Formen der Selbstdarstellung und Selbstverbergung: die Imponiertechniken, die Fassadentechniken und die demonstrative Selbstverkleinerung (vgl. Schulz von Thun 2005, 107ff.).

Die Imponiertechniken

Imponieren bedeutet, dass man sich aufspielen, produzieren und angeben will. Wer imponieren will, versucht, sich von seiner besten Seite zu präsentieren und hat folgende Möglichkeiten, das zu tun: durch den

Gebrauch einer elitären Sprache, die niemand anderes verstehen soll, durch das Fahren schneller Autos, durch penetrantes Wiederholen eigener Stärken, durch Angeben usw. Zu diesen Mechanismen zählt auch die Angewohnheit gewisser Menschen, das Gespräch immer wieder auf sich und das eigene Thema zurückzuführen.

Die Fassadentechniken

Menschen, die sich dieser Techniken bedienen, sind häufig unscheinbar und zurückhaltend. Sie sind bestrebt, möglichst wenig von der eigenen Person preiszugeben. Eine der effizientesten Möglichkeiten, das zu tun, ist das Schweigen.
Viele Menschen verstecken sich auch hinter ihrer Rolle. Typische Rollen wären zum Beispiel die immer gut aufgelegte Mitarbeiterin, der ewige Schweiger, die griesgrämige Kollegin usw.
Die Sprache bietet auch Möglichkeiten, die eigene Meinung und Befindlichkeit hinter „Man"-„Wir"- und „Es" – Aussagen zu verstecken. Als „Du" – Botschaften werden die Techniken verstanden, die „eigenes inneres Erleben in eine Aussage über den anderen übersetzen" (Schulz von Thun 2005, 112). Sie haben den Vorteil, dass sie scheinbar von der Person des Senders ablenken und die Partnerin in Bedrängnis bringen sollen.
Hinter einer bestimmten Art und Weise, Fragen zu stellen, kann auch die Absicht verborgen liegen, mehr über den anderen erfahren zu wollen, ohne allzu viel von sich selbst preisgeben zu wollen.
Ganz anders könnte die Situation aussehen, wenn meine Kommunikationspartnerin erfährt, warum ich dieses oder jenes wissen möchte.

Demonstrative Selbstverkleinerung

Diese ebenfalls weit verbreitete Form der Selbstdarstellung ist für beide Seiten meist äußerst problematisch. Auf die Aufforderung eines Kollegen, sie soll mit einer Person mit schwierigem Verhalten zum Zahnarzt zu gehen, reagiert eine Kollegin mit der Behauptung, dass sie das nicht schaffe.
Im günstigsten Falle könnte es sich wirklich um einen Hilferuf handeln; es könnte aber auch sein, dass sie nur ihr Selbstbewusstsein stärken und von den anderen hören will, dass sie dazu natürlich und selbstverständlich in der Lage sei (Fishing for compliments). Häufig jedoch will die Senderin mit so einer Aussage erreichen, dass die anderen die lästige und schwierige Aufgabe übernehmen. Diese demonstrative Selbstverkleinerung ist eine durchaus erfolgreiche Strategie, wenn es darum geht, mit wenig Aufwand durchs alltägliche Leben zu kommen. Sie wird jedoch häufig auf diejenigen, die sie anwenden, zurückfallen.

Selbstdarstellungs- und Verbergungstechniken werden mehr oder weniger von allen Menschen benutzt und können durchaus sinnvolle und erfolgreiche Strategien sein – zum Beispiel zur Darstellung der eigenen Kompetenzen und Befindlichkeiten. Wenn sie jedoch durchgängig angewendet werden, verursachen sie Unsicherheit, verkomplizieren die Beziehungen und können sogar zur Gefahr für das seelische Gleichgewicht werden (vgl. Schulz von Thun 2005, 115). Weil sich auf dieser Ebene dann unnötigerweise Beziehungsschwierigkeiten ergeben, bleiben die sachlichen Probleme auf der Strecke.
Je mehr die Senderin auf die vorhin geschilderten Techniken verzichtet und stattdessen offen ihre Gefühle und Gedanken „preisgibt", umso mehr kann Kommunikation gelingen. Dazu ist es aber notwendig, dass der Einzelne die Situation analysiert, die Gefühle wahrnimmt, sie sich bewusst macht und sich entscheidet, wie er mit ihnen umgehen und welche er preisgeben möchte.

Ein einfaches Beispiel: Während eines Teamgespräches signalisiert eine Kollegin, von der ich angenommen habe, dass sie mich unterstützt, Ablehnung. Es geht nun darum, den eigenen Gefühlen nachzugehen und zu entscheiden, ob sie angesprochen werden sollen oder nicht. Das ist natürlich auch davon abhängig, wie ich diese Situation gerade einschätze, wie ich mich gerade fühle. Angst, Wut oder Zorn einzugestehen, kann sehr verunsichern, über Unstimmigkeiten zu sprechen, erfordert Mut und Selbstsicherheit. Das Ergebnis dieser Bemühungen kann sein, dass ich als Sender für meine Partnerin eindeutiger geworden bin: die Kommunikationsstruktur verbessert sich. Das Durchstehen solcher Konflikte hat in den meisten Fällen positive Konsequenzen: Carl Rogers bezeichnet diese Kommunikationshaltung als Kongruenz, Schulz von Thun als Stimmigkeit, und Ruth Cohn spricht von selektiver Authentizität. Ruth Cohn (2004, 124f.) hat Hilfsregeln für die Kommunikation aufgestellt, die für alle Gruppen geeignet sind:

(1) Vertrete dich selbst in deinen Aussagen; sprich per ich und nicht per wir oder per man.
(2) Wenn du eine Frage stellst, sage, warum du fragst und was deine Frage für dich bedeutet. Sage dich selbst aus und vermeide das Interview.
(3) Sei authentisch und selektiv in deiner Kommunikation. Mach dir bewusst, was du denkst und fühlst, und wähle, was du sagst und tust.
(4) Halte dich mit Interpretationen von anderen solange wie möglich zurück. Sprich stattdessen deine persönlichen Reaktionen aus.
(5) Sei zurückhaltend mit Verallgemeinerungen.
(6) Seitengespräche haben Vorrang. Sie stören und sind meist wichtig. Sie würden nicht geschehen, wenn sie nicht wichtig wären.

(Die Leiterin der Gruppe könnte diejenigen, die solche Gespräche führen, etwa wie folgt fragen: „Vielleicht wollt ihr uns erzählen, was ihr miteinander sprecht?")

Appelle oder warum tust du nicht, was ich von dir wünsche?

Neben der Vermittlung oder Übermittlung von Informationen geht es meistens darum, auf den Kommunikationspartner Einfluss zu nehmen. Über einen bestimmten Ausdruck (Körperhaltung, Stimmvariationen usw.) wird versucht, beim Gegenüber eine bestimmte Wirkung zu erzielen. Zum Beispiel:

(1) Mit zitternder, unsicherer Stimme sprechen bedeutet: „Hilf mir!", „Hör mir zu!"
(2) Lautes Sprechen und Schreien lässt sich übersetzen in: „Sei ruhig, hör mir zu, ich habe Recht."
(3) Offene Körperhaltung signalisiert: „Du kannst mir vertrauen, ich bin ehrlich."

Ausdrucks- und wirkungsorientiertes Verhalten

In diesem Zusammenhang hat die Senderin zwei Möglichkeiten, sich zu verhalten: zum einen ausdrucksorientiert, zum anderen wirkungsorientiert. Ausdrucksorientiert verhält sich jemand, der seine Gefühle, Überzeugungen, Beweggründe darstellt, ohne Rücksicht auf die Umwelt zu nehmen. Die Wirkung ist sekundär und wird einfach in Kauf genommen. Anders ist es bei dem wirkungsorientierten Sender. Er orientiert sich primär an der erwarteten Wirkung seines Verhaltens (Antizipation). Diese Haltung erfordert viel Aufwand, weil die äußere Situation analysiert werden muss, um die gewünschte Wirkung zu erzielen; darüber hinaus kommt die eigene Haltung häufig zu kurz – häufig wird nur noch taktiert, was sich auf alle Aspekte der Kommunikation negativ auswirkt.

Die Wirkungslosigkeit mancher Appelle

Viele gut gemeinte Appelle verhallen wirkungslos oder rufen beim Gegenüber sogar Widerstand hervor. Im Folgenden seien einige kurz dargestellt (nach Schulz von Thun 2005, 214ff.):
(1) Erfolglose Appelle in Beziehungen: Viele Appelle, zum Beispiel von einer Mutter an ihr Kind, sind deshalb erfolglos, weil das Kind sie als Eingriff in seine Autonomie empfindet, was häufig zu einer oppositionellen Haltung führt.
(2) Appelle als untaugliches Mittel zur Problemlösung: Der gut gemeinte Rat eines Partners: „Setz Dich durch, lass Dir nicht alles

gefallen“ ist für die andere meist schwer umzusetzen. Hätte sie die Fähigkeiten und die Energie dazu, würde sie es ja bereits tun. Problematisch sind auch Appelle, die dem anderen komplexe Verhaltensmaßnahmen abverlangen. Die Anforderung „Benimm dich anständig“ an ein Kind ist oft von Misserfolg gekrönt, weil der Appell zu ungenau ist und auch mehr der Welt des Senders als des Empfängers entspricht.
(3) Appelle machen spontanes Verhalten unmöglich: Die Aufforderung einer Ehefrau an ihren Mann, ihr Blumen mitzubringen, macht ihm möglicherweise genau dieses unmöglich.
(4) Untaugliche, an sich selbst gerichtete Appelle, zum Beispiel „schlaf jetzt“.

Verschiedene Arten von Appellen

Appelle werden in sehr unterschiedlicher Form gesendet. Es gibt:

(1) paradoxe Appelle (das Gegenteil fordern von dem, was ich möchte),
(2) offene Appelle (direkter Ausdruck von Wünschen),
(3) verdeckte Appelle (mein Verhalten soll mein Gegenüber zu einem gewissen Verhalten veranlassen).

Grundsätzlich muss sich jeder darüber im Klaren sein, dass Wünsche, die nicht artikuliert, nicht formuliert werden, häufig unerfüllt bleiben. Die Vorstellung, dass mein Gegenüber mir an der Nasenspitze abliest, was sie für mich tun kann, ist nicht realistisch. Auch auf die Gefahr hin, dass meine Wünsche zurückgewiesen werden, wenn ich offen bin, so bietet diese Art doch am meisten Transparenz und Aussicht auf Erfolg.

Das Verarbeiten einer Nachricht

Das Aufnehmen und Verarbeiten einer Nachricht durch den Empfänger ist ein wesentlicher, aber störanfälliger Prozess. Die Informationsflut muss aufgenommen, analysiert, sondiert, verglichen und verarbeitet werden. Grundsätzlich kann man sagen, dass sich jeder die eigene Wunschwirklichkeit schafft. Wahrnehmung ist immer ein selektiver Prozess. Jeder nimmt gerne nur das wahr, was er wahrnehmen möchte. Andere Informationen werden ignoriert oder umgedeutet, damit sie den eigenen Vorstellungen entsprechen. Das Verarbeiten einer Nachricht erfordert, offen zu sein für das, was kommt. Zeit und Ruhe sind die Voraussetzung. Bei dem Einordnen und Werten der Informationen ist man darauf angewiesen, auf bekannte Inhalte und Erfahrungen zurückzugreifen, was die Gefahr beinhaltet, Unbekanntes und Fremdes zu überhören.
Miteinander vertraute Menschen können sich über das gleiche Thema unterhalten und sprechen trotzdem über etwas ganz anderes. Ein india-

nisches Sprichwort sagt: „Ich muss erst drei Tage in deinen Mokassins gehen, um dich zu verstehen." Häufig werden Inhalte, die für selbstverständlich gehalten werden, nicht mehr mitgeteilt, weil die Betreffenden davon ausgehen, dass es nicht nötig sei. Inhaltliche Schwerpunkte werden oft unterschiedlich gesetzt, wichtig ist das Bewusstsein darüber, dass man nur Teilaspekte wirklich wahrnimmt und den Rest durch die eigenen Erfahrungen ergänzt.

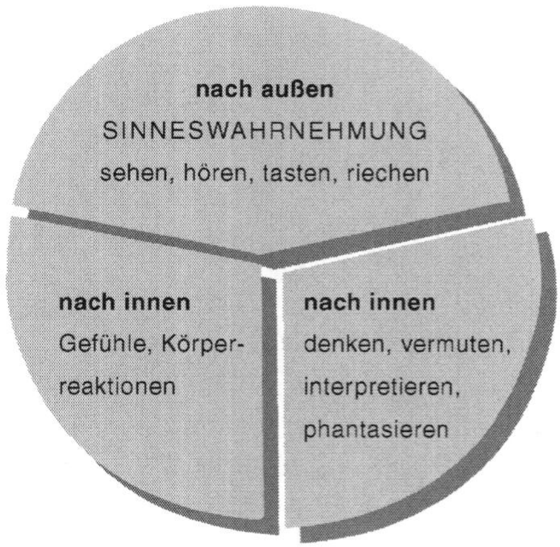

Abb. 9: Die drei Bereiche der Wahrnehmung

Wie in Abbildung 9 dargestellt, gibt es einmal die nach außen gerichtete Sinneswahrnehmungen: Sehen, Hören, Schmecken, Riechen, Tasten usw. Die anderen beiden Bereiche der Wahrnehmung sind nach innen gerichtet; es handelt sich dabei um die Gefühle, die Körperreaktionen, das Denken, Vermuten, Fantasieren und Interpretieren. Häufig registrieren wir nur Letzteres. Oft läuft dieser Prozess außerdem sehr diffus ab, wir bemerken nicht einmal mehr unsere Vorlieben für bestimmte Wahrnehmungsarten beziehungsweise unsere Ausrichtung darauf. Eine Möglichkeit wäre, diese komplexe Situation etwas durchschaubarer zu machen, indem diese „Wahrnehmungsautomatik" aufgelöst wird. Das bedeutet, dass die drei Bereiche der Wahrnehmung voneinander getrennt und die einzelnen Sektoren bewusster abgefragt werden sollen. Kommunikation ist vielschichtig und komplex; zu ihrem Gelingen müssen alle Teilnehmenden beitragen und dafür auch Verantwortung übernehmen. Die Fähigkeiten des Einzelnen, Kommunikation zu gestalten, hängen von vielen individuellen und soziokulturellen Faktoren ab. Kommunikation kann aber auch gelernt werden. Besonders kommt es dabei auf die Haltung und Einstellung an, die ich meinem Gegenüber

entgegenbringe. Folgende Überlegungen könnten die Basis für einen möglichst störungsfreien Kommunikationsverlauf sein:
(1) Jeder Kommunikationsteilnehmer muss sich zuerst auf sich besinnen. Er muss sich im Klaren darüber sein, welche Wünsche, Gefühle, Erwartungen, Erfahrungen usw. er/sie in den Kommunikationsprozess einbringt, um dann bewusst auszuwählen, was nach außen weitergeben wird und was nicht. Übertragungen, Projektionen und Beziehungsstörungen können auf diese Art und Weise erkannt und abgebaut werden. Ruth Cohn bezeichnet ein solches Kommunikationsverhalten als authentisch (echt, stimmig) und selektiv (auswählend). Zeichen für eine solche Form wären zum Beispiel: das Ausdrücken von Gefühlen, Bedürfnissen in der Ich-Form (Ich-Botschaften); Ehrlichkeit in der Kommunikation, zum Beispiel bei Fragen den Grund nennen; Informationen eindeutig weitergeben, das heißt alle Signale, die sprachlichen wie die nicht sprachlichen, müssen in die gleiche Richtung weisen;
(2) Kommunikation attraktiv gestalten, das heißt Sachinformationen mit anschaulichen Beispielen; den Partner deutlich informieren, um was es geht.
Kommunikation wird dann auch gelingen, wenn die Informationen so einfach und so interessant wie möglich transportiert werden. Der Sender muss in der Lage sein, die Information so zu verpacken, dass das Gegenüber sie verstehen kann. Dabei spielen die Wortwahl, Satzlänge und der Stil eine wichtige Rolle wie auch die non-verbalen Signale. Verständlichkeit ist Zeichen von Kompetenz, sprachliche Arroganz ein Zeichen von Inkompetenz.
(3) Auch der/die Empfänger/in muss zunächst den Blick auf sich selbst richten, auf die Erwartungen, Stimmungen und Gefühle, um die empfangene Nachricht richtig verarbeiten zu können. Weitere kommunikationsfördernde Eigenschaften des/der Empfängers/-in können sein:
eine Information oder eine Nachricht nicht als globales Machwerk zu betrachten und so darauf zu reagieren, sondern es nach seinen speziellen Anteilen hin zu untersuchen.
Die richtige Zuordnung von Information wird dann vereinfacht, wenn es der Empfängerin gelingt, sich in die Welt des Gegenübers, in seine Situation und in den aktuellen Kontext einzufühlen.
Der Empfängerin muss klar sein, dass nicht jede emotionale Botschaft für sie bestimmt ist, sondern häufig Ausdruck der Unzulänglichkeit des Gegenübers ist. Eine gewisse Diagnostik der empfangenen Nachricht kann die Situation vor allem auf der Beziehungsebene entschärfen; wenn Nachrichten der Senderin inkongruent sind, sollte das sofort zurückgemeldet werden, so dass man aufgrund dieser uneindeutigen Botschaft und Doppelbindungen nicht selbst in die Zwickmühle gerät.

(4) Wenn es Probleme gibt, sollten die Kommunikationspartner innehalten und sich auf die Metaebene begeben und sich darüber austauschen. Es ist ein durchaus lohnender Weg, sich mit Kommunikation auseinanderzusetzen, sich kundig zu machen, zu üben, um sich damit viel Kraft und Energie zu sparen. Denn auf die Interaktion und Kommunikation sind wir in einer ganz besonderen Art und Weise angewiesen.

Literatur

Argyle, M. (1996): Körpersprache & Kommunikation. Paderborn

Baun, M. (1981): Förderung sprachlicher Kommunikation bei Geistigbehinderten. Berlin

Cohn, R. (2004): Von der Psychoanalyse zur themenzentrierten Interaktion. Stuttgart

Fröhlich, A. (1989): Kommunikation und Sprache körperbehinderter Kinder. Dortmund

Haley, J. (1978): Gemeinsamer Nenner Interaktion. München

Kron, F. W. (2001): Grundwissen Pädagogik. München

Kron, F. W. (1993): Grundwissen Didaktik. München

Mandel, A./Mandel, K. H./Stadter, E./Zimmer, D. (1971): Einübung in Partnerschaft durch Kommunikationstherapie und Verhaltenstherapie. München

Mandel, A./Mandel, K./Stadter, E./Zimmer, D. (1973): Einübung in Partnerschaft durch Kommunikationstherapie und Verhaltenstherapie. Leben lernen 2, München

Molcho, S. (1998): Körpersprache. München

Morris, C. W. (1981): Zeichen, Sprache und Verhalten. Düsseldorf

Morris, C. W. (1972): Grundlagen der Zeichentheorie. München

Morris, D. (1978): Der Mensch, mit dem wir leben. Ein Handbuch unseres Verhaltens. München

Rogers, C. (2005): Die klient-bezogene Gesprächstherapie. München

Rogers, C. ((2001): Die nicht-direktive Beratung, Frankfurt a.M.

Scherer, K. R. (Hrsg.) (1982): Vokale Kommunikation. Weinheim

Schulz von Thun, F. (2005): Miteinander reden 1. Reinbek

Schulz von Thun, F. (2005): Miteinander reden 2. Reinbek

Schulz von Thun, F. (2005): Miteinander reden 3. Reinbek

Spitz, R. A. (1992): Nein und Ja. Stuttgart

Spitz, R. A. (2005): Vom Säugling zum Kleinkind. Stuttgart

Tausch, R./Tausch, A. (1990): Wege zu uns und anderen. Reinbek

Wachsmuth, S. (1986): Mehrdimensionaler Ansatz zur Förderung kommunikativer Fähigkeiten Geistigbehinderter, Reihe Studientexte, Heil- und Sonderpädagogik, Bd. 10. Gießen

Watzlawick, P./Beavin, J. H./Jackson, D. (2003): Menschliche Kommunikation. Bern

4 Didaktik

Vorbemerkung

Das Kapitel Didaktik wurde für die neue Auflage komplett überarbeitet. Die Bemühung lag darin, den komplizierten und komplexen Sachverhalt der Didaktik überschaubarer darzustellen und den ursprünglichen Ansatz der ersten Auflage noch mehr in Richtung selbst bestimmtes Leben zu akzentuieren. Wir möchten an dieser Stelle darauf hinweisen, dass wir den bisherigen Weg unseres didaktischen Ansatzes mit der individuellen Orientierung am Menschen und seiner Lebenswelt, unter dem Aspekt der wechselseitigen Kommunikation, beibehalten haben.

Was heisst und bedeutet Didaktik?

Das Wort Didaktik wird von dem griechischen Verb didaskein abgeleitet, was soviel wie lehren und lernen beziehungsweise belehren und belehrt werden heißt. Im allgemeinen Sprachgebrauch wie auch in den fachwissenschaftlichen Veröffentlichungen wird heute unter Didaktik ganz allgemein die Theorie vom Lehren und Lernen verstanden. Auch wenn es keine allgemein „gültige" Theorie oder Lehre gibt, mit der Bildungs- und Lernprozesse umfassend erklärt, geplant und durchgeführt werden können, so hat sich die Didaktik doch in unterschiedlichsten theoretischen Ansätzen und Modellbildungen in der Schulpädagogik als wissenschaftliche Teildisziplin entwickelt und etabliert. Das heißt, Didaktik ist ein Fachgebiet, mit dem in erster Linie Lehrer/ -innen in Verbindung gebracht werden. Viele Menschen haben durch eigene Schulerfahrungen häufig „fremdbestimmte Bildungsprozesse" erlebt. Eigentlich ist das ein Widerspruch in sich, wenn wir in einem fachlichen pädagogischen Verständnis Bildungsprozesse als Selbstbildungsprozesse begreifen. Nicht selten erzeugt dieser Widerspruch im Nachhinein ein „eigentümliches Gefühl" bezüglich Schulen und Lehrer. Der Lehrer weiß, der Schüler weiß nicht, der Lehrer stellt Aufgaben, der Schüler muss die Aufgaben erledigen, der Lehrer bewertet die Leistung der Schüler usw. – viele kleine und große Verletzungen in einem Prozess, in dem es scheinbar gelingt, so zu tun, als ob vorbestimmte Lernprozesse das Normalste von der Welt wären. Moderne Didaktikkonzeptionen gehen hier ganz andere Wege, vor allem treten sie den Rückweg aus der Vermittlungstechnik an und orientieren sich an der Wiedergewinnung des Bildungsvorganges (Gruschka 2002).

Übersicht: Mit den folgenden Fragen soll in die zentralen Bereiche des didaktischen Denkens und Handelns eingeführt werden:

Welche persönlichen Aspekte sind im didaktischen Geschehen zu berücksichtigen?
- Bildungsinteresse/Motivation,
- aktueller Bildungsstand/Kompetenzen,
- sozialer und biografischer Hintergrund oder Zusammenhang.

Was kann vermittelt beziehungsweise ermöglicht werden?
- Inhalte aus einem institutionalisierten Bildungsplan (Schulen),
- Erlebnisse und Erfahrungen,
- kulturelle Techniken/kulturelles Wissen (auch Alltagswissen),
- soziales Handeln (Kommunikation/Interaktion/Normen/Werte),
- Natur.

Welche Interessen und Absichten liegen dem Bildungsprozess zu Grunde?
- Wer hat welche Absichten,
- was ist das zentrale Thema,
- was ist der Grund oder Ausgangspunkt des Bildungsprozesses?

In welche Richtung oder zu welchem Ergebnis könnte der Ermöglichungs- oder Bildungsprozess führen?
- Kann die im Bildungsprozess stehende Person konkrete Bildungsziele äußern oder müssen diese indirekt erschlossen werden?

Wie oder wodurch kann der Bildungsprozess zustande kommen?
- Beziehung/persönlicher Bezug,
- Inhalte,
- Methoden,
- Medien.

Didaktik und Bildung

Je spezieller, umfangreicher und komplexer das kulturelle Wissen in einer Gesellschaft wird, umso mehr wird es notwendig, Vermittlungsprozesse von außen zu organisieren und zu strukturieren – jedenfalls hat es sich historisch so entwickelt. Einrichtungen, in denen Bildungsprozesse traditionell organisiert werden, sind Schulen. Der aktuell schon bestehende Anspruch auf geplante und organisierte Bildung im Kindergarten oder in der Kindertagesstätte wird in Zukunft voraussichtlich noch größer werden. Wer sich mit Didaktik befasst, muss sich mit Lernen und Bildung auseinandersetzen. Von Anfang an stehen alle Menschen in einem Bildungsprozess. Die Vermittlung von Bildungsinhalten ist auf der Seite des „Sich-Bildenden" ein selbstaktiver und gleichzeitig ein sozial-interaktiver Prozess. Seit Humboldt (1767 bis 1835) ist Bildung in diesem Sinne „Selbstbildung". In der Alltagssprache jedoch wird unter Bildung ein breites, kulturelles Wissen verstanden, welches landläufig als „Allgemeinbildung" bezeichnet wird und sich in der Regel durch Mehrsprachigkeit, profunde Kenntnisse in Philosophie, Kunst, Literatur, Architektur, Geschichte, Geographie und in den Naturwissenschaften ausdrückt (z.B. der Versuch von Schwanitz 2004). Ein Problem ist in diesem Zusammenhang, dass der Begriff „Bildung" die eigentlichen „Basisprozesse" von Bildung unberücksichtigt lässt: Die Entwicklung von emotionalen, sozialen und kommunikativen Kompetenzen, die Differenzierung der Wahrnehmung oder die Steuerung der Bewegung (Motorik) sind nur Beispiele für diese frühen Bildungsinhalte. Das Bewusstsein um diese frühen Bildungsinhalte wird in der Kleinkindpädagogik zunehmend thematisiert (Schäfer 2005) und steht in der Heil- oder Sonderpädagogik schon lange im Zentrum der Lerninhalte. Es gibt keine ungebildeten Menschen! Aber es gibt Menschen, die in ihrem Bildungsprozess benachteiligt oder massiv behindert sind oder werden.

Im Hinblick auf Didaktik gilt es dabei anzumerken, dass es viele Bildungsaktivitäten, besonders in der Lebensphase des Kleinkindes, gibt, die ohne professionelle didaktische Unterstützung, bei passenden Umweltbedingungen sogar höchst effizient und erfolgreich, ablaufen (z.B. das Erlernen der Sprache). Aber auch in späteren Lernprozessen wird sichtbar, dass Menschen sich zum Teil sehr komplexe Fähigkeiten selbstständig und ohne fremde Vermittlungshilfe aneignen können (z.B. das Erlernen eines Musikinstrumentes). Bildung ist ein Prozess, der in erster Linie vom Kind beziehungsweise vom sich bildenden Menschen ausgeht. Offensichtlich setzen Didaktikkonzeptionen in der Regel erst da an oder ein, wo die „Selbstbildung" ins Stocken gerät oder geraten könnte, also da, wo die Effektivität des Bildungsprozesses gemessen an den gesellschaftlichen Ansprüchen nicht mehr hoch genug ist. Wenn die Inhalte und Themen einer frühen Bildung in Didaktikkonzeptionen nicht berücksichtigt sind – weil sie schon stillschweigend vorausgesetzt sind – kann es fatale Konsequenzen haben, mit traditionell schulischen Didaktikkonzeptionen in den Bereich der Zusammenarbeit mit Menschen mit Lernschwierigkeiten einzusteigen. Jemandem zu zeigen wie etwas geht, ist eine Sache und viele Menschen bringen hier schon ein erstaunliches Geschick mit (insbesondere Kinder, wenn sie sich gegenseitig etwas vermitteln), jemanden in seinem Bildungsprozess umfangreich, geplant und organisiert zu unterstützen, ist eine andere Sache. Damit sind wir mitten im Thema der Didaktik. Sie ist eine praktische Angelegenheit, jedoch erfordert sie theoretisches Wissen und Reflexion.

Was ist wissenschaftliche Didaktik?

Die wissenschaftliche Didaktik ist eine Teildisziplin (Teilbereich) der allgemeinen Pädagogik und befasst sich vorwiegend mit geplantem und organisiertem Lehren und Lernen, in der Regel also mit Unterricht. Der Ausgangspunkt für didaktische Theorien und Modelle war die Schulpädagogik. Historisch kann man sagen, dass es Didaktikkonzeptionen gab (z.B. J.A. Comenius 1592–1670, Didactica magna), lange bevor das Fach Pädagogik als eigenständige Disziplin an einer Universität studiert werden konnte. Seit den 1950er Jahren wurde eine große Zahl unterschiedlicher Didaktiktheorien mit wissenschaftlichem Anspruch entwickelt. Mit dem Millenniumswechsel verweist W.H. Peterßen (2001) auf drei Modelle mit besonderer praktischer und theoretischer Relevanz:

- „(…) die lerntheoretische Didaktik
- die bildungstheoretische Didaktik
- die – neu hinzugekommene – konstruktivistische Didaktik.

Kein didaktisch Tätiger, besonders kein Lehrer, kann auf eine hinreichende Kenntnis dieser drei Positionen verzichten“ (Peterßen, 2001, 9).

Für den didaktischen Bereich der Projektarbeit wollen wir auf die nachfolgenden Veröffentlichungen verweisen:

- Hans Apel, Jürgen/Michael Knoll (2001): Aus Projekten lernen,
- Johannes Bastian/Herbert Gudjons/Jochen Schnack (1997): Theorie des Projektunterrichts, Johannes Bastian/Herbert Gudjons (2006): Das Projektbuch, Bd. 2, 3. Aufl.,
- Ralf Tenberg (2006): Didaktik lernfeldstrukturierten Unterrichts – für den Unterricht nach dem „Lernfeldkonzept“.

Neben den unterschiedlichen Didaktikmodellen wurden auch so genannte Fachdidaktiken entwickelt. Darunter versteht man didakti-

sche Konzepte, welche sich besonders auf die Vermittlung ganz bestimmter Inhalte oder Fächer konzentrieren (z.B. Didaktik für Mathematik).
Ausdrücklich sei an dieser Stelle darauf hingewiesen, dass das hier vorliegende Didaktikkonzept weder als Fachdidaktik noch als Sonderdidaktik, sondern als allgemein didaktischer Ansatz zu verstehen ist.

Ausserschulische Didaktik

Durch den schnellen gesellschaftlichen Wandel kristallisierte sich in den letzten Jahren immer mehr die Frage nach der Bildung heraus. Dabei gewinnt die außerschulische Bildung zunehmend an Bedeutung. Eine wachsende Zahl von Veröffentlichungen in diesem Bereich kann als ein Indiz in diese Richtung gewertet werden (u.a. Schilling 2005, Martin 2005, Siebert 2003, Scheftschik 2003).
Der Spannungsbogen eines modernen Didaktikverständnisses erstreckt sich von der Autodidaktik (das Erlernen von Fähigkeiten und Wissen ohne fremde, persönliche Hilfe – manche Autoren sehen hier den Begriff der Didaktik bereits in der „Selbstaufhebung“) über den gesamten Bereich der vorschulischen und schulischen Bildung und Ausbildung, bis hin zur Fortbildung; zur Erwachsenenbildung überhaupt, und schließlich zu einer Didaktik für den Bereich der Sozialpädagogik. In dem letztgenannten Bereich ist eine „Didaktik der Heilerziehungspflege“ anzusiedeln.

Didaktik und Heilerziehungspflege

Die ursprünglich enge Verbindung von schulischem Unterricht und Didaktik wurde oben verdeutlicht. Für die Heilerziehungspflege ist es uns ein besonderes Anliegen mit alten, und leider immer noch bestehenden Vorstellungen und Praxen von „Schulunterricht“, von „unterrichtet werden“ und von „belehrt werden“, zu Gunsten eines Verständnisses von selbstbestimmten und emanzipatorischen Bildungsprozessen aufzuräumen. Schon in der ersten Auflage dieses Lehrbuches haben wir auf die Problematik hingewiesen, die sich ergibt, wenn schuldidaktische Modelle unhinterfragt in die heilpädagogische und heilerzieherische Arbeit übernommen werden. Lernzielorientierung gepaart mit entsprechender Defizitorientierung führte nicht selten zu Lernprozessen, bei denen es in erster Linie um die Anpassung und das Funktionieren ging.

In der „konstruktivistischen Didaktik“ ist gar von der Vermittlungsillusion der vorherrschenden Didaktikansätze (Arnold 2007) die Rede. Sicher kann man heute sagen, dass Lernprozesse oder Bildungsprozesse Leistungen sind, die „im“ Menschen vollzogen werden. Es gibt nicht wirklich die Möglichkeit, einem Menschen etwas beizubringen – der Lernprozess kann nicht wie ein mechanischer Ursachen-Wirkungszusammenhang angegangen werden. „Nehme ich den anderen als selbstverantwortliches Subjekt seines Lebens und seines Lernens, verbietet mir die Achtung vor seiner Würde ein Belehren und Bekehren.“ (Meueler 2001, 11 zit. nach Arnold 2007). Selbstbestimmung und die Eigenverantwortlichkeit in Bildungsprozessen führen zu einer Orientierung an den eigenen Kompetenzen der im Bildungsprozess stehenden Person. Die Person gilt als Expertin ihrer selbst. Dieser Ansatz passt voll und ganz in den Paradigmenwechsel der Heilpädagogik – weg von der bevormundenden Hilfe, hin zur Selbstbemächtigung und zum assistierenden Helfen.
Methodische Ansätze, die eine offene und freie Arbeitsform im Bildungsprozess propagieren, könnten in der Behindertenhilfe unter dem Paradigma der Selbstbestimmung jedoch schnell dazu verleiten, Anstrengungen für Bildungsangebote ganz auszuhebeln. Wenn Selbstbestimmung als Maxime des pädagogischen Handelns vom sozialen Umfeld abgekoppelt zugelassen wird, führt sie auf den Weg der Selbstverlassenheit und damit zu einer neuen Isolation. Bildungsprozesse können in einer so differenzierten und spezialisierten Gesellschaft wie der unseren nicht dem Zufall oder der Beliebigkeit überlassen werden – erst recht nicht für Personen mit Lernschwierigkeiten. Der besondere Anspruch auf Bildung lässt sich auch aus dem Bundessozialhilfegesetz ableiten. Die dort beschriebenen Aufgaben können nach unserer Auffassung nicht ohne Bildungsprozesse erreicht werden.

> SGB XII § 53
> 3) Besondere Aufgabe der Eingliederungshilfe ist es, eine drohende Behinderung zu verhüten oder eine Behinderung oder deren Folgen zu beseitigen oder zu mildern und die behinderten Menschen in die Gesellschaft einzugliedern. Hierzu gehört insbesondere, den behinderten Menschen die Teilnahme am Leben in der Gemeinschaft zu ermöglichen oder zu erleichtern, ihnen die Ausübung eines angemessenen Berufs oder einer sonstigen angemessenen Tätigkeit zu ermöglichen oder sie so weit wie möglich unabhängig von Pflege zu machen.
> http://www.sozialgesetzbuch-bundessozialhilfegesetz.de

Menschen mit Lernschwierigkeiten, mit geistiger Behinderung oder psychischer Erkrankung sind grundsätzlich fähig, ihre eigenen Bildungsprozesse in Gang zu setzen und auch zu steuern. Sie können auf ihre jeweils eigene Art zum Ausdruck bringen, in welche Richtung ihre Entwicklung gehen soll. Aus diesem Grund muss eine Didaktik, die diese Bildungsprozesse ermöglichen, unterstützen beziehungsweise die passende Assistenz anbieten will, die Personen umfassend versuchen zu verstehen. Der Mensch steht im Zentrum des didaktischen Handelns und ausgehend von seiner Lebenspraxis und Lebenswelt, können die Lernprozesse nicht ohne die Berücksichtigung von Gefühlen, von Erfahrungen und Erlebnissen sinnvoll begleitet werden. Den Menschen ins didaktische Zentrum zu stellen, heißt aber nicht, dass er behandelt wird, sondern dass *zusammen* mit ihm gehandelt wird. Es geht hier nicht in erster Linie um vorhersagbare (und damit um kontrollierbare) Situationsabläufe, sondern um eine Assistenz in einem Prozess, der für eine Person mit Lernschwierigkeiten oder geistiger Behinderung eine Entwicklung eröffnet, die aktuell bedeutsam und/oder zukunftsrelevant ist. Erst wenn Didaktik auch Erfahren, Erleben und Handeln erfasst, können im Praxisfeld Heilerziehungspflege die wirklich wichtigen Entwicklungsschritte unterstützt werden. Die zentrale Bedeutung des Verstehens findet ihren Ausgangspunkt in der Grundhaltung zum anderen Menschen überhaupt. Um den anderen Menschen wirklich zu verstehen, ist es erforderlich ihn „wahr-zu-nehmen" ihn zu beob„achten". Insofern ist der Position einer konstruktivistischen Didaktik (Reich 2006, Arnold 2007) sehr beizupflichten, wenn die Position des Bildungsanbieters (dort die Lehrkraft, hier die Heilerziehungspflegerin) die Beobachterrolle besonders hervorhebt. Wir werden die Position des Beobachters daher als Ausgangsposition des didaktischen Teilnehmers oder Akteurs (um es in der Sprache von Reich auszudrücken) annehmen und sehen die ständige Rückbindung an diese Ausgangsposition als unabdingbare Voraussetzung für die Assistenz und Unterstützung in didaktischen Prozessen an.

Didaktik betrifft die Bereiche Beobachtung, Planung, Organisation und Handlung und Reflexion. In der Regel sind in der Heilerziehungspflege kaum oder keine Zeiten für Vorbereitung von Bildungsangeboten eingerechnet. Viele Situationen im Alltag erfordern rasches Handeln. Um dennoch sinnvolle Entscheidungen zu treffen, ist es wichtig und erforderlich, dass die Heilerziehungspflegerin didaktische Strukturen und Ansätze als Hintergrundwissen zur Verfügung hat. Viel häufiger als in ausgewiesenen Bildungsangeboten (z.B. Erwachsenenbildung), ereignen sich im unterstützenden und assistierenden Alltagshandeln der Heilerziehungspflegerin häufig Situationen, die hochgra-

dig bildungsrelevant sind. Die Optimierung von Bildungsprozessen hat immer etwas mit der Optimierung von Lebensqualität für diese Personen zu tun.
Für die Praxis in der Heilerziehungspflege sollte aus diesem Grunde ein didaktisches Konzept zur Verfügung stehen, welches einerseits Planung, Organisation, Durchführung und Reflexion für ganz konkrete Bildungsangebote erleichtert und andererseits Handlungsmöglichkeiten für die Unterstützung von spontanen alltäglichen Bildungssituationen eröffnet. Für die fachpraktische Ausbildung in der Heilerziehungspflege ist es nach unserer Einschätzung wichtig, dass die Studierenden im Laufe der Ausbildung an ganz konkreten und vorbereiteten Situationen beispielhafte Erfahrungen machen können, die anschließend mit entsprechenden Fachkräften reflektiert und diskutiert werden. Somit können Kompetenzen entwickelt werden, mit denen, selbst wenn nicht ausdrücklich didaktisch geplant wird, fachlich fundierte Handlungsentscheidungen getroffen werden. Didaktisches Denken und Handeln kann im gesamten Bereich der „Praxis" stattfinden. Es soll jedoch der Begriff Didaktik dahingehend eingegrenzt werden, dass er nicht mit „der Praxis" schlechthin gleichzusetzen ist. Viele Handlungen und Entscheidungen im zwischenmenschlichen Bereich nehmen ihren Ausgang in ganz persönlichen Interessen und vollziehen sich in der konkreten Beziehung zwischen Ich und Du. Zwischenmenschliches Zusammensein und echte Interaktionen können sich nicht immer an progressiver Entwicklung und Verbesserung der Lebensqualität orientieren. Es wird praktisch immer auch Bedingungen geben, die zu enttäuschenden oder gar leidvollen Erfahrungen führen. Dass derartige Erfahrungen auch „bildende" Kräfte mobilisieren können, steht außer Frage. Sie können aber nicht thematischer Gegenstand der Planung sein – allenfalls kann es Gegenstand der didaktischen Überlegung sein, wie solche Erfahrungen überwunden, verarbeitet oder Menschen in solchen Erfahrungen wenigstens beigestanden werden kann. Kein Mensch will sich absichtlich negativen Erfahrungen aussetzen, um daraus zu lernen!

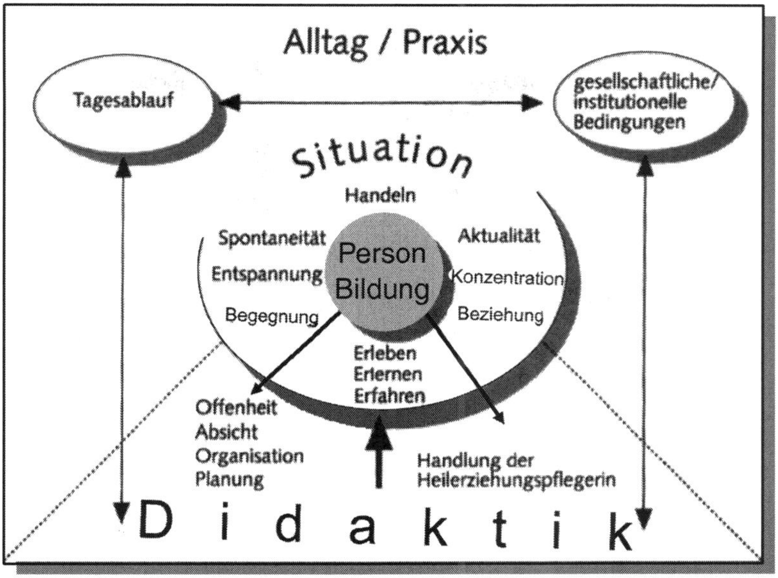

Abb. 10: Didaktik und Alltag

Erklärung:
Das Schaubild soll die unterschiedlichen Zusammenhänge von didaktischem Handeln in Alltagssituationen darstellen. Der Halbkreis steht für die Offenheit der Situation. Der Begriff „Bildung" ist in den Kreis der Person gestellt und bedeutet, dass sich Bildungsprozesse *in* der Person ereignen (Selbstbildung). Die Folgen von Handlungen sind weder vorhersagbar noch festlegbar, doch kann die Wahrscheinlichkeit ihres Eintretens erhöht werden. Didaktisches Handeln wirkt sich auf die Person, auf die Planung und auf die Organisation aus. Umgekehrt wirken sich die Alltagssituation, die soziale Lebenswelt mit ihren gesellschaftlichen Bedingungen und die Person auf das didaktische Handeln der Heilerziehungspflegerin aus. Wir können in diesem Zusammenhang von einem didaktischen Prozess sprechen. Das Schaubild soll auch verdeutlichen, dass nicht die gesamte Praxis als didaktisches Feld anzusehen ist, hier wurde lediglich das untere Trapez als didaktisches Handlungsfeld dargestellt. Allerdings sind die Trapezlinien deshalb nicht durchgezogen, um zu verdeutlichen, dass es im Alltag kein abgegrenztes didaktisches Feld geben kann.

Didaktische Zugänge: Unterstützung und Assistenz von Erfahrungen, Erleben und Handeln

In der traditionellen Lernpsychologie wird Lernen als eine dauerhafte Veränderung des Verhaltens, welches durch äußere Reize ausgelöst wird, beschrieben. Eine andere Frage ist, inwieweit sich diese Veränderungen von einem außen stehenden Beobachter nachvollziehen lassen. Mit jedem Lernen ist Erfahrung verbunden. Für das schulische Lernen stehen in der Regel immer noch überprüfbare Wissensinhalte oder Handlungsfähigkeiten im Vordergrund. Im Bereich der Persönlichkeitsentwicklung gibt es viele Veränderungsmöglichkeiten (z.B. im kognitiven, im emotionalen und im sozialen Bereich), die im Einzelnen und auch in ihrer Dimension nicht unbedingt von außen erfasst werden können. Häufig ist sogar die von Veränderungen betroffene Person selbst nicht in der Lage, diese Veränderungen zu beschreiben. Der klassische Begriff „Lernen“ wird unscharf, wenn Entwicklungen nicht mehr als dauerhafte Verhaltensänderungen beobachtbar oder belegbar sind. Es sei dahingestellt, inwieweit ein Mensch in all seinen Tätigkeiten und Handlungen in seinen Erfahrungen und Erlebnissen, ob sie uns passiv oder aktiv erscheinen, eine Art von „Mikrolernprozessen“ durchläuft. Für didaktische Zugänge ist es entscheidend, dass es zu subjektiv positiven Ereignissen kommt. Es geht in diesen menschlichen Entwicklungsprozessen um ein bejahendes Selbstkonzept, in der Aneignung der Welt oder (wie die Konstruktivisten heute sagen würden) um die Konstruktion von Wirklichkeit. Das heißt, die Qualität einer Erfahrung, eines Erlebnisses oder einer Handlung darf nicht nur auf dem Hintergrund ihrer dauerhaften Veränderung und ihrer gesellschaftlichen Verwertbarkeit bestimmt werden, sondern sie muss sich an der subjektiven Bestätigung im lebensweltlichen Zusammenhang orientieren. Eine solche Ausgangsposition ist völlig unabhängig davon, ob ein Mensch in seiner Entwicklung den üblichen Normerwartungen entspricht oder mehr oder weniger massiv von solchen Erwartungen abweicht und damit als behindert oder psychisch krank bezeichnet wird. Wenn es um die Ermöglichung von Geborgenheit, Sicherheit, Zuneigung und Liebe geht, also um die elementaren Größen des pädagogischen Bezugs, so sollen und können diese beim besten Willen nicht mehr mit den traditionellen didaktischen Ansätzen des gezielten Lernens organisiert und realisiert werden. Zwar lässt sich der fruchtbare Moment nicht methodisieren (Copei, F. 1960), aber die Wahrscheinlichkeit seines Eintretens lässt sich durch Vorbereitung und Reflexion durchaus erhöhen!

Didaktik als die Organisation und Planung von gezieltem Lehren und Lernen ist somit in Richtung von *Ermöglichung* durch Erfahrung, Erleben und Handeln zu überschreiten. Damit fällt der Didaktik auch die die Aufgabe zu, Erfahrungen zu unterstützen, die wie zum Beispiel Musikhören, Entspannen oder sich in den verschiedenen Ausdrucksmöglichkeiten zu äußern, für den betroffenen Menschen Erfüllung, Freude, Sicherheit, Selbstvertrauen usw. bewirken. Didaktik ist insbesondere dann angesagt, wenn es darum geht, alltägliche Interaktionsabläufe vorzubereiten, zu optimieren und zu einer subjektiven Verbesserung der persönlichen Entwicklung und Lebensqualität beizutragen. Erlebnisse und Erfahrungen ereignen sich in Situationen. Diese lassen sich mehr oder weniger gut planen und organisieren. Wenn aber die Person, um die es im didaktischen Zusammenhang geht, mit ihrem Selbst und ihren potentiellen Fähigkeiten zur Autonomie (und liegt diese in den kleinsten Schritten) ernst genommen wird, dann muss diese Planung und Organisation berücksichtigen, welche Zugangsstufe (siehe Schaubild) passend ist und vor allem ob und wie die Person im Bildungsprozess auf solche Möglichkeit von außen eingehen will und kann.

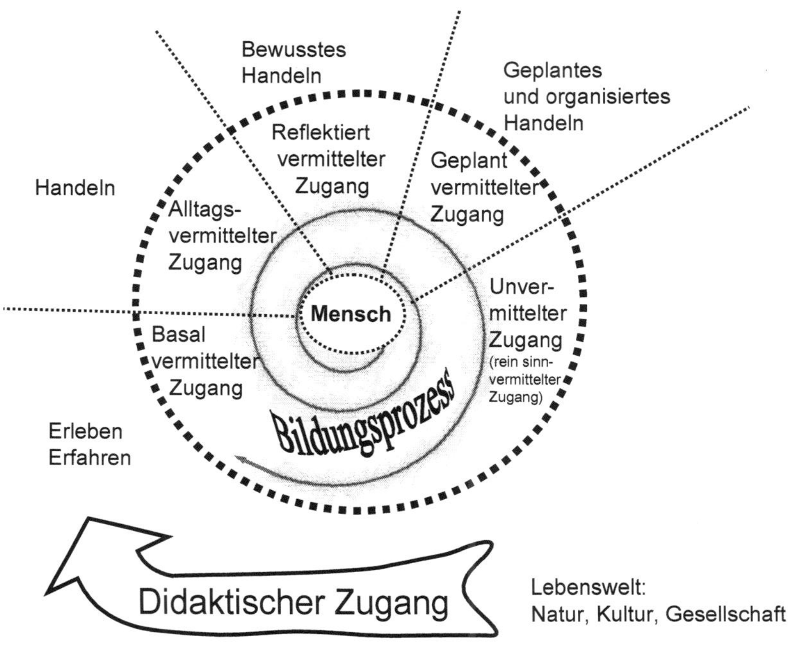

Abb. 11: Didaktischer Zugang

Erklärung:
Der Mensch wird in seinem Bildungsprozess mit einer Spirale dargestellt. Das zeigt zum einen, dass es sich um einen Selbstbildungsprozess handelt und zum anderen, dass es im Bildungsprozess um Erweiterung geht. Der Mensch wird kein anderer, aber er verändert sich und zwar durch Bildung. Bildung ereignet sich von Anfang an. Im Verständnis der Alltagssprache ist von Bildungsprozessen häufig erst dann die Rede, wenn er auf der in diesem Schaubild dargestellten letzten Stufe (geplant vermittelter Zugang) angelangt ist. Die grafische Darstellung als Spirale soll verdeutlichen, dass die Bildungsprozesse aufeinander aufbauen, und dass es sich bereits bei Sinneserfahrungen um einen Bildungsvorgang handeln kann. Bei Menschen, deren Entwicklungsverlauf durch massive Behinderung verändert ist, sollte auf dieser frühen Stufe ein didaktischer Zugang gefunden werden. Wir verweisen an dieser Stelle auf die Konzepte der basalen Bildung. Die durchlässigen Linien sollen zeigen, dass die Einteilung als ein in sich offenes System verstanden werden muss. Die Teilausschnitte (Kreissegmente) mit ihren Zugangsebenen beziehen sich auf einen sozialen Kontext – in diesem Fall zum Beispiel auf die Heilerziehungspflegerin. *Unvermittelter Zugang* heißt in diesem Zusammenhang, dass der Vermittlungsprozess nicht direkt über eine andere Person abläuft, also Sinneserfahrungen, die direkt aus der Umwelt aufgenommen werden (Fühlen, Sehen, Hören usw.). Natürlich besteht dieser Weltzugang bei jedem Menschen und selbstverständlich ist auch dieser Zugang wesentlich am (Selbst-)Bildungsprozess beteiligt, aber wir wissen heute, dass ohne einen sozialen Zugang zur Welt der gesamte Bildungsprozess nicht möglich ist und damit ein existentielles Thema angesprochen ist. Die Entwicklung der Wahrnehmung ist ein Bildungsprozess, in dem elementare Sinneserfahrungen noch vor jedem Symbolverständnis (Sprache) in eine „sinnvolle" Wechselbeziehung treten. Deshalb sind „unvermittelter Zugang" und *„basal vermittelter Zugang"* nicht durch eine Linie getrennt. Dieser Zugang entspricht auf einer didaktischen Ebene dem der basalen Bildung (S. 307) und wird in der Regel eher für Personen mit schwerster Behinderung gesucht werden. Themenschwerpunkte sind hier Kommunikation und Wahrnehmungserlebnisse. Aber auch für Personen mit der Fähigkeit, hoch organisiert zu handeln und zu reflektieren, kann es erforderlich sein, auf basaler Ebene didaktische Unterstützung in Anspruch zu nehmen. Eine Zugangsstufe ist niemals abgeschlossen, auch wenn sie ein entsprechendes Entwicklungspotential voraussetzt, um in die nächste Stufe zu kommen. Ein *alltagsvermittelter Zugang* zur Lebenswelt schließt eine Handlungsfähigkeit ein, in der die Gerichtetheit der

Handlung im Sinne einer unmittelbaren Wirkungserfahrung sichtbar wird. Praktisch heißt das, die Person mit Bildungsbereitschaft ist in der Lage einen Gegenstand zu ergreifen und in eine gewünschte Position zu bringen. Alltagshandlungen wie Essen, Ankleiden, kreatives Tätigsein sind möglich und gemeinsames Handeln im Haushalt wie Kochen, Einkaufen, ... oder im kreativen Bereich, ... Werken, Musik ... bieten ideale Möglichkeiten im didaktischen Feld.
Für die *Zugangsstufe des „bewussten Handelns"* ist es wichtig, dass die Person im Bildungsprozess in der Lage ist, eine Einschätzung und Bewertung ihrer Handlungsfolge beziehungsweise ihres Handlungsergebnisses vorzunehmen. In der praktischen Umsetzung sind das Angebote, in denen eine Person über das selbstbestimmte Handeln hinaus Verantwortung übernimmt. Einkäufe, Umgang mit Geld, Instandhaltung des Wohnbereichs usw.
Geplantes und organisiertes Handeln geht insofern über das bewusste Handeln hinaus, als dass die inhaltliche Komplexität und die zeitplanerische Dimension (bezogen auf einen längeren Zeitraum) von der im Bildungsprozess agierenden Person selbst organisiert werden kann. Zum Beispiel mit öffentlichen Verkehrsmitteln in die Stadt fahren und einkaufen. Oder die Inanspruchnahme eines Bildungsangebotes einer Volkshochschule.

Lebenswelt und kommunikationsorientierte Didaktik

Lebenswelt und kommunikationsorientierte Didaktik geht von der Bildungswilligkeit und Bildungsfähigkeit jedes Menschen in jedem Alter aus. Die Themen von Bildungsprozessen ergeben sich aus den Wechselwirkungen des jeweiligen subjektiven Weltzuganges, also der Lebenswelt. Unter Lebenswelt verstehen wir alle sozialen, materiellen, räumlichen und zeitlichen Gegebenheiten, die eine Person betreffen. Das Verständnis von Bildung als Selbstbildung schließt die Anerkennung der Entscheidungshoheit der im Bildungsprozess befindlichen Person ein. Didaktische Unterstützung kann also lediglich assistierend den Bildungsprozessen beistehen. Kommunikationsorientierte Didaktik heißt in diesem Zusammenhang, dass Bildungsprozesse kommunikative Wechselwirkungen mit der Umwelt voraussetzen, und dass wechselseitige Kommunikation die einzige Möglichkeit ist, unterstützend und ermöglichend auf Bildungsprozesse Einfluss zu nehmen. Die hier entwickelte Didaktik orientiert sich bezüglich struktureller Merkmale am sogenannten „Berliner Modell" (Heimann und Schulz) greift aber bezüglich der Offenheit, der Selbstbestimmung und der gemeinsamen Vorbereitung des Bildungsprozesses die Grundlinien einer konstruktivistischen Didaktik auf.

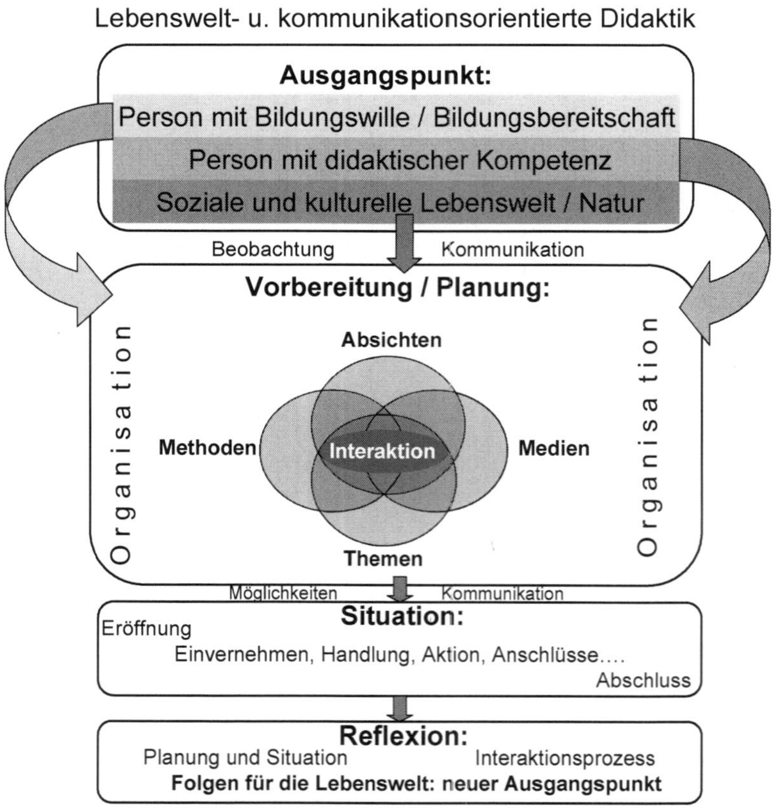

Abb. 12: Lebenswelt- und kommunikationsorientierte Didaktik

Die Lebenswelt- und kommunikationsorientierte Didaktik ist in vier Ebenen dargstellt: Ausgangspunkt, Vorbereitung/Planung, Situation und Reflexion. Die Abfolge dieser vier Ebenen lässt eine zeitliche Ordnungsstruktur sichtbar werden, auf die weiter unten noch differenzierter eingegangen wird.

Ausgangspunkt

Menschen leben in unterschiedlichen Lebensphasen und Lebenssituationen. Bildungsprozesse können nur an den bestehenden Möglichkeiten anknüpfen. Es ist erforderlich, dass ein Mensch, der seinen Bildungswillen nicht durchsetzen kann, in seiner Bildungsbereitschaft erkannt und verstanden wird. Erst in einer gemeinsamen Lebenswelt und erst im sozialen Vertrauen können kulturelle Bildungsinhalte sinnvoll entwickelt werden. Ausgangspunkt sind also einerseits die Personen, die sich im Bildungsprozess aufeinander beziehen und andererseits die sozialen und kulturellen Angebote und Möglichkeiten im Horizont ihrer schier unerschöpflichen Themen. Insbesondere für Menschen mit geistiger Behinderung oder Lernschwierigkeiten ist es bedeutsam, dass sie ein Leben führen können, in dem sie durch Teilhabe an der Gemeinschaft und der kulturellen Welt Zugang zu den dort vorfindbaren Bildungsmöglichkeiten bekommen. Der Ausgangspunkt von Bildungsprozessen besteht aus Gegebenheiten. Gegebenheiten bezüglich der Personen oder der Kultur beziehungsweise Natur müssen zunächst einmal in den Blick genommen werden, beachtet und beobachtet werden. Sie sind, wie sie sind! Ein Mensch kann sehr jung oder ganz alt sein, es kann sein, dass er dauerhaft mit einer Krankheit leben muss, oder dass er anhaltend in schwierigen Situationen ist. Ob diese Person von anderen als behindert bezeichnet wird, oder sie sich mit besonderen Lernschwierigkeiten konfrontiert sieht, all dies können Gegebenheiten sein, die beim Einstieg in einen Bildungsprozess Bedeutung haben können. Der Ausgangspunkt ist eine gemeinsame Lebenswelt, in der sich durch Beobachtung und Kommunikation neue Möglichkeiten auftun können. Eine gemeinsame Lebenswelt ist aber eine bereits interpretierte Welt. „Die Lebenswelt speichert die vorgetane Interpretationsarbeit vorangegangener Generationen …“ (Habermas, J. Bd. I, 1988, 107). Das heißt das, worauf sich Menschen bereits geeinigt haben, was sie erschaffen haben und ständig neu hinzuerschaffen, ist die Kultur. Von der Sprache bis zu Wirtschaft, von materiellen Gütern bis zur Kunst, von den Wissenschaften bis zu den Gesetzen. Es sind die Gegebenheiten, die sich allenfalls dadurch verändern lassen, dass man sich an ihnen beteiligen kann. Mit dieser Beteiligung wird die subjektiv-individuelle Ebene von Bildung als soziales Phänomen überschritten. Dieser Zusammenhang ist für den Anspruch auf Inklusion besonders bedeutsam.

Vorbereitung/Planung

Professionelles didaktisches Handeln setzt voraus, dass die Bildungssituation durchdacht und vorbereitet ist. Wie ausführlich und in welcher Form diese Vorbereitung ablaufen kann, soll hier näher erläutert werden. Noch zugespitzter als schon im ersten Entwurf unserer didaktischen Konzeption, stellen wir heute die Forderung auf, dass die Vorbereitung und Planung eine gemeinsame Sache aller beteiligten Personen sein muss. Es kann nicht sein, dass die Person mit didaktischer Kompetenz (hier die Heilerziehungspflegerin) in ein Organisationsfeld tritt, in dem sie Absichten (Intentionen), Themen und Medien für eine darauf folgende gemeinsame Aktion alleine entscheidet. Sozusagen zum Wohle des anderen. Eine solche Haltung widerspräche allen „neuen“ Paradigmen (Selbstbestimmung, Selbstbemächtigung, Experte seiner Selbst, Selbst- und Identitätsfindung im Zusammensein und in Interaktion mit anderen) der Pädagogik. Vorbereitung und Planung ereignen sich nicht im luftleeren Raum, sie müssen organisiert werden. Das heißt, die Vorbereitung selbst bedarf einer Organisation und gleichzeitig löst sie weitere Organisationshandlungen aus. Insofern verstehen sich die didaktischen Entscheidungen im Bereich der Vorbereitung und Planung in einem organisatorischen Zusammenhang, in die auch die Person, der die Assistenz dieses Bildungsprozesses gilt, eingebunden ist. Für die Vorbereitung einer didaktischen Situation sind die Analyse und (jetzt neu) die Absprache (im Schaubild als *Interaktion* dargestellt) bezüglich der traditionellen didaktischen Entscheidungsfelder: Intention (Absicht), Thema, Methode und Medien (aus der lerntheoretischen Didaktik – Berliner Modell- von Heimann und Schulz), nach wie vor von zentraler Bedeutung. Bezüglich der Absichten (Intentionen) und der Methoden wird hier jedoch ein entscheidender Perspektivenwechsel vorgenommen: Es geht jetzt nicht mehr in erster Linie um die Absicht der didaktisch handelnden Person, sondern um die Absicht der Person, für die die Bildungssituation organisiert wird. Methoden sind nicht mehr in erster Linie die Verfahren, die eingesetzt werden, um das geplante Bildungsziel zu erreichen, sondern es sind wechselseitige zwischenmenschliche Handlungen, die Bildungsprozesse ermöglichen können.

Vorbereitung und komplexe Wechselwirkungen (Interdependenz)

Das im „Berliner Modell“ ausgeführte Phänomen der Interdependenz (wechselseitige Abhängigkeit) der so genannten „Entscheidungsfelder“ (im Schaubild mit den sich überschneidenden Kreisen von Absichten, Themen, Medien und Methoden dargestellt) muss nach unserer Auffassung bei der Vorbereitung besonders genau analysiert und differenziert werden.
Praktisch heißt das, wenn die Entscheidung für ein Thema gefallen ist (die im Übrigen auch wieder verworfen und geändert werden kann), kann geklärt werden, welche Absichten mit diesem Thema verbunden sind. Genauso gut kann es jedoch sein, dass die Absichten feststehen

und erst dann die passenden Themen gefunden werden müssen. Nicht jedes Thema kann auf beliebige Art und Weise, also mit beliebigen Methoden oder Medien erschlossen oder angegangen werden. Es ist zum Beispiel einsichtig, dass beim Erlernen der Orientierung im Straßenverkehr nicht mit der Methode von Versuch und Irrtum gearbeitet werden kann, sondern mit der „engeren" Methode des Vor- und Nachmachens. Hingegen kann man diese methodische Engführung wieder außer Kraft setzen, wenn ein Modell (aufgemalte Straße mit Schildern und Spielzeugautos) als Medium hinzugenommen wird, denn mit dem Medium des Modells lässt sich die Methode von Versuch und Irrtum gefahrlos umsetzen. Andererseits muss bedacht werden, dass der Einsatz des Mediums wieder eine entsprechende Abstraktionsfähigkeit voraussetzt – also eine Möglichkeit ist, die nicht in jedem Falle auf die Gegebenheiten der Ausgangssituation passt. Die Wechselwirkungen der verschiedenen Aspekte einer didaktischen Planung sind zum Teil sehr vielschichtig und können oft auch von Experten kaum ausreichend erfasst werden. Die Vorbereitung für didaktische Situationen kann nur näherungsweise gelingen, weil alle Situationen, in denen es um Bildung geht, immer offene und unberechenbare Bereiche haben. Dies ist vielleicht ein wichtiger Hinweis für Ausbilder und Lehrkräfte in diesem Bereich, es gibt immer parallele oder alternative Möglichkeiten und Konstruktionen für didaktische Entwürfe.

Situation

„Eine Situation stellt den im Hinblick auf ein Thema ausgegrenzten Ausschnitt einer Lebenswelt dar" (Habermas 1988, 194). Wenn die Lebenswelt die sozialen, materiellen, räumlichen und zeitlichen Aspekte sind, die eine Person betreffen, dann kann man einen zeitlichen, räumlichen und thematischen Ausschnitt aus dieser Lebenswelt als Situation bezeichnen. Situationen, in denen zwei oder mehrere Personen aufeinander bezogen handeln, versuchen solche Situationen erfolgreich zu bewältigen. Gemeinsame Bildungssituationen sind immer Situationen, in denen kommunikatives Handeln stattfindet. „Der Begriff des kommunikativen Handelns schneidet aus der Situationsbewältigung vor allem zwei Aspekte heraus: den *teleologischen* (zielgerichteten, d.V.) *Aspekt* der Verwirklichung von Zwecken (oder der Durchführung eines Handlungsplans) und den *kommunikativen Aspekt* der Auslegung der Situation und der Erzielung eines Einverständnisses (Habermas 1988, 193). Habermas führt folgend weiter aus, dass möglicherweise gemeinsame Situationsdefinitionen erst ausgehandelt werden müssen, und dass Verständigungsversuche auf dem

Hintergrund, dass jeder die Situation für sich anders definiert, fehlschlagen können. Um ein gemeinsames Ziel zu erreichen, kann es notwendig werden, dass zuerst das Einvernehmen selbst zum Ziel des kommunikativen Handelns wird. Für die Bewältigung von Situationen ist es wichtig, dass sich alle Teilnehmer als „in der Situation" erleben können."

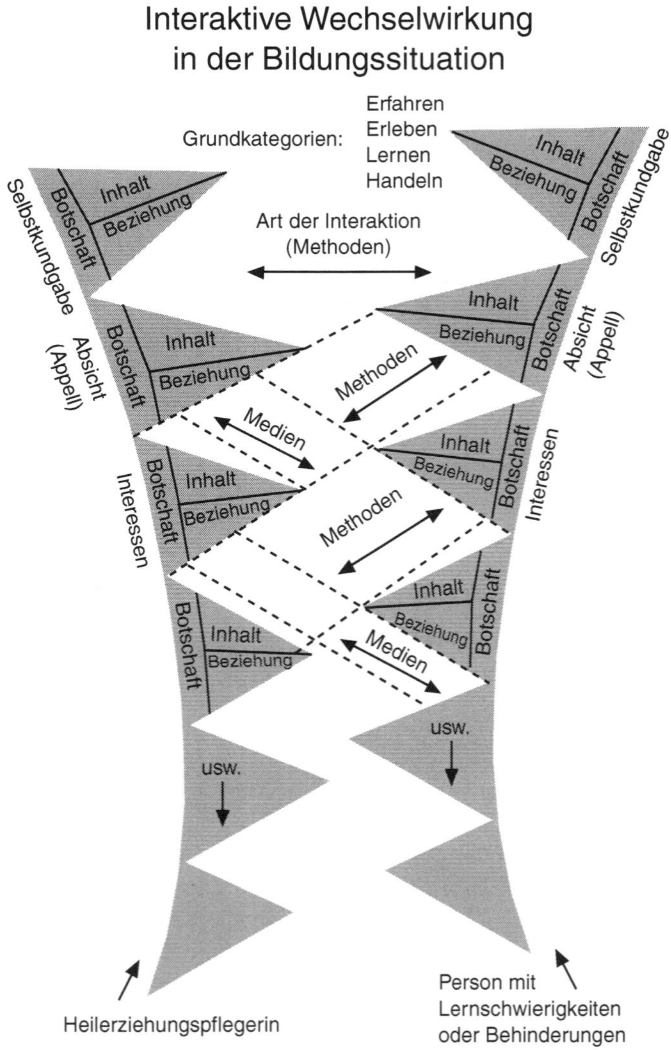

Abb. 13: Interaktive Wechselwirkung in der Bildungssituation

Erklärung:
Es liegt durchaus in der Absicht des Verfassers, dass das Schaubild an einen Reißverschluss erinnert (die wirklich praktischen Reißverschlüsse lassen sich von beiden Seiten öffnen!). Die Details an diesem „Reißverschluss" mögen auf den ersten Blick etwas kompliziert erscheinen. Wer sich etwas ausführlicher mit dem Thema Kommunikation (S. 31ff.) befasst hat, kann sofort erkennen, dass die „Zähne", die hier ineinander greifen, Kommunikationssequenzen sind. Die Passung von Inhalten geht nur über den Weg der Beziehung. Nehme ich wirklich auf den anderen Bezug? Bezieht sich der andere wirklich auf mich? Methoden und Medien können die didaktische Situation zusammenhalten. Und wie oben schon angedeutet, vielleicht beginnt das Bildungsgeschehen in der Situation nicht mit dem Inhalt, sondern mit der Beziehungsdefinition oder mit dem Erzielen von Einvernehmen über die Situation überhaupt.
Im Alltag des zwischenmenschlichen Handelns haben wir für die Eröffnung und für die Beendigung von Situationen Begriffe und Rituale, es ist von der Begrüssung und von der Verabschiedung die Rede. Doch diese Rituale und Regeln sind bereits Ergebnisse von Bildungsprozessen. Insofern kann ihre Berücksichtigung nicht ohne weiteres vorausgesetzt werden. Das heißt, sie könnten in der Situation selbst zum Bildungsinhalt werden. Wenn jedoch eine didaktische Situation als Ausschnitt aus der Lebenswelt begriffen wird, dann hat dieser Ausschnitt Situationsgrenzen – jedenfalls in zeitlicher Hinsicht. Eine Situation lässt sich dann wieder in unterschiedliche Sequenzen unterteilen, die unter dem Anspruch einer Bildungssituation Anschlüsse, Zusammenhänge und vor allem subjektiven Sinn erzeugen müssen. Die Vorbereitungen und Planungen, die für die Situation getroffen wurden, stehen in der konkreten Situation als Handlungsmöglichkeiten zur Verfügung. Da Situationen (vor allem solche, in denen Bildungsprozesse ablaufen) immer einen offenen Horizont haben, kann es sein, dass die „bereitgestellten und abgesprochenen Handlungsmöglichkeiten" unpassend sind. Es ist sogar wahrscheinlich, dass situativ neue Handlungsmethoden kreiert werden müssen. Vom Bildungsassistenten (hier die Heilerziehungspflegerin) erfordert dies eine gründliche und schnelle Auffassungsgabe (Beobachtung), eine angemessene Interpretation und Flexibilität in der Reaktion. Es sei hier nochmals mit Nachdruck gesagt: Es geht nicht darum, einen Plan zu erfüllen – auch wenn dieser gemeinsam erstellt wurde – sondern darum, die Bildungsprozesse zu unterstützen, die in der Situation möglich sind.

Reflexion

Auf dieser Ebene soll die Bildungssituation nachträglich untersucht und analysiert werden. Gelungene Bildungsprozesse sind nachhaltig und erzeugen eine wesentliche Bestätigung des Selbst und zwar durch Erfahrungs-, Wissens- und Handlungskompetenzerweiterung. Reflexion sollten diese Erweiterungen und Ermöglichungen bezogen auf die jeweilige Lebenssituation evaluieren (bewerten). Die Reflexion soll sich dabei auf die Planungsebene wie auch auf die Aktionen in der Bildungssituation beziehen. Aspekte der Reflexion könnten sein: Die Beziehung(en), Fragen nach der Passung der Bildungsinhalte, Kommunikation beziehungsweise Interaktion, Methoden, Medien und Organisation. Besonders im Hinblick auf zukünftige Bildungsereignisse muss die Reflexion auch die Anschlussmöglichkeiten und die Folgen für die Lebenswelt mit ihren sozialen Zusammenhängen einbeziehen.

Die zeitliche Abfolge des didaktischen Prozesses

Im Modell der lebenswelt- und kommunikationsorientierten Didaktik sind drei aufeinander folgende Zeitebenen dargestellt:

1. Planung und Vorbereitung,
2. Situation,
3. Reflexion.

Auf einem Zeitstrahl kann man diese Ebenen als:

Vergangenheit (Plan) *Gegenwart (Situation)* *Zukunft (Folgen)*

⟶

darstellen. Diese Dreiteilung lässt sich im Prinzip wieder auf einzelne Situationen und Situationsausschnitte anwenden. In der aktuellen Situation muss die Vorüberlegung (Plan) allerdings in wenigen Augenblicken geschehen und sich auf das Erfassen der vorangegangenen Handlungssequenz und deren mögliche Folgen beziehen. Das situative Handeln kann jedoch nicht unter einem permanenten Planungs- und Reflexionsdruck stehen, der freie Lauf spontanen Handelns muss in der Situation möglich bleiben, um Spontaneität, Flexibilität und Elastizität aufrechtzuerhalten.

Abbildung 14 versucht diesen Prozess gesondert zu visualisieren.

Abb. 14: Flexibilität und Spontaneität in Bildungssituationen

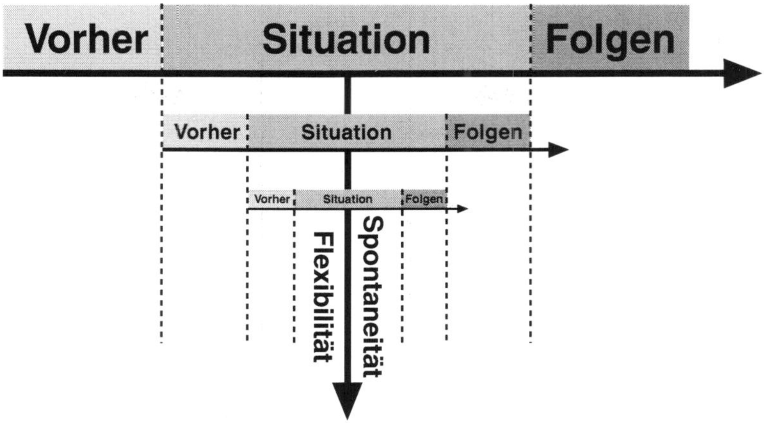

Exkurs: Theoriedidaktische Positionen

Zu den hier entwickelten und von uns favorisierten Lebenswelt- und Kommunikationsorientierten Didaktik sind auch andere theoriedidaktische Positionen möglich. Für Leser, die sich ausführlicher mit diesem Bereich auseinandersetzen wollen, wurde der nachfolgende Exkurs ausgeführt.

Theunissen und Plaute, 2002, favorisieren im Handbuch Empowerment und Heilpädagogik die allgemeine Bildungstheorie von Klafki (1985) mit dem Argument, dass die Selbstbestimmungs-, Mitbestimmungs-, und Solidaritätsfähigkeit als oberste Zielebene den Leitideen der Empowermentbewegung entsprechen. Wir merken dazu kritisch an, dass – obwohl wir Selbstbestimmungsfähigkeit, Mitbestimmungsfähigkeit usw. inhaltlich als oberste Zielgröße ausdrücklich begrüssen – der unauflösbare Widerspruch entsteht, nämlich derart, dass genau diese Selbstbestimmung von anderen bestimmt wird. In „Erwachsenenbildung und Behinderung" (Theunissen 2003) wird auf ein Problem hingewiesen, welches dann entstehen kann, wenn, wie hier in der lebenswelt- und kommunikationsorientierten Didaktik, vielleicht etwas „einseitig", die Absichten und Interessen der didaktisch unterstützten Person im Vordergrund stehen. „Im Sinne der obersten Zielsetzung werden hier 'relevante' Inhalte oder Stoffe ausgewählt und zu Themen formuliert, die sowohl aus der Lebenswelt der Betroffenen entstammen, ihren Bedürfnissen, Wünschen und Möglichkeiten entsprechen als auch emanzipationsfördernd sind, zum Beispiel Empowermentprozesse fördern können. Mit Blick auf Klafkis Allgemeinbildungskonzept könnten wir hier von sogenannten *Schlüsselthemen* sprechen, die sich auf unsere Gegenwart und Zukunft beziehen, gesellschaftlich wie auch individuell bedeutsam sind. Beide Momente müssen gleichermaßen beachtet und miteinander verschränkt werden. Eine bloße Orientierung an gesellschaftspolitisch relevante Bildungsfragen (z. B. Frieden, Sicherheit, Ökologie, Massenarbeitslosigkeit, Globalisierung ...) steht in der Gefahr, die Subjektseite (Motivation, individuelle Interessen ...) zu vernachlässigen, eine ausschließliche Ausrichtung der Themen an den Wünschen, Interessen oder Bedürfnissen der betroffenen Kunden würde dagegen nur eine „Halbbildung" (Adorno) erzeugen" (Theunissen 2003, 81). Bei aller Wertschätzung für die inhaltliche Position der emanzipatorischen Ziele vertreten wir doch die Auffassung, dass der Theorieansatz vom Zuschnitt Klafkis letztendlich nicht über eine geisteswissenschaftliche Pädagogik (alles zum Wohle des Kindes) hinauskommt. Radikal besehen bleibt sie im „zum Wohle des anderen" verhaftet – auch mit den höchsten Werten. Bildungshandeln ist pädagogisches Handeln und pädagogisches Handeln ist intersubjektiv. Intersubjektivität geht der Subjektivität voraus. „Pädagogisches Handeln muss also kommunikatives Handeln sein. Und zwar durch das Angebot und durch die Bereitstellung einer intersubjektiv vermittelten Lebenswelt. Eine Interaktion, in der einer den anderen als Objekt der Einflussnahme behandelt, läuft an dieser Dimension sprachlich hergestellter Intersubjektivität vorbei; im Rahmen reziproker Beeinflussung können kulturelle Gehalte nicht überliefert, soziale Gruppen nicht integriert, Heranwachsende nicht sozialisiert werden" (Habermas 82, 602f.). Erziehung ist also als eine Praxis zu verstehen, in der es um die Realisierung von Freiheit und Identität geht. Das Kind ist damit in jeder Phase seiner Entwicklung zurechnungsfähig, weil es in einer gemeinsamen Welt Ausdrucksfähigkeit und Reaktionsfähigkeit hat, also antwortfähig ist. „Die Wirklichkeit des Kindes besteht keineswegs darin, nicht handeln und sprechen zu können, sondern im neuen Handeln und Sprechen, das eine Person enthüllt und das uns und unsere gemeinsame Welt berührt" (Masschelein 91, 228/Metzger 2006, 46).

Abb. 15: Lebenswelt und kommunikationsorientierte Didaktik

Erste Ebene: Ausgangspunkt

In diesem Abschnitt geht es um die Gegebenheiten, um die festen Größen im Bildungsprozess. Das sind zum einen die Personen und zum anderen die kulturellen Rahmenbedingungen.

Personen mit Bildungswillen / Bildungsbereitschaft

Die Person im Bildungsprozess ist für die Heilerziehungspflegerin nicht Objekt, sondern Subjekt der Beobachtung. Beobachtung ist in diesem Sinne auch kein einseitiger Vorgang, sondern löst beim Beobachteten selbst wieder Beobachtung aus. Auch die Personenbeschreibung unterliegt dem Phänomen des Zwischenmenschlichen – der Intersubjektivität. Das Besondere des Menschseins – nicht, weil er sich als besonderes Wesen von der Natur abhebt, sondern besonders, weil er ein „Zwischenmensch" ist – ist ein allgemein Besonderes. Das Allgemeine und das Besondere fallen in jedem Menschen zusammen. „Personenbeschreibungen sind immer schwierig" (Sand 2004, 1).

Wenn wir also den Schritt der Personenbeschreibung dennoch wagen wollen, halten wir es für wichtig, von medizinisch-diagnostischen oder behindertenspezifischen Zuordnungen und Diagnosen deutlichen Abstand zu nehmen. „Weder mit der Fremdsprache innerhalb der Behindertenhilfe noch mit diagnostischen Zuordnungen zu psychischen Krankheiten, noch in der Alltagssprache kann eine ausreichende am Verstehen orientierte Beschreibung der Menschen gelingen" (Sand 2004, 2). Genau darum geht es, um das Verstehen – denn Verstehen ist jener Vorgang der, wenn er sich zwischen Menschen ereignet, diesen in die *Perspektive des Subjektseins* bringt. Menschliches Verstehen beginnt mit einer Geschichte, mit einer Lebensgeschichte. Was ist wichtig, was sich in diesem Leben ereignet hat? Ohne fachliche Reflexion neigen wir dazu, dass „pure Anderssein", die Normabweichung – je größer umso massiver – in den Fokus zu nehmen. Schon in der Beobachtung gehen wir auf Distanz. Die Verblüffung über das Anderssein ist so groß, dass es zu klassischen Beobachtungsfehlern kommen kann. Das Abweichende wird zum Zentrum, fast zum ganz Anderen. Dies kommt in dem überholten Begriff „der Behinderte" zum Ausdruck. Der abstrakte Andere wird menschlicher, wenn er sichtbarer wird, wenn wir uns ein differenziertes Bild von ihm machen können.
Sich von jemandem ein Bild zu machen, heißt aber immer, sich ein eigenes Bild zu machen. Das Bild, das wir uns vom anderen machen, muss sich in einer Beschreibung wieder finden, die dem anderen selbst zumutbar ist. Die Bemühung muss dahin gehen, Alter, Geschlecht, Habitus, Aussehen und Ausdrucksfähigkeit so darzustellen, dass er bei anderen und bei sich selbst als Mensch ankommt und nicht als Objekt eines Untersuchungsgegenstandes. Für alle weiteren Verstehensprozesse ist es wichtig, die Person in ihren aktuellen Lebensbezügen zu beschreiben. Die Analyse der Lebenswelt erfordert die Zusammenstellung der Informationen aus den Bereichen des Wohnens, der Freizeit, der Arbeit und möglicher Bildungsangebote. Zur Analyse der Lebenswelt gehört auch die Beobachtung der sozialen Bezüge sowie Befindlichkeit in der aktuellen Lebenssituation. Um Bildungsprozesse ermöglichen zu können und um neue Handlungsmöglichkeiten zu ermöglichen, ist eine ganzheitliche Sichtweise der Person unabdingbar.

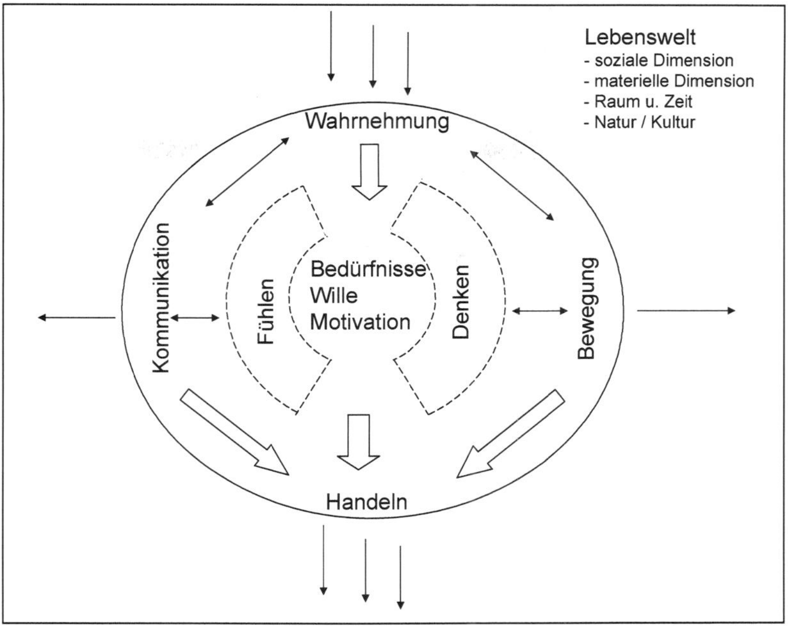

Abb. 16: Ganzheitliche Sichtweise einer Person

Wie Abbildung 16 zeigt, ist die Fähigkeit zum Handeln, die jedem Menschen zugesprochen wird, das Produkt eines sehr komplexen Vorganges, in dem Bedürfnisse, Wille, Motivation über Fühlen und Denken durch den Prozess der Wahrnehmung, Kommunikation und die körperliche Bewegung zum Ausdruck kommen. Diese Fähigkeiten, die in den einzelnen Bereichen vorliegen, gilt es zunächst differenziert und am besten mit kleinen lebenspraktischen Beispielen zu beschreiben. Die Beobachtung der Fähigkeiten auf den unterschiedlichsten Ebenen bildet zusammen mit den Bedürfnissen, mit dem Willen und mit der Motivation, die eine Person zum Ausdruck bringt, die Basis für die gemeinsamen und einvernehmlichen Entscheidungen für das Bildungsangebot. Wir legen großen Wert darauf, dass die Personen nicht an beliebigen bildungsnormativen Strukturen gemessen und im Anschluss daran, die entsprechenden Defizite aufgelistet werden. Für einen erwachsenen Menschen ist es abwertend, wenn man ihn als Analphabeten bezeichnet. Für den Verstehensprozess genügt es vollkommen, seine sprachliche Ausdrucksfähigkeit zu beschreiben und darüber hinaus zu verdeutlichen, dass er daran Interesse hat, die Kul-

turtechniken zu erlernen beziehungsweise dass er in der Lage ist, eine Person, die die Kulturtechniken beherrscht, bei Bedarf zu Hilfe zu holen.
Eine Personenbeschreibung zur Planung eines didaktischen Prozesses erfordert eine sehr genaue und verstehende Beobachtung. Die unten gezeigte Auflistung von Aspekten für eine Personenbeschreibung kann hilfreich sein, um durch einen ganzheitlichen Ansatz im Hinblick auf ein Bildungsangebot optimale Voraussetzungen zu schaffen. Es ist jedoch wichtig abzuwägen, welche Aspekte für das spezifische Bildungsangebot überhaupt bedeutsam sind. Der Anspruch auf Ganzheitlichkeit in der Personenbeschreibung kann auch Gefahr laufen, dass die beschriebene Person zum „gläsernen Menschen" wird. Es gibt sensible Informationen über Personen, die weder für die Planung und Durchführung eines didaktischen Angebotes relevant sind, noch kann es im Interesse der beschriebenen Person selbst liegen, dass diese Informationen weitergegeben werden.

Person mit didaktischer Kompetenz

Zum Ausgangspunkt der didaktischen Planung gehört, wie im Schaubild 12 schon gezeigt, die Person, die im Bildungsprozess assistiert oder diesen unterstützt. Im Praxisfeld der Heilerziehungspflege muss die Bildungsanbieterin, hier die Heilerziehungspflegerin, reflektierte Kenntnisse über ihre eigene Fähigkeiten und Möglichkeiten haben. Dazu gehören:

- Kommunikationskompetenz,
- die Fähigkeit Beziehungsprozesse zu erkennen,
- differenziert beobachten zu können,
- eigene Werteinstellung und Haltungen hinterfragen können,
- ein Grundmaß an eigener Sach- und Wissenskompetenz zum entsprechenden Inhalt oder Thema mitbringen oder sich erarbeiten können.

Soziale und kulturelle Lebenswelt

Es ist nicht leistbar, komplexe Phänomene wie Kultur und Natur im Einzelnen darzulegen. Es ist jedoch bedeutsam, die kulturellen Zusammenhänge umfassend zu kennen, um sie für Vermittlungssituationen fruchtbar machen zu können. Das Wissen um die sozialen und kulturellen Ressourcen bildet den Hintergrund für alle gemeinsamen inhaltlichen und thematischen Entscheidungen im Vermittlungsprozess.

Didaktische Perspektive der Bildungsinitiative

Wir unterscheiden drei Richtungen, von denen die Bildungsinitiative ausgehen kann:

1. Eine Person (die der Heilerziehungspflegerin gut bekannt ist) meldet den Anspruch auf Bildungsassistenz direkt oder indirekt an.
2. Eine Personengruppe (die der Heilerziehungspflegerin gut bekannt ist) meldet den Anspruch auf Bildungsassistenz an oder wird in Bezug auf das Bildungsthema angesprochen.
3. Die Planung geht ganz von einem Thema aus und wird als Bildungsangebot zielgruppenspezifisch offen ausgeschrieben (bzw. entsprechend vermittelt).

Gerade im Ausbildungsprozess werden Bildungsangebote häufig auf dem Hintergrund einer profunden Personenkenntnis für eine Person oder einer kleinen Personengruppe erarbeitet. Wir halten die ersten beiden hier aufgezählten Perspektiven aufgrund der guten Überschaubarkeit für geeignet. Wir sind aber der Auffassung, dass die dritte Perspektive schon im Ausbildungsprozess der Heilerziehungspflege Beachtung und Umsetzung erfahren muss. Mit den zunehmenden Entwicklungen und Veränderungen in der Heilerziehungspflege, insbesondere dem so genannten Paradigmenwechsel (einem mehr an Selbstbestimmung, Selbstständigkeit sowie einer umfassenderen Teilhabe an gesellschaftlichen Leben ausgerichteten Ansatz), hat sich die Erwachsenenbildung für Menschen mit Behinderung inhaltlich und strukturell neu aufgestellt (Theunissen 2003). Kursangebote in den unterschiedlichsten Bildungseinrichtungen führen notwendig dazu, dass der didaktische Ausgangspunkt nicht an einer „bekannten" Einzelperson festzumachen ist, stattdessen muss von Zielgruppen ausgegangen werden (für die Schuldidaktik ist das der Regelfall). Einrichtungsintern und im Rahmen der Ambulantisierung gibt es zunehmend Ausschreibungen, die sich mit einem Thema an eine ganz bestimmte Zielgruppe wenden. Auch in diesen Strukturen halten wir daran fest, die Beteiligung von Personen mit Behinderung, Lernschwierigkeiten oder psychischen Erkrankungen schon auf der Planungsebene konsequent zu verfolgen. Wir empfehlen bei diesbezüglichen Bildungsangeboten eine kurze Einstiegsequenz, in der die Intentionen und Methoden abgeglichen werden. Langjährige Erfahrungen mit Bildungsangeboten für diesen Personenkreis haben uns gezeigt, dass am Ende einer Situation nicht nur Reflexion, sondern auch die Planung und Vorbereitung für die nächste Situation stehen kann. Abschließend zur ersten didaktischen Ebene kann festgehalten werden, dass die Ausgangslage für didaktisches Planen und Entscheiden immer eine Person oder eine Personengruppe ist, auch wenn diese zunächst als Zielgruppe abstrakt bleiben muss.

Gliederungshilfe für eine Personenbeschreibung

1. Lebensgeschichte
2. Äußerer Eindruck
3. Analyse der Lebenswelt: soziale Kontakte, Wohnen, Arbeit, Bildung, Freizeit
4. Kommunikation
5. Fähigkeiten und Kompetenzen: Ausdrucksfähigkeit, Wahrnehmung, Orientierung, Bewegung, Kondition
6. Emotionale Ausdrucksformen von: Freude, Glück, Frustration, Stress, Überforderung
7. Soziale Fähigkeiten, soziale Bedürfnisse
8. Pflege und Gesundheit
9. Individuelle Bedürfnisse, Interessen und Wünsche
10. Selbstkonzept, Selbstdarstellung, Selbstbewusstsein, Selbstbestimmung
11. Unterstützung, Assistenz und Hilfebedarf
12. Entwicklungsmöglichkeiten, Bildungsmöglichkeiten, Lebensperspektiven

Kriterien zur Beschreibung einer Gruppe

1. Gruppengröße
2. Geschlechtliche Zusammensetzung
3. Altersspanne
4. Homogenität/Heterogenität von Mobilität
5. Homogenität/Heterogenität von, emotionalen sozialen und kognitiven Kompetenzen
6. Beziehungsverhältnisse (Untergruppen, Lagerbildungen, Soziogramm, Gruppennormen ...)
7. Interaktionsstrukturen/Interaktionsformen / Rollen
8. Häufigkeit und Verbindlichkeit des Zusammentreffens
9. eventuell gemeinsames Motiv/eventuell zusammenhaltendes Motiv
10. Einzelne Mitglieder: Beruf/Arbeit, Hobby/Freizeit, Interessen und Bedürfnisse, Fähigkeiten

Beispiel:

Personenbeschreibung von Herrn H. (Werkprojekt mit Herrn H.)

Erscheinungsbild
Herr H. ist ein 38 Jahre alter, groß gewachsener (1,82 m) schlanker Mann. Seine dunkelbraunen Haare trägt er sehr kurz. Meistens bewegt er sich eher langsamen und umsichtig. Am liebsten trägt er Jeans, ein kariertes Hemd und Stiefel. Durch sein Lächeln und seinen zugewandten Blick sowie durch sein aufgeschlossenes Auftreten fällt es ihm leicht, mit anderen Menschen in Kontakt zu kommen.

Lebensgeschichte
Herr H. wuchs in einem kleinen Dorf auf, seine Eltern hatten eine Landwirtschaft. Herr H. war ein Einzelkind, seine Mutter wurde nach seiner Geburt schwer krank. Mehrmals musste sie monatelang stationär in einer Klinik behandelt werden. Nach dem ersten Lebensjahr verstarb die Großmutter, die ihn bis dahin versorgte. Herr H. lebte nach dem Tod der Großmutter in unterschiedlichen Zeitabständen bei einer Tante und auf dem elterlichen Hof. Herr H. verbrachte viel Zeit in einer kleinen Werkstatt. Vermutlich wurde er dort öfters eingeschlossen, weil eine Aufsicht nicht möglich war. Nach der Schulzeit fand Herr H. einen Arbeitsplatz in der Montageabteilung einer WfBM. Seit 15 Jahren lebt er in einer Wohngruppe mit acht andern Männern zusammen.

Lebenswelt
Herr H. lebt in einer süddeutschen Kleinstadt in einem Wohnheim mit fünf Wohngruppen.
Das Wohnheim liegt etwas abseits, am Rande eines Industriegebietes. Herr H. hat ein eigenes Zimmer, welches er mit selbst ausgesuchten Möbeln rustikal eingerichtet hat. An den Wänden hängen Bilder von Traktoren und von Haustieren. Leidenschaftlich gerne hantiert er mit Werkzeug, weshalb er sich häufig im Hobbyraum oder in der Werkstatt des Hausmeisters aufhält. Im geregelten Alltag kommt Herr H. mit wenig Unterstützung zurecht. Hausarbeiten wie Tischdecken, Spülmaschine ausräumen, Wäsche versorgen, Kehren und Blumengießen erledigt er selbstständig und gerne. Zu einem Mitbewohner, mit dem er noch vor drei Jahren das Zimmer teilte, sucht er immer wieder die Gesellschaft, ansonsten verhält er

sich gegenüber den Mitbewohnern zurückhaltend. Zu den pädagogischen Mitarbeitern sucht er sehr häufig den Kontakt. Herr H. verlässt den Wohnheimbereich nur in Begleitung. In fremder Umgebung kann er sich räumlich mit Unterstützung einer vertrauten Person orientieren. Sehr gerne geht er mit den „Assistenten" in die Stadt, um einzukaufen und Kaffee zu trinken.

Fähigkeiten

Motorische Kompetenzen
Herr H. kann sich in allen Lagen selbstständig bewegen und zeigt in feinmotorischen Aktivitäten wie zum Beispiel einen Stift im Dreifinger-Spitzgriff halten, im Schneiden, Schrauben, Sägen (Laubsäge) oder Bedienen von Geräten großes Geschick. Er kann einen Hammer, eine Rohrzange oder elektrische Werkzeuge wie zum Beispiel einen Akkuschrauber richtig einsetzen.

Kognitive Kompetenzen
Beim Werkprojekt „CD-Regal herstellen" übernahm Herr H. Teilbereiche eigenständig und bewältigte den Organisationsablauf mit Assistenz. Überschaubare Abläufe in der Küche kennt Herr H. und kann sie logisch aufeinander beziehen (z.B. wenn er den Tischdecken möchte und es ist kein Besteck in der Schublade, öffnet er sofort die Spülmaschine und kann unterscheiden, ob das Besteck sauber oder noch schmutzig ist). Auch ist er in der Lage zu Transferleistungen, wenn er weiß, dass ein Mitbewohner beim Essen nicht da ist, legt er ein Gedeck weniger auf den Tisch. Die Nähe eines Assistenten ermöglicht es Herrn H., kleinere Kochaktivitäten wie zum Beispiel Sahne schlagen, Tee oder Kaffee kochen oder ein Spiegelei braten. Wenn ein Kochrezept mit Bildmedien unterstützt ist, kann er mindestens drei Schrittfolgen selbstständig durchführen. Er weiß, dass die Mengen gemessen und gewogen werden müssen und kann sich dazu Hilfe holen. Herr H. kann sich zeitlich am Tagesablauf orientieren. Er kennt die Wochentage und verwendet neuerdings mit Unterstützung einen Pictogenda-Kalender (Kalender der Lebenshilfe mit Bildsymbolen). Im Wohnbereich hat Herr H. seine ganz eigenen Ordnungsstrukturen. Dabei sind Zusammenhänge und Zuordnungen für Außenstehende nicht ohne weiteres nachvollziehbar. Insbesondere möchte er bestimmte Werkzeuge am liebsten am Fußende seines Bettes unterbringen. Argumenten gegenüber diesem Aufbewahrungsort verschließt er

sich regelmäßig. Herr H. kann seinen Namen schreiben. Wenn er seinen Namen liest, zeigt er auf sich. Eigene Gegenstände kann Herr H. als sein Eigentum erkennen. Eigentum von anderen versucht er gelegentlich in sein Ordnungssystem zu integrieren.

Kommunikative Kompetenzen
Der Wortschatz, den Herrn H. versteht, umfasst weite Bereiche der Alltagsprache. So kann er auf die meisten Gegenstände des täglichen Lebens nach sprachlicher Aufforderung zeigen. Er drückt sich selbst mit Gestik, Mimik und wenigen Gebärden aus. Mit einer wegwerfenden Handbewegung drückt er Ablehnung oder Geringschätzung aus. Er benützt die Gebärden für essen, trinken, schlafen und handwerken. Er kann Lautieren und setzt dies auch zur Unterstützung seiner Kommunikation ein. Die Fähigkeit, mit einem charmanten Lächeln seine Zustimmung zu zeigen, verdeutlicht seine Interaktionskompetenz.

Wahrnehmung
In einem Buch mit landwirtschaftlichen Bildern kann er Geräusche wie Traktoren und auch einige Tiere imitieren oder umgekehrt solche Geräusche den entsprechenden Bildern zuordnen. Herr H. kann seine Sinne ohne Einschränkungen benutzen. Veränderungen in der Wohnung fallen ihm sofort auf. Auch wenn andere Personen beim Friseur waren, nimmt er dies wahr und reagiert mit einer Geste über seinen Kopf. Herr H. kann die Farben unterscheiden und kann auf Nachfrage alle Farben richtig zeigen. Die Wassertemperatur heiß, lauwarm oder kalt kann er ohne Mühe am Wasserhahn einstellen. Herr H. hört, wenn man ihn mit seinem Namen ruft, auch unter akustisch schwierigen Bedingungen sehr gut. Vertraute Personen kann er an der Stimme erkennen, wenn er sie noch nicht sieht. Bei der Oberflächenbehandlung seines CD-Regals ertastete und erspürte er raue Stellen auf dem Holz und schliff diese nochmals nach.

Emotionale Situation
Herr H. kann seine Gefühle unmittelbar zum Ausdruck bringen. Sein Lachen und sein Blickkontakt können auch andere Personen zum Mitschwingen einladen. Herr H. ist aktiv, er scheint sich besonders wohl zu fühlen, wenn er mit Werkzeug hantieren kann. Wenn er den angestrebten Handlungsablauf nicht zu Ende führen kann, weil der „Reparaturprozess“ in eine nicht erfolgversprechen-

de Richtung läuft, wird es für ihn schwierig. Emotional frustrierende Ereignisse kann Herr H. am ehesten bewältigen, wenn er im Badezimmer verschiedene Gefäße befüllen und dies immer wieder umfüllen kann. In einer solchen Phase möchte er möglichst ungestört bleiben.

Soziale Kompetenz/Inklusion
Herr H. hat regelmäßigen Kontakt zu seinem Vater. Wenn er seinen Vater sehen möchte, bringt er das zum Ausdruck, in dem er seine rechte Hand auf seinen Kopf legt und diese Geste mit einem lang gezogenen A-Laut begleitet. Seit zwei Jahren sind die monatlichen Besuche durch den Vater aus gesundheitlichen Gründen nicht mehr möglich. Herr H. Besucht seinen Vater ein bis zweimal im Monat und benötigt für die Besuche organisatorische und begleitende Assistenz.
Herr H. geht auf fremde Personen ohne Vorbehalte zu. Seine Offenheit, seine körperliche Zugewandtheit und seine körperliche Kommunikation können von anderen als Interesse und Freundlichkeit verstanden werden. Manchmal kann diese Ausdrucksform von einem Kommunikationsteilnehmer als zu nah missverstanden werden. Herr H. hat in der Wohngruppe einen Freund, mit dem er gelegentlich seine Freizeit verbringt. Auch wenn sich Herr H. im Alltag zu den anderen Mitbewohnern eher distanziert verhält, so nimmt er es doch wahr, wenn zum Beispiel beim gedeckten Tisch etwas fehlt und weist darauf hin oder holt es selbst. Wenn es zu Konflikten kommt, zieht sich Herr H. sehr schnell in sein Zimmer zurück. Herr H. hat sich dem heiminternen Kegelklub angeschlossen, hier gibt es Bestrebungen, mit dem örtlichen Kegelclub gemeinsame Abende durchzuführen.

Pflege und Gesundheit
Herr H. pflegt sich selbstständig, wenn er zu den entsprechenden Zeitpunkten den richtigen Impuls bekommt. Im Bereich der Pflege ist es wichtig, dass Herr H. nicht „pflegetechnisch“ behandelt wird. Wenn Herr H. Zeit und eigene Entscheidungen im Pflegeprozess zugestanden bekommt, zeigt er Interesse und Bereitwilligkeit am Pflegeprozess. Im Bereich der Gesundheit ist Beratung und gelegentlich auch Fürsorge erforderlich. So tendiert Herr H. zur einseitigen Ernährung und versucht immer wieder die Mundpflege zu umgehen.

Individuelle Bedürfnisse
Obwohl Herr H. Kontaktoffenheit und Bereitschaft, sich auf neue Personen einzulassen, zeigt, ist es ihm vermutlich sehr unangenehm, wenn es Wechsel bei seinen „Bezugspersonen" gibt. Insofern wünscht sich Herr H. möglichst viel Kontinuität in seiner sozialen Lebenswelt. Herr H. hat eine eigene Musikanlage in seinem Zimmer und hat eine große Vorliebe für Country-Musik entwickelt.
Es kann sein, dass seine Leidenschaft, mit Werkzeug zu hantieren, zu belastenden Situationen führt. Das oben schon angesprochene Bedürfnis, mit Wasser zu spielen und Gefäße zu befüllen, kann dann den Tagesablauf und die soziale Struktur dominieren.

Selbstbestimmung/Selbstkonzept
Herr H. versteht und reagiert auf seinen Namen. Er kann auf sich selbst und auf andere zeigen, wenn er diese Person(en) auch meint. Er ist sich seiner Stellung in der Wohngruppe bewusst und zunehmend gelingt es ihm auch, seine Interessen einzubringen und an einem Interessensausgleich mitzuwirken. In verschiedensten Alltagssituationen sucht er Handlungsmöglichkeiten, in denen er unmittelbar eine Wirkung erlebt. In der Kontaktaufnahme sucht er die unmittelbare Bestätigung seines Selbst – am liebsten ist ihm dann direkter Körperkontakt.

Unterstützungs-, Assistenz-, und Hilfebedarf
Herr H. braucht im Tagesablauf Assistenz durch einen verlässlichen Personenkreis. Somit kann ermöglicht werden, dass Herr H. mit seinen Kompetenzen zum richtigen Zeitpunkt den Anschluss im Tagesgeschehen findet. Es ist bedeutsam, dass Herr H. auf Personen zurückgreifen kann, die seine ganz individuellen Bildungsprozesse beobachten und verstehen. Seine Möglichkeiten und Fähigkeiten im hauswirtschaftlichen Bereich und im Bereich der Selbstpflege sind progressiv. Hier zeichnet sich ein abnehmender Hilfebedarf ab. In emotional schwierigen Situationen kann es zu Handlungsmustern kommen, die für Herrn H. selbst und seine Umgebung schädigend sein können. Diese Situationen können nur durch intensiven persönlichen Einsatz überbrückt und bewältigt werden. In solchen Phasen kann der Hilfebedarf so hoch sein, dass eine mehrstündige Einzelbegleitung erforderlich wird.

Lebensperspektive und Entwicklungsmöglichkeiten
Wenn die Situation von Herrn H. in einem ganzheitlichen und umfassenden Sinne analysiert wird und wenn Beobachtungen zu Entwicklungswünschen weiterinterpretiert werden, dann ist zu vermuten, dass Herr H. im Bereich der sozialen Beziehungen weitere Autonomie erlangen möchte. Es ist durchaus vorstellbar, dass Herr H. in einer kleineren betreuten Wohnform leben könnte. Für die nahe Zukunft wäre es eine deutliche Verbesserung der Lebensqualität von Herrn H., wenn er seine Ausdrucksformen optimieren könnte. Über verschiedene Angebote müsste gemeinsam mit ihm abgeklärt werden, wie er seine Kommunikationskompetenz erweitern kann und will. Es wäre gemeinsam abzustimmen, welche unterstützenden Medien in Frage kämen.
Um die deutliche Affinität zu handwerklichen Tätigkeiten aufzugreifen, könnte ein längerfristiges Werkprojekt ein geeignetes Thema sein, bei dem Herr H. seine Kompetenzen als subjektiv bedeutsame und wertvolle Handlungen erlebt. Eine Differenzierung und Erweiterung dieser Handlungsmöglichkeiten könnten zum Schlüssel für übergreifende ihm bedeutsame Sinnzusammenhänge seines Lebens werden.

Zweite Ebene: Didaktische Entscheidungen auf der Planungsebene

Absichten, Themen sowie Methoden und Medien sind typische Entscheidungsfelder einer didaktischen Planung. Sie müssen für jede didaktische Situation neu entschieden, eventuell begründet und legitimiert werden. Als besondere Entscheidungsfelder wollen wir die Interaktion und Organisation herausstellen. Wenn, wie in diesem Modell, von einer partizipierenden Planung aller am Bildungsprozess beteiligten Personen ausgegangen wird, dann ist die Kommunikation nicht ein Entscheidungsfeld neben den anderen (so war das bisher in der lebenswelt- und kommunikationsorientierten Didaktik verankert), sondern ein Aktionsfeld, welches den Interdependenzprozess überlagert (siehe Abb. 3). Entscheidungen für Absichten, Themen, Methoden und Medien haben in der Regel immer organisatorische Folgen. Das Mitdenken von Organisationskonsequenzen kann und wird andererseits Einfluss auf die Entscheidung von Inhalten, Absichten, Medien und Methoden haben, denn nicht selten sind es organisatorische Grenzen, die die gerade genannten Entscheidungsfelder maßgeblich beeinflussen. Viele Entscheidungen, die hier auf der Planungsebene dargestellt sind, setzen ein erhebliches Abstraktionsniveau und auch eine entsprechende Antizipationsfähigkeit – die Fähigkeit, etwas gedanklich vorwegnehmen zu können – voraus. Deshalb können diese Entscheidungen auf keinen Fall Endgültigkeit beanspruchen. Vielmehr ist es so, dass viele Entscheidungen erst in der aktuellen Vermittlungssituation getroffen werden oder entgegen der Planung, neu entschieden werden. Der didaktische Prozess muss offen bleiben!

Thema

Themen, die zum Gegenstand des Bildungsprozesses werden können, ergeben sich aus der unendlichen Vielfalt der Themen, wie sie aus der sozialen kulturellen und natürlichen Welt hervorgehen. Es ist zu erwarten, dass sich die Themen im Laufe des lebenslangen Bildungsprozesses gravierend verändern. Wie schon bei den didaktischen Zugängen (siehe Abb. 11) dargestellt, beginnen solche Bildungsprozesse mit basalen Themen, das heißt es sind Wahrnehmungs- und Erlebnisprozesse, die zunächst stark bedürfnis- und körperbezogen sind. In der Vergangenheit wurde der emotionale Bereich in Bildungsprozessen viel zu wenig beachtet. Ergebnisse aus der Hirnforschung (Ciompi 2002, Damasio 2000) belegen diesen Zusammenhang eindeutig und müssen nach unserer Einschätzung besonders berücksichtigt werden. Körper-, Kommunikations- und Beziehungserfahrungen können für Menschen mit Behinderungen gerade auf dem Hintergrund ihres emotionalen Gehaltes sehr wichtige Bildungsthemen sein. Die Bandbreite dessen, was für ein didaktisches Vorhaben in Frage kommen kann, erstreckt sich damit von basalen Sinneserfahrungen bis hin zu so komplexen Tätigkeiten wie Fahrradfahren im Straßenverkehr oder dem Umgang mit einem Bankautomaten. Um Erfahrungen, Erlebnisse, Fertigkeiten und Kenntnisse zu erschließen, gilt es zunächst, die Komplexität dieser Vorgänge zu strukturieren und zu reduzieren. Das bedeutet, die Heilerziehungspflegerin muss ein umfangreiches Sach- und Fachwissen zum Themenkomplex haben.
Sie muss in der Lage sein, die Anforderungen und Fähigkeiten, die das Thema mit sich bringt, im Hinblick auf die Kompetenzen der bildungswilligen Person aufzubereiten. In der Regel setzt das intensive und vor allem detaillierte Sachkenntnis voraus. Bei Themen, die nahe an oder unmittelbar im Alltagsbereich verankert sind, ist das Sachwissen oft so selbstverständlich und verinnerlicht, dass es schwer fällt, vor allem die Details zu analysieren. Wir wollen dies an einem kleinen Beispiel verdeutlichen:

Das Eingießen eines Getränkes aus einer Flasche in ein Glas kommt uns im Alltag als eine Handlungseinheit vor. Wenn wir ein Kleinkind bei diesem Vorgang beobachten, halten wir vielleicht kurz inne, wenn es den Flaschenhals auf die Kante des Glases auflegt und die Flasche hinten anhebt. Wir wissen, was passieren kann, wenn das Kräfteparallelogramm aus dem Gleichgewicht gerät. Wenn wir diesen Vorgang genau beobachten und analysieren, stellen wir fest, dass es eine Vielfalt von Informationen ist, die hier verarbeitet werden. Die Wahrnehmung, die Dosierung der Kraft und die Koordination im rechten Augenblick, erfordert bei dem Vorgang des Einschenkens ein häufig unterschätztes Maß an Kompetenzen. Die Gewichtsverlagerung durch das nach vorne Schwappen der Flüssigkeit führt im Bruchteil einer Sekunde zu einer Schwerpunktverlagerung, die den Handelnden zwingt, wenn er erfolgreich eingießen möchte, die Dosierung der Kraft und die Verarbeitung von visuellen, taktilen und akustischen Wahrnehmungseindrücken zu koordinieren. Das Beispiel soll verdeutlichen, dass die sachliche Analyse eines Themas in sehr kleine und differenzierte Details führen kann. Wir haben die Entscheidung für ein Thema an den Anfang gestellt, weil wir davon ausgehen, dass in vielen Vermittlungssituationen dieser Zugang im Vordergrund stehen wird. Eine didaktische Planung könnte ihren Ausgang aber genauso gut bei den Absichten oder bei den Methoden nehmen.

Beispiel: Themenfindung und Begründung des Themas (Werkprojekt mit Herrn H.)

Wie beschrieben, hat Herr H. eine besondere Zuneigung zu Werkzeug und es hat sich auch gezeigt, dass er mit großem Interesse an einem Werkprojekt (CD-Regal) teilgenommen hat. Das fast allgegenwärtige Werkzeugthema könnte mit der Kindheit von Herrn H. zusammenhängen. Vielleicht hat Herr H. durch Mangel an sozialen Kontakten oder Mangel an emotionaler Sicherheit im Umgang mit Werkzeugen einen gewissen Ausgleich finden können. Es ist vorstellbar, dass Herr H. durch das Hantieren mit Werkzeugen sich selbst als wirksam erfahren hat. Vielleicht hat er sogar mit Hilfe von Werkzeugen eine eigene Welt erschaffen können, die ihm Sicherheit und Zuflucht geboten hat und heute noch bietet. So ist das Mitsichführen von Werkzeug für Herrn H. anscheinend eine zwingende Notwendigkeit. Herr H. verlässt sein Zimmer nicht ohne Werkzeug. Inzwischen kann sich Herr H. darauf einlassen, dass er „nur noch“ ein Vielzweckwerkzeug mit sich trägt. In seiner Freizeit trägt

Herr H. sein Werkzeug oft in einem Schuhkarton mit sich. Es erweckt den Eindruck, als sei er auf der Suche nach Einsatzmöglichkeiten. Wenn Herr H. alleine mit den Werkstoffen Holz oder Metall hantiert, fällt es als Beobachter schwer, die Sinnzusammenhänge des Handelns zu erkennen beziehungsweise zu verstehen. Herr H. wurde mit Hilfe verschiedener Bildmedien befragt, ob er an einem weiteren Werkprojekt interessiert wäre. Dabei hat er sich sehr unmissverständlich für einen Werkzeugkasten entschieden. Er hat sich besonders gefreut, als er verstanden hat, dass der Werkzeugkasten am Fußende des Bettes eingehängt werden kann. Der Werkzeugkasten kann sowohl zur Bettinnenseite als auch zur Bettaußenseite am Fußende eingehängt werden.

Thema: Herstellen eines Werkzeugkastens aus Holz
- Das Thema greift die Interessen von Herrn H. auf. Er wird mit seinen Wünschen und Bedürfnissen ernst genommen.
- Herr H. kann in eine Aktivität einsteigen, die ihm sehr entspricht und er wird ein Produkt erhalten, das ihm sehr wichtig und nützlich ist.

Grundsätzliche Überlegungen zur Sache:
- Skizze/Modell:
  Gemeinsam mit Herrn H. wird eine Skizze zum Werkprodukt erstellt (hier ist jede Zeichnung wertvoll).
  Ein Modell mit Karton und Klebeband zu erstellen, könnte sinnvoll sein, um eine dreidimensionale Vorstellung des Werkstückes zu ermöglichen. (Verweis auf die Methoden: Es gibt die Möglichkeit, Ideen einzubringen, die Proportionen können einfach verändert werden, es lässt sich anschaulich ausprobieren, ob sein Werkzeug hineinpasst ...)
- Plan (Zeichnung): Maße, eventuell Schablonen herstellen, großer Bauplan, Werkheft ...
- Material:
  Geeignetes Werkmaterial: Schichtholzplatten, Sperrholz ...
- Verbindungsmöglichkeiten: Leim/Dübel/Schrauben (Spax)
- Oberflächenbehandlung: Lack (wasserlöslich)
- Werkzeug: Feinsäge, Schwingschleifer, Schleifpapier, Kreuzschlitz-Schraubendreher, Hammer, Bohrmaschine, Akkuschrauber, Zange
- Mögliche Gefahrenquellen beachten/Sicherheit im Umgang mit der Bohrmaschine

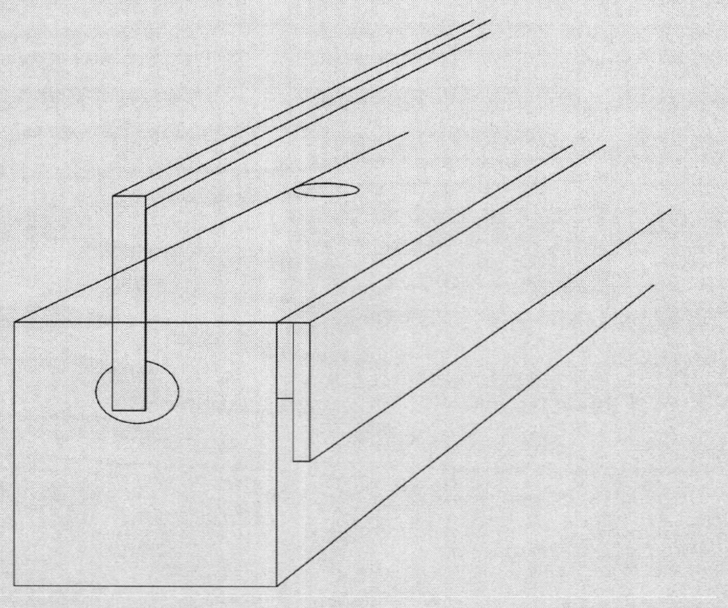

Abb. 17: Skizze Werkzeugkasten

Eingrenzung des Themas:
Das Herstellen einer Werkzeugkiste ist hier als ein Werkprozess zu verstehen, der sich auf dem fachlichen Niveau des Hobby-Werkers oder Heimwerkers bewegt. Komplizierte Verbindungstechniken, die entsprechendes Fachwissen voraussetzen, werden hier nicht in Erwägung gezogen. Für den Werkprozess wird es, trotz der Einbeziehung von Herrn H., notwendig sein, im didaktischen Sinne Vorentscheidungen zu treffen (Werkmaterial, Verbindungstechniken, Art der Oberflächenbehandlung). Die Holzteile werden Herrn H. im Bausatzsystem bereitgestellt. Die Arbeit an einer elektrischen Säge kann aus Sicherheitsgründen noch nicht in Erwägung gezogen werden. Das Aussägen der Holzteile von Hand würde den Werkprozess zu sehr dominieren – eventuell auch die Freude am selbstwirksamen Handeln durch zu viele Korrekturen einschränken. Um trotzdem in den Umgang mit der Säge einzuführen, sollen der Handgriff und die Seitenleisten von Hand auf die richtige Länge gesägt werden.

Verweis auf Methoden (Sachimmanente Methoden):
Bei Werkprozessen müssen Handlungsabläufe oft in einer ganz bestimmten Art und Weise oder Reihenfolge ablaufen, um zum gewünschten Ergebnis zu kommen. Mit der Methode: „Medieneinsatz eines Werkheftes" könnte diesem Ablauf bei maximaler Selbstständigkeit entsprochen werden.

Absichten/Intentionen

Absichten werden in didaktischen Konzeptionen auch als Intentionen bezeichnet und sind der Kategorie der pädagogischen Ziele zuzuordnen. Die Problematik von Erziehungszielen wurde weiter oben bereits angesprochen. Klafki (1985,58) bezeichnet als oberstes Bildungsziel die Emanzipation, die durch Aufklärung und Hilfe zur Entwicklung von Selbstbestimmungsfähigkeit, Mitbestimmungsfähigkeit und Solidaritätsfähigkeit erreicht werden kann. Bildungsziele mit dem Anspruch auf Selbstbestimmung und Autonomie, die von Pädagogen formuliert werden, können sehr schnell zu einer paradoxen Situation führen, wenn sie von den Betroffenen entweder nicht verstanden oder nicht akzeptiert werden können.
Die Frage nach den Bildungszielen stellt sich in der heilerzieherischen Praxis mit noch größerer Schärfe: Mit dem Argument, dass Selbstständigkeit im lebenspraktischen Bereich ein hoher Wert ist, wird zum Beispiel das Ankleiden geübt. Die kognitiven Voraussetzungen, nämlich den Zusammenhang dieser Fähigkeit mit der damit verbundenen zukünftigen Unabhängigkeit zu erkennen, ist bei den im Bildungsprozess stehenden Personen nicht unbedingt vorauszusetzen. Es kann sein, dass diese Person die Leistungsanforderung als lästig erlebt und aus diesem Grunde versucht, sich ihr zu entziehen beziehungsweise zu widersetzen. Soll man nun diese Anforderung deshalb aufgeben oder ist es sinnvoll, dem Betroffenen über seine Widerstände hinwegzuhelfen, auch wenn die Vorteile für ihn/sie erst später fassbar werden?
Wenn Bildung als Teil der Persönlichkeitsentwicklung verstanden wird, die sich im Wesentlichen im zwischenmenschlichen Bereich vollzieht, dann können Ziele nicht als Sollzustand definiert werden, der durch einen bestimmten Weg zu erreichen ist: „Die handelnde Person hat dann aber keine Verfügungshoheit über die Wirkungen ihrer Handlungen auf die andere Person. Wirkungen in diesem Sinne sind nicht die Konsequenzen der intendierten Handlungen, sondern das Ergebnis der Verarbeitung der anderen Person" (Oelkers 1984, 240).

Während also in der bildungstheoretischen Didaktik (Klafki) die Ziele und Intentionen des Bildungsprozesses schon inhaltlich formuliert werden, bleiben sie im Modell von Heimann und Schulz offen. In der konstruktivistischen Didaktik (Reich) werden sie mit den Begriffen *imaginieren* und *Visionen entwickeln* beschrieben.
„*Imaginieren:* In unseren Vorstellungen assoziieren, erträumen, wünschen und begehren wir ständig, ohne uns einen Begriff davon machen zu müssen. Die Vorstellung allein kann schon Antrieb sein, weil wir uns in ihr als erfolgreich, schön, anerkannt usw. sehen. Solche Imaginationen in positiver, motivierender, den Selbstwert erhöhender Weise zu wecken, ist eine wesentliche Bedingung für die antreibende Kraft in didaktischen Prozessen. Ein Erkalten des Imaginären führt schnell zu Langeweile, Unaufmerksamkeit, Ablehnung.
Visionen entwickeln: Das Imaginäre hat sich hier bereits ein mehr oder minder konkretes Ziel gesucht, das es ausmalt, beschreibt, markiert, das symbolisch geäußert und bearbeitet werden kann. Eine Vision will sich das Schöne, das Wertvolle, das Erwünschte usw. festhalten und dies realisieren. Es ist Antrieb, wenn die Vision nicht zu utopisch wird, das heißt, wenn sie nicht bei vorhandenen Möglichkeiten bloß zur Vision des Unmöglichen verkümmert. Didaktisch günstig sind die kleinen realisierbaren Visionen, aber auch eine große unerreichbare Vision kann dann Energien freisetzen, wenn sie dazu hilft, erste Schritte freizusetzen" (Reich 2006, 249ff.).

Entwicklungsperspektiven, Handlungsintentionen und Lernziele

Diese drei Begriffe werden hier als unterschiedliche Kategorien von Absichten (Intentionen) im didaktischen Prozess unterschieden. Ausdrücklich sind es die Absichten der Person, die in ihrem Bildungsprozess didaktische Assistenz erfahren können. Selbstverständlich haben auch die Assistenten des Bildungsprozesses eigene oder gesellschaftlich stellvertretende Absichten, die in die Bildungssituation einfließen. Die Tatsache von unterschiedlichen, eventuell auch sich widersprechenden Absichten muss als solche erkannt beziehungsweise anerkannt werden. Es geht darum, die unterschiedlichen Interessen (und damit Absichten) offen zulegen, damit sie in einem herrschaftsfreien Raum interaktiv ausgeglichen werden können. Ohne das Aushandeln von gemeinsamen Absichten kann von Bildungsassistenz keine Rede sein!

Entwicklungsperspektiven

Entwicklungsperspektiven sind Lebensperspektiven und damit Sichtweisen in die Zukunft. Es geht darum, wie in dem oben zitierten Text von Reich ausgeführt, Visionen zu entwickeln. Eine Vision ist ein „Noch-Nicht“ aber ein „Doch-Schon“, jedenfalls in den Gedanken und Gefühlen. Inwieweit es einer Symbolisierungsfähigkeit bedarf, um Visionen entwickeln zu können, kann an dieser Stelle nicht vertieft bearbeitet werden. Im Hinblick auf Personen mit schwerer geistiger Behinderung unterstellen wir dennoch die Fähigkeit, Zukunftsperspektiven erspüren zu können, auch wenn Zeitverläufe wahrscheinlich in einem vorwiegend gegenwärtigen Zeitfenster erlebt werden. Wenn die Zukunftsfähigkeit aufgrund von Erkrankung, Schädigung oder Behinderung in Frage gestellt wird, dann wird das Menschsein in Frage gestellt. Also müssen Heilerziehungspflegerinnen in der Lage sein, im sehr persönlichen Bereich der Zukunftsvisionen nicht nur zu beraten, sondern auch Assistenz anzubieten. Dies kann durchaus so aussehen, dass stellvertretend, begründet aus den Beobachtungen und Erfahrungen der Wechselbeziehung im Alltag, von der Heilerziehungspflegerin Entwicklungsperspektiven formuliert werden.

Beispiel: Entwicklungsperspektiven (Werkprojekt mit Herrn H.)

Herr H. möchte einen Weg finden, das Hantieren mit Werkzeug in seinen Lebensalltag so zu integrieren, dass die subjektive Bedeutsamkeit auch von seiner sozialen Umwelt bestätigt werden kann. Besonders liegt ihm ein autonomer und selbstbestimmter Umgang mit seinem Werkzeug am Herzen. Dafür ist es erforderlich, dass er Kompetenzen bezüglich des richtigen Einsatzes der einzelnen Werkzeuge beherrscht und über die entsprechenden Werk-Situationen hinaus in der Lage ist, Wirkungszusammenhänge mit den Personen, die zuständig sind, abzuklären. Herr H. wünscht sich emotionale Sicherheit durch bestätigende soziale Beziehungen. Nur so kann er den (Trug)Schluss überwinden, dass Werkzug als solches (soziale) Wirksamkeit erzeugt. Herr H. wünscht sich seine Ausdrucksformen so zu optimieren, dass er mit seinen Anliegen besser verstanden wird. Seine ihm liebste Zukunftsvision wäre es, einen Arbeitsplatz bei den Hausmeistern zu bekommen.

Handlungsintentionen

Diese sind Absichten, die im Prozess der gemeinsamen Handlung Erfüllung finden können oder sollen. Im Grunde wohnt jeder Handlung eine Intention inne, denn es ist gerade ein Wesensmerkmal einer Handlung, dass sie eine Richtung hat. Im didaktischen Zusammenhang beziehungsweise für die Bildungssituation werden Handlungsintentionen umfassender gesehen, es geht um den Gewinn von Erfahrungen und Erlebnissen, um Selbst- und Sozialerfahrungen, um Erkenntnisgewinn und um neue Fähigkeiten und Fertigkeiten. Dabei ist wichtig zu unterscheiden, wessen Intentionen, die der assistierten Person oder die der Heilerziehungspflegerin, realisiert wird. Das Herausarbeiten von Handlungsintentionen auf beiden Seiten soll im Bildungsprozess die Handlungsfähigkeit erleichtern, jedoch *nicht* festlegen. In der Praxis der „unterstützten" Bildungsprozesse kommt es immer wieder vor, dass auf Absichten bestanden wird, weil sie von der Person selbst so gewollt waren. Jeder Mensch nimmt das Recht für sich in Anspruch, seine Absichten zu ändern, wenn es aus seiner Sicht die Situation erforderlich macht. Es kann nicht sein, dass dies in didaktischen Prozessen anders ist. Selbstverständlich müssen Absichten auch in der Situation immer überprüft und eventuell neu ausgehandelt werden. Handlungsintentionen müssen ihren offenen Charakter in Bildungssituationen beibehalten.

Lernziele

Lernziele sind hier als eine Unterrubrik von Handlungsintentionen zu verstehen. Jedes Lernziel ist immer auch eine Handlungsintention – aber nicht jede Handlungsintention mündet in einem Lernziel. Die Lernvorgänge in Bildungsprozessen laufen nicht einfach linear ab, wie das in Didaktikmodellen stellenweise zum Ausdruck gebracht wird (Schilling 2005), sondern sie sind sehr komplex verwoben, so dass das Lernergebnis, wenn es überhaupt erreicht wird, an ganz anderen Stellen wie gewünscht oder erwartet eintreffen kann. Konkretes Wissen oder Können sind immer Ergebnisse von Lernprozessen, insofern verwenden wir weiterhin den Begriff „Lernziele". Wenn eine Person ein konkretes Wissen oder eine genau benennbare Kompetenz erwerben möchte, ist es durchaus berechtigt, von einem Lernziel zu sprechen. Ein Lernziel ist in der Regel ein Ziel, das operationalisiert (überprüft) werden kann.

Beispiel: Handlungsintentionen und Lernziele (Werkprojekt mit Herrn H.)

Es ist Herrn H. wichtig, dass er sein Werkzeug zum Einsatz bringen kann. Ihm geht es in erster Linie um den Krafteinsatz und um die Handlungsaktivität selbst. Es ist ihm zum Beispiel wichtig, ein Loch in ein Stück Holz zu bohren oder irgendwo Schrauben heraus- oder hineinzudrehen. Er möchte gerne mit der Handsäge etwas absägen oder mit dem Hammer Nägel einschlagen. Den Vorschlag, eine Werkzeugkiste zu bauen, hat er verstanden und die Absicht, an diesem Werkprojekt mitzuarbeiten, hat er deutlich zeigen können. Herr H. konnte auch zum Ausdruck bringen, dass er die Absicht hat, die Werkzeugkiste seinem Vater und den anderen Mitarbeitern zu präsentieren. Das zeigt, dass er den Zusammenhang zwischen der Herstellung eines Produktes mit der damit verbundenen sozialen Anerkennung herstellen kann und will.

Die Handlungsintentionen auf der Seite der didaktischen Assistenz durch die Heilerziehungspflegerin könnten darin liegen, dass die Ablauffolge der notwendigen Planungsschritte von Herrn H. erkannt und soweit als möglich in eigener Initiative umgesetzt werden. Es wichtig, dass Herr H. die einzelnen Arbeitsschritte dem Endprodukt, der Werkzeugkiste, zuordnen kann, so dass er motiviert ist, den jeweils nächsten Schritt zu tun. In den Übergängen der Handlungsfolgen ist es wichtig, Herrn H. durch Präsenz und Kommunikation Sicherheit zu vermitteln, so dass er den nächsten Schritt selbstständig wagen kann. Bei Verunsicherung tendiert Herr H. dazu, Handlung zu wiederholen. Sein handwerkliches Handeln kann, insbesondere durch soziale Rückkoppelung in seinem Sinne, eine Sinnerweiterung erfahren. Es ist beabsichtigt, dass sich Herr H. als Hersteller, als Akteur der Situation, erfährt.

Gemeinsam abgeklärte Lernziele könnten sein:

- Einrichtung des Arbeitsplatzes,
- einen Bauplan lesen und praktische Handlungsschritte richtig umsetzen können,
- Einsatz des Akkuschraubers,
- Einsatz der Feinsäge,
- Aufräumen des Arbeitsplatzes.

Methoden

Das Wort Methode kommt aus dem Griechischen und bedeutet soviel wie ein nach festen Regeln oder Grundsätzen geordnetes Verfahren. Der Philosoph Immanuel Kant (1724–1804) schrieb dazu: „Unter Methode nämlich ist die Art und Weise zu verstehen, wie ein gewisses Objekt, zu dessen Erkenntnis sie anzuwenden ist, vollständig zu erkennen sei“ (Kant VI, 1977, 442). In der freien Interpretation dazu formulieren wir: Methoden sind die überhaupt möglichen, die effektivsten und die sichersten Wege zur größtmöglichsten Erkenntnis beziehungsweise zum Ergebnis des Bildungsprozesses.
„Im Bereich von Lehre und Unterricht nennt man Methode das gewählte, geplante und vollzogene Verfahren der Verlaufsgestaltung, das sich aus verschiedenen Faktoren wie Lehrbegriffen, Phaseneinteilung, Unterrichts- und Arbeitsformen, organisatorischen Maßnahmen, Einsatz von Lehr- und Lernmitteln, verlaufsteuernden Einzelakten usw., zusammensetzt“ (Bittner 1975, 165). Wenn wir den Bildungsprozess heute so verstehen wie bisher dargestellt, nämlich als einen Selbstbildungsprozess, in dem eigene Absichten und eigene Themen im Hinblick auf Handlungskompetenz und Erkenntnisgewinn zunehmen, dann muss diese Perspektive auch für die Methoden Beachtung finden. Personen, die im Bildungsprozess sind, haben ein eigenes methodisches Vorgehen, mit dem die Aneignungsprozesse stattfinden. So gesehen kann es nicht nur darum gehen, passende Methodenentscheidungen für das Handeln des „Bildungsassistenten“ zu treffen sondern, im Sinne des hier dargestellten Didaktikmodells, geht es auch um die Methoden, mit denen eine Person ihren eigenen Bildungsprozess strukturiert. Wir haben es mit Lehrmethoden und mit Lernmethoden zu tun, was die Notwendigkeit einer Abstimmung bezüglich der passenden Handlungsmethoden zur Folge hat. Im Ansatz der konstruktivistischen Didaktik ist in diesem Zusammenhang vom „Prinzip der Methodenkompetenz“, dem „Prinzip der Methodenvielfalt“ und dem „Prinzip der Methodeninterdependenz“ die Rede (Reich 2006, 268). Zur weiteren Differenzierung soll das Schaubild von Reich hier zitiert werden:

	Lernmethodische Perspektive	Didaktisches Handlungsziel
1. Prinzip der Methodenkompetenz	Konstruktives Lernen inhalts- und beziehungsbezogen in handlungsorientierter, partizipativer und viabler (passend) Weise für Lerner und mit Lernern entwickeln.	Kompetent (bei Inhalten, Beziehungen) passende Lernmethoden auswählen.
2. Prinzip der Methodenvielfalt	Methodenmonismus vermeiden und vielfältige Beobachter-, Teilnehmer- und Handlungsvollzüge erschließen.	Lernmethoden in ihrer Vielfalt einsetzen.
3. Prinzip der Methodeninterdependenz	Methoden in wechselseitiger Bereicherung einsetzen und nach situativen Erfordernissen variieren, mischen und kontrastieren.	Situativ Lernmethoden kombinieren.

Schaubild nach Reich 2006, 268

Für die Planung von didaktischen Prozessen schlagen wir folgende Unterteilung der Methoden vor:

1. Indirekte Methoden / prozessorientierte Methoden,
2. Handlungsmethoden,
3. Sachimmanente Methoden.

Indirekte Methoden/prozessorientierte Methoden

Das sind Methoden, die in indirekter Weise auf die Vermittlungssituation einwirken. Die Entscheidungen, die auf dieser Ebene getroffen werden, orientieren sich am Prinzip der Methodenvielfalt (siehe Schaubild Reich 2006) und dem damit verbundenen Methodenwechsel. Die Organisation des Ablaufs in seinen unterschiedlichen Phasen und Sequenzen muss in passenden und sinnvollen Abfolgen stehen. Exemplarisch seien hier aufgeführt:

Phasen die in ihrer Kombination indirekt methodisch wirken	Kommentar
Zeit/Dauer	Ist der Zeitpunkt sinnvoll? Wie lange kann die Situation dauern?
Eröffnungsphase	Begrüßung, bekannt machen, vorstellen, „Warming up“ … Anschlüsse an vorangegangene Handlungen herstellen, Übersicht verschaffen, Orientierung ermöglichen, Sicherheit schaffen, Motivation ermöglichen.
Aktionsphase	Motivation, Übersicht, Sicherheit, Orientierung, Organisation, Entscheidung Untersuchung, Erforschung, Spannung, Konzentration, Anstrengung, Arbeit, Aktion, Interaktion Reaktion.
Entspannungsphase	Pause, Bewegung, Ruhe, Themenwechsel, Blick aus dem Fenster, aktuelle Bedürfnisse …
Abschlussphase	Achtung, Würdigung, Wertschätzung, Ergebnissicherung, Motivation, Übersicht, Sicherheit, Orientierung, Organisation, Reflexion, Ordnung herstellen, Ausblick, Abschluss, Ende, Abschied.

Die Reihenfolge und der Aufbau von unterschiedlichen Phasen können für jede Bildungssituation sehr unterschiedlich sein und nicht selten muss die Planung dieser Abfolge in der Situation geändert werden. Für viele Bildungssituationen lassen sich ähnliche Ablaufstrukturen erkennen, die vor allem für weniger erfahrene Unterstützer eine gewisse Hilfe sein können. So ist die Eröffnung einer Situation fast immer von der Begrüssung, von der Beziehungsaufnahme oder von einer emotionalen Absicherung geprägt. Das Anknüpfen an vorausgegangene Besprechungen oder an gemeinsame Situationen kann der Orientierung dienen. Übersicht und Motivation können die Handlungsbereitschaft oder die Handlungsfähigkeit erhöhen. Eine weitere Phase kann die Organisation und die Absprache von Aufgaben betreffen. Untersuchung, Erforschung, Aktion und Handlung könnten die Folge fortsetzen, bis am Ende dann Reflexion Ausblick und Abschluss den Prozess abschließen. Wenn die unterschiedlichen Phasen nicht passend aneinander anschließen, oder wenn sich Methoden ständig wiederholen, dann sind das indirekte methodische Aspekte, die sich auf den Vermittlungsprozess nachhaltig ungünstig auswirken können.

Beispiel: Indirekte Methoden/prozessorientierte Methoden (Werkprojekt mit Herrn H.)

Die Begrüssung und der Ortswechsel in die Bastelwerkstatt eröffnen das bereits abgesprochene Vorhaben. In einer ersten Phase möchte Herr H. sein Werkzeug zeigen und sofort ausprobieren. Erst nach dieser Phase ist es sinnvoll, eine Übersicht über den Bau der Werkzeugkiste einzuleiten. Während der Vorbereitungsphase werden das Material, das Werkzeug und die Baupläne bereitgelegt. Nach der Absprache der Aufgaben beginnt die aktive Bauphase. Die Bauphase wird immer wieder durch eine Orientierung am Plan unterbrochen werden. Herr H. hat die Möglichkeit, durch sein Handeln und durch seine Interaktion den Wechsel der Phasen maßgeblich zu bestimmen. Wenn das Werkstück fertig ist, wird es eine Phase der Begutachtung, des Ausprobierens und der Wertschätzung geben.
Zur Sicherung des Methodenwechsels werden die Handlungsmethoden zwischen Gespräch, selbstständigem Arbeiten, Ausprobieren, Fragen und gemeinsamem Handeln hin und her wechseln.

Handlungsmethoden

sind hier beschrieben als Formen oder Arten der Aneignung oder des Lernens oder des Vermittelns durch die jeweilige Aktivität (oder Passivität) der Personen in der Bildungssituation. Bildungssituationen sind immer mit Handlungen verbunden. Menschen mit Lernschwierigkeiten beziehungsweise geistiger Behinderung sind in ihren Bildungsprozessen vielleicht noch mehr als andere auf eine passende (soziale und materielle) Welt angewiesen. Für die Praxis der Heilerziehungspflege, und eigentlich auch für die pädagogische Praxis über-

haupt, bedeutet das, endlich die Vorstellung zu überwinden, jemandem etwas beibringen oder gar jemanden „behandeln" zu wollen. Routine in den Handlungen mag ein wichtiger Beitrag für die persönliche Sicherheit sein, aber wenn diese Sicherheit nicht die Plattform bildet, auf der Verunsicherung möglich ist, ja sogar initiiert wird, und wenn aus dieser Verunsicherung nicht neue Erfahrungen und Erkenntnisse möglich sind, dann laufen Menschen in Gefahr, in zirkulären Handlungsstrukturen zu verharren. Handeln, welches sich auf einen anderen Menschen bezieht, ist immer soziales Handeln; insofern hat es immer einen kommunikativen Aspekt. Handlungen, die einerseits zwischen Menschen vermitteln und andererseits Handlungen, die dem anderen den Zugang zur Sache, zum Thema eröffnen sind – didaktisch gesehen – Handlungsmethoden. Unabhängig davon, ob Handlungsmethoden in einem aktiv handelnden oder in einem passiv unterlassenden Sinne im Vermittlungsprozess zur Wirkung kommen, grundsätzlich haben sie einen kommunikativen Charakter.
Eine Gefahr für Handlungsmethoden im didaktischen Feld ergibt sich, wenn der Weg des strategischen Handelns (und der ist im didaktischen Handeln sehr schnell erreicht!) bei der Täuschung endet. Habermas hat in der Theorie des kommunikativen Handelns (Habermas 1988, Bd. I) dazu eine interessante Struktur sichtbar gemacht:

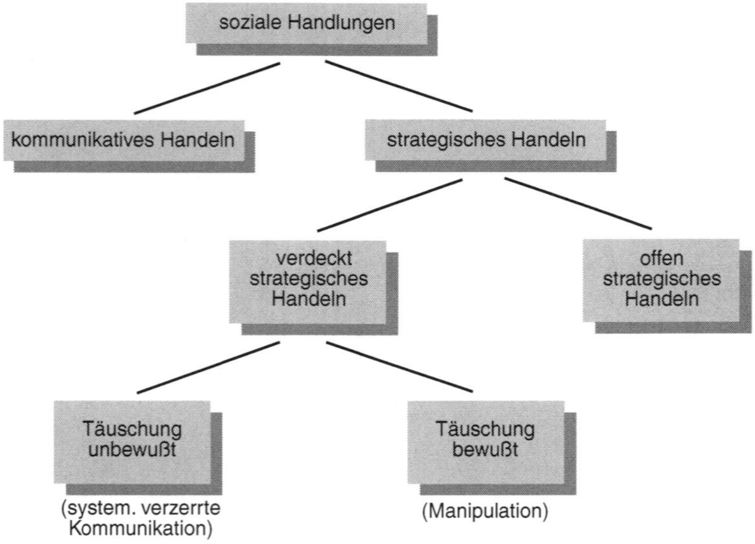

Abb. 18: Systematisch verzerrte Kommunikation im Rahmen einer Theorie des kommunikativen Handelns.

In Beziehungssituationen lassen sich Missverständnisse oder Dissens nie ausschließen. Wenn man jedoch den sozialen Handlungen auf der Linie strategischer Handlungen folgt, so zeigt sich mit der Abzweigung zum verdeckt strategischen Handeln die mögliche negative Konsequenz von methodischem Handeln. Bezogen auf die Praxis in der Heilerziehungspflege muss, mit Rücksicht auf die zum Teil starken Kommunikationserschwernisse von Menschen mit geistiger Behinderung, darauf hingewiesen werden, dass mit manchen sogenannten „Förder- oder Bildungsmaßnahmen" die Grenze von der Handlungsmethode hin zur Manipulation weit überschritten wird.
Handlungsmethoden in Bildungssituationen können von ihrer Steuerungsintensität sehr unterschiedlich sein. Das Befehlen hat, wenn es mit dem Befolgen klappt, eine hohe Handlungssicherheit (für alle Betroffenen) und führt relativ sicher zum gewünschten Ergebnis. Leider eben nur zu einem Handlungsergebnis und nicht zu einem Bildungsergebnis. Bildungsprozesse können nicht befohlen werden! Es kann erforderlich sein, dass Rahmenbedingungen oder Freiräume für Bildungsprozesse geschaffen werden. Auch in diese Richtung kann eine Handlungsmethode gehen. Nicht nur die Entlastung von Fremdzwang kann dafür ein wichtiger Schritt sein, sondern auch die Entlastung von Selbstzwang. Bildungssituationen setzen eigenständige Handlungen voraus. Handlungsorientierte Methoden haben in der Regel den Vorteil, dass sie den Vermittlungsprozess ganzheitlich erfassen und Inhalte auch emotional und sozial adäquat zuordnen können (Wittern 1985, 41). Die Erfahrung in jahrelanger Ausbildung in der Heilerziehungspflege hat gezeigt, dass es für Studierende (insbesondere, wenn sie in der Ausbildungssituation unter Beobachtung stehen) ein großes Bedürfnis gibt, sich in der Situation sichtbar aktiv zu zeigen. Das Eingreifen in die Situation, das helfende Abnehmen einer Handlung, das zu Ende sprechen eines angefangen Satzes, auch die stellvertretende Antwort sind solche Ereignisse. In dem anschließenden Reflexionsprozess kann in der Regel gezeigt werden, welche Methoden das Handlungsfeld des anderen geöffnet haben und welche Methoden eher zu Handlungseinschränkungen beigetragen haben.

Nachfolgend versuchen wir exemplarisch einige Handlungsmethoden zu kategorisieren und zu kommentieren:

Handlungsmethoden (Beispiele)	Beschreibung	Kommentar
Assistieren, unterstützen,	die Pädagogin signalisiert Bereitschaft,	• die Handlung der Pädagogin orientiert sich an der Absicht des anderen – beobachten!
Warten, machen lassen, entdecken lassen, ausprobieren lassen, wählen lassen ...	sehr große Offenheit,	• maximale Zurücknahme des Pädagogen, • die Initiative geht vom anderen aus – Aktivierung des Selbst, • Gefahr der Orientierungslosigkeit, Unsicherheit – Angst.
Anbieten, zeigen, vormachen, einen Impuls geben, imitieren, wiederholen, überraschen, bestärken ...	interaktiv offene Form in sprachlicher und analoger Ausdrucksform möglich,	• lassen dem anderen Spielraum – z.B. das Vormachen kann auch variiert nachgemacht werden usw.
Sprechen, fragen, vorschlagen, diskutieren, erklären, widersprechen, kritisieren ...	sprachlich orientierte Handlungsmethoden in ganz unterschiedlicher Offenheit,	• setzt Sprachkompetenz voraus und erfordert eine besondere Sensibilität in der Beziehungsdimension.
Delegieren, auffordern, einschränken, unterbrechen, bestimmen ...	eingreifende und steuernde Form (wenig Offenheit),	• deutliche Steuerung durch die Pädagogin – lassen wenig eigenen Spielraum.
berühren, bewegen, führen,	körpernahe Form, erfahrungsorientiert,	• sehr direkte Form, lässt weniger Spielraum für den anderen. Eventuell hoher Steuerungsgrad. Einsatz nur mit größter Umsicht.
Blitzlicht, Brainstorming, Fantasiereise, Konferenz, Besprechung, Rollenspiel, Zukunftswerkstatt, Biografiearbeit,	auf Gruppen bezogene Formen,	• eignen sich vor allem in Gruppenprozessen z.B. Erwachsenenbildung, Freizeitgruppen, Wohngemeinschaften.

Beispiel: Handlungsmethoden (Werkprojekt mit Herrn H.)

Handlungsmethoden auf der Planungsebene:
Eine Kommunikationssituation schaffen, in der Herr H. eigene Entscheidungen bezüglich des Werkprojektes treffen kann. Dazu müssen mit Hilfe von Medien und *Erklärungen* die Werkstücke verdeutlicht werden. Auch über die Methode des *Erklärens* und des *Gesprächs* (seinerseits wesentlich durch Zeigen und Gesten) soll ein Einverständnis über den Arbeitsprozess hergestellt werden. Das System eines Bausatzes könnte Herr H. durch den Einsatz eines Bauplanes mit Bildern erschließen. Vielleicht lässt sich in diesem Zusammenhang an die Vorerfahrung des gemeinsam zusammengebauten Wandregals anknüpfen. Durch das *gemeinsame Herstellen* eines Modells aus Karton könnte bezüglich der Maße Anschaulichkeit erreicht werden.

Handlungsmethoden auf der Organisationsebene:
Gemeinsame *Absprache* bezüglich der Aufgabenverteilung.
Herr H. kann in seinem Pictogenda Kalender den Termin und die Uhrzeit des Projektes *eintragen.*
Herr H. *übernimmt* die Aufgabe durch einen Klebezettel mit Symbolen den Bastelraum für diesen Termin zu reservieren. Es wird ein Vorbereitungstermin zur Herstellung des Bauplanes *vereinbart*.
Die Besorgung des zugeschnittenen Holzes wird mit einem Besuch in einer Schreinerei verbunden.

Handlungsmethoden während der Durchführung des Projektes:
Gespräch über den Handlungsablauf (Herr H. kann sich gleichberechtigt einbringen).
Erklärung über das Vorgehen mit Hilfe des Plans. (Herr H. kann Übersicht und Orientierung gewinnen).
Delegation der Leitung des Handlungsablaufes an Herrn H. (Herr H. erhält Sicherheit für seine Rolle).
Die Heilerziehungspflegerin arbeitet parallel an einer anderen Aufgabe im Bastelraum, so dass die Handlungsautonomie von Herrn H. unterstrichen wird.
Herrn H. *erklären*, dass er jederzeit Hilfe holen kann. Diese Bereitschaft soll auch über Nähe und Blickkontakt unterstrichen werden.
Beobachten, ob Herr H. in eine Situation kommt, in der er Unterstützung braucht, dies aber nicht erkennen kann.

Wenn Hilfe erforderlich ist, das rechte Maß einschätzen können: *Fragen, anbieten, zeigen, gemeinsam handeln, eventuell vormachen, einen Arbeitsschritt übernehmen.*
Wenn die Werkzeugkiste fertig ist: Auf Handlungsvorschläge *warten* oder solche *anregen*, zum Beispiel: Begutachtung, ausprobieren – passt das Werkzeug hinein, lässt sich die Kiste wie geplant am Bett einhängen – eventuell ein Foto herstellen, jemandem zeigen ...
Gespräch über Anschlusshandlungen, zum Beispiel Oberflächenbehandlung / Aufräumen des Arbeitsplatzes.
Reflexion des Werkprozesses – *Gespräch, Fragen* (was war schwierig, was ist gut gelungen ...).

Sachimmanente Methoden

Diese sind als Untergruppe den Handlungsmethoden zuzurechnen. Die Besonderheit dieser Methodenform liegt in ihrer Gebundenheit an ganz bestimmte Inhalte und Techniken. Viele Inhalte setzen aufgrund ihrer Struktur, ihrer Funktion, ihres Materials und ihrer Technik Handlungsformen (Handlungsmethoden) voraus, die zur erfolgreichen Bewältigung eben dieses Inhalts unabdingbar sind. So kann zum Beispiel das Einbringen der Salzmenge beim Kochen nicht sinnvoll mit der Methode des „Machenlassens“ vermittelt werden, wenn am Ende das Essen ungenießbar ist. Aus diesem Grunde sind hier Methoden wie Zeigen, Erklären, Vormachen geeignet. In diesem Fall ist der Einsatz eines Mediums, zum Beispiel als Maßeinheit die Messerspitze, erforderlich. Die Einschränkung oder Festlegung der Handlungsmethode richtet sich jeweils nach dem Thema oder dem Sachzusammenhang (z.B. der heiße Topf darf nur mit dem Topflappen angefasst werden, als eine *eindringliche Aufforderung*).

Beispiel:

Sachimmanente Methoden (Werkprojekt mit Herrn H.)
Bei dem Werkprojekt „Werkzeugkiste“ ist es von der Sache her erforderlich, dass beim Zusammenbau die passende Reihenfolge eingehalten wird. Die Teile müssen mit den entsprechend zusammengehörenden Seiten der anderen Teile verbunden werden. Die Wahl der Methode wird durch diesen Umstand entscheidend mitbestimmt. Durch den Medieneinsatz eines Werkbuches werden immer auf einer Seite die erforderlichen Handlungsschritte in Skiz-

zen und Bildern dargestellt. Das heißt, die Handlungsfolge wird durch das Werkbuch vorgegeben. Herr H. kann mit dieser Anleitung selbstständig arbeiten und ist nicht bei jedem weiteren Schritt auf Assistenz angewiesen.
Da keine Werkbank zur Verfügung steht, ist es erforderlich die Seitenteile so zu befestigen, dass sie beim Zusammenschrauben nicht verrutschen. Für diesen Vorgang werden Schraubzwingen und ein Kantholz für den seitlichen Anschlag eingesetzt. Dieser Arbeitsschritt soll durch Fragen, Vormachen, Zeigen und Erklären vermittelt werden. Eine freiere Methode, wie zum Beispiel ausprobieren lassen, würde zu viel Zeit beanspruchen und eventuell das Gelingen des Projekts riskieren.

Methodische Prinzipien

Dies sind grundsätzliche Aspekte, die bei der Methodenentscheidung und bei der Methodenausdifferenzierung eine wichtige Rolle spielen können. Methodische Prinzipien sind wesentlich dazu geeignet, Methodenentscheidungen zu reflektieren und zu begründen. Ohne Anspruch auf Vollständigkeit sind nachstehend einige methodische Prinzipien aufgeführt und kurz verdeutlicht:

- Ganzheitlichkeit:
  In Vermittlungs- oder Bildungssituationen ist zu beachten, dass körperliche, motorische, emotionale, kognitive und soziale Aspekte immer gleichzeitig und wechselseitig eine Rolle spielen.
- Individualisierung:
  Die Assistenz und Unterstützung orientiert sich am individuellen Entwicklungsstand beziehungsweise an der individuellen Situation der Personen.
- Offenheit:
  Ist eine Haltung, die grundsätzlich Spielraum für Ideen und spontane Ausdrucksformen ermöglicht.
- Freiwilligkeit:
  Bildungsprozesse können nicht erzwungen werden.
- Selbstbestimmung/Selbsttätigkeit/Handlungsorientierung:
  Die Person im Bildungsprozess ist aktiv.
- Entscheidungsmöglichkeit/Entscheidungsfreiheit:
  Es gibt Wahlmöglichkeiten oder Auswahl, die Entscheidungen werden nicht forciert, die Entscheidung wird akzeptiert.

- Bildungsprozesse vollziehen sich in einzelnen Schritten (diese Schritte haben eine eigene Zeit und eigene Gesetzmäßigkeiten).
- Veranschaulichung von abstrakten Bildungsinhalten.
- Vom Leichten zum Schwierigen.
- Vom Einfachen zum Komplexen.
- Abnehmende Hilfe.

Medien

„Das Gegenstandsfeld der Didaktik umfasst alle kulturellen und sozialen Prozesse und Gegenstandsbereiche einer Gesellschaft. Dies schließt selbstverständlich das Phänomen der Medien mit ein“ (Kron/Sofos 2003, 47). Fernsehen, Radio, Bücher, Zeitschriften, Computer, Internet, MP3-Player usw. werden im täglichen Sprachgebrauch als Medien bezeichnet. Medien, die Informationen in großem Umfang vervielfältigen und verbreiten, werden als Massenmedien bezeichnet. In der Pädagogik sind Medien umfassender, nämlich als Mittel, mit dem ein Inhalt oder eine Information übertragen wird, zu verstehen. Es macht Sinn, den Begriff Medien dann einzusetzen, wenn sie in einer Vermittlungsfunktion stehen. Die Begriffsbestimmung für Medien wie auch für Methoden bezüglich ihres didaktischen Zusammenhangs wurde von Wittern so dargestellt: „Insofern kann als vorläufige Funktionsbestimmung von Medien und Methoden innerhalb pädagogisch organisierter Handlungszusammenhänge festgehalten werden, dass unter Medien alles verstanden werden soll, was als Träger, und unter Methoden, was als Form der Vermittlung charakterisiert werden kann“ (Wittern 1985, 31). Träger der Vermittlung können, je nach Vermittlungszusammenhang, die verschiedensten Materialien – der Mensch selbst, die Sprache, Bilder, Schaubilder, Modelle usw. – sein. Demnach spielen Medien in fast jedem Vermittlungszusammenhang eine Rolle. Die Veränderungen in der Medienlandschaft haben mitunter dazu geführt, dass inzwischen der Begriff Mediendidaktik als Teilbereich der Medienpädagogik etabliert ist. Die Medienpräsenz ist in unserer heutigen Zeit so allgegenwärtig, dass in vielen Bildungssituationen der Medieneinsatz fast etwas Beiläufiges hat. Wann immer wir ein Schaubild oder ein Skizze anfertigen, an einem Gegenstand oder an einem Modell etwas erklären, stehende oder bewegte Bilder einsetzen, selbst wenn die Sprache eingesetzt wird – sobald sie in einer Vermittlungssituation als Träger eines Wissens oder eines Inhaltes in Funktion treten, haben wir es im didaktischen Sinne mit Medien zu tun. Es ist nicht in jedem Falle sinnvoll, alle möglichen und unmöglichen Medien, die für eine Bildungssituation in Frage kommen, zu analysieren. Die Frage nach den Medien stellen wir auf der Planungs- und Durchführungsebene einer Bildungssituation so weit wie möglich gemeinsam. Bilderserien (Fotos), Videofilme, Modelle, Symbole sowie viele Kulturgegenstände sind konkret, anschaulich und sinnlich fassbar und haben dadurch einen ganz besonderen Stellenwert für Menschen mit Lernschwierigkeiten. Wir haben das Zeitalter der digitalen Fotografie und des digitalen Filmens erreicht! Noch nie war das „Handling" dieser Medien so einfach, so kostengünstig und so universell einsetzbar. Für die Heilerziehungspflegerin geht es darum, Medien auf ihre jeweilige didaktische Tauglichkeit hin zu überprüfen und dafür zu sorgen, dass diese adäquat zum Einsatz kommen können.

Beispiel: Medien (Werkprojekt mit Herrn H.)

Im ersten Planungsgespräch mit Herrn H. sollen *Bilder* von Werkzeugkisten aus Katalogen oder aus Prospekten als Medien eingesetzt werden. Im Zusammenhang mit dem Gespräch, aber auch mit dem Werkzeug, das er mit sich führt, könnte das Projektthema entstehen. Sein *Werkzeug* selbst könnte in diesem Zusammenhang zum Medium werden. Da wir davon ausgehen, dass dieses Thema von Herrn H. mit Begeisterung aufgenommen wird, sollte im nächsten Schritt gemeinsam ein *Modell aus Karton und Klebeband* erstellt werden. Damit könnten Größe und Proportionen für einen konkreten Plan festgelegt werden und Herr H. kann sich die Werkzeugkiste konkreter vorstellen.

Das zentrale Medium wird ein *Werkheft* sein, in dem die einzelnen Handlungsschritte mit *Zeichnungen* und farbigen Markierungen jeweils auf einer Seite dargestellt sind.

Interaktion

Interaktion ist wechselseitige Kommunikation. Sie ereignet sich in Begegnungen und damit auch in Bildungssituationen, in die die Heilerziehungspflegerin eingebunden ist. Der Interaktionsprozess zieht sich durch alle Ebenen der didaktischen Entscheidungsfelder und muss nach unserem heutigen Verständnis deren Grundlagen bilden. „Interaktionen sind aus der Perspektive der interagierenden Individuen oder Subjekte stets dynamische, kulturbestimmte Beziehungsverhältnisse, die sich entwickeln. Sie haben häufig einen ungewissen Ausgang und sind nur bedingt planbar. Planbarkeit und Zielgerichtetheit der Vermittlungsprozesse können an der Dynamik der sozialen und kulturellen Interaktion scheitern. (...) Im Anschluss an die Ausführungen von Jürgen Habermas macht Mollenhauer daher deutlich, dass in der Dynamik der sozialen Interaktionen ein Spielraum entsteht, der sich zwar negativ in der Unplanbarkeit und Unstetigkeit zeigt, der aber positiv dazu genutzt werden kann, die Ideen, Vorschläge, Bedürfnisse und Interessen der handelnden Subjekte ins Spiel zu bringen; denn nur von ihnen aus gehen neue Impulse sowohl inhaltlicher als auch beziehungsmäßiger Art in den Lehr- und Lernprozess ein" (Kron 1993, 171). Was sich auf der Planungsebene durchaus vorwegnehmen lässt, ist das Bereitstellen von Freiräumen, die Entscheidung für Interaktionsformen und Teile der eigenen Interaktionsbeiträge. Ferner können mögliche Missverständnisse im Interaktionsprozess antizipiert (im Voraus bedacht) und dadurch vermieden oder wenigstens minimiert werden.

Beispiel: Interaktion (Werkprojekt mit Herrn H.)

Das Gespräch und vor allem die Interaktion über Gesten und Blickkontakt können und sollen eine partnerschaftliche Beziehungsatmosphäre schaffen. Die achtsame und wertschätzende Rückmeldung über die einzelnen Schritte oder die Ermutigung werden als selbstverständlicher Kommunikationsstil vorausgesetzt. Die Interaktion ist offen und im engeren Sinne nicht methodisierbar. Eine belehrende Kommunikationsform ist so wenig angebracht wie demonstrativ besserwisserisches Handeln. Herr H. schätzt es sehr, wenn die Stimmung entspannt ist und oft trägt er durch kleine Späße selbst dazu bei. Bei Überlastung (z.B. wenn etwas misslingt) kann durch tröstliche Gesten und Worte eine Stabilisierung erfolgen. Wenn es Herr H. emotional nicht gut geht, ist es wichtig, dies rechtzeitig zu erkennen und ein Angebot für eine andere Situation zu machen. Herr H. könnte besser aus einer Werkprojektsituation aussteigen, wenn er versichert bekommt, dass er diese zu einem späteren Zeitpunkt fortsetzen kann.

Organisation

Organisation bedeutet das Erkennen und Bewältigen von Aufgaben, die inhaltlich, zeitlich und räumlich aufeinander abgestimmt sein müssen. Alle didaktischen Entscheidungen haben mehr oder weniger Auswirkungen auf die Organisation auf die Situation in der sich der Bildungsprozess ereignen kann. Viele Situationen erfordern das Bereitstellen von Räumen, Fahrgelegenheiten, Material, Werkzeug oder Medien, was spontan in der Situation oft nicht mehr erreicht werden kann. Wenn es um den eigenen Bildungsprozess geht, ist es nur folgerichtig, wenn die Person, soweit es ihr möglich ist, in den erforderlichen Organisationsprozess eingebunden ist und eigene Aufgaben und Verantwortungen übernehmen kann.

Beispiel: Organisation (Werkprojekt mit Herrn H.)

1. Termin: Zeit und Raum für eine Vorbesprechung (Mittwoch 17.00 Uhr im Zimmer von Herr H.).
2. Termin: Vorplanung (Mittwoch 17.00 Uhr eine Woche später Planungskonferenz im Bastelraum).

Aufgabenverteilung:
Herr H. übernimmt die Raumbelegung mit einem Zettel (Pictogenda-Kalender).
Herr H. sorgt dafür, dass der Akku für seinen Akkuschrauber aufgeladen ist.
Gemeinsam wird ein Modell erarbeitet, dafür müssen Karton, ein Paketklebeband, eine Schere und ein Messer vorhanden sein. Weiteres Material wie Block, Stifte und Maßband für Skizzen und Notizen sind der Bastelwerkstatt vorhanden. Die Heilerziehungspflegerin erstellt den Bauplan und das Werkheft.
Gemeinsamer Stadtbesuch: Material besorgen usw.

Übungsmaterial

Zur Vorbereitung einer exemplarischen didaktischen Einheit im Rahmen der fachpraktischen Ausbildung in der Heilerziehungspflege hat sich die nachfolgende Gliederung in unserer Ausbildungspraxis bewährt.

I. Deckblatt

Name der Studierenden
Ort der Durchführung
Adresse, Einrichtung, Wohnung
Telefon
Thema
Praxislehrer/Prüfer
Schule
Kurs
Datum, Uhrzeit

II. Inhaltsverzeichnis

III. Didaktische Planung

1. Die an der Durchführung der Praxisprobe/Arbeitsprobe beteiligten Personen
   (Personenbeschreibung)
   - Die Person/en oder Gruppe die am Bildungsangebot beteiligt sind
   - Eigene Voraussetzungen und Kompetenzen zum Bildungsangebot
   - Didaktische Perspektive der Bildungsinitiative (Person, Gruppe, Zielgruppe)
   - Aktuelle Beziehungssituation der Personen untereinander
2. Gemeinsame Planung/Vorbereitung
   - Themenfindung
   - Absichten
   - Organisation
3. Interaktion
   - Formen der Interaktion
   - Interpretation/Verständnis/Missverständnis
   - wichtige Botschaften/Inhalte
4. Thema und Inhalt
   - Grundsätzliche und themenspezifische Aussagen zum Thema oder Inhalt
     (hier auch der Hinweis, wo es Gefahrenquellen geben könnte)
   - Eingrenzungen der/des Inhalte(s)
     Begründung des Themas für die oben vorgestellte(n) Person(en)

5. Intentionen (mit Begründung)
   - Entwicklungsperspektiven/Lebensperspektiven
   - Handlungsintentionen
   - Lernziele
6. Methoden (mit Begründung)
   - Indirekte Methoden
   - Sachimmanente Methoden
   - Handlungsmethoden
7. Medien (Begründung)
8. Organisation
   - Ort und Zeit
   - Aufgaben, Aufgabenteilung (was muss wie, wann von wem erledigt werden?)
9. Verlaufsplanung (Situationsskizze)
   - zeitliche Einschätzung/zur Verfügung stehende Gesamtzeit
   - Inhalt
   - Handlungsschritte (Variationen)
   - Intentionen
   - Bezug zu den methodischen Schritten

IV. Literaturangaben

Eine ausführliche Reflexion nach dem didaktischen Angebot ist aus unserer Sicht unerlässlich.

Literatur

Adl-Amini, B. (1985): Ebenen didaktischer Theoriebildung, in: Lenzen, D. (Hrsg.): Enzyklopädie Erziehungswissenschaft. Bd. 3. Stuttgart, S. 27–48

Apel, H.J./Knoll, M. (2001): Aus Projekten lernen. München

Arnold, R. (2007): Ich lerne, also bin ich. Heidelberg

Badry/Buchka/Knapp (Hrsg.) (1991): Pädagogik. Grundlagen und Arbeitsfelder. Neuwied, Kriftel, Berlin

Bastian, J./Gudjons, H. (2006): Projektbuch Bd. 2. 3. Aufl.Hamburg

Bittner, G. (1975), in: Zöpfel, H. (Hrsg): Kleines Lexikon der Pädagogik und Didaktik. Donauwörth, S. 43–46

Ciompi, L.(2002): Gefühle, Affekte, Affektlogik. Wien

Copei, F. (1960): Der fruchtbare Moment im Bildungsprozess. Heidelberg

Damasio, A. R. (2000): Ich fühle, also bin ich. München
Fuhr, R. (1985): Didaktisches Handeln in außerschulischen Feldern, in: Lenzen, D. (Hrsg.): Enzyklopädie Erziehungswissenschaft, Bd. 3. Ziele und Inhalte von Erziehung und Unterricht. Stuttgart, S. 148–163
Gruschka, A. (2002): Didaktik. Das Kreuz mit der Vermittlung. Wetzlar
Gudjons, H. (1993): Didaktische Modelle, in: Pädagogik 3/93, S. 43–49
Gudjons, H./Schnack, J. (1997): Theorie des Projektunterrichts. Hamburg
Habermas, J. (1988): Theorie des kommunikativen Handelns. 2 Bde. Frankfurt a.M.
Kant, I. (1977): Schriften zur Metaphysik und Logik 2. Frankfurt a.M.
Klafki, W. (1991): Neue Studien zur Bildungstheorie und Didaktik. Zeitgemäße Allgemeinbildung und kritisch-konstruktive Didaktik. 2. Aufl. Weinheim, Basel.
Kron, F. W. (1993): Grundwissen Didaktik. München
Kron, F.W./Sofos, A. (2003) Mediendidaktik. München
Martin, E. (2005): Didaktik der sozialpädagogischen Arbeit. 6. Aufl. Weinheim
Masschelein, J. (1991): Kommunikatives Handeln und pädagogisches Handeln. Weinheim
Metzger, T. (2006) in: Veränderungen gestalten, Chancen nutzen. Hrsg. von Institut für soziale Berufe. Ravensburg
Oelkers, J. (1984): Erziehen und Unterrichten. Darmstadt
Peterßen, W. H. (1971): Die Strukturtheorie der Didaktik. Hamburg
Peterßen, W. H. (1989): Lehrbuch Allgemeine Didaktik. 2. Aufl. München
Peterßen, W.H. (2001): Kleines Methoden-Lexikon. 2. Aufl. München
Peterßen, W.H. (2001): Lehrbuch Allgemeine Didaktik. 6. Aufl. München, Düsseldorf, Stuttgart
Pictogenda (2008): http://www.lebenshilfe-angesagt.de/freizeit/pictogenda.htm
Reich, K. (2006): Konstruktivistische Didaktik. 3. Aufl. Weinheim, Basel
Sand, A. (2006): „Grenzgänger“ – Personenbeschreibung. Vortrag, gehalten auf der Fachtagung … Neuerkerode.www.netzwerk-intensivbetreuung.de
Schäfer, G. (2005): Bildungsprozesse im Kindesalter. Selbstbildung, Erfahrung und Lernen in der frühen Kindheit. Weinheim
Scheftschik, A. (2003): Wellness lernen. Freizeitdidaktik in der Gesundheitsbildung. Hamburg
Schilling, J. (1993): Didaktik/Methodik der Sozialpädagogik. Neuwied, Kriftel, Berlin
Schilling, J. (2005): Didaktik / Methodik. 4. Aufl. Basel, Wien, München
Schulz, W. (1970): Aufgaben der Didaktik. Eine Darstellung aus lerntheoretischer Sicht, in: Kochan, D. C. (Hrsg.) (1969): Allgemeine Didaktik, Fachdidaktik, Fachwissenschaft. Ausgewählte Beiträge aus den Jahren 1956–1969. Darmstadt, S. 403–440
Schwanitz, D. (1999): Bildung, Alles was man wissen muss. Frankfurt a.M.
Siebert, H. (2003): Didaktisches Handeln in der Erwachsenenbildung. Augsburg

Teneberg, R. (2006): Didaktik lernfeldstrukturierten Unterrichts. Hamburg
Theunissen, G. (2003): Erwachsenenbildung und Behinderung. Heilbrunn
Theunissen, G. und Plaute, W. (2002) Handbuch Empowerment und Heilpädagogik, Freiburg
Weniger, E. (1956): Didaktik als Bildungslehre. Teil 1: Theorie der Bildungsinhalte und des Lehrplans. 2. Aufl. Weinheim, Berlin, Basel
Wittern, J. (1985): Methodische und mediale Aspekte des Handlungszusammenhanges pädagogischer Felder, in: Lenzen, D. (Hrsg.) (1956): Enzyklopädie Erziehungswissenschaft. Bd. 4. Stuttgart, S. 25–52

5 Die Lebenswelt

Der Begriff Lebenswelt, der auf die phänomenologische Philosophie von Edmund Husserl (1859–1938) zurückgeht, wird heute sehr unterschiedlich gefasst. Er ist nicht eindeutig definiert und wird immer wieder in unterschiedlichen Bedeutungszusammenhängen verwendet.
Die Philosophie der Phänomenologie versucht, die Erscheinungen nicht vorschnell zu objektivieren, das heißt vom eigenen Bewusstsein unabhängige objektiv gültige Aussagen zu machen, sondern Vormeinungen oder -entscheidungen auszuklammern, um somit zu den Phänomenen selbst zu kommen. Die Wahrnehmungsverarbeitung an sich wird in Frage gestellt und bereits als Ergebnis interpretierter Erfahrungen markiert.
Gerade durch die soziale Vermitteltheit von Welterfahrung entsteht der Eindruck einer völlig rationalen und normierten Welt. Dass die Welt durchaus eine Konstanz in ihrem Bedingungsgefüge aufweist, ist zweifellos eine Voraussetzung für die Entwicklung von Bewusstsein. In diesem Zusammenhang eröffnet sich jene Dimension, die mit dem Lebenswelt-Begriff umspannt wird: „Die Lebenswelt ist die wirklich anschauliche, wirklich erfahrene und erfahrbare Welt, in der sich unser ganzes Leben praktisch abspielt“ (Husserl 1982, 54, zit. nach Pfeffer 1988, 89). Als sozialphilosophischer Begriff wird „Lebenswelt“ heute auch im Sinne von sozialer Lebenswelt (Habermas) verstanden.
Für unseren Zusammenhang erscheint uns folgende Bestimmung sinnvoll: Die Lebenswelt ist die Gesamtheit der sozialen, materiellen, zeitlichen und räumlichen Lebenspraxis, die eine Person betrifft.
Folgende Merkmale sind für den Begriff der Lebenswelt konstitutiv: die Intentionalität des Bewusstseins, die Empfindungen als „reelle“ Momente des Bewusstseins, die sinnliche Wahrnehmung, die Subjektivität, die Intersubjektivität, der Sinngehalt von Lebenswelt und die Objektivität der Lebenswelt. Ausgangspunkt des phänomenologischen Denkens ist nicht die „messbare“ Logik der Naturwissenschaften, sondern die subjektive Welterfahrung des einzelnen Menschen, die über die Sinne erschlossen wird. Dieser Prozess, in dem die Wahrnehmung eine besondere Rolle spielt, ist der Ausgangspunkt für die innere Erfassung und Konstruktion einer kontinuierlichen Welt. Ihr objektives Dasein lässt sich erst auf dem Hintergrund intersubjektiven Zusammenwirkens erklären. „Wenn es jedoch die Einfühlung, das Ansehen des anderen aufgrund seiner leiblichen Äußerung (als leib-

lich-psychische Einheit) als Möglichkeit für mich gibt, so muss es sie als Wesensmöglichkeit auch für jeden anderen geben. Hierin gründet die Herstellung eines Wechselverständnisses oder eines intersubjektiven Einverständnisses" (Marx 1987, 84).

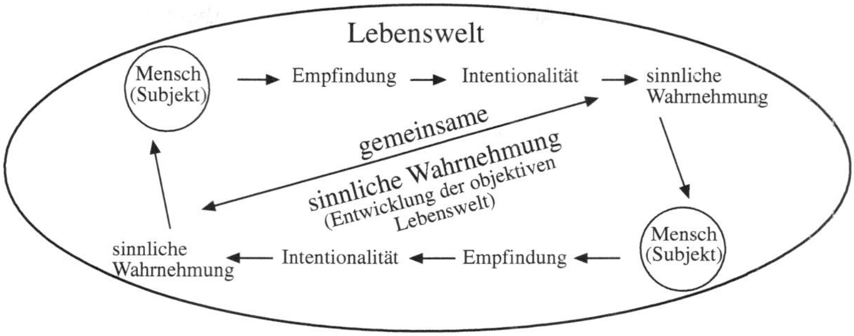

Abb. 19: Intersubjektivität

Die Intersubjektivität ist die Voraussetzung für die Entwicklung von objektiven Aspekten der Lebenswelt.
Intersubjektivität kann nur durch Interaktion entstehen. Voraussetzung für die Lebenswelt ist die Gegebenheit von „Empfindung", „Intentionalität" und „Wahrnehmung". Wenn es in diesen Bereichen zu Problemen (Schädigungen, Störungen, Abweichungen) kommt, so hat das Folgen für den Aufbau der Lebenswelt.

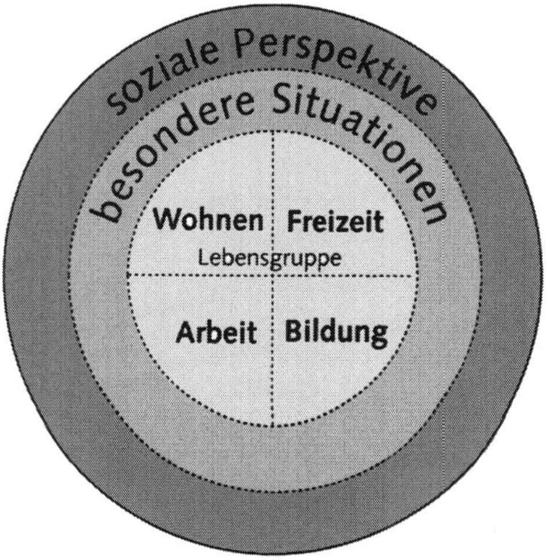

Abb. 20: Bereiche der Lebenswelt

Wir unterteilen die Lebenswelt in vier Hauptbereiche, die untereinander sowie in sozialer und situativer Hinsicht durchlässig sind.
Diese vier Bereiche der Lebenswelt lassen sich unter folgenden Kategorien differenzieren:

(1) Leib (sinnliche Wahrnehmung/Subjektivität);
(2) innere Befindlichkeit (Empfindungen als reelle Momente des Bewusstseins);
(3) Selbstverwirklichung (Intentionalität des Bewusstseins);
(4) Kommunikation/Beziehung (Intersubjektivität);
(5) Integration/Normalisierung (Sinngehalt und Objektivität von Lebenswelt).

Diese Kategorien sind handfeste Kriterien, mit denen die Qualität der Lebenswelt von Menschen mit geistiger Behinderung systematisch verbessert werden kann. Die Heilerziehungspflegerin stellt Möglichkeiten zur Verfügung, um diese Bereiche ausgewogen zu organisieren. Je nach den individuellen Fähigkeiten eines Menschen mit einer Behinderung, stellt sie Möglichkeiten und Freiräume bereit oder fordert Notwendigkeiten ein.

Das Wohnen

Jede Wohnung ist, unter dem lebensweltlichen Aspekt gesehen, der räumliche und zeitliche Ausgangs- beziehungsweise Orientierungspunkt des Menschen. Das Wohnen ist für das innere Gleichgewicht eines Menschen von zentraler Bedeutung: „Wohnen ist somit nicht nur einfach ein Sein, sondern ist verbunden mit einem Ort, an den der Mensch sich gehörig fühlt. Wohnen ist nicht eine beliebige Tätigkeit, sondern ist eine Wesensbestimmung des Menschen und bedeutet u.a. die Gestaltung seines Verhältnisses zur Welt. Erkennen wir diese Aussage als richtig an, so kann das Wohnen von Menschen mit einer Behinderung nicht irgendwie geschehen, kann nicht zufällig gelöst werden, sondern muss als Prozess der Wesensäußerung von Menschen respektiert werden“ (Thesing 1998, 31).
„Das Wohnen befriedigt die Grundbedürfnisse nach Sicherheit, Geborgenheit, Liebe, Achtung, Freiheit, Eigentum und Selbstbewusstheit“ (Speck 1982) sowie nach Schutz, Beständigkeit und Vertrautheit sowie nach Kontakt und Kommunikation, Selbstverwirklichung und Selbstdarstellung. Diese Bedürfnisse werden von Thesing mit dem „Bedürfnismodell“ nach Maslow identifiziert. In Anlehnung an Mollenhauer schlägt Thesing vor, statt dem Begriff „Grundbedürf-

nis“ von „fundamentalen Erfahrungen“ im Zusammenhang mit humanem Wohnen zu sprechen: „Wichtig für das Wohnen von Menschen mit einer Behinderung ist die Berücksichtigung der fundamentalen Erfahrungen, auf die Menschen angewiesen sind, um human existieren zu können. Betreutes Wohnen für Menschen mit einer Behinderung bedeutet Erkennen, Wahrnehmen und Hilfe bei der Realisierung dieser Bedürfnisse. Es reicht in der Praxis nicht, die Gleichheit der Bedürfnisse von Menschen mit einer Behinderung mit denen ohne eine Behinderung festzustellen, sondern es müssen auch Konsequenzen gezogen werden, anwaltliches Handeln ist engagiertes und ideenreiches Handeln“ (Thesing 1998, 35).
Assistenz und Unterstützung für Menschen mit Behinderung oder psychischer Erkrankung bedeutet im Lebensweltbereich Wohnen das „engagierte und ideenreiche Handeln“ der Heilerziehungspflegerin.

Wohnen von Menschen mit schwerer Behinderung

Der Raumbedarf von Menschen mit schwerer oder mehrfacher Behinderung im Sinne einer Mehrfachschädigung ist allein durch die funktionalen Hilfsmittel deutlich höher als bei Personen, die nicht auf entsprechende Hilfen angewiesen sind: Gehhilfen, Rollstühle, Lifter und ganze Betten müssen problemlos durch die Räume bewegt werden können. Da diese Menschen die überwiegende Zeit innerhalb der Wohnung verbringen und nicht wie andere Menschen die Möglichkeit haben, auszugehen, ist eine großzügige Raumgestaltung notwendig. Menschen, die psychosoziale Auffälligkeiten (Verhaltensauffälligkeiten) aufweisen, brauchen außerdem geeignete Rückzugsmöglichkeiten beziehungsweise Raum, um sich ausreichend bewegen zu können. Deshalb ist eine deutliche Erhöhung der Quadratmeterzahl von Wohnungen für Menschen mit schwerer Behinderung erforderlich. Eine besondere Herausforderung liegt für die Heilerziehungspflegerin in der Gestaltung der Badezimmer. Aufgrund der intensiven körperlichen Pflege sind Menschen mit einer schweren Behinderung täglich bis zu drei Stunden in diesem Raum, weshalb es sinnvoll ist, von der reinen Funktionalität der „klassischen“ Badezimmereinrichtung abzusehen und hier auch gestalterische und erlebnisqualitative Elemente einzusetzen (verschiedene Düfte, Musik, sinnvoll angebrachte Spiegel, Farben, Bilder, Material zum Tasten und Greifen usw.). Im gesamten Wohnbereich müssen die Heilerziehungspflegerinnen bei der Entscheidung für die Fußböden, bei der Wand- und Deckengestaltung sowie bei der Möblierung in der Lage sein, assistierend, beratend oder stellvertretend die Interessen der Bewohner zu vertreten. Podeste auf verschiedenen

Ebenen (Holzkonstruktionen mit Matratzen und Kissen) können für Menschen mit Bewegungseinschränkungen neue Raumdimensionen eröffnen. In vielen individuellen Wohnsituationen hat die handwerkliche Umsetzung durch Schreiner neue Lebensqualitäten eröffnen können. Blumen, Bilder und anderer Wohnschmuck können nicht einfach angewöhnt werden, nur wenn es wirklich gelingt, eine gemeinsame Welt mit sinnlichen Qualitäten mit eigenen Handlungsmöglichkeiten aufzutun, können sich solche Bedürfnisse entwickeln.
Da es einige Menschen gibt, die die längste Zeit am Tag liegend zubringen, soll an dieser Stelle angeregt werden, besonders auf die Gestaltung der Decke mehr Wert zu legen. Das Mobile, welches über dem Bett oder Wickeltisch angebracht ist, verliert nach einer gewissen Zeit seinen Reiz. Wie oft werden solche Angebote, auch Bilder und anderes Material ausgewechselt? Entscheidend ist, dass die Heilerziehungspflegerin diese Gegenstände sowie die funktionalen Gegenstände des „Wohnalltages" ganz bewusst und variationsreich in die Kommunikation einbezieht. Erst dadurch entsteht der Sinngehalt der gemeinsamen Lebenswelt.
Eine Flexibilisierung in den Innenräumen kann an den Wänden zum Beispiel durch Galerieleisten oder durch zwei fest angedübelte Holzschienen, in die Bilderrahmen eingeschoben werden können, erreicht werden. Die Flexibilität des Wohnraumes kann auch dadurch erreicht werden, dass unter Möbel wie zum Beispiel Kommoden, Tische, Sessel, Raumteilregale u.Ä. Möbelrollen angebracht werden (die Sicherheitsstandards müssen beachtet werden!). Eine hohe Beweglichkeit in der Raumgestaltung bieten Tücher. Als Vorhänge können sie Raumteilungen auf der vertikalen Ebene bewirken und zusammen mit entsprechendem Licht eine Atmosphäre von Geborgenheit vermitteln. Mit der gleichen Intention können sie auf der horizontalen Ebene parallel oder schräg zur Decke eingesetzt werden.
Wohngegenstände wie Schaukelstuhl, Wippstuhl, Korbschaukel, Hollywoodschaukel, Hängematte u.Ä. entsprechen schon durch ihre funktionale Eigenart dem hier geforderten Anspruch auf Beweglichkeit.
So wichtig die flexiblen Elemente im Wohnbereich sind, so wichtig ist es, Fixpunkte zu haben, die zum einen der Orientierung im Raum und zum anderen der Sicherheit dienlich sind (Essplatz, Rückzugsecken, Geländer, Haltegriffe).
Die Farbgebung der Räume sollte dem Geschmack der dort lebenden und arbeitenden Menschen überlassen bleiben. Für die Schlaf- und gemeinschaftlichen Räume wird eine Zurückhaltung bei massiven Farben empfohlen, da sie in der Regel eine bessere Flexibilität bei der Gestaltung des Raumes ermöglichen.

Wenn Räume bewohnt werden, kann dies nicht nur unter rationalen oder praktischen Aspekten geschehen, sondern es müssen auch dysfunktionale, ästhetische, redundante und geheimnisvolle Bereiche möglich sein. Erst auf diese Weise kann die Innenwelt eine Entsprechung zur Wohnwelt erreichen. Die Förderung in der Wohnwelt setzt eine Reihe günstiger Bedingungen voraus: die Raumgröße, die Vielfalt der Angebote durch die Raumgestaltung ebenso wie die funktionellen Bereiche zur Alltagsbewältigung und ganz besonders die intersubjektive sinnstiftende verbindende Kommunikation. Erst durch und mit Kommunikation kann für den Menschen mit schwerer und schwerster geistiger Behinderung der Wohnraum als sinnstiftender Lebensraum erfahren und begriffen werden. Bei der Wohnraumgestaltung wird der akustische Bereich manchmal etwas vernachlässigt. Je nach Wahrnehmungskompetenz ist es für den betroffenen Personenkreis nicht selbstverständlich, akustische und visuelle Wahrnehmungen miteinander zu koppeln. Ein Klangmobile oder sanfte Musik im Hintergrund können unter Umständen weniger Sinnzusammenhänge herstellen als das Geräusch der sich öffnenden Küchentür oder das Lösen der Bremsen beim Rollstuhl. Vielleicht kann es eine hilfreiche Übung für die Heilerziehungspflegerin sein, wenn sie über den Tag hinweg versucht, die einzelnen Geräusche (die sonst im Alltagsleben ausgefiltert werden) ganz bewusst wahrzunehmen, insbesondere solche, die sich wiederholen und in einem direkten oder indirekten Zusammenhang mit einer Situationsveränderung für die betroffene Person stehen.
Bei der Gestaltung von Wohnräumen spielen die Lichtverhältnisse eine wichtige Rolle. Für den hier angesprochenen Personenkreis kann es notwendig sein mit dem Thema Licht mit noch größerer Sensibilität umzugehen. Wenn vorher von dem Prinzip der Flexibilität der Möbel die Rede war, so sollte es auch für die Lichtquelle angewandt werden – einmal von der Bewegung des Lichtes her, zum anderen durch die Möglichkeit, verschiedene Lichtquellen anzuordnen. In den verschiedensten Formen, Farben (Farbtemperaturen) und Helligkeitsstufen kann das Licht Auswirkungen auf Stimmungen und Wohlbefinden haben.

Wohnen für Menschen mit Lernschwierigkeiten oder mit psychischen Erkrankungen

Die Personengruppe ist in der Lage, ihre Wünsche direkt oder indirekt zum Ausdruck zu bringen.

Menschen mit leichteren Behinderungen oder psychischen Erkrankungen können ihren berechtigten Anspruch auf ein eigenes Zimmer selbst erheben. Dabei geht es auch um das Zugeständnis der Intimsphäre und um die Möglichkeit, als Paar zusammenzuleben. Die Vielfalt der Wohnmöglichkeiten muss den individuellen Bedürfnissen Rechnung tragen. Eine gute Beziehung zum hier angesprochenen Personenkreis ist eine wesentliche Voraussetzung für eine gute Beratung und Assistenz in Sachen Wohnen.
Um die verschiedenen Wohnformen, die sich mittlerweile etabliert haben (Thesing 1998), auch adäquat zu gestalten, hat die Heilerziehungspflegerin die Aufgabe, dem betroffenen Personenkreis entsprechende Anregungen zu geben: Einblicke in andere Wohnungen, Besuche in Einrichtungs- und Möbelhäusern oder in Wohnausstellungen. Die Heilerziehungspflegerin hat dann die Aufgabe, bei der Beschaffung der gewünschten Einrichtung zu helfen, darauf zu achten, dass der finanzielle Rahmen nicht gesprengt wird und auf unberücksichtigte Aspekte oder auf vernachlässigte Bedürfnisse hinzuweisen. Bei der Beschaffung von Einrichtungsgegenständen sollte auch an die Selbstanfertigung beziehungsweise an die Restauration von alten Möbeln gedacht werden. Möbel, die selbst hergestellt wurden, fördern das Bewusstsein über den Wert und die Bedeutung eigener Wohnutensilien. Bei Gestaltungsfragen – insbesondere der individuellen Rückzugsräume oder des eigenen Zimmers – ist seitens der Heilerziehungspflegerin Zurückhaltung und Respekt vor dem Geschmack der anderen geboten.
Zur Gestaltung der Lebenswelt Wohnen gehören auch die Außenbereiche: Wenn es einen Balkon oder eine Terrasse gibt, kann zum Beispiel die Bepflanzung eine Möglichkeit der Selbstverwirklichung im Wohnbereich sein. Ein Schrebergarten in der Nähe bietet gute Möglichkeiten, Landschaft und Natur zu erfahren.
Wohnen in seiner sozialen Dimension ist unter den Aspekten der Normalisierung und Integration und neuerdings der Inklusion zu beurteilen. Wohnen ist dann so anzulegen, dass es das gesellschaftliche und soziale Eingebundensein von vorne herein mit einschließt.
Die Ambulantisierung und Dezentralisierung der Wohnformen von Menschen mit (chronisch) psychischen Erkrankungen führte zu einem veränderten Rollenverständnis der Mitarbeiter in der dezentralen Versorgung:
„Die Art und Weise, wie die Mitarbeiter den Klienten begegnen, ändert sich in der dezentralen Versorgung fundamental. Die Präsenzzeiten werden wesentlich kürzer. Daraus entsteht der Eindruck, dass man den Klienten nicht mehr unter Kontrolle hat. Auf der psychiatrischen Stati-

on oder einer größeren Wohngruppe gehen die Mitarbeiterinnen und Mitarbeiter davon aus, dass sie die Situation »im Griff haben« und beim Verlassen der Gruppe ein anderer Mitarbeiter kommt, dem sie die Situation anvertrauen können. Wenn man die psychiatrische Betreuung auf der Ebene der Kontrolle diskutiert, findet in der dezentralen Betreuung ein realer Kontrollverlust statt. Dieser Kontrollverlust führt zu einer Verunsicherung der beruflichen Identität – wobei er bei den einzelnen Berufsgruppen je nach Funktion variiert. Da der Kontrollverlust auf der Ebene der Präsenz konzeptionell gewollt ist, müssen die Mitarbeiter auf der Ebene des professionellen Selbstverständnisses Kontrolle zurückgewinnen. Das heißt, sie müssen ihr professionelles Selbstverständnis neu definieren" (Konrad u.a. 2006, 70).
Für die „Neudefinition" der professionellen Qualitäten fordern Konrad u.a. folgende Änderungen im Rollenverständnis:

- Fremdbestimmung des Klienten muss der Selbstbestimmung weichen.
- Die Behandlung des Klienten muss der Verhandlung mit dem Klienten Platz machen.
- Dauerpräsenz muss durch intensive Auseinandersetzung mit dem Klienten ersetzt werden.
- Kontrolle des Klienten muss dem Vertrauen weichen, und dies gilt insbesondere für die Nachtzeiten.
- Das Gespräch über den Patienten muss durch das Gespräch mit dem Klienten ersetzt werden.
- Die Bestimmung aller Lebensbereiche des Klienten muss der gezielten Förderung in bestimmten, mit dem Klienten abgesprochenen Lebensbereichen weichen.
- Die Rolle des Hausherrn muss durch die Rolle des Gastes ersetzt werden.
- Die Fixierung auf professionelle Hilfen muss überwunden werden und zur Einbeziehung nichtprofessioneller Hilfen führen. (Konrad u.a. 2006, 70)

Die Freizeit

Freizeit wird in unserer Gesellschaft die Zeitspanne genannt, in der nicht gearbeitet wird. Nach Opaschowski ist sie in die erholungs-, in die konsum- und schließlich in die erlebnisorientierte Freizeitphase einzuteilen (Opaschowski 1983, 104). Jeder Mensch braucht freie Zeit

– das gilt für Menschen mit und ohne Behinderung gleichermaßen. Inwieweit sich die Freizeit in sinnerfüllende oder „sinnarme", in erholende oder anstrengende Phasen einteilen lässt, ob sie sich im kreativen und/oder sozialen Bereich abspielt oder subjektiv als unbefriedigend erlebt wird, hängt stark von der individuellen Lage und von den sozialen Bedingungen ab.
Pöggeler spricht in diesem Zusammenhang von Freizeitfähigkeit: „In einer liberalen Demokratie hat niemand das Recht, das Freizeitverhalten der Mitmenschen dadurch zu manipulieren, dass er dem mündigen Menschen verwehrt, selbst zu bestimmen, was in der Freizeit für ihn sinnvoll sei und was nicht. Das Risiko zu tragen, das die in der Freizeit gebotene Freizeit dem Individuum bietet, diese Aufgabe kann dem Individuum durch keine Institution abgenommen werden, am wenigsten durch Einrichtungen der Erziehung und Bildung. Wohl aber ist es diesen möglich, Lernziele zu ermöglichen und zu propagieren, auch das Lernziel ‚Freizeitbefähigung'. Gemeint ist damit zum Beispiel die Fähigkeit zum freien Nachdenken und Verweilen, zur Pflege mitmenschlicher Beziehungen, die Fähigkeit zu neuem Naturkontakt und zu angemessenem Verhalten in der freien Natur; auch die Fähigkeit zur Geselligkeit und bildenden Unterhaltung, zum Spielen und Feiern, zum Reisen und Begegnung mit Heimat und Welt ist gemeint. Freizeitbefähigung hat sich letztlich in der Fähigkeit zur Selbstfindung und Selbstbestimmung zu bewähren" (Pöggeler 1993, 12). In der „Praxis" können bezüglich der Freizeit zwei gegenpolige Positionen auftauchen: Zum einen ist die Zeit nach der Schule oder Arbeit mit Therapien, Bildungsveranstaltungen oder mit Aufgaben aus dem hauswirtschaftlichen Bereich sehr stark verplant, dann gibt es zu wenig Freizeit. Zum anderen kann es passieren, dass Menschen, die kaum in der Lage sind, die Möglichkeiten, die die Welt bietet, ohne Assistenz für sich zu erschließen, viel zu wenig Angebote bekommen. Gerade mit dem Argument von selbst bestimmter Freizeit kann es passieren, dass diese Personen stundenlang sich selbst überlassen bleiben. Es ist eine wichtige Aufgabe der Heilerziehungspflegerin, beratend und organisierend in den strukturellen Bereich der Lebenswelt (Gestaltung des Tagesablaufes) hineinzuwirken, so dass die geforderte Freizeit mit allen Möglichkeiten ausgeschöpft werden kann.
Eine Einteilung bezüglich Art und Qualität von Freizeit stellt Pöggeler vor, indem er geplante und ungeplante Freizeit, organisierte und nicht organisierte (private, alltägliche) Freizeit, Freizeit unter Anleitung im Unterschied zu Freizeit aus Eigeninitiative, aktive oder passive Freizeit, individuelle oder soziale (bzw. kollektive) unterscheidet (Pöggeler 1993, 15).

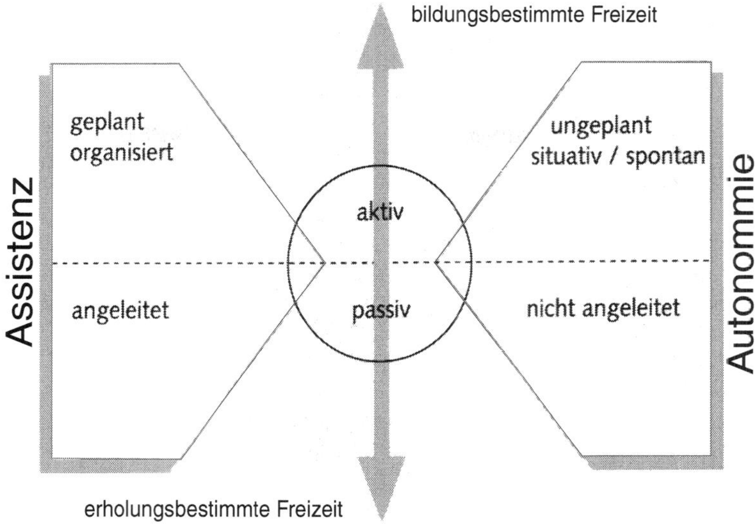

Abb. 21: Freizeit mit verschiedenen Qualitäten

Die Frage, in welche Richtung die Beratung oder Assistenz zur Freizeitgestaltung geht, ob die erholungs- oder erlebnisbezogene Freizeit im Vordergrund steht, kann von der Heilerziehungspflegerin nur auf dem Hintergrund einer umfassenden Kenntnis der Person in ihrem lebensweltlichen Kontext beantwortet werden.

Aspekte der Assistenz bei der Freizeitgestaltung von Menschen mit geistiger Behinderung oder psychischer Erkrankung

Die wichtigste Prämisse der Freizeitgestaltung, nämlich die Freiwilligkeit, kann die Heilerziehungspflegerin vor große Probleme stellen: Wenn Menschen mit geistiger Behinderung mit ihren Bedürfnissen nicht richtig verstanden werden, kann es passieren, dass sie (vielleicht aus Überangepasstheit) das Gegenteil dessen äußern, was sie eigentlich wollen. Hier ist ein hohes Maß an Feingefühl (Personenkenntnis und eine persönliche Beziehung) nötig, um die wirklichen Bedürfnisse aufzuspüren. Genaues Nachfragen, Rückversicherung bei unklarer Kommunikation, Bestärkung und Motivation, das Wiederholen von Angeboten, vielleicht sogar vorsichtiges Führen könnten helfen, die passende Entscheidung zu treffen.

Der finanzielle Rahmen für die Freizeitgestaltung ist in den letzten Jahren wieder zunehmend gefährdet und in Frage gestellt. Die Heilerziehungspflegerin ist angehalten, bestehende Standards zu verteidigen und anerkannte Notwendigkeiten besonders hartnäckig einzufordern, was über die Leitungen bis hin zu den Kostenträgern entsprechend begründet werden muss.

Das Freizeitverhalten von Menschen mit geistiger Behinderung unterscheidet sich nicht grundsätzlich von dem anderer Menschen. Sozialkontakte, der Freund, die Freundin und andere Bezugspersonen spielen, eine zentrale Rolle. Nach wie vor gehören die audio-visuellen Medien, inzwischen aber auch zunehmend der Computer und andere neue Medien zu den Favoriten der selbst gewählten und selbst bestimmten Freizeitbeschäftigung. Während die Freizeitmöglichkeiten in unserer heutigen Gesellschaft fast unbegrenzte Möglichkeiten bieten, ist der hier angesprochene Personenkreis in vielerlei Hinsicht eingeschränkt und benachteiligt. Nicht selten trauen sich diese Personen weniger zu, sie haben eventuell weniger Überblick über Angebote, Voraussetzungen sind zu hoch angesetzt, mangelnde Mobilität und vor allem eingeschränkte finanzielle Möglichkeiten können hier eine Rolle spielen. Deshalb muss sich die Heilerziehungspflege bemühen, „die geeigneten Inhalte der Freizeiten zu gestalten, da sie den behinderten Menschen auch neue Erlebnisse und erweiterte Sozialkontakte anbieten“ (Huber 1979, 40). Eine Aussage, die nach fast dreißig Jahren nichts von ihrer Aktualität eingebüsst hat. Bei der geplanten beziehungsweise organisierten Freizeit können auch didaktische Überlegungen bedeutsam sein. Folgendes sollte aber nicht vergessen werden: „Bei allen Inhalten, die wir für die Freizeit behinderter Kinder (und Erwachsener, d.V.) anbieten, sollten wir nicht übersehen, dass für diese Kinder (und Erwachsene, d.V.) Freizeit auch ‚frei sein‘ und ‚nichts tun‘ bedeutet. Gestaltete und geplante Freizeit heißt nicht verplante Freizeit“ (Huber 1992, 187).

Die Freizeitgestaltung sollte die soziale und kreative Ausdrucksfähigkeit sowie die Handlungskompetenzen im körperlichen und kognitiven Bereich fördern. Eine Heilerziehungspflegerin eignet sich in diesen Bereichen schon in der Ausbildung differenzierte Kompetenzen an. Die entsprechenden Unterrichtsfächer in der Heilerziehungspflegeausbildung sind: Medienpädagogik, Spiel, Musik, Rhythmik, Motopädagogik und Sport sowie Werken und bildhaftes Gestalten.

Der aktive wie der passive Umgang mit Medien (Fernseher, DVD, Videokamera, Foto, Radio, PC usw.) spielen eine zentrale Rolle im Freizeitbereich. Das Fernsehgerät im eigenen Zimmer wurde in vielen Komplexeinrichtungen lange Zeit verwehrt, erst allmählich hat sich

eine gesellschaftliche Selbstverständlichkeit für Menschen mit Behinderung ihren Weg gebahnt. Unter diesen Gesichtspunkten ist es wichtig, dass die Heilerziehungspflegerin medienpädagogische Kompetenzen hat und diese beratendend und assistierend in das Praxisfeld übertragen kann. In Freizeitbereichen, in denen eigene persönliche Interessen seitens der Heilerziehungspflegerin bestehen, gibt es gute Möglichkeiten, diese mit der entsprechenden Kompetenz und Begeisterung in die Lebenswelt der Menschen mit Behinderungen oder psychischen Erkrankungen einzubringen.
Ferien- und Reisefreizeiten, die sehr sorgfältig geplant und vorbereitet werden müssen, spielen für Menschen mit einer Behinderung insofern eine ganz besondere Rolle, weil sie häufig die einzige räumliche Erweiterung der Lebenswelt sind. Menschen mit schwerster geistiger Behinderung brauchen eventuell mehr Zeit, um sich räumlich (in einem anderen Haus, an einem anderen Ort, in einer anderen Landschaft) zurechtzufinden.
Bei der Planung und Organisation von Ferienreisen müssen die Personen, die verreisen wollen, von Beginn an miteinbezogen werden. Bildmaterial, Prospekte und visualisierte Reiseberichte können schon bei den ersten Entscheidungen wertvolle Dienste leisten.

Es ist sinnvoll, sich mit den folgenden Aspekten auseinanderzusetzen, wenn es um die Vorbereitung einer Ferienfreizeit geht:

- finanzielle Zuschüsse und Finanzierung,
- Ferienunterkunft und regionale Bedingungen für eine medizinische Versorgung,
- Erholungsplätze und Ziele für Ausflüge und Unternehmungen in der näheren Umgebung,
- Anbindung an das Netz der öffentlichen Verkehrsmittel (Möglichkeit von Ermäßigungen),
- Abklärung der Aufsichtspflicht,
- Information von Betreuer/Angehörigen,
- Größe und Zusammensetzung der Reisegruppe,
- Anzahl der Begleiter/Fachkräfte,
- behindertengerechte Voraussetzungen der Ferienwohnung/ des Hotels.

Die Erlebnispädagogik umfasst hauptsächlich geplante und organisierte Freizeitaktivitäten mit Kindern, Jugendlichen und jungen Erwachsenen in der Natur. Ursprünglich als Maßnahme für „schwieri-

ge" Jugendliche gedacht, wird dieser Ansatz auf Menschen mit einer Behinderung oder psychischen Erkrankung übertragen.
„Die Zielsetzung der erlebnispädagogisch orientierten Aktion ist, unter Berücksichtigung fehlender Voraussetzungen, Lernen zu fördern und emotionale Schranken abzubauen. Diese Aspekte und Ziele eines „anderen" Lernens versuchen wir in erster Linie im Rahmen von Wochenendfreizeiten zu realisieren. Um derartige ganzheitliche erlebnisorientierte Maßnahmen durchzuführen, bedarf es bestimmter Bedingungen:

(1) Natürliche Umgebung (Wald, Berge, Flüsse und Seen);
(2) Nutzung der ‚Naturimpulse' (Regen, Kälte, Wärme, Wasser, Stein, Geräusche, Dunkelheit, Stille, Fauna und Flora);
(3) Einsatz von Naturmaterial;
– Selbstbeschränkung auf ‚einfaches' Leben und bewusster Verzicht auf Unwesentliches (Fernsehen, Video, Spülmaschine);
(4) sorgsame Auswahl der Unterkunft (Berghütte, Zelte);
(5) Selbstversorgung, gemeinsame Organisation des Zusammenlebens (Einkauf und Kochen zu organisieren, gemeinsam Regeln erstellen, die einzuhalten sind, Methoden der Konfliktlösung besprechen, demokratische Form der Mitbestimmung usw.)" (Loibel/Fiedler 1992, 11).

Freizeit mit Menschen mit schwerer geistiger Behinderung

Bei diesem Personenkreis wird deutlich, dass der Begriff Freizeit nicht nur in seiner Gegensätzlichkeit zur Arbeit definiert werden kann. So betrachtet, würden diese Menschen sehr viel Freizeit haben. Freizeit setzt jedoch bis zu einem gewissen Grad ein Selbstkonzept voraus, zumindest aber ein gewisses Maß an Bedürfnisrealisierung. Menschen mit schwerer und schwerster geistiger Behinderung haben in ihrem Alltag sehr viele Phasen, in denen sie einer Fremdbestimmung unterliegen – das kann auch für die Zeiten gelten, in denen ihnen Hilfsangebote gemacht werden oder Handlungen von ihnen erfordert werden, die anstrengend sind und deren Nutzen sie nicht selbst nachvollziehen können. Auch das eigene, stereotype oder zwanghafte Verhalten könnte als fremdbestimmt interpretiert werden. Freizeit könnte bei diesen Menschen heißen, keinen Zwängen zu unterliegen. Darüber hinaus sollte es geplante Freizeitangebote geben, die nicht im Zusammenhang mit den notwendigen pflegerischen Maßnahmen stehen und einen spezifischen Charakter in dem Sinn haben sollten, als sie sich auf der interaktiven Sinnes- und Körperebene abspielen. Personen mit schwerer geistiger Behinderung brauchen mehr Animation, das heißt individuelle Angebote mit Anregungs- oder Aufforderungscharakter. Entscheidend ist, dass für diese Angebote die Prinzipien eines primären Kommunikationskreislaufes eingehalten werden (siehe Mall, 11). Gelungene Freizeitangebote könnten für Personen mit schwerer Behinderung bedeuten, dass sie für die Zeit der interaktiven Angebote zum Beispiel frei von „Selbstzwängen" sind. Über die „basale Kommunikation" können Selbstbestimmung, Selbstwirksamkeit und schließlich Selbstorganisation – und sei es in den kleinsten Details – erfahren.

Die Arbeit

Arbeit ist die Grundlage der Gütererzeugung und der Dienstleistungen in unserer Gesellschaft; ihr Wert wird in Leistungsgrößen und diese wiederum in Geld ausgedrückt. Mit dieser Bestimmung sind wir schon bei dem für unseren Zusammenhang zentralen Problem: Dem Nützlichkeitskriterium, dem jedes Individuum in unserer Gesellschaft bezüglich seiner Verwertbarkeit für den Arbeitsmarkt unterliegt. „Diese Inhumanität kann und darf ein verantwortungsbewußter Träger nicht als unvermeidbar hinnehmen, nur weil eine aus dem wirtschaftlichen „Normalbereich" unkritisch übernommene Produktion das so erscheinen lassen mag. Wenn aber die Arbeit selbst die Ursache des Persönlichkeitsabbaus ist, muss eine human orientierte Arbeitskonzeption Produktionsweisen finden, die diesen Prozess umkehren" (Crämer 1990, 2).
Wir vertreten einen Arbeitsbegriff, der keine Personengruppe ausgrenzt und der den Menschen in den Mittelpunkt stellt. Arbeit soll nicht länger als ein lästiges „Muss", als eine Abwesenheit von Freizeit und Urlaub verstanden werden. Wir verstehen Arbeit als eine Form der Lebensbewältigung und Selbstverwirklichungsmöglichkeit des Menschen, die notwendig ist und den Menschen herausfordert.
Besonders Menschen mit geistiger Behinderung und Lernschwierigkeiten laufen Gefahr, solche Arbeiten verrichten zu müssen, die aufgrund ihrer Gleichförmigkeit und des fehlenden Sinnzusammenhangs die Persönlichkeitsentwicklung eher behindern als befördern. In der Vergangenheit gab es durchaus die Vorstellung, dass Serienanfertigungen besonders für die Arbeit von Personen mit geistiger Behinderung geeignet wären, und dass diese Tätigkeiten ihr Selbstwertgefühl unterstützen würde. Heute wird diese Einstellung als weitgehend überholt angesehen. Crämer nennt drei Grundbedingungen, damit eine Arbeit

als persönlichkeitsfördernd eingeschätzt wird: die Erfahrung des Könnens, die Erfahrung des Wertes, die Erfahrung des Sinnes.
Das gilt auch für die Arbeit in Werkstätten für Menschen mit Behinderung. Viel zu lange wurde dort das Funktionieren, das möglichst störungsfreie und reibungslose Arbeiten durch die Handlungsprinzipien des Anweisens, des Zeigens und des Trainierens in den Vordergrund gestellt. Häufig wurde und wird der wirtschaftlich bedingte Leistungsdruck als Rechtfertigung für solch direktive Handlungsstrukturen ins Spiel gebracht. Aufgabenorientiertes Handeln, ganzheitliche Aufgabenstellung und Problembewältigung, Kooperation und Mitbestimmung, Bedürfnisorientiertheit (Runde 1986, 168) sollten auch Kriterien für die Arbeit der Menschen mit einer Behinderung sein. Für sie haben sich insbesondere solche Arbeitsplätze als wertvoll und geeignet erwiesen, wo die Aufgabenstellung komplexer und vor allem bezüglich ihres Sinnzusammenhangs überschaubarer ist. Dabei kann auf ganz traditionelle Arbeitsbereiche zurückgegriffen werden wie die Landwirtschaft, die Gärtnerei, Bereiche der Hauswirtschaft, der Hausmeisterei, auf Küche, Wäscherei usw. Zunehmend werden Aufgaben aus diesen Bereichen von Personen mit Lernschwierigkeiten und erhöhtem Unterstützungsbedarf übernommen. In Projekten im „Grünlandbereich“ finden inzwischen Personen mit so genannten „Verhaltensauffälligkeiten“ oder psychischen Erkrankungen passende Aufgaben.
Die Arbeiten in der Land-, Forst- oder Gartenwirtschaft können häufig in einfachere Handlungsschritte zerlegt werden und haben durch die mit ihnen verbundenen vielfältigen Körpererfahrungen nicht selten auch therapeutischen Wert. Werkstätten für Menschen mit Behinderungen sind nach betriebswirtschaftlichen Gesichtspunkten aufgebaut; sie erfordern von den Einzelnen ein Mindestmaß an wirtschaftlich verwertbarer Arbeitsleistung. Neben den Gruppen des Berufsbildungs- und des Arbeitsbereiches werden in den meisten Werkstätten Menschen mit schweren und mehrfachen Behinderungen in Fördergruppen betreut. Fördergruppen sind den Werkstätten für behinderte Menschen angegliederte Einrichtungen für schwerbehinderte Menschen, „welche die Voraussetzungen für die Beschäftigung in einer Werkstatt nicht erfüllen“ (§ 136 Abs. 3 SGB IX). In der Regel bieten Fördergruppen erwachsenen Personen mit schwerer Behinderung eine tagesstrukturierende Förderung an. Differenzierte Angebote in den Bereichen der Sinnes- und Wahrnehmungsförderung sollen die Persönlichkeit individuell und ganzheitlich fördern. Ziele dieser Bildungsangebote sind, über Schritte zur Arbeitsanbahnung, eine Teilnahme und Teilhabe am gesellschaftlichen Leben bis hin zur Möglichkeit der Eingliederung in den Arbeitsbereich der WfbM.

Arbeit soll für den Menschen da sein und nicht umgekehrt. Deshalb ist es wichtig, dass sich die Aufgaben und Inhalte von Arbeit nach den individuellen Möglichkeiten der Personen richten. Arbeit sollte eine Möglichkeit sein, die Lebenswelt zu erweitern und neue Formen der Auseinandersetzung, des Kontaktes und der Erfahrung zu finden. Die Frage nach der Sinnhaftigkeit kann nicht alleine von außen gestellt oder beantwortet werden, sondern nur zusammen mit dem betroffenen Menschen. Es sei nur am Rande darauf hingewiesen, dass schon die kleinsten Schritte zu mehr Unabhängigkeit auch Betreuungskraft erübrigen können und im weitesten Sinne ökonomisch von Bedeutung sind. Hahn formuliert für die WfbM einen Auftrag: „Dass die WfB die Aufgabe hat, Menschen mit geistiger Behinderung – auch solchen mit schwerer Behinderung – im verantwortlichen Zusammenleben – Wohlbefinden zu ermöglichen und damit zur Sinnerfüllung ihres Lebens beizutragen. Sie kann dies auch bei Menschen mit schwerer Behinderung erreichen, wenn sie deren Unabhängigkeitspotential realisiert, subsidiär an der Befriedigung ihrer Bedürfnisse mitwirkt und durch diskursives interagierendes Aushandeln die sozialen Räume dafür schafft“ (Hahn 1992, 7).
Mit dem Lebensbereich Arbeit rückt besonders die Tätigkeitsseite des Menschen in das Blickfeld. Heilerziehungspflegerinnen haben zum Lebensweltbereich Arbeit der von ihnen unterstützten Personen nur indirekten Zugang. Deshalb gehört es zu ihren Aufgaben, sich über diesen Bereich genau zu informieren. Je nach Art und Ausmaß der Behinderung kann die arbeitende Person selbst nichts über ihren Ärger, ihre Frustrationen oder über ihre positiven Erlebnisse erzählen. Deshalb ist eine Rücksprache mit der Arbeitsstelle erforderlich. Regelmäßige Besuche vor Ort können in diesem Zusammenhang eine wichtige Bedeutung für den Verstehensprozess der Heilerziehungspflegerin haben. Bei anhaltender Unzufriedenheit oder bei Beziehungsproblemen (die sich zum Teil auch sehr ungünstig auf den restlichen Bereich der Lebenswelt auswirken können) sollte zusammen mit der betroffenen Person und mit den Fachkräften am Arbeitsplatz über Veränderungen oder Neuorientierungen kommuniziert werden. Darüber hinaus ist es erforderlich, dass die Heilerziehungspflegerin Informationen über die verschiedenen Beschäftigungs- und Arbeitsmöglichkeiten in der unmittelbaren Umgebung sammeln muss, um entsprechend beraten zu können oder um bei der Durchsetzung von Ansprüchen und Bedürfnissen entsprechend zu assistieren. Es gibt alters- oder krankheitsbedingte Veränderungen, die es erforderlich machen, zum Beispiel von einem Arbeitsplatz mit stehender Tätigkeit zu einem mit sitzender Tätigkeit zu wechseln. Personen, die in einer

Werkstatt für Behinderte zum Beispiel eine hohe Leistung erbringen können und von den dortigen Mitarbeitern gerne behalten werden, hätten vielleicht auch die Chance auf einen Arbeitsplatz auf dem freien Markt. Nach neuen Untersuchungen (Dose 2006 und Friedrich 2006) wäre es möglich, auch Menschen mit höherem Unterstützungsbedarf eine nachhaltige berufliche Integration zu ermöglichen.

Fort- und Weiterbildung sind heute in vielen Arbeitsbereichen Realität und Normalität. Diese Bildungsansprüche wurden in der Behindertenhilfe unter dem Dach der WfBM schon frühzeitig formuliert und umgesetzt. Ein interessanter Ansatz wird in diesem Zusammenhang von Friedrich vorgestellt: „Ein Bildungsurlaubskonzept zur Entwicklung der beruflichen Entscheidungskompetenz" (Friedrich 2003).

In diesem Konzept geht es um die „Vorbereitung auf neue berufliche Ziele innerhalb und außerhalb der WfbM". Dafür werden Fach-, Sozial- und Entscheidungskompetenzen in den Mittelpunkt gestellt.

Ein letzter Aspekt, auf den im Bereich Lebenswelt „Arbeit" eingegangen wird, betrifft die so genannte Arbeitsverweigerung. Auch wenn die meisten Menschen mit einer Behinderung genauso wie Menschen ohne Behinderung froh sind, einen Arbeitsplatz zu haben, gibt es einzelne Situationen, in denen Menschen mit Behinderung auf ihre Art zum Ausdruck bringen, dass es ihnen nicht möglich ist oder dass sie nicht willens sind, zur Arbeit zu gehen. Die Qualität heilerziehungspflegerischer Arbeit zeigt sich gerade darin, diese Pflicht nicht um jeden Preis durchzusetzen. Auf jeden Fall sollte darauf verzichtet werden, den eigenen Status als Arbeitnehmerin mit Vorbildcharakter auszustatten. Arbeitszwang verkehrt sich schnell in Zwangsarbeit, und dafür gibt es in unserer Geschichte bereits genügend abschreckende Beispiele. Sicherlich bedarf es beim einen mehr, beim anderen weniger Unterstützung durch eine assistierende Heilerziehungspflegerin, um zur „Aufbruchsmotivation" zu kommen. Dabei ist großes Einfühlungsvermögen wichtig, um zu verstehen und zu erfassen, was als Verweigerung oder als klare Ablehnung, also als Widerstand gegen die Lebenswelt Arbeit selbst zu interpretieren ist. Wenn eine Person nicht mehr arbeiten will oder kann, gibt es dafür gute Gründe.

Ein erster wichtiger Schritt bei der Weigerung, sich auf Arbeit einzulassen, ist eine eingehende Analyse der aktuellen individuellen Lage und Lebenssituation der betroffenen Person. In der Zusammenarbeit mit der Person, die nicht mehr arbeiten möchte, mit den Arbeitserziehern/-rinnen und den Mitarbeitern des Teams müssen Beobachtungen sorgfältig ausgewertet und Lösungsstrategien gemeinsam entwickelt und verantwortet werden. Vielleicht ist es notwendig, dass die betreffende Person Urlaub macht (auch wenn das nicht in die Jahresplanung der Gruppe passt) oder es ist notwendig, die Arbeitszeit insgesamt zu reduzieren. Grundsätzlich muss es möglich sein, dass Menschen ihr Unwohlsein oder Kranksein zunächst definieren können und dann selbst entscheiden, ob sie arbeitsfähig sind oder nicht. Die Arbeitsfähigkeit kann jedenfalls nicht danach bemessen werden, ob es für den aktuellen Dienstplan günstig oder ungünstig ist, wenn eine Person mit Behinderung krank ist. Für solche „Notsituationen" muss es im Voraus Regelungen geben, dass, wenn Aufsichts- oder Pflegebedarf besteht, diese Dienstleistungen auch möglich sind.

Schule, Bildung und Erwachsenenbildung

Bildung als Bereich der Lebenswelt ist grundsätzlich ein individueller Prozess (siehe Abb. 22). Bildung überschneidet sich besonders mit den Lebensweltbereichen Arbeit, Freizeit und Wohnen. Bildung soll hier verstanden werden als ein Prozess, der in jedem Menschen abläuft und mit dessen Hilfe der Aufbau und die Erschließung der Lebenswelt stattfinden. Bildung darf nicht das Vorrecht bestimmter Gruppen sein, sondern muss gerade im Rahmen der Chancengleichheit für benachteiligte Personengruppen mit besonderem Aufwand organisiert und angeboten werden. Bildung kann nicht als Anpassungsprozess funktionieren, sondern schließt die Bereitschaft, Fähigkeit und Kritik zur Emanzipation und Mündigkeit ein.

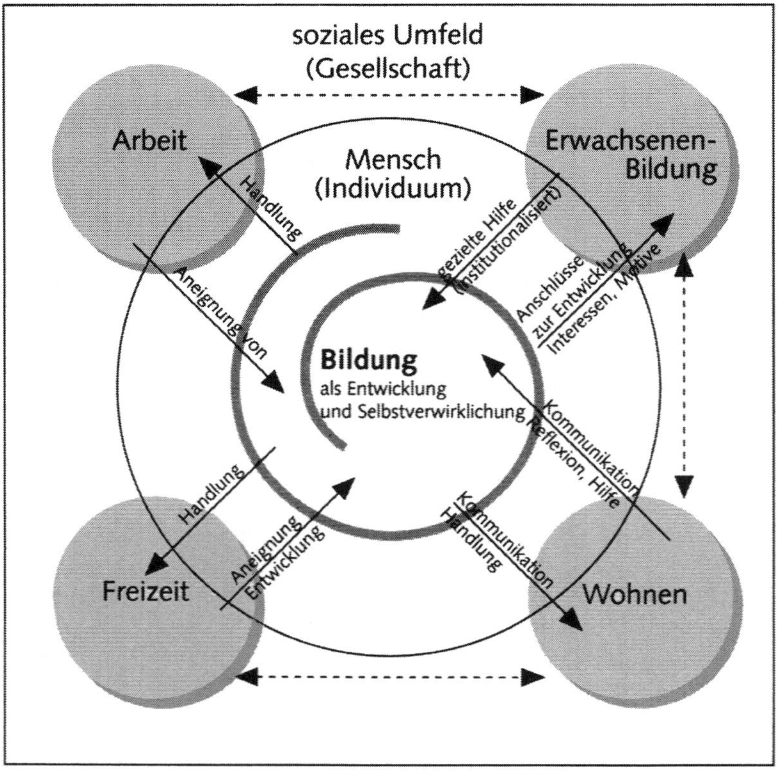

Abb. 22: Der Bildungsprozess im Zusammenhang mit der Lebenswelt

Es ist nicht selbstverständlich, dass Kinder mit schwerer und mehrfacher Behinderung zur Schule gehen. Noch vor dreißig Jahren war es ohne weiteres möglich, solche Kinder und Jugendliche auszuschulen. Heute orientieren sich die Bildungsinhalte in den Sonder- und Förderschulen sehr stark am individuellen Entwicklungsstand. Praktische und handlungsbezogene Inhalte werden anschaulich und erfahrungsnah vermittelt. Ausdrücklich fordert Speck von der Schule für Menschen mit geistiger Behinderung, dass sie sich als „akzeptierende Lebenswelt" zu erweisen hat.

„Schule wird zur Lebenswelt, wenn das Kind sich darin in seinem Eigenwert von anderen bestätigt fühlt und hinreichend Gelegenheit erhält, sich in seinen Begabungen und Interessen zu entfalten, ohne wegen seiner Schwächen stigmatisiert zu werden. Im Einzelnen ist es unverzichtbar, das das Kind mit geistiger Behinderung

(1) sich hinreichend sozial angenommen und emotional sicher und geborgen fühlt;
(2) Möglichkeiten zur Entfaltung seiner Handlungskompetenz und seiner Erlebnisfähigkeit erhält, und zwar in Bezug auf alle seine Fähigkeiten;
(3) sozial partizipieren kann, also Freunde haben kann und in seinen kommunikativen Annäherungs- und Austauschprozessen Unterstützung findet;
(4) im Schulalltag einen verlässlichen Rhythmus erlebt, der ihm Orientierung und Sicherheit und genügend Raum für seine individuellen Entspannungsbedürfnisse gibt, und
(5) geistigen und moralischen Rückhalt erfährt, der sich darin zeigt, dass die Achtung vor seiner Menschenwürde und sein Wert als Mensch trotz aller individuellen Unzulänglichkeit gewahrt und gesichert werden.
Schule als Lebenswelt verlangt die Unterordnung schulorganisatorischer Gesichtspunkte, zum Beispiel des Stundenplanes, unter lebensweltliche Normen.
Die Schule für geistig Behinderte, zumal die kleine Schule, hat besondere Voraussetzungen dafür, dass sie ein wirklicher Ort zum Leben, eine wirkliche Lebenswelt mit Sicherheit gebender Konstanz und Kontinuität für das geistig behinderte Kind wird" (Speck 1991, 110).

Diese hohen Ansprüche können in so vielen kleinen Situationen des Alltags verortet werden. Regelmäßige Kontakte zur Schule sind für die Heilerziehungspflegerin, die mit Kindern arbeitet, selbstverständlich. Die mögliche Überschneidung von Bildungsabsichten und Bildungsinhalten bezüglich der Lebenswelten Wohnen und Schule muss besonders beachtet werden. Die intensive Kooperation zwischen der Sonderschullehrerin und der Heilerziehungspflegerin betrifft zentral die Entwicklung des Kindes in vielen wesentlichen Lebensbereichen.

Andragogik bedeutet die Lehre von der Bildungsarbeit mit Erwachsenen. Bei Menschen mit einer Behinderung müssen wir teilweise von einer individuelleren Form oder Art des Erwachsenseins ausgehen, was aber keineswegs die Vermittlungsformen der Erwachsenenbildung in Frage stellt: „Erwachsenenbildung für Menschen mit geistiger Behinderung soll sich am Vokabular, an den Organisationsformen und der inhaltlichen Ausstattung von Bildungskursen an allgemeinen Bildungswerken, wie Volkshochschulen und anderen ausrichten" (Baumgart 1988, 3). Speck spricht bei der Erwachsenenbildung von einer „unverzichtbaren Notwendigkeit„: „Notwendigkeit und Sinn von Erwachsenenbildung müssen sich auf *alle Schweregrade* geistiger Behinderung beziehen, also auch Intensivgrade in solcher Behinderung" (Speck 1987, 391).

Erwachsenenbildung bei Menschen mit geistiger Behinderung hat sich zunächst an den Richtlinien der allgemeinen Erwachsenenbildung zu orientieren, welche folgende Punkte umfassen:
(1) das Prinzip der Freiwilligkeit und der Selbstentscheidung;
(2) die Inhalte sind auf die individuelle Lage und Situation der Person bezogen;
(3) die Bildungssituation impliziert kommunikative, also soziale und darüber hinaus integrative Aspekte;
(4) die Angebote der Erwachsenenbildung berücksichtigen bestehende Lebenserfahrungen und versuchen, an diesen anzuknüpfen.

Erwachsenenbildung bei Menschen mit einer geistigen Behinderung hat nach Baumgart dieselben Ziele, wie sie allgemein für die Erwachsenenbildung gelten:

„(...) das einmal Gelernte möglichst lange zu behalten.
(1) Neues dazulernen, sei es im beruflichen oder privaten Bereich,
(2) spezielle persönliche Bildungsdefizite aufholen, die gesellschaftlich behindernd oder diskriminierend sind,
(3) die eigene Persönlichkeit zu entfalten, auszubilden, abzurunden und
(4) geselliges Beisammensein zu suchen, sich mit bekannten Menschen zu treffen und neue Menschen kennenzulernen" (Baumgart 1985, 32).

Theunissen ergänzt als „handlungsbestimmende Leitprinzipien" in diesem Zusammenhang:"
1. Erwachsenengerechte Ansprache
2. Partnerschaftliche Vorgehensweise
3. Freiwilligkeit, Wahlmöglichkeit, Selbst- und Mitbestimmung
4. Subjektzentrierung und Individualisierung
5. Ganzheitlich-integratives Prinzip
6. Lebensnähe und handelndes Lernen
7. Zeitliche Kontinuität und Regelmäßigkeit
8. Prinzip der Entwicklungsgemäßheit
9. Das lern- und neuropsychologische Prinzip." (Theunissen 2003, S. 65ff.)

In der Fachliteratur werden verschiedene Formen von Bildungsangeboten für Menschen mit einer geistigen Behinderung unterschieden.

Die erste Stufe gilt der Stabilisierung. Darunter sind solche Angebote zu verstehen, die das Selbstständigwerden unterstützen und in einem geschützten Rahmen Selbst- und Sozialerfahrungen ermöglichen. Auf der zweiten Stufe von Bildungsangeboten steht die Integration im Vordergrund. Hier werden gemeinsame Lernprozesse zwischen Teilnehmern/-rinnen mit und ohne Behinderung angeboten. Dabei geht es um Lernangebote, die für alle Teilnehmer angemessen sind und die zur Interaktion herausfordern. Die dritte Stufe wird als die der Partizipation bezeichnet. Hier soll das Bildungsangebot in die ganz normale Erwachsenenbildung integriert sein, von speziellen Sondergruppen wird Abstand genommen (Meyer-Jungclaussen 1985, 134f.).

Die Heilerziehungspflegerin kann in die Erwachsenenbildung auf unterschiedliche Weise eingebunden sein; als zuständige Fachkraft hat sie primäre und sekundäre Aufgaben. Unter den primären werden hier das unmittelbare Tätigsein, also das konkrete Bildungsangebot und auch die didaktische Umsetzung mit dem entsprechenden Personenkreis vor Ort verstanden. Zu den sekundären Aufgaben gehört die Wahrnehmung verschiedener möglicher Bildungsangebote sowie die Anregung und Motivation, an solchen Bildungsangeboten teilzunehmen und nicht zuletzt, dafür zu sorgen, dass auch ein organisatorischer Rahmen dafür bereitgestellt ist.

Die Organisationsformen von Kursangeboten für Menschen mit Behinderung werden von Lindmeier u.a. (2000) nach integrativen Gesichtspunkten in vier Modellen zugeordnet:

1. Separationsmodell
Einrichtungen der Behindertenhilfe, die primär keinen Bildungsauftrag haben, nehmen alle Aufgaben der Erwachsenenbildung von Menschen mit geistiger Behinderung (...)

2. Kooperationsmodell
Einrichtungen der Behindertenhilfe und Einrichtungen der allgemeinen Erwachsenenbildung kooperieren bei der Kursorganisation und der Durchführung von Kursen (...)

3. Zielgruppenmodell
Einrichtungen der allgemeinen Erwachsenenbildung bieten selbstständige Kurse für Menschen mit Behinderung an (a), oder eigenständige Erwachsenenbildungseinrichtungen für Menschen mit Behinderung bieten Kurse an, die an den Standards der allgemeinen Erwachsenenbildung orientiert sind (b) (...)

4. Integrationsmodell
Einrichtungen der allgemeinen Erwachsenenbildung bieten Menschen mit geistiger Behinderung eine umfassende Dienstleistung an, die sich von separaten bis hin zu integrativen Angeboten erstreckt.
(Lindmeier u.a. 2000, 139ff.)

Es wird eine zentrale Aufgabe der Heilerziehungspflegerin bleiben, je nach den Umständen und der Lebenssituation von Menschen mit Behinderung, gemeinsam mit den Personen, die ein Bildungsangebot in Anspruch nehmen wollen, die passende Organisationsform ausfindig zu machen. Leider ist es heute immer noch so, dass die Möglichkeit passender Kursangebote für Menschen mit (schwerer) Behinderung nach dem Integrationsmodell nur in Ausnahmefällen angeboten wird.

Die Lebensgruppe oder Wohngemeinschaft als soziale Perspektive

Menschen mit einer geistigen Behinderung haben, was ihre soziale Wohnform anbelangt, längst nicht so viele Wahlmöglichkeiten wie andere Menschen. Sie können häufig weder Einfluss auf die Größe ihrer Wohngruppe, also die Anzahl der Mitbewohner, nehmen noch auf deren Zusammensetzung. Bei Menschen mit einer geistigen Behinderung oder mit psychischen Erkrankungen ergibt sich das Zusammenleben immer noch aus Bedingungen, die von den Institutionen vorgegeben sind. Mit der Größe der Einrichtungen beziehungsweise des Heimes steigt die Gefahr von bürokratischen und institutionsbedingten Einschränkungen und Bevormundungen. Eine gewisse Flexibilisierung der Möglichkeiten kann sich ergeben, wenn es innerhalb einer Institution mehrere Wohngruppen gibt, so dass die Betroffenen mehr Wahlmöglichkeiten haben. Mit der zunehmenden Ambulantisierung und Dezentralisierung der Wohnformen wurden die Wahlmöglichkeiten, was die Mitbewohner anbelangt, deutlich verbessert. Im Rahmen der Umzüge in die neuen Wohnformen ist es eine bedeutsame Aufgabe der Heilerziehungspflegerin, die Assistenz und Beratung insbesondere im Hinblick auf die sozialen Zusammenhänge der betroffenen Personen anzubieten.

Für das Zusammenleben in einer Gemeinschaft müssen die teilweise sehr unterschiedlichen Anforderungen berücksichtigt werden: Auf der einen Seite braucht das autistische Mitglied der Wohngruppe viel Ruhe und möchte sich häufig zurückziehen, während das hyperaktive Mitglied kaum in der Lage ist, seine soziale Kontaktfreudigkeit auf ein Gegenüber abzustimmen. Einige der zu betreuenden Personen haben besondere Sozialisationsbedingungen durchlaufen müssen oder befinden sich an einem Punkt ihrer Persönlichkeitsentwicklung, an dem sie noch nicht in der Lage sind, die Normen des menschlichen Zusammenlebens alleine zu erfüllen. Noch weniger können sie diese hinterfragen und modifizieren. Hier hat die Heilerziehungspflegerin die Aufgabe, den Schutz und die Integrität der einzelnen Personen wahren zu helfen und womöglich gemeinsamen Sinn und dadurch zwischenmenschliche Beziehungen (auch im Kleinen) zu stiften.
Die fachliche Kompetenz der Heilerziehungspflegerin ist eng mit der Alltagserfahrung durch das gemeinsame Zusammenleben verknüpft. Sie beobachtet die Sympathien und Antipathien, sieht, wenn die Bedürfnisse Einzelner nicht mit denen der anderen vereinbar sind und kann durch interaktives Handeln am ehesten einschätzen, wann ein Wechsel der Wohngruppe oder Wohnform für die Weiterentwicklung einer Person durchaus von Vorteil sein kann (wenn dies eine Person nicht selbst zum Ausdruck bringen kann).
Die Heilerziehungspflegerin hat die Aufgabe, Entwicklungen der Gesamtgruppe und Einzelentwicklungen genau im Auge zu behalten, sie gegebenenfalls zu dokumentieren und Änderungen bezüglich der Zusammensetzung der Wohngemeinschaft offen zu diskutieren. Bei Bedürfnissen bezüglich des sozialen Zusammenlebens, vor allem bei Personen mit eingeschränkten Ausdrucksfähigkeiten, ist es wichtig, dass die Heilerziehungspflegerin stellvertretend die Interessen vertreten beziehungsweise durchsetzen kann.

Besondere Situationen

Einschneidende Veränderungen in der Lebensgeschichte eines Menschen machen es in den meisten Fällen erforderlich, dass nahe stehende Personen beratend und unterstützend hinzugezogen werden. Dies gilt ebenso oder sogar in noch größerem Ausmaß für Menschen mit Behinderung. Für die Beratung und Assistenz in besonderen Lebenssituationen ist es wichtig, dass die Heilerziehungspflegerin mit Sensibilität und besonderem Einfühlungsvermögen vorgeht.

Einschneidende Veränderungen können sein zum Beispiel:

- Ein Wohnungswechsel –
  dafür kann es notwendig sein, mehrere Gespräche zu führen, eventuell Bilder als Medien einzusetzen, um den Orts- und Raumwechsel sichtbar zu machen. Vielleicht ist es wichtig, die neue Wohnung mehrfach mit der betroffenen Person zu besuchen oder dort auch auf Probe zu wohnen. Freizeiten oder Ferienaufenthalte mit der neuen Gruppe können den Übergang erleichtern. Für die erste Zeit nach einem Umzug kann es notwendig werden, dass die Heilerziehungspflegerin durch eine besonders intensive Betreuung (eventuell sogar eine 1:1 Begleitung) diese Umstellung achtsam begleitet. Bei einem Umzug muss darauf geachtet werden, dass die persönlichen Gegenstände – Möbel, Bilder, Pflanzen usw. – selbstverständlich in die neue Wohnung mitgenommen werden können.
- Der Beginn einer Ausbildung, der Einstieg in die WfbM oder der Wechsel des Arbeitsplatzes in den allgemeinen Arbeitsmarkt kann für den Umstellungszeitraum ein höheres Maß an Zuwendung, an Beratung und an Unterstützung erforderlich machen. Heilerziehungspflegerinnen müssen sich darüber im Klaren sein, dass solche Umstellungen immer auch mit emotionalen Auswirkungen verbunden sind, die sich zunächst sogar eher im Verborgenen abspielen können.
- Wenn Menschen mit Behinderung in das Ruhestandsalter kommen, ist es wichtig, dass die Heilerziehungspflegerin (auch wenn sie selbst noch jung ist) erkennen kann, wenn sich die körperliche Situation verändert. Einschränkungen können zu einer Veränderung der Leistungsfähigkeit führen, die von dieser Person nicht ohne weiteres selbst akzeptiert werden kann. Dies macht es gegebenenfalls notwendig, die Beratung in Richtung eines Arbeitsplatzwechsels vorzunehmen.
- Der Eintritt in den Ruhestand kann, genauso wie bei Menschen ohne Behinderung, mehr oder weniger gut bewältigt werden. Die Heilerziehungspflegerin hat die Möglichkeit, hier in Absprache mit den Fachkräften der WfbM „weiche“ Übergänge anzustreben. Oft ist es schwierig, erst mit Beginn des Ruhestandes nach neuen Selbstverwirklichungsmöglichkeiten Ausschau zu halten. Im Sinne einer begleitenden Freizeitgestaltung ist es wichtig, dass die angehenden Senioren schon im Vorfeld Hobbys oder andere Beschäftigungen finden, die durchaus auch verantwortlichen Charakter haben können, um so auch für diese Lebensphase Aufgaben, Sinn, Freude und soziale Begegnungsmöglichkeiten zu schaffen.

- Krankenhausaufenthalte gehören in der Regel zu besonderen Lebenssituationen. Menschen mit einer geistigen Behinderung können je nach ihrem Verstandesvermögen diese Situation mehr oder weniger gut erfassen. Assistenz und Unterstützung kann durch die Heilerziehungspflegerin dadurch erreicht werden, dass möglichst viel und ausführlich erklärt wird und, wo das nicht möglich ist, eine intensive Begleitung stattfindet. Besonders wichtig sind der Austausch und die Kooperation mit dem Fachpersonal des Krankenhauses. Ein Beitrag zur Vorbereitung auf einen Krankenhausaufenthalt kann durch die Assistenz beim Kofferpacken und durch die Beratung, was für diese (neue) Situation gebraucht wird, erreicht werden.
- Es gibt noch viele andere Sondersituationen, auf die wir im Einzelnen nicht näher eingehen können – zum Beispiel besondere Feste, Jubiläen, runde Geburtstage, Hochzeiten oder Geburten im Verwandtenkreis, Lebenskrisen, Tod eines Mitglieds der Wohngruppe oder von Angehörigen usw.

Jede dieser Situationen stellt hohe persönliche Anforderungen an die Heilerziehungspflegerin. Neben der fachlich sozialpädagogischen und organisatorischen Kompetenz sind persönliche Fähigkeiten wie Vermittlung von Sicherheit, Wertschätzung und die Fähigkeit zur Anteilnahme gefragt.

Literatur

Badry, E./Buchka, M./Knapp, R. (Hrsg.) (1992): Pädagogik. Neuwied, Kriftel, Berlin

Baumgart, E. (1985): Bildungsclub. Luzern

Baumgart, E. (1988): Schleißheimer Fachgespräch zur Lebensgestaltung erwachsener Menschen mit geistiger Behinderung. München

Crämer, S. (1990): Landwirtschaft und Weinbau. Ökologischer Ansatz einer idealen Arbeit für Menschen mit geistiger Behinderung, in: Geistige Behinderung, 1/90

Dose, S. (2006): Wie nachhaltig ist die berufliche Integration von Menschen mit Lernschwierigkeiten auf dem allgemeinen Arbeitsmarkt?, in: Geistige Behinderung, 1/07

Friedrich, J. (2006): Orientierung im Entscheidungsprozess: Menschen mit geistiger Behinderung und der allgemeine Arbeitsmarkt. Hamburg

Hahn, M. (1992): Im Tätigen Lebenssinn erfahren. Arbeit in der WfB, in: Zur Orientierung, 3/92

Huber, N. (1979): Die Einheit von gezielter und kontinuierlicher Förderung und gestalteter Freizeit in einer stationären Einrichtung, in: Zielniok, W. J. u.a.: Gestaltete Freizeit mit geistig Behinderten. 2. Aufl. Heidelberg

Huber, N. (1992): Rehabilitation: Worauf es ankommt. Freiburg i. Br.

Husserl, E. (1986): Phänomenologie der Lebenswelt. Ausgewählte Texte. Hrsg. V. Held, K. Stuttgart

Konrad, M. u.a. (2006): Dezentrale Heimversorgung in der Sozialpsychiatrie. Bonn

Kron, F. W. (1988): Grundwissen Pädagogik. München, Basel

Lindmeier, B. u.a. (2000) in: Schöler, J. (Hrsg.), Integrative Erwachsenenbildung für Menschen mit Behinderung

Loibel, S./Fiedler, K. (1992): Erlebnispädagogik für geistig behinderte Menschen, in: Zusammen, 5/92

Mahlke, W. (1994): Raum als Erfahrungsfeld der Sinne, Teil 1, in: Praxis der Psychomotorik, Heft 1, 2/94

Mahlke, W./Schwarte, N. (1985): Wohnen als Lebenshilfe. Weinheim

Mahlke, W./Schwarte, N. (1989): Raum für Kinder. Weinheim

Marx, W. (1987): Die Phänomenologie Edmund Husserls. München

Michaelke/Haffke (1994): Raumgestaltung zur Förderung behinderter Menschen, in: Geistige Behinderung, 3/94

Meyer-Jungclaussen, V. (1985): Geistige Behinderung und Erwachsenenbildung.

Mrozinski, P. (1992): Da kann noch was draus werden! Rechtliche Aspekte zur Wiedereingliederung in die WfB, in: Zur Orientierung, 3/92

Opaschowski. H. W. (1983): Freizeit und Animation, in: Enzyklopädie Erziehungswissenschaft. Hrsg. Skiba, E.-G. u.a. Stuttgart

Pfeffer, W. (1988): Förderung schwer geistig Behinderter. Eine Grundlegung. Würzburg

Pöggeler, F. (1993): Die Bedeutung der Freizeit für den Menschen, in: Freizeit – Zeit zum Menschsein. Tagungsbericht. Hrsg. v. Verband katholischer Einrichtungen für Lern- und Geistigbehinderte e.V. Freiburg i.Br.

Runde, P. (1986): Zukunft der Rehabilitation. Bilanz und Perspektiven unter veränderten Arbeitsmarktbedingungen. Hamburg

Speck, O. (1982): Die Bedeutung des Wohnens für den geistig behinderten Menschen aus philosophisch-anthropologischer Sicht, in: Humanes Wohnen – seine Bedeutung für das Leben geistig behinderter Erwachsener. Bd. 5. Hrsg. Bundesvereinigung der Lebenshilfe für geistig Behinderte e.V. Marburg

Speck, O. (1991): Die Zukunft der Schule für geistig Behinderte. Perspektiven und unverzichtbare Grundprinzipien, in: Geistige Behinderung, 2/91

Speck, O. (1987): System Heilpädagogik. Eine ökologisch reflexive Grundlegung. München, Basel

Thesing, T. (1990): Betreute Wohngruppen und Wohngemeinschaften für Menschen mit einer geistigen Behinderung. Freiburg i. Br.

Theunissen, G. (1993): Allgemeine Bildungstheorie und Erwachsenenbildung. Eine Grundlegung aus kritisch-reflexiver Sicht, in: Geistige Behinderung, 3/93

Theunissen, G. (2003): Erwachsenenbildung und Behinderung

Zielniok, W. J. u.a. (1983): Gestaltete Freizeit mit geistig Behinderten. 3. Aufl. Heidelberg

6 Beobachtung

Wahrnehmung kann als Grundlage und Voraussetzung der Beobachtung angesehen werden. Bei der Beobachtung geht es um das gezielte Verfolgen von Zusammenhängen hinsichtlich ihrer Sinnbezüge. Beobachtung ist ein Vorgang, der mit allen in einer Situation möglichen einsetzbaren Sinnen vonstatten geht. Damit bedeutet Beobachtung zunächst, dass eine zielgerichtete Aufmerksamkeit eines Menschen auf ein sinnlich wahrnehmbares Ereignis gerichtet ist. Noch grundsätzlicher wird Luhmann, indem er Beobachtung als die Handhabung von Unterscheidungen bezeichnet (vgl. Luhmann 1987, 359). Beobachtung als Herstellung einer Differenz heißt, die Aufmerksamkeit gezielt auf den Unterschied zwischen Erwartung und Wirklichkeit zu lenken. Das macht deutlich, dass Beobachtung immer etwas mit den eigenen Vorerfahrungen zu tun hat und mit bewussten und unbewussten Kriterien operiert. Die Kriterien für das Beobachten hängen auch mit den Erwartungen, den Interessen oder der Aufgabenstellung des Beobachters zusammen.

Beobachtung in der heilerzieherischen Arbeit bedeutet also, aus der zielgerichteten Wahrnehmung und den daraus resultierenden Differenzierungen Informationen zu beziehen, die dann gezielt dem Entwicklungsprozess, dem Bildungsprozess oder der Befindlichkeit einer Person mit Behinderung oder psychischer Erkrankung zugute kommen sollen. Die individuelle Kommunikations- und Ausdruckskompetenz, bei Menschen mit schwerer Behinderung, machen die Fähigkeit zum sorgfältigen Beobachten besonders notwendig. Es geht hierbei um das Erkennen von Bedürfnissen (Hunger, Durst, Lageveränderung, Schlaf, Ruhe, soziale Kontakte usw.), von Nöten (Unterdrückung durch andere, Krankheit, Schmerzen usw.), von Gefahren (Straßenverkehr, offenes Fenster, scharfe Gegenstände, giftige Pflanzen usw.) und von Fähigkeiten und Motivationen (zur Entwicklung von Beziehungen und Sozialkontakten, zum Aufbau von Bildungsangeboten, passenden Freizeitangeboten wie auch zur Findung eines geeigneten Arbeitsplatzes).

Ungern verwenden wir den in Psychologie und Pädagogik häufig anzutreffenden Begriff „Verhaltensbeobachtung“, weil er einen naturwissenschaftlichen und objektivierenden Blick beinhaltet, der die Vielschichtigkeit der Zusammenhänge in einer Situation unzulässig reduziert: „(...) vielmehr geht es um die Wahrnehmung eines größeren Ganzen in seinen sozialen Bezügen. Beobachtung bringt sich nicht nur

in einen Prozess ein, sie besitzt vielmehr selbst prozesshaften Charakter" (Bundschuh 1985, 98f.).
Damit ist auch gesagt, dass die Beobachtung selbst die zu beobachtende Situation beeinflusst: „Wenn ich einen Menschen beobachte, so wirkt sich das auf ihn aus. Er ist möglicherweise verunsichert, nervös oder meint, sich besonders anstrengen zu müssen. Er verändert sein Verhalten, weil ich ihn beobachte und ihm das angenehm oder unangenehm ist. Auch mein eigenes Verhalten und meine Einstellung können sich verändern, während ich beobachte: Wenn ich eine Zeitlang vor allem darauf achte, welche positiven Verhaltensweisen der Beobachtete zeigt, so wird meine Einstellung zu ihm positiv, weil ich Negatives eher übersehe" (Klauß 1987, 60).

Unterschiedliche Beobachtungsarten in der heilerzieherischen Arbeit

Für die Heilerziehungspflege unterscheiden wir sechs Formen der Beobachtung, die im Folgenden kurz charakterisiert werden.
(1) *Die teilnehmende Beobachtung* hat „(...) ihr Hauptmerkmal darin, dass die Beobachter unmittelbar und direkt in die zu beobachtende pädagogische Interaktion eingebunden sind und damit nicht nur Erfolg und Mißerfolg ihres Handelns, sondern auch sich selbst, das Kind (den Menschen mit einer Behinderung, d.V.) und die Beziehung zueinander ‚hautnah' erleben" (Kornmann u.a. 1983, 89).
(2) *Die nichtteilnehmende Beobachtung* „(... nützt die Distanz des Beobachters aus, der nicht unmittelbar als Agierender in das pädagogische Geschehen eingebunden ist. Ihm ist die beobachtbare ‚Außenseite' des pädagogischen Handelns und seine Wirkungen beim Kinde (beim Menschen mit einer Behinderung, d.V.) zugänglich; die subjektiven Gefühle der am Erziehungsprozess Beteiligten aber bleiben verborgen. Der nichtteilnehmende Beobachter hat die Möglichkeit, Beziehungen zwischen den Handlungen der Agierenden zu entdecken, die diesen entgehen. Ihm gelingt es auch eher als den unmittelbar Beteiligten, unter bestimmten Gesichtspunkten gezielter zu beobachten. Die Anwesenheit eines Beobachters dürfte sich allerdings auf die pädagogische Interaktion auswirken" (Kornmann u.a. 1983, 89). Auch bei der nicht teilnehmenden Beobachtung kann zwischen einer verdeckten und einer offenen Beobachtung unterschieden werden. Die verdeckte Form hat einen geringeren Einfluss auf die Situation – sie sollte allerdings nur in Ausnahmefällen angewandt werden, da sie auch als Einbruch in die Intimsphäre zu werten ist.

(3) *Die freie Beobachtung,* auch unsystematische oder Gelegenheitsbeobachtung (Klauß 1987, 53), bietet die Möglichkeit, Hintergrundwissen aufzubauen, Neues und Unerwartetes zu erfahren sowie Entwicklungen, Wünsche und Bedürfnisse zu erkennen, um adäquat reagieren zu können. Sie ist die Grundlage in der alltäglichen Arbeit.
(4) *Die systematische Beobachtung* ist auf Kontrolle und Wiederholbarkeit gerichtet. Sie „erfolgt deshalb auch in der Regel in gebundener Protokollierung, bei der vorher die einzelnen Beobachtungskategorien und deren graduelle Abstufung festgelegt sind" (Kleber 1978, 142). Systematische Beobachtungen werden meistens auf Listen oder in graphischen Darstellungen festgehalten. Sie erfassen das gesamte Spektrum vom Beobachten der Ausscheidungen bis hin zu den epileptischen Anfällen, von fremd- oder selbstverletzendem Verhalten bis hin zu der Entwicklung von Fähigkeiten im Bildungsprozess (z.B. SIVUS-Methode[1]).
(5) *Die detaillierte Beobachtung* versucht – in einem zeitlich begrenzten Rahmen – möglichst viele Informationen vollständig ungefiltert aufzunehmen, um dann in einem zweiten Schritt das Erfasste zu sortieren und auszuwerten. Insbesondere bei Menschen mit schwerer geistiger Behinderung ist diese Beobachtungsform sehr bedeutsam, da sie den Verstehensprozess besser vertiefen kann. „Freilich wird die Detailbeobachtung (...) nur in vereinzelten Fällen zur Anwendung kommen können. Denn sie würde zu viel Zeit in Anspruch nehmen" (Thomae 1976, 45).
(6) *Die spezifische oder gezielte Beobachtung* geht von einer bestimmten (Problem-)Konstellation aus. Die Beobachtungsaufmerksamkeit wird auf ein ganz bestimmtes Handeln oder eine ganz bestimmte Ausdrucksform gelenkt. Insbesondere wird versucht, Ursachen und mögliche Auslöser oder andere Zusammenhänge für die speziellen Handlungen oder Ausdrucksformen zu finden.

---

[1] SIVUS kommt aus Schweden und heißt „zu deutsch: soziale und individuelle Entwicklung durch gemeinschaftliches Handeln" (Walujo/Malström 1991, 161). Die Beobachtung ist hier eng mit einem didaktischen Konzept verbunden. Die verwendeten Einschätzungsbögen sind ausdrücklich nicht als Testmethode zu verstehen. „Mit Hilfe der SIVUS-Einschätzungsbögen beurteilen wir, auf welcher Stufe der sozialen Reife eine Person handelt, so wie sich dies in ihrer sozialen Fähigkeit, Planungs-, Arbeits- und Beurteilungsfähigkeit in verschiedenen Situationen widerspiegelt. Wir können mit Hilfe dieser Beurteilung die weitere Entwicklung einer Person unterstützen und sie ermuntern, indem wir ihr helfen, die Situationen zu erfassen, die der Entwicklung förderlich sind, ohne allzu schwierig zu sein" (Walujo/Malström 1991, 164).

Neben den verschiedenen Beobachtungsformen ist es wichtig, dass die Heilerziehungspflegerin auch über die möglichen Beobachtungsfehler Bescheid weiß. Diese können sich schnell zu hartnäckigen Vorurteilen festfahren und für die betroffene Person fatale Konsequenzen nach sich ziehen. Ein entsprechend enger Blickwinkel kann für die beobachtete Person im Sinne einer sich selbst erfüllenden Prophezeiung dazu führen, dass das Beobachtete eine Folge der Erwartung des Beobachters ist. „Die meisten Menschen halten das, was sie beobachten (bzw. was sie davon behalten), für real und objektiv. Sie rechnen nicht mit der Menge von Beurteilungsfehlern denen jede Beobachtung unterliegt“ (Klauß 1987, 55).
Ein häufiger Beobachtungsfehler entsteht dadurch, dass die Beobachtung mit anschließenden Interpretationen und Bewertungen vermischt werden und das „ganze Paket“ dieses Prozesses als „objektive“ Beobachtung ausgegeben wird. Bei vielen Beobachtungen entstehen die Fehler bereits durch die Selektion (Auswahl): „Verhaltensbeobachtung besitzt deutlich Figuren-, Grund-Charakter: Bestimmte Verhaltensweisen rücken in den Mittelpunkt der Aussage, viele andere werden entweder nicht gesehen oder nicht erwähnt. Die Wahrscheinlichkeit, dass ein bestimmtes Verhalten erfasst wird, nimmt zu mit dem Grad der Abweichung dieser Verhaltensweise vom ‚üblichen‘, von der Norm“ (Thomae 1976, 10). Selektion, Interpretation und Wertung laufen so häufig zusammen und werden maßgeblich von den eigenen Einstellungen mitgesteuert.
Wir halten die Erkenntnis für wichtig, dass die eigene Einstellung immer nur eine subjektive Konstruktion sein kann. Der Prozess des Auswählens und des Deutens soll von der beobachtenden Person reflektiert werden, damit es zu keiner unzulässigen Zuschreibung kommt.

Folgende Beobachtungsfehler können hinsichtlich des Effektes, den sie haben, unterschieden werden.
(1) *Einstellungsfehler:* Diese kommen dadurch zustande, dass zum Beispiel im normativen Bereich der Beobachter Anspruch auf Objektivität erhebt und diese zum Maßstab seiner Wahrnehmung beziehungsweise Beobachtung macht. Dadurch kann es zu Fehlern in der Beobachtung kommen, in dem Merkmale, die auch auf die eigene Person zutreffen, ganz ausgeblendet werden oder Ähnlichkeiten mit eigenen Persönlichkeitseigenschaften besonders in den Vordergrund gerückt werden.

(2) Der *„Halo-Effekt“* entsteht, wenn bestimmte Einzeleigenschaften oder besonders hervorstechende Merkmale auf die ganze Person hin verallgemeinert werden und diese dann alles „überstrahlen“.
(3) Der *„Mildeeffekt“* ergibt sich, wenn aus Mitleid negativ bewertete oder ungünstige Aspekte bei einer Person (die man z.B. gerne mag) ausgeblendet werden.
(4) Beim *„Vorrangeffekt“* hat der erste Eindruck, den wir bei einer Beobachtung gewonnen haben, das Bild der betreffenden Person festgelegt.
„Beobachtungsfehler entstehen auch durch Konflikte in der Gruppe; aus Müdigkeit, Gereiztheit, Hunger usw. Ein überanstrengter Erzieher empfindet seine Gruppe vielleicht als undiszipliniert und schwierig (...) Negative Verhaltensweisen und Eigenschaften werden grundsätzlich stärker beachtet als positive. Das liegt daran, dass sie sich dem Beobachter aufdrängen, ihn mehr zum Handeln zwingen als angepasstes und selbstständiges Verhalten“ (Klauß 1987, 56).

Praktische Übungen zur Beobachtung

Übung zur Gelegenheitsbeobachtung:

Auftrag: Beobachten Sie ungewöhnliche Situationen (auch Orte). Bei diesem Auftrag sollen die Beobachtungen mit kurzen Notizen schriftlich festgehalten werden. Besonders interessant kann es werden, wenn mehrere Personen mit diesem Beobachtungsauftrag unterwegs sind und sich später austauschen.

Die Auswertung sollte folgende Fragen beachten:
(a) Was wurde beobachtet?
(b) Warum wurde es beobachtet?
(c) Welches waren jeweils die Beobachtungskriterien, also die Vorerfahrung oder das Vorwissen im Unterschied zur Situation, und was bedeutet in diesem Zusammenhang die geforderte Kategorie „ungewöhnlich“?
(d) Hinweise auf eventuell auftretende Beobachtungsfehler?
(e) Welche Konsequenzen lassen sich aus dieser Beobachtungsform für die Arbeit in der Behindertenhilfe ableiten?

Übung zur teilnehmenden und nichtteilnehmenden Beobachtung:
Zwei Personen sitzen sich an einem Tisch gegenüber und versuchen, sich mit aufgestützten Ellenbogen Hand in Hand jeweils die Hand des Gegenübers auf den Tisch herunterzudrücken (Armdrücken zum Kräftemessen).
Beobachtungsauftrag:
Was können die am Prozess Beteiligten beobachten?
Beobachtungsauftrag an außen stehende Zuschauer:
Was lässt sich von außen beobachten?

(3) Übung zur spezifischen oder gezielten Beobachtung:
Zwei Gruppen mit jeweils sieben Personen überlegen sich je ein Rätsel. Die Gruppen müssen sich dieses Rätsel gegenseitig stellen und jeweils das Rätsel von der anderen Gruppe lösen. Jede Gruppe hat zwei Beobachter, die sich nicht am Geschehen beteiligen dürfen. Ein Beobachter erhält den Auftrag, die eigene Gruppe, von der er die Entstehung des Rätsels einschließlich der Lösung kennt, zu beobachten. Der andere Beobachter soll die gegnerische Gruppe beim Lösungsprozess beobachten. Die Beobachtungsaufgaben können sich zum Beispiel auf die Kommunikation in der Gruppe, zwischen den Gruppen oder auf die Strategien beziehen, die eingesetzt wurden, um das Rätsel zu lösen.
Auswertung:
(a) Welche Erfahrungen konnte der/die Beobachter/-in machen?
(b) Was wurde beobachtet?
Nach welchen Beobachtungskriterien ging der/die Beobachter/-in vor?
(c) Welche Probleme kann es geben, wenn sehr komplexe Situationen mit einem spezifischen Beobachtungsauftrag erfasst werden müssen?

Übung zur detaillierten Beobachtung:
Eine gemeinsame Mahlzeit, das An- und Ausziehen oder eine Spielsituation würde sich hier anbieten.
Auswertung:
Im Nachhinein sollte überlegt werden, welche Kriterien für diese Beobachtungsform herangezogen wurden und inwieweit es sinnvoll sein kann, immer kleinere oder feinere Details zu erfassen.

LITERATUR

Klauß, T. (1987): Verwahren oder fördern? Die Aufgaben des Psychologen im Heim für geistig Behinderte. München, Basel

Lebenshilfe, Bd. 3 (1978): Hilfen für schwer geistig Behinderte. Eingliederung statt Isolation. Marburg

Luhmann, N. (1987): Soziale Systeme. Grundriß einer allgemeinen Theorie. Frankfurt a.M.

Martin, E./Wawrinowski, U. (1993): Beobachtungslehre. Theorie und Praxis reflektierter Beobachtung und Beurteilung. 2. Aufl. Weinheim, München

Maturana, H./Varela, F. (1987): Der Baum der Erkenntnis. Wie wir die Welt durch unsere Wahrnehmung erschaffen – die biologischen Wurzeln des menschlichen Erkennens. 3. Aufl. Bern, München, Wien

Thomae, H. (1971): Beobachtung von Kindern und Jugendlichen. Basel, München

Walujo, S./Malström, C. (1991): Grundlagen der SIVUS-Methode. Förderung der individuellen und sozialen Entwicklung bei Menschen mit geistiger Behinderung. München, Basel

7 Metzler-Verfahren

Mit der Novellierung des Bundessozialhilfegesetzes (BSHG § 93) 1994 wird eine neue Regelung zur Gewährung von Sozialhilfe beschlossen. Mit dem 01.01.1999 tritt die neue Gesetzeslage in Kraft.

Leistungen von einer Einrichtung werden nur dann vom Träger der Sozialhilfe erbracht, wenn mit dem Träger der Einrichtung oder seinem Verband eine Vereinbarung über

1. Inhalt, Umfang und Qualität der Leistungen (Leistungsvereinbarung),
2. die Vergütung, die sich aus Pauschalen und Beträgen für die einzelnen Leistungsbereiche zusammensetzt (Vergütungsvereinbarung) und
3. die Prüfung der Wirtschaftlichkeit und Qualität der Leistungen (Prüfungsvereinbarung) besteht
   (vgl. www.sozialgesetzbuch-bundessozialhilfegesetz.de).

Die Berechnung der Leistungen besteht aus Pauschalen:

→ Grundpauschale (Unterkunft, Verpflegung usw.)
→ Investitionsbetrag (z.B. Ausstattung/Renovierung)
→ Maßnahmenpauschale (Geld für Betreuung des Einzelnen je nach Hilfebedarfsgruppe).

Weiterhin hat der Träger der Einrichtung ein Leistungsangebot vorzulegen (Einführung von Leistungstypen).

I. Leistungstypen der Eingliederungshilfe

1. Vollstationäre Hilfe ohne tagesstrukturierendes Angebot für
1.1 geistig und/oder mehrfachbehinderte Kinder, Jugendliche und junge Erwachsene
1.2 körperbehinderte, sinnesbehinderte und/oder mehrfachbehinderte Kinder, Jugendliche und junge Erwachsene

2. Vollstationäre Hilfe ohne tagesstrukturierendes Angebot für
2.1 geistig und/oder mehrfachbehinderte Erwachsene
2.2 körperbehinderte, sinnesbehinderte und/oder mehrfachbehinderte Erwachsene
2.3 seelisch behinderte Erwachsene

3. Vollstationäre Hilfe in Heimsonderschulen für
3.1 geistig und/oder mehrfachbehinderte Kinder, Jugendliche und junge Erwachsene
3.2 körperbehinderte, sinnesbehinderte und/oder mehrfachbehinderte Kinder, Jugendliche und junge Erwachsene

4. Tagesstrukturierende Angebote für Menschen mit Behinderung
4.1 im (Schul-)Kindergarten
4.2 in der (Sonder-)Schule
4.3 sonstige Tagesbetreuung für Kinder
4.4 im Arbeitsbereich einer Werkstatt für Behinderte
4.5 im Förder- und Betreuungsbereich
4.6 als Tagesbetreuung für Erwachsene, insbesondere auch für Senioren oder psychisch behinderte Menschen

5. Kurzzeitunterbringung
5.1 in Einrichtungen mit tagesstrukturierendem Angebot
5.2 in Einrichtungen ohne tagesstrukturierendem Angebot.

6. Trainingswohnen

Die Einrichtungen beziehungsweise ihre Träger hatten also ca. fünf Jahre Zeit (ab 1994), sich auf die neue Lage einzustellen.

Bisherige Regelung:

→ Bis 1994 Selbstkostendeckungsprinzip,
Einrichtung stellt einen Kostenplan auf, der wird dem Landeswohlfahrtsverband (LWV) vorgelegt und meist nach Verhandlungen übernommen,
→ Einheitspflegesatz, das heißt ein Pflegesatz für die gesamte Einrichtung, damit sind alle Bereiche wie zum Beispiel Wohnen, Arbeit, Bildung usw. abgedeckt.
→ Die Verhandlungen mit dem LWV werden von jeder Einrichtung einzeln geführt. So kommt es je nach Verhandlungsgeschick zu unterschiedlichen Pflegesätzen.

Wie haben die großen Verbände auf diese neue Situation reagiert?

Mit großem Aufwand entwickelte der Verband katholischer Einrichtungen und Dienste für lern- und geistigbehinderte Menschen das „System der Leistungsbeschreibung, Qualitätsbeschreibung, Qualitätsprüfung und Entgeltberechnung“ (SYLQUE).

Die Diakonie orientierte sich an dem Lebensweltmodell von Prof. Haisch. Als es keine Einigung beziehungsweise kein neues von allen beteiligten Parteien tragbares Modell zur differenzierten Erhebung des Hilfebedarfs gab, wurde 1998 Frau Dr. Metzler, Forschungsstelle von Lebenswelten von behinderten Menschen Uni Tübingen, mit der Entwicklung eines Modells beauftragt!

Dezember 1998 wurde die Umstellung auf das neue Finanzierungssystem nach § 93ff. BSHG-Verfahren zur Feststellung des Hilfebedarfs nach Dr. Metzler von den Verbänden der Leistungserbringer und den Leistungsträgern beschlossen und im April 1999 eingeführt.

Metzlerverfahren

Das Metzlerverfahren ist ein Instrument zur Erhebung des individuellen Hilfebedarfs von Menschen mit Behinderungen.
Es orientiert sich an den Zielen der Eingliederungshilfe:
⇨ Teilnahme am Leben in der Gesellschaft,
⇨ Förderung selbstständiger Lebensführung,
⇨ Beseitigung oder Milderung der Behinderung und ihrer Folgen.

Hilfebedarf wird demnach definiert als „Bedarf an professioneller, personeller Unterstützung, um die Ziele der Eingliederungshilfe zu erreichen“.

In Baden-Württemberg wird aktuell die Version 2/1999 verwendet. Im Bereich „Hilfebedarf in der individuellen Lebensgestaltung (‚Wohnen‘)“ werden verschiedene Bereiche abgefragt:

1. Individuelle Basisversorgung
2. Alltägliche Lebensführung
3. Gestaltung sozialer Beziehungen
4. Freizeitgestaltung
5. Kommunikation
6. Psychische Hilfen
7. Medizinische Hilfen

Aktivitätsprofil			Bereich / Aktivität	Hilfebedarfsprofil				
kann	kann mit Schwierigkeiten	kann nicht		Keine (personelle) Hilfe erforderlich bzw. gewünscht	Information, Motivation, Aufforderung, Hilfestellung	Stellvertretende Ausführung/Begleitung	Zielgerichtete Förderung	nicht anwendbar
A	B	C	**1. Individuelle Basisversorgung**	A	B	C	D	
			1.1 Ernährung: Auswahl von Art und Menge der Nahrung, Essen und Trinken, Zerkleinern der Nahrung/z.B. Fleisch schneiden) usw.					
			1.2 Körperpflege: Ganz- oder Teilwaschung, Morgen- und Abendtoilette (außer Baden/Duschen)					
			1.3 Toilettenbenutzung/pers. Hygiene: Aufsuchen d. Toilette, sachgerechte Benutzung, Umgang mit Inkontinenz, Umgang mit Menstruation					
			1.4 Aufstehen/zu Bett gehen: Gruppenfertigkeiten der Mobilität (körperliche Fähigkeiten), motivationale Aspekte					
			1.5 Baden/Duschen: Eigenständige Benutzung der Duschen oder Badewanne (körperliche Fähigkeiten, ggf. Aufsichtsbedarf, motivationale Aspekte)					
			1.6 Anziehen/Ausziehen: Auswahl von Kleidung, körperliche Fähigkeiten, sich an- oder ausziehen (Grob- und Feinmotorik)					
			Punktzahl					

Hilfebedarf „Individuelle Basisversorgung“ (Version 2/1999)

A	B	C	2. Alltägliche Lebensführung	A	B	C	D	
			2.1 Einkaufen: Lebensmittel, Gegenstände des täglichen Bedarfs einkaufen (Geschäfte aufsuchen, auswählen)					
			2.2 Zubereitung von Zwischenmahlzeiten: Übliche Wege der Zubereitung von Zwischenmahlzeiten und Getränken, einschl. Frühstück und Abendessen					
			2.3 Zubereitung v. Hauptmahlzeiten: Übliche Wege der Zubereitung von warmen Hauptmahlzeiten, einschl. der Benutzung von Geräten					
			2.4 Wäschepflege: Persönliche Wäsche waschen, flicken, aus- und einsortieren, einschl. Benutzung von Geräten					
			2.5 Ordnung im eigenen Bereich: Aufräumen. Zimmer reinigen					
			2.6 Geld verwalten: Kenntnis des Geldwertes, Einteilung des Geldes					
			2.7 Umgang mit Banken, Behörden etc.: Stellen von Anträgen, Ausfüllen von Formularen, Beantwortung von Schriftstücken etc.					
			← Überwiegende Stufe (Kategorie) →					
			Punktzahl					

Hilfebedarf „Alltägliche Lebensführung“ (Version 2/1999)

A	B	C	7. Medizinische Hilfen	A	B	C	D
			7.1 Erfordernisse der Behandlungspflege: Dekubitusprophylaxe, Bedienung von Beatmungsgeräten, pflegerische Erfordernisse bei Sondenernährung				
			7.2 Medikamenteneinnahme: Bereitstellung, Dosierung, auch Insulingabe/Diabetiskontrolle				
			7.3 Absprache und Durchführung von Arztterminen: Arztwahl, Terminvereinbarung, Aufsuchen der Praxis etc.				
			7.4 Gesundheitsfördernder Lebensstil: Kenntnisse über gesunde Ernährung, körperliches Training/Bewegung, Vermeidung gesundheitsschädigender Verhaltensweisen				
			← Überwiegende Stufe (Kategorie) →				
			Punktzahl				

Gesamtpunktzahl	

Hilfebedarf „Medizinische Hilfen" (Version 2/1999)

Wie aus den Tabellen zu ersehen ist, wird zuerst das Aktivitätsprofil abgefragt. Quelle: Hilfebedarf von Menschen mit Behinderungen Lebensbereich Wohnen, HMB-W-Erhebungsbogen nach Dr. Heidrun Metzler (Version 2/1999).

Grundsätzliches

Die Einstufung eines behinderten Menschen nach seinem „Aktivitätsprofil" einerseits und seinem Hilfebedarf andererseits basiert ausschließlich auf der Einschätzung, inwieweit *personelle Hilfen* erforderlich sind. Werden Hilfsmittel eingesetzt und kann ein behinderter Mensch diese eigenständig nutzen, besteht in der Regel kein Hilfebedarf im definierten Sinn.

„Aktivitätsprofil"

Die linke Spalte des Erhebungsbogens zielt darauf, die Selbstständigkeit eines behinderten Menschen in den einzelnen Aktivitäten zu erfassen. Dazu stehen drei Beurteilungsmöglichkeiten zur Verfügung:

Die betreffende Person „kann“, „kann mit Schwierigkeiten“ oder „kann nicht“. Diese Einschätzung bezieht sich einerseits auf Fähigkeiten/Fertigkeiten, andererseits darauf, *dass eine Person die entsprechende Aktivität auch tatsächlich ausführt.* Diese Feststellungen dienen zugleich nur der inneren Plausibilitätsprüfung; sie werden für die Zuordnung zu Hilfebedarfsgruppen nicht verwendet.

„kann“:	Diese Einstufung ist zu wählen, wenn ein behinderter Mensch die entsprechende Aktivität allein (ohne personelle Hilfe) und ohne Schwierigkeiten ausführen kann und dies auch tut. Werden Hilfsmittel benutzt und ist auch dazu keine Hilfe erforderlich, bleibt es bei der Einstufung „kann“. Beispiel a) Item „Aufstehen / zu Bett gehen“: Eine Person benötigt zur Fortbewegung einen Rollstuhl. Sie setzt sich selbst vom Bett/Stuhl in den Rollstuhl und bewegt sich im Rollstuhl selbstständig fort → die Person „kann“.
„kann mit Schwierigkeiten“:	Diese Einstufung ist zu wählen, wenn ein behinderter Mensch die entsprechende Aktivität zwar alleine ausführt, dabei aber Schwierigkeiten hat (die Aktivität wird z.B. nicht vollständig oder nicht ganz sachgerecht ausgeführt).
„kann nicht“:	Diese Einstufung ist zu wählen, wenn ein behinderter Mensch die entsprechende Aktivität nicht ohne personelle Hilfe ausführen kann. Beispiele b) Item „Aufstehen / zu Bett gehen“: Eine Person benötigt zur Fortbewegung einen Rollstuhl. Um in den Rollstuhl zu gelangen, benötigt sie Hilfe, ggf. auch zur weiteren Fortbewegung. Oder: Eine Person verfügt zwar über die Fähigkeit, alleine aufzustehen, tut dies aber nur bei fortlaufender Motivation eines Mitarbeiters. Oder: Beispiel c) Item „Einkaufen“: Eine Person handelt eigenständig, bringt sich durch dieses Verhalten aber in Gefahr (z.B. ein Kind geht alleine zum Einkaufen, obgleich es noch nicht in der Lage ist, gefahrlos eine Straße zu überqueren). → die Person „kann nicht“.

„Hilfebedarf“

Für die Einschätzung des Hilfebedarfs stehen – in der rechten Spalte des Bogens – vier unterschiedliche Kategorien zur Verfügung. Bei der Einstufung des Bedarfs einer Person sollte dabei darauf geachtet werden, den Bedarf hinsichtlich der angestrebten Ziele anzugeben, nicht die momentan geleisteten Hilfen (es sei denn, Bedarf und Leistungen sind identisch). Zu besonderen Schwierigkeiten kann dies vor allem dann führen, wenn im jeweiligen Lebensbereich Versorgungsleistungen unabhängig vom Bedarf erbracht werden (z.B. „Rundumversorgung“ in der „alltäglichen Lebensführung“ in der Familie oder in einer Einrichtung). In diesem Fall muss von diesen Leistungen abstrahiert werden, das heißt es ist zu überlegen, ob ein behinderter Mensch personellen Hilfebedarf *hätte*, wenn diese Leistungen wegfielen.

A: Es ist keine (personelle) Hilfe erforderlich beziehungsweise gewünscht

Führt die zu beurteilende Person die jeweilige Aktivität ohne Schwierigkeiten selbst aus, besteht selbstvertändlich auch kein (personeller) Hilfebedarf. Aber auch in Situationen, in denen eine Aktivität „mit Schwierigkeiten“ ausgeführt wird, kann kein Hilfebedarf bestehen oder können Hilfen nicht gewünscht werden.
Bei „nicht gewünscht“ kann das Problem auftreten, dass eine Person Hilfeleistungen verweigert („möchte nicht gefördert werden“, wehrt sich gegen praktische Unterstützung); hier ist abzuwägen, welcher Schaden einzutreten droht. Falls das „nicht gewünscht“ zu einer Beeinträchtigung der Gesundheit, der Lebensqualität und/oder der sozialen Beziehungen führt, ist eine entsprechende andere Kategorie des Hilfebedarfs zu wählen. Hilfebedarf kann sich in solchen Fällen darin äußern, dass Motivationsarbeit zu leisten ist, dass Hilfen einsichtig gemacht werden müssen (Kategorie B: „Information ...“), oder dass entsprechende Tätigkeiten von Mitarbeitern übernommen werden müssen (Kategorie C: „stellvertretende Ausführung“).

B: Information, Assistenz, Hilfestellung

Diese Hilfebedarfskategorie kommt vorwiegend in Frage bei einem Aktivitätprofil „mit Schwierigkeiten“.

„Information, Assistenz, Hilfestellung“ umfassen sprachliche Unterstützung und sachbezogene Handreichungen: Sachliche Information, Erinnerung, Aufforderung, Begründung, zur Verfügung stellen von Materialien/Hilfsmitteln etc. Insgesamt handelt es sich um Hilfestellungen, die das (weitgehend) selbstständige Handeln eines Menschen mit Behinderung unterstützen oder initiieren. Ebenso schließt „B“ die Kooperation und/oder Kommunikation mit gesetzlichen Betreuern und/oder Angehörigen ein, um deren Tätigkeit für den Menschen mit Behinderung zu ermöglichen, zu initieren oder zu unterstützen.

C: Stellvertretende Ausführung/Begleitung
Bei dieser Kategorie werden überwiegend stellvertretende Leistungen durch Mitarbeiter erforderlich, das heißt Mitarbeiter/-innen führen Tätigkeiten/Aktivitäten für die betreffende Person aus.
Ebenso können unter dieser Kategorie erfasst werden die erforderlichen Leistungen der Begleitung beziehungsweise des Transfers, insbesondere in Bereichen, in denen „Stellvertretung“ inhaltlich nicht möglich ist (Beispiel: Teilnahme an Veranstaltungen), sowie Leistungen einer „unterstützenden Anwesenheit“ (Aufsichtsleistungen, bei denen sich Betreuer nicht exklusiv dem einzelnen Menschen mit Behinderung zuwenden müssen).

D: Zielgerichtete Förderung
Diese Bedarfskategorie ist bei Aktivitäten zu wählen, die nicht eigenständig ausgeführt werden können und zugleich eine intensive Begleitung erforderlich machen. Im Unterschied zur Bedarfskategorie „C“ setzt „umfassende Hilfestellung“ voraus, dass Aktivitäten stets nur im Beisein einer Betreuerin/eines Betreuers stattfinden können. Je nach der spezifischen Aktivität können erforderlich sein: „Dolmetscherfunktionen“ bei Kommunikationsschwierigkeiten, Kriseninterventionen bei Verhaltensauffälligkeiten oder intensive Zuwendung bei sozialer Isolation, intensives Trainung zur Aneignung oder zum Erhalt von Fähigkeiten und Fertigkeiten usw. Ebenso ist diese Kategorie zu wählen, wenn ein Mensch mit Behinderung ohne Begleitung und kontinuierliche Anwesenheit eines Betreuers zum Beispiel andere Orte/Veranstaltungen nicht aufsuchen kann (Beispiel: Für einen Kinobesuch ist es nicht ausreichend, die betreffende Person zum Kino zu fahren (Kategorie „C“), sondern ein Betreuer muss während der Filmvorführung dabei bleiben).
Falls einzelne Bedarfsbereiche „nicht zutreffen“, das heißt für den betreffenden Menschen nicht relevant sind, besteht „kein Hilfebedarf“. Dabei sollte nicht nur die Situation zum Erhebungszeitpunkt bedacht, sondern längere Zeiträume berücksichtigen werden.
Diese Beschreibung von Kategorie D ist aus dem Originalbogen. In der Praxis in Baden-Württemberg muss diese Stufe D die „intensive Förderung“ mit dem Ziel eines Zuwachses an Selbstständigkeit beinhalten.

Instrument zur Ermittlung des Hilfebedarfs in der individuellen Lebensgestaltung („Wohnen“)

Auswertungsraster

Bereich / Aktivität	**Hilfebedarf / quantitative Bewertung (Punkte)**			
	1	2	3	4
Individuelle Basisversorgung				
Ernährung	0	4	6	8
Körperpflege	0	4	6	8
Toilettenbenutzung / persönliche Hygiene	0	4	6	8
Aufstehen / zu Bett gehen	0	2	3	4
Baden / Duschen	0	2	3	4
Anziehen / Ausziehen	0	2	3	4
Alltägliche Lebensführung				
Einkaufen	0	2	3	4
Zubereitung von Zwischenmahlzeiten	0	2	3	4
Zubereitung von Hauptmahlzeiten	0	2	3	4
Wäschepflege	0	2	3	4
Ordnung im eigenen Bereich	0	2	3	4
Geld verwalten	0	2	3	4
Umgang mit Banken, Behörden etc.	0	2	3	4
Gestaltung sozialer Beziehungen				
im unmittelbaren Nahbereich	0	4	6	8
zu Angehörigen	0	4	6	8
in Freundschaften	0	4	6	8
in Partnerschaften	0	4	6	8

Freizeitgestaltung				
Eigenbeschäftigung	0	2	3	4
Teilnahme an Angeboten Veranstaltungen	0	2	3	4
Begegnung mit sozialen Gruppen / fremden Personen	0	2	3	4
Kommunikation				
Kompensation von Sinnesbeeinträchtigungen	0	4	6	8
Allgemeine Kommunikation	0	2	3	4
Orientierung in vertrauter Umgebung	0	4	6	8
Orientierung in fremder Umgebung	0	4	6	8
Psychische Hilfen				
Bewältigung von Angst, Unruhe, Spannungen	0	2	3	4
Bewältigung negativer Symptome	0	2	3	4
Bewältigung akuter paranoider oder effektiver Symptomatik	0	4	6	8
Bewältigung erheblich selbst- und fremdgefährdender Verhaltensweisen	0	4	6	8
Medizinische Hilfen				
Erfordernisse der Behandlungspflege	0	4	6	8
Medikamenteneinnahme	0	2	3	4
Absprache und Durchführung von Arztterminen	0	2	3	4
gesundheitsfördernder Lebensstil	0	2	3	4

Mit dem Auswertungsraster kann die Hilfebedarfsgruppe festgelegt werden.

Bis 36 Punkte	Gruppe 1
37 – 72 Punkte	Gruppe 2
73 – 108 Punkte	Gruppe 3
109 – 144 Punkte	Gruppe 4
145 – 180 Punkte	Gruppe 5

Einteilung in Gruppe 5 ist sehr selten, da der Hilfebedarf D „Zielgerichtete Förderung" mit einer konkreten Förderung gekoppelt sein muss. Das bedeutet, nur wenn tatsächlich das Erreichen eines konkreten Zieles angestrebt und belegbar umgesetzt wird, kann D angekreuzt werden. „Umfassende Hilfestellung", zum Beispiel das Ankleiden einer Person mit einer starken Tetraspastik, fällt nicht mehr in diese Kategorie. Diese Definition führt dazu, dass die Hilfebedarfsgruppe 5 kaum mehr erreicht werden kann. Alle Menschen mit Behinderung, die bei der Erstbegutachtung im April 1999 HBG 5 hatten, werden bei einer Neubegutachtung in HGB 4 eingestuft. Neuaufnahmen mit HBG 5 sind sehr unwahrscheinlich. Dies führt im Laufe der Zeit zu einer Absenkung des Gesamtpflegesatzes.

Wer ist an der Einschätzung beteiligt?

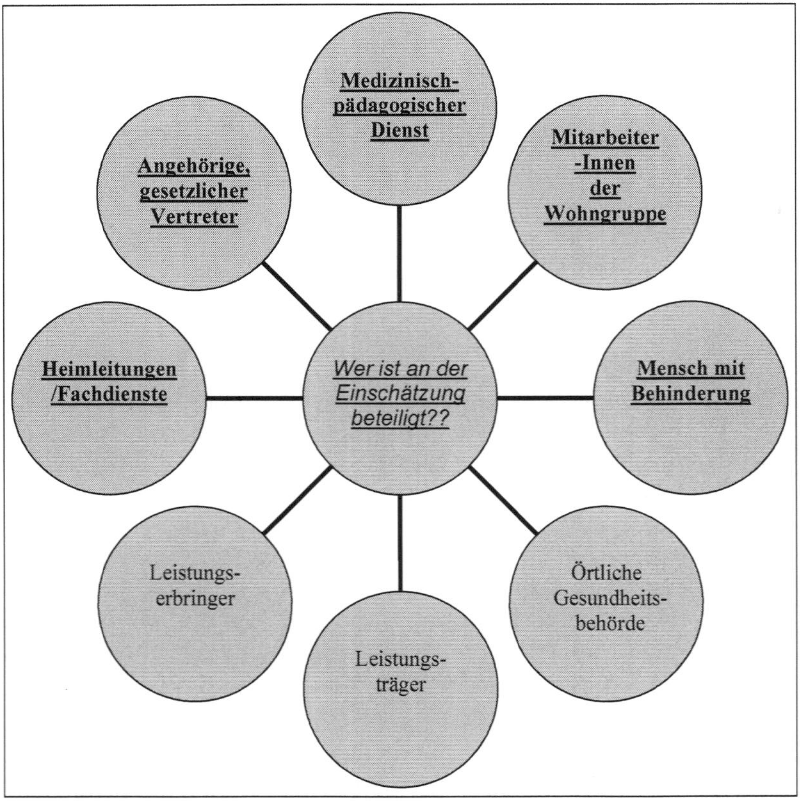

Festlegung des Hilfebedarfs

Mit der Einführung des Metzlerverfahrens wurde gleichzeitig an den Gesundheitsämtern der medizinische pädagogische Dienst eingerichtet.

Bei einer Neuaufnahme in den stationären Bereich muss vorher der Hilfebedarf der Person festgelegt werden und Antrag auf Kostenübernahme gestellt sein.

Der Kostenträger kann eine Neubegutachtung verlangen. Wenn die Einrichtung als Leistungserbringer eine Veränderung des Hilfebedarfs erreichen möchte, muss der gesetzliche Betreuer einen Antrag auf Neubegutachtung stellen. An das Ergebnis sind alle Seiten sechs Monate lang gebunden.

Probleme

- ☑ Der tatsächliche Aufwand, der mit den einzelnen Unterstützungsleistungen verbunden ist, lässt sich mit dem Erfassungsbogen häufig nicht abbilden.
- ☑ Das Verfahren ist subjektiv. Die einschätzenden Personen zum Beispiel vom medizinisch-pädagogischer Dienst haben oft nur geringe Personenkenntnis.
- ☑ Das Verhalten von Personen, beziehungsweise ihre Leistungsbereitschaft und -kompetenz ist häufig stark von der psychischen Verfassung abhängig. Eine Einschätzung erfordert eine gute Personenkenntnis.
- ☑ Die Sozialkompetenz einer Person ist nur in ihrem sozialen Umfeld einschätzbar.
- ☑ Die Einschätzung des Hilfebedarfs ist oft sehr subjektiv. So braucht der behinderte Mensch nach Ansicht des medizinisch-pädagogische Dienstes keine Hilfe zum Beispiel bei der Zubereitung von Hauptmahlzeiten, während der Betreuer diese Situation als intensive Förderung und Anleitung versteht! Also gibt es Diskussionen, ob ein Förderschwerpunkt vorliegt oder nicht. Der Hilfebedarf mit B oder D beziehungsweise C oder D bewertet wird. Eine Begutachtung durch den medizinisch-pädagogischen Dienst sollte deshalb sorgfältig vorbereitet werden. Der Hilfebedarf des Einzelnen sollte anschaulich und plausibel dargestellt werden, die aktuelle Förderplanung beziehungsweise Individuelle Entwicklungsförderung der jeweiligen Person sollte vorliegen und realistisch sein.
- ☑ Der Hilfebedarf bei Personen kann sich sehr schnell ändern. Der Hilfebedarf zum Beispiel bei älteren Menschen mit Trisomie 21 kann sich fast täglich erhöhen.

Vergütungssätze der Angebote für behinderte Menschen
Die Angaben sind nur eine grobe Orientierung, da die Entgelte zwischen Leistungserbringer und Leistungsträger **ausgehandelt werden**

Leistungstyp		1) Investitionsbetrag	2) Grundpauschale	3) Maßnahmepauschale				
				HBG I	HBG II	HBG III	HBG IV	HBG V
I.1.1	Wohnen Kinder	11,00 EUR	15,00 EUR	27,00 EUR	41,00 EUR	58,00 EUR	72,00 EUR	96,00 EUR
I.2.1	Wohnen Erwachsene	11,00 EUR	15,00 EUR	24,00 EUR	38,00 EUR	54,00 EUR	67,00 EUR	90,00 EUR

I.5.1	Kurzzeitunterbringung	12,00 EUR	18.00 EUR	75,00 EUR
I.6.	Trainingswohnen	10.00 EUR	14,00 EUR	57,00 EUR

I.4.2	Sonderschule G	2,00 EUR	2,50 EUR	4,50 EUR
I.4.4	WfbM Arbeitsbereich	1,50 EUR	6,50 EUR	18,00 EUR
I.4.5	Förder- & Betreuungsbereich	2,00 EUR	5,50 EUR	31,00 EUR
I.4.6	Tagesbetr. Erwachsene	1,50 EUR	5,50 EUR	15,00 EUR

* aufgrund der Umstellung der Abwesenheitsregelung

Literatur

Metzler, Dr. H. (1999): Hilfebedarf von Menschen mit Behinderung ; Fragebogen zur Erhebung im Lebensbereich „Wohnen„/Individuelle Lebensgestaltung Version 7/1999

Metzler, Dr. H. (2001): Hilfebedarf von Menschen mit Behinderung ; Fragebogen zur Erhebung im Lebensbereich „Wohnen„/Individuelle Lebensgestaltung Version 5/2001

www.sozialgesetzbuch.de/gesetze

www.sozialgesetzbuch-bundessozialhilfegesetz.de

8 Dokumentation

Aspekte der Dokumentation in der Arbeit mit Menschen mit Behinderung

„Dokumentationssysteme müssen heute einer Vielzahl von Anforderungen genügen. Der transparenten Abbildung erbrachter Leistungen gegenüber dem Kostenträger ebenso, wie der nachvollziehbaren Dokumentation von Betreuungs- und Versorgungsangeboten im Sinne ordnungsrechtlicher Bestimmungen und nicht zuletzt der klientenbezogene Dokumentation als Grundlage der Planung passgenauer und individualisierter Hilfen. Für die sozialplanerische Ebene stellt die Dokumentation von Leistungen, Angeboten und Ressourcen (sozialer und ökonomischer Art) die Elementareinheit für die Planung und Durchführung sozialer Versorgungsstrukturen dar" (Kron,W. 2004).
In der Behindertenhilfe wird in der Regel für jede Person, die in einer Institution lebt, eine Akte angelegt. Darin werden die persönlichen Daten aufgeführt: Name, Geburtstag, Name und Wohnort der Eltern, Geburtsort, vorherige Aufenthalte, Versicherungen, Krankenkasse usw. Auch biografische Daten wie beispielsweise Kindergarten, Schulen, Arbeitsstellen, Bildungsmaßnahmen, Freizeiten und Reisen oder Krankenhausaufenthalte sowie persönliche Daten über die familiäre Vorgeschichte können in der Akte zu finden sein. Die Handhabung der Pflegedokumentation, der medizinischen Dokumentation sowie der pädagogischen Dokumentation wird in den verschiedenen Institutionen der Behindertenhilfe teilweise recht unterschiedlich gehandhabt. Die Verantwortung für eine korrekte Dokumentation liegt bei den Fachkräften. Heilerziehungspflegerinnen müssen in der Lage sein, Pflegepläne zu lesen und umzusetzen beziehungsweise in Zusammenarbeit mit den Pflegefachkräften zu erstellen. Dasselbe gilt für die medizinische Dokumentation.
Die Dokumentation zur Erhebung des Hilfebedarfs (Metzler-Verfahren, S. 152ff.) sowie die daran anschließende Dokumentation des individuellen Hilfeplans mit den jeweils zu erbringenden und erbrachten Leistungen ist inzwischen weitgehend Standard. Die gesamte Dokumentation ist grundsätzlich vertraulich zu behandeln. Die Dokumentation muss für Dritte unzugänglich (verschlossen) untergebracht sein. Als Fachkraft ist die Heilerziehungspflegerin dafür verantwortlich, dass die Dokumentation auf einem aktuellen Stand bleibt.

Der Entwicklungsbericht

Entwicklungsberichte werden neuerdings von den Kostenträgern der Behindertenhilfe wieder zunehmend eingefordert. Entwicklungsberichte sollen individuelle Informationen und aktuelle Veränderungen über die persönliche Lebenssituation der beschriebenen Person dokumentieren. In der Regel werden diese Berichte von pädagogischen/pflegerischen Fachkräften geschrieben und von den Leitungen verantwortet. Häufig kommt die Verfasserin von Entwicklungsberichten in eine paradoxe Situation. Zum einen soll die schriftliche Dokumentation achtsam, wertschätzend und kompetenzorientiert geschrieben sein, wenn eine Entwicklung jedoch entsprechend positiv dargestellt wird, kann dies sofort negative Folgen hinsichtlich der finanzielle Eingruppierung seitens der Kostenträger haben. Die Fachkraft muss sich also darüber im Klaren sein, an welche Adresse ein Entwicklungsbericht geht. Nicht selten werden Eingruppierungen und Leistungen von Behörden entschieden, die keine oder nur wenig entsprechende fachliche Kompetenz im Bereich der Behindertenhilfe haben und die sich in erster Line an Einsparungen orientieren (müssen). Erhebungsinstrumente für den Hilfebedarf wie zum Beispiel das Metzlerverfahren sind einerseits wichtige Messgrößen – jedoch laufen diese ins Leere, wenn von den Kostenträgern die Grenzen für soziale Leistungen jenseits eines realen Hilfebedarfs – nämlich nach Haushaltslage festgelegt werden. Die Problematik von negativen Zuschreibungen wurde in der Vergangenheit immer wieder begründet: Weil es in Entwicklungsberichten immer um die Beschreibung einer Person geht, ist die Gefahr der Stigmatisierung oder der Etikettierung im Sinne einer Fremdzuschreibung groß; hier sind besonders Formabweichungen zu nennen: „Hahn (1981) formuliert: ‚Durch diese Prozesse (der Fremdzuschreibung, d.V.) wird die Andersartigkeit von Eigenschaften und Verhaltensweisen festgelegt und Personen, denen dieses Etikett der Andersartigkeit zugeschrieben wird, den sozialen Kontrollmechanismen unterworfen. Die Folgen sind fatal: Wer sich ständig als abhängig und negativ definiert erfährt, wird sich auf Dauer dies als Bild von sich selber zu eigen machen“ (Krebs 1993, 295). Die Frage also, wem ein Entwicklungsbericht nützt, an wen er gerichtet ist und welche Einstellung, Motivation und Absicht der Berichtsschreiber hat, lässt an der Objektivität eines solchen Berichtes berechtigterweise zweifeln. „Beurteilen können wir erst, wenn wir mit bisher Bekanntem, Berichtetem, Gewohntem zu vergleichen vermögen. Doch genau da liegen Stolpersteine und Fallgruben. Perfekte Objektivität ist eine Illusion, eine höchst gefährliche dazu“ (Krebs 1993, 296).

Das Schreiben eines Entwicklungsberichtes erfordert also viel Verantwortung und Gespür für Ausgewogenheit von der Heilerziehungspflegerin. Sie hat als Fachkraft ein Interesse daran, dass die Leistungen, die für eine Person erforderlich sind, auch bezahlt werden. Deshalb ist es bei aller Achtung, Wertschätzung und Kompetenzorientierung notwendig, dass sehr genau und begründet beschrieben wird, in welchen Bereichen Hilfe und Assistenz notwendig ist, welches zeitliche Ausmaß die Unterstützung hat und wie sich realistisch Entwicklungen, seien es Bildungsprozesse oder auch die Erhöhung des Hilfebedarfs vollziehen.

Folgendes Schema soll einen Anhaltspunkt dafür geben, wie ein Entwicklungsbericht zu gestalten ist:

Gliederung für einen Entwicklungsbericht

1. Persönliche Daten

- Name
- Alter
- Geburtsort
- usw.

2. Äußeres Erscheinungsbild

- Größe
- Haare (Länge, Farbe, ...)
- Körper (schlank, athletisch, stark, ...)
- Wesensart (Ausdruck, Bewegung, Zugewandtheit, ...)
- Augenfarbe
- Haut
- Habitus (Auftreten → Rolle, Bewegungs-/Ausdrucksmuster Kleidung → sportlich, elegant, leger...)

3. Lebensgeschichte

- Episoden mit markanten oder schwierigen Ereignissen
- wo, wie und mit wem ist die Person aufgewachsen
- Institutionen (Familie, Schule, Arbeit, ...)

4. Entwicklungsstand der Fähigkeiten und entsprechender Hilfe- und Assistenzbedarf in den nachfolgenden Teilbereichen

- Motorik
  a) Bewegungsfähigkeit/Mobilität
  b) Grobmotorik
  c) Feinmotorik

d) Koordination/Krafteinsatz
e) Hilfen zur Bewegungsfähigkeit (persönliche Hilfen, technische Hilfsmittel ...)

- Emotionale Fähigkeiten
  a) Bewältigung von Angst, Unruhe, Spannungen
  b) Bewältigung negativer Symptome
  c) Bewältigung von psychiatrischen Krankheitssymptomen
  d) Selbst- und fremdgefährdende Ausdrucksformen
  e) Bewältigung psycho-sozialer Probleme

- Soziale Fähigkeiten
  a) Fähigkeiten in zwischenmenschlichen Begegnungen
  b) Soziale Ausdrucksformen
  c) Beziehungswünsche, Beziehungsbedürfnisse
  f) Kommunikations- und Gestaltungsmöglichkeiten innerhalb einer (vertrauten Gruppe)
  e) Begegnungen mit sozialen Gruppen/fremden Personen
  f) Konfliktfähigkeiten/Toleranzvermögen

- Kognitive Fähigkeiten
  a) Wahrnehmungsfähigkeiten (in komplexeren Zusammenhängen)
  b) Verstehen von Handlungszusammenhängen (z.B. im Alltag)
  c) Symbolisches Verständnis (Sprache, Zeichen)
  d) Kompetenzen im Bereich von Mengen, Zahlen, Geld usw.
  e) Zeitliche Orientierung (z.B. im Tagesablauf)
  f) Räumliche Orientierung in vertrauter / fremder Umgebung
  g) Umgangsmöglichkeiten mit Medien

- Selbstständigkeit/Selbstbestimmung
  a) Innerhalb des Lebens- beziehungsweise des Gruppenalltags
  b) Außerhalb der Gruppe (z.B. Stadtbesuch, Botengänge, Straßenverkehr)

  Die differenzierte Beschreibung des Assistenz- beziehungsweise des Unterstützungsbedarfs in diesen Bereichen ist sehr wichtig!

- Geplante und organisierte Bildungsangebote (Förderung)
  Beschreibung von konkreten Projekten
  Zielvereinbarungen

5. Aktuelle Lebenssituation

- Wohnen: Wohnform, Mitbewohner, Zimmer, Orientierung innerhalb der Wohnung (z.B. geschlossene Wohngruppe → ist erforderlich oder ambulant betreute Wohnform usw.)

- Arbeit: Arbeitsplatz, Arbeitsaufgaben, Konzentration, Ausdauer, Leistungsfähigkeit
  (durchgängige Begleitung bei der Arbeit ist erforderlich bzw. teilweise oder nicht erforderlich)
- aktuelle Tagesstruktur: am Werktag beziehungsweise am Wochenende, Mitbestimmung bei der Strukturierung des Tagesablaufs
- Freizeit (Hobbys, offene Freizeitmöglichkeiten, organisierte bzw. geplante Freizeitaktivitäten, Ferien/Reisen, Bildungsmöglichkeiten)
- Lebensgruppe (primäre Lebensgruppe, Familie, Verwandte, Freunde, Nachbarschaft)

(Ausführliche Beschreibung des jeweiligen Hilfe- und Assistenzbedarfs in den jeweils unter Punkt 4 aufgeführten Themenbereichen!)

6. Zusammenfassung/prognostische Aussagen

- Kurze Zusammenfassung der bedeutendsten Aspekte des Berichts
- Aussagen zum weiteren Entwicklungsverlauf
- Entwicklungsperspektiven
- Längerfristiger Hilfebedarf

Folgende Grundsätze gelten für das Erstellen eines Berichtes

(1) Der Bericht muss ein Datum, einen Ausstellungsort und eine Unterschrift haben.
(2) Die Inhalte des Berichtes müssen den Tatsachen entsprechen, sie müssen also möglichst belegbar sein.
(3) Die Ausführungen eines Entwicklungsberichtes sollten sich auf die wesentlichen Aspekte beschränken. Zur Verdeutlichung von bestimmten Bereichen kann es hilfreich sein, ein kurzes Beispiel zu beschreiben.
(4) Der Bericht sollte möglichst korrekt, ausgewogen und wertschätzend geschrieben werden. (Es ist günstiger, auf eine übertriebene Fachsprache zu verzichten. Umgangssprachliche oder jugendsprachliche Ausdrucksformen sind im Entwicklungsbericht nicht angebracht.)
(5) Zitate müssen als solche kenntlich gemacht und mit einer Quellenangabe versehen sein.
(6) Alles, was im Bericht geschrieben wird, ist das Resultat von Beobachtungen. Oft sind Interpretationen und Bewertungen eng mit Beobachtungen verknüpft. Es ist wichtig, dass eigene Interpretationen und Bewertungen als solche kenntlich gemacht sind.
(7) Die Gefahr, dass der Bericht zu einer „Beschwerdeliste“ oder, noch schlimmer, zu einer persönlichen Abrechnung wird, ist bei emo-

tional belastenden Ereignissen durchaus gegeben. Hier kann es hilfreich sein, einige Zeit verstreichen zu lassen, um mit „geklärtem" Abstand die Ereignisse zu beschreiben.
Sehr nützlich und hilfreich können in diesem Zusammenhang Gespräche mit Kolleginnen sein.
(8) Der Bericht oder Entwicklungsbericht kann nicht das Forum für die Selbstdarstellung eigener pädagogischer Leistungen sein; in diesem Zusammenhang sollte man auch auf „Spitzen", die sich gegen Kolleginnen, Kollegen oder Institutionen beziehen, verzichten.
Krebs fasst die Kriterien für einen guten Entwicklungsbericht wie folgt zusammen: „Das Wesentliche wird wahrheitsgemäß berichtet, Verfälschungen durch Auslassungen oder zweckgerichtete Akzentuierungen sind unzulässig.
(a) Einseitige Zuschreibungen sind zu vermeiden;
(b) was ausgesagt und gewertet wird, kann begründet werden;
(c) das Bemühen um Verstehen ist erkennbar;
(d) die selbstkritische Reflexion des Berichtenden wird spürbar;
(e) Beurteilen, wo erforderlich, – verurteilen niemals;
(f) die Sprache ist begrifflich und im Stil korrekt;

In einem Satz: Der ‚gute' Bericht wahrt die Würde des anderen" (Krebs 1993, 304f.).

Alternative Formen der Dokumentation

Wir haben bereits darauf hingewiesen, dass eine große Gefahr darin besteht, beim Schreiben eines Entwicklungsberichtes einen Menschen auf die medizinischen Daten zu reduzieren. In der Praxis der Heilerziehungspflege sollte verhindert werden, sich einer Dokumentationsform zu bedienen, die von den Menschen und ihrem Verhalten nur dann Notiz nimmt, wenn es zu Erkrankungen beziehungsweise zu normabweichendem Verhalten kommt. Die persönliche Lebensgeschichte eines älteren oder alten Menschen, der nicht in der Lage ist, sich verbal zu äußern, droht verloren zu gehen, wenn es – beispielsweise durch den Wechsel der Bezugspersonen bedingt – niemanden gibt, der ihn über eine längere Zeit begleitet hat. In den Akten wird dieser Mensch auf Fieberkurven, Krankheiten, „aggressive Verhaltensausbrüche" oder Verweigerungshaltungen reduziert. Von den Menschen, die ihre Lebensgeschichte nicht selbst erzählen können, geht also auf diese Weise ein wesentlicher Teil unwiederbringlich verloren.

Das neue Selbstverständnis von Selbstbestimmung und Teilhabe erfordert es geradezu, dass Personen mit Lernschwierigkeiten oder psychischen Erkrankungen an der Dokumentation ihrer Lebensgeschichte wesentlich beteiligt sind. In verschieden Projekten zur alternativen Dokumentation hat es sich als günstig erwiesen, das persönliche Fotoalbum als Ausgangsmaterial zu verwenden. Im Zeitalter der Digitalfotografie kann es keine Argumente oder Entschuldigungen über die Umständlichkeit und Aufwändigkeit des Fotografierens geben. Aber darüber hinaus kommen auch selbst gefertigte Bilder, Tast-, Fühl- oder Spürmaterialien in Betracht. Und warum sollten in einer alternativen Dokumentation nicht auch MP3-Player oder Medien mit Touchscreen als Möglichkeiten eingesetzt werden? Gleich welche Medienform gewählt wird oder geeignet ist, die Bedeutung der Inhalte für die Personen ist maßgeblich. Der Handabdruck, gepresste Blumen von einem Spaziergang, eine besonders wichtige Eintrittskarte, witzige oder spannende Geschichten und Begebenheiten, Berichte aus Ferienfreizeiten, Erzählungen von Verwandten oder Freunden, Zitate, Informationen über Lieblingsspeisen und Lieblingsmusik, Briefe, Postkarten, eben alles was subjektive Bedeutung hat kann Inhalt oder Gegenstand der Dokumentation sein. Diese Dokumentationsmappe spiegelt mehr von der Lebensgeschichte; sie kann von der Heilerziehungspflegerin gemeinsam, und wenn das nicht möglich ist, zumindest im Beisein mit der betreffenden Person gestaltet, gepflegt und aktualisiert werden. In diesem Zusammenhang verweisen wir auch auf die Methode der Biografiearbeit, in der wir wesentliche Aspekte einer ganzheitlichen Dokumentation aufgegriffen sehen (vgl. Ruhe 2003 und Lattschar/Wiemann 2007).

Literatur

Hahn, M. (1981): Behinderung als soziale Abhängigkeit. München

Krebs, H. (1993): Was ist ein guter Entwicklungsbericht? Kriterien und Anforderungen bei der Erstellung von Berichten, in: Geistige Behinderung, 4/93, S. 293–307

Thomae, H. (1971): Beobachtung von Kindern und Jugendlichen. Basel, München

http://www.lags-bremen.de/download/word/Jahresbericht99-00.doc

Ruhe, H. G. (2003): Methoden der Biografiearbeit. Lebensspuren entdecken und verstehen. 2. korr. Aufl., Weinheim

Lattschar, B./Wiemann, I. (2007): Mädchen und Jungen entdecken ihre Geschichte:

Grundlagen und Praxis der Biografiearbeit. Weinheim

9 Reflexion

„Die Reflexion ist ein Prozess, in dem wir erkennen, wie wir erkennen, das heißt eine Handlung, bei der wir auf uns selbst zurückgreifen" (Maturana/Varela 1987, 29). Das Phänomen der Reflexion, also das Erkennen, wie man erkennen kann, ist durchaus als eine anthropologische Konstante zu betrachten: „Der Mensch vermag sich vorstellend und denkend in räumlich ferne Zonen zu versetzen und Sachverhalte aus der Vergangenheit und Zukunft zu vergegenwärtigen. (...) Er kann sich selbst zum Objekt der Betrachtung machen, so dass er nicht nur lebt und erlebt, sondern auch sein eigenes Erleben wiedererlebt" (Plessner, zit. nach Weber 1975, 14ff.). Reflexion setzt das Wissen um die Handlungsfähigkeit beziehungsweise um die Freiheit von Handlungsentscheidungen genauso voraus wie die menschliche Fähigkeit, im Denken die Zeit in Richtung Vergangenheit und in Richtung Zukunft zu überschreiten.

Als Reflexion begreifen wir also einen Prozess, in dem ein bestimmtes Ereignis im Nachhinein gedanklich bearbeitet wird. In der Heil- und Sozialpädagogik ist die Reflexionsphase fester Bestandteil des täglichen Arbeitsablaufes. Art und Inhalt der Reflexion hängen bei jeder Person mit deren Fähigkeit sich zu Erinnern zusammen und werden durch die Filter der eigenen Wahrnehmung, Beobachtung und Einstellungen geprägt. Natürlich ist es nicht möglich, das Ereignis, über das reflektiert wird, noch einmal vollständig in der Erinnerung erstehen zu lassen. Die Beteiligten wählen die wesentlichen Momente aus, lassen etwas weg, dichten etwas Neues hinzu und nehmen dadurch eine Gewichtung vor. Es entsteht ein „Spiel-Raum" für Interpretationen. Da es bei einer Reflexion immer auch um die eigenen Anteile geht, ist die zeitliche Distanz zum erlebten Ereignis durchaus hilfreich, da ja die eigenen Handlungen gleichfalls zum Gegenstand der Reflexion gemacht werden müssen. Bei der Reflexion geht es darum, zurückliegende Ereignisse und Handlungszusammenhänge nach bestimmten Kriterien zu ordnen und zu bewerten. Damit werden für zukünftige Situationen neue Erkenntnisse gewonnen. Der zirkuläre Prozess kommt aber erst dann richtig zum Tragen, wenn die Filter beziehungsweise die Auswahlmechanismen und die eigenen Einstellungen selbst kritisch hinterfragt werden. Warum man also gerade auf einen bestimmten Sachverhalt so viel Wert legt, einen anderen dagegen völlig vernachlässigt, oder welche Einstellungen und Motive in einer

bestimmten Situation besonders stark zum Tragen kommen, sind letztendlich Fragen, die auf die Interessen der handelnden Personen gerichtet sind. Wer sehr selbstbewusst ist, wird vielleicht weniger Energien aufbringen müssen, um missglückte Handlungen in gelungene Handlungen umzuinterpretieren.
Erst wenn die eigenen Interessen, Einstellungen und Auswahlmechanismen thematisiert werden, kann der Reflexionsprozess den optimalen Erkenntnisgewinn verschaffen.

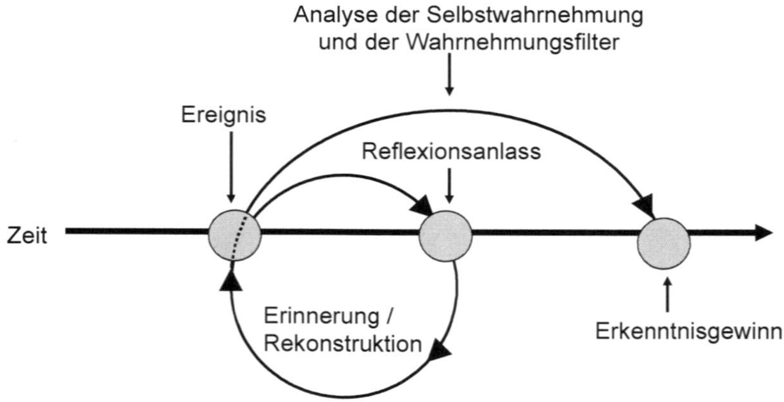

Abb. 23: Der Reflexionsprozess

Verschiedene Formen der Reflexion

Reflexion ist ein sehr persönlicher und subjektiver Vorgang. Eine Praxis, die sich als eine Praxis der Lebenswelt des interaktionalen Handelns versteht, muss dieses Handeln selbst hinterfragen und reflektieren, wenn eine gewisse Professionalität in Anspruch genommen wird. Die Entwicklung der Reflexionsfähigkeit während der Ausbildung der Heilerziehungspflegerin erfolgt hauptsächlich im Bereich des praktischen Handelns.

Zusammenfassend werden hier folgende drei Reflexionsformen unterschieden:

(1) Bei der einfachen Reflexion geht es um das gedankliche Durchspielen eines zurückliegenden Ereignisses. In der Regel ist die eigene

Betroffenheit Auslöser des Nachdenkens. Der Reflexionsanlass wird nicht absichtlich herbeigeführt, sondern kommt von selbst. Auf dieser Ebene wird häufig versucht, die Situation zugunsten der eigenen Person zu bewältigen. Diese Reflexionsform dient dazu, das Erlebte zu verarbeiten und hat eventuell die positive Funktion, zu einer stabilen Psychohygiene beizutragen. Häufig aber verdrängen wir das, was wir erlebt haben, und verhindern auf diese Weise die Reflexion. Eine ständige Verdrängung kann auf Dauer zum Burn-out-Syndrom beitragen.
(2) Mit der zielgerichteten Reflexion sind Prozesse gemeint, die ganz bewusst in Gang gesetzt werden, um neue Lösungsmöglichkeiten zu entwickeln. Eine zielgerichtete Reflexion ist besonders notwendig, wenn es um die Unterstützung bei der individuellen Entwicklungsplanung von Menschen mit entsprechendem Hilfebedarf geht. Die zielgerichtete Reflexion spielt auch bei der fachpraktischen Ausbildung in der Heilerziehungspflege eine große Rolle, da hier Inhalte des Curriculums und ihre Umsetzung in die Praxis reflektiert werden müssen. Die Fähigkeit, differenziert zu reflektieren, ist dabei ein Beurteilungskriterium.
(3) Bei der kritischen Reflexion geht es um das Erfassen der Wirklichkeit, auch wenn das Ergebnis zu Ungunsten der reflektierenden Person ausfällt. Auf dieser Reflexionsebene werden die Reduktion (Was wurde beim ersten Nachdenken weggelassen und warum?) und die Auswahl (Was wurde warum ausgewählt oder sogar besonders hervorgehoben und warum?) in den Erkenntnisprozess einbezogen. Mit diesen Überlegungen wird keine Rücksicht auf die Rechtfertigung des eigenen Handelns genommen. Die Einstellungspositionen werden kritisch hinterfragt. Wenn die eigene Person selbst im Zentrum der Reflexion steht, kann man von Selbstreflexion sprechen. Kritische Reflexion und Selbstreflexion müssen aber nicht unbedingt mit einer negativen oder ungünstigen Beurteilung des eigenen Handelns zusammenlaufen! Entscheidend sind die Erkenntnisse über das Selbst, über andere Personen und über die Zusammenhänge in komplexen Handlungssituationen.

Verschiedene Hilfen für die Reflexion

Für die Heilerziehungspflegerin ist in erster Linie die fachlich ausgebildete Mitarbeiterin eine Reflexionshilfe. In Gesprächen (Anleitungsgesprächen) oder durch gezielte Fragen kann das alltägliche Handeln kritisch hinterfragt werden. Unterschiedliche Sichtweisen derselben Situation eröffnen eine Differenz, die im Sinne einer Objek-

tivierung fruchtbar gemacht werden kann. Im Sonderfall können auch audiovisuelle Medien (Video, Kassettenrecorder) als Reflexionshilfen herangezogen werden. Damit können die verdrängten Aspekte aktualisiert und die Selektionsfilter sichtbarer werden.
Mit Hilfe von Rollenspielen kann die Struktur einer Situation und die Intensität der emotionalen Anteile herausgearbeitet werden.
Während der Ausbildungszeit sollte die Heilerziehungspflegerin sich immer wieder darin üben, die Reflexion schriftlich festzuhalten. Reflexion kann sich auf einzelne Praxissituationen richten oder auf länger anhaltende Prozesse und Entwicklungen (z.B. eine Person mit Behinderung zieht sich nach und nach immer mehr zurück oder zeigt zunehmend Veränderungen in ihrer Persönlichkeit).

Der Aufbau einer schriftlichen Reflexion kann wie folgt aussehen:
(1) Auswahl der wichtigsten Aussagen zum Thema oder zum Ereignis.
(2) Reflexion dieser Auswahl.
(3) Interpretation und Bewertung: Wie war die Ausgangssituation? Welche Konsequenzen zogen bestimmte Handlungsformen nach sich? Warum wird etwas als positiv, warum als negativ bewertet?
(4) Alternative Handlungsmöglichkeiten: Zu welchem Zeitpunkt hätte es Handlungsalternativen gegeben, wie lassen sich diese begründen?
(5) Welche neuen Erkenntnisse ergeben sich aus der Analyse der Situation beziehungsweise aus deren Zusammenhängen?
(6) Zukunftsperspektiven: Welche Handlungsmuster oder -formen haben sich bewährt beziehungsweise nicht bewährt, und wie könnten die Handlungsmöglichkeiten in der Zukunft aussehen? Was könnte unter günstigeren Bedingungen erreicht werden, gibt es Möglichkeiten, die Bedingungen zu ändern?

Literatur

Maturana, H./Varela, F. (1987): Der Baum der Erkenntnis. Wie wir die Welt durch unsere Wahrnehmung erschaffen – die biologischen Wurzeln des menschlichen Erkennens. 3. Aufl. Bern, München, Wien
Weber, E. (1975): Pädagogik. Eine Einführung. 7. Aufl. Donauwörth

10 Organisation in der beruflichen Arbeit

Organisation meint hier die bewusste und vorausschauende aktive Verknüpfung von räumlichen und zeitlichen Dimensionen mit Inhalten und Aufgaben. Je komplexer Lebenswelten entwickelt sind, umso höher wird der Aufwand sein, Ordnungsstrukturen aufzubauen und zu erhalten. Es geht um die Aufgabenverteilung beziehungsweise um das selbstständige Erledigen von Aufgaben. Wer macht was, wann, wie und wo? Das Organisieren gehört zur täglichen Arbeit der Heilerziehungspflegerin. Eine gute Organisation im Praxisfeld der Heilerziehungspflege hat positive Auswirkungen für die Lebenssituation von Menschen mit Lernschwierigkeiten oder psychischen Erkrankungen. Von besonderer Wichtigkeit ist eine vorausschauende und systematische Zeitplanung. Optimale Zeitplanung kann den Freiraum für Effektivität beim beratenden und assistierenden Handeln erhöhen. Allerdings erfordert Organisation selbst oft ein beachtliches Zeitbudget, welches im Verhältnis zur gesamten Arbeit kritisch gesehen werden muss. In der Behindertenhilfe gibt es mittlerweile Dokumentationssysteme und aufwändige Verwaltungssysteme, die aus ethischer, ökonomischer und fachlicher Sicht mehr schaden als nützen. Überorganisierte Systeme und Institutionen tragen mehr zu ihrer Selbsterhaltung als zur Qualitätsverbesserung der Lebensbedingungen der Menschen bei, für die sie eigentlich entstanden sind.
Eine gute Organisation ist effektiv, sparsam und wenig korrekturbedürftig.

Organisation unter dem zeitlichen Aspekt

Zunächst soll hier die Organisation unter dem Aspekt der Zeit und Zeitplanung genauer dargestellt werden.

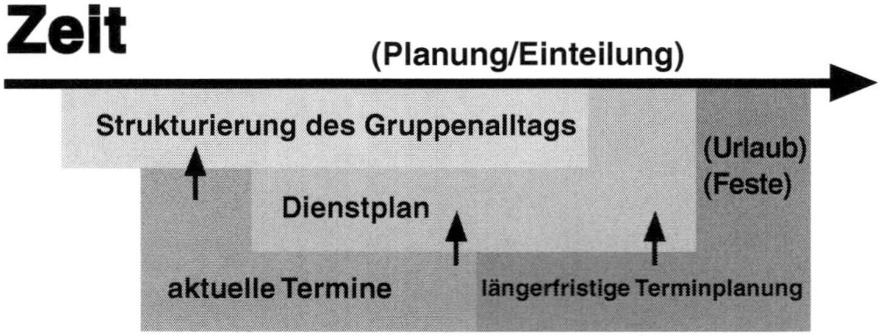

Abb. 24: Die Terminplanung

Zeit ist einer der maßgeblichen Faktoren beim Organisieren. Die zeitliche Strukturierung des täglichen Ablaufs einer Wohnsituation orientiert sich in erster Linie an den Bedürfnissen und Möglichkeiten der Personen mit Assistenz oder Hilfebedarf. Arbeitsrechtliche Bedingungen sowie die institutionellen Möglichkeiten können dabei nicht außer Acht gelassen werden. Bei der Strukturierung des Gruppenalltags ist es hilfreich – auch im Hinblick auf neue Mitarbeiterinnen – einen Plan über den Tagesablauf mit gewissen Eckwerten zu erstellen, der dennoch flexibel bleiben muss. Die Kontinuität im zeitlichen Ablauf des Alltags wie: Aufstehen, Waschen, Anziehen, Frühstück usw. haben besonders für Menschen mit so genannter „schwerer und mehrfacher" Behinderung stabilisierenden Wert und können Sicherheit und Orientierung vermitteln. Insofern kann die Tagesplanung selbst heilerzieherisch wirken. Da nicht jeder Tagesablauf dem anderen gleicht und viele Menschen mit einer Behinderung zu ganz unterschiedlichen Zeiten feste Termine (Tagesförderung, Erwachsenenbildung, Therapie, Schule, WfBM usw.) haben, ist es sinnvoll, einen Wochenübersichtsplan zu erstellen, auf dem alle Termine, die sich regelmäßig wiederholen, aufgezeichnet sind.
Erst nach der Strukturierung des Tages- und des Wochenablaufs ist es sinnvoll, die Arbeitszeiten der Heilerziehungspflegerin und ihrer Mitarbeiterinnen in einem Dienstplan über möglichst mehrere Wochen im Voraus zu planen. Besonders bei Teams mit mehr als drei oder vier Mitarbeiterinnen ist es sinnvoll, dass die Organisationsaufgabe der Dienstplangestaltung von einer Fachkraft verantwortlich übernommen wird. Selbstverständlich erfordert die Dienstplangestaltung ein hohes Maß an Absprache und Transparenz. Neben der Struktur des Tages- beziehungsweise Wochenablaufs müssen bei der Dienstplangestaltung die aktuellen Termine genauso berücksichtigt werden wie

die längerfristige Terminplanung. Unter aktuelle Termine fallen beispielsweise Arzttermine, Besuche und Einladungen, besondere Freizeitveranstaltungen oder -angebote, größere Besorgungen usw.; unter längerfristiger Terminplanung sind in der Regel Urlaube, Ferien, Freizeiten, Feste (Geburtstage, Feste des Jahresablaufs) zu verstehen. In der Regel sind Dienstpläne mindestens zwei Monate im Voraus geplant. Eine Feinabstimmung erfolgt dann im Team, mit der Weitergabe an die Leitung wird der Dienstplan verbindlich. Dienstpläne müssen korrekt gehandhabt werden: Veränderungen werden nur von dem/der für den Dienstplan verantwortlichen Mitarbeiter/-in vorgenommen und in der Regel auch der Leitung mitgeteilt. Das Nicht-Einhalten von Dienstplänen kann zu Lücken in den notwendigen Hilfemaßnahmen führen und für die betroffenen Menschen gravierende Folgen haben. Insofern ist in diesem Zusammenhang von einer Verletzung der Dienstpflicht zu sprechen.
Die laufenden, aktuellen Termine sowie die Daten der längerfristigen Planung werden über einen Kalender abgewickelt. Der Terminkalender ist das Herzstück der Terminplanung. Ein Jahresübersichtskalender ist besonders für die längerfristige Terminplanung eine gute Hilfe. Alle Mitarbeiterinnen müssen Termine und Vereinbarungen dort eintragen. Bei der Terminplanung kann durch das System der Wiedervorlage beziehungsweise durch einen Hinweis, der zeitlich vorgezogen notiert wird, eine zusätzliche Optimierung erreicht werden. Der vorausschauende Umgang mit Terminen zeigt, dass ein reibungsloser Organisationsablauf die Lebenssituation der Menschen die auf Unterstützung und Assistenz angewiesen sind beeinflusst: Wenn beispielsweise auf einen Arzttermin, bei dem die betreffende Person nüchtern sein soll, nicht zwei oder drei Tage vorher im Kalender hingewiesen wird, kann es passieren, dass die Heilerziehungspflegerin diesen Termin erst bei Beginn ihrer Frühschicht im Kalender sieht. Die zu begleitende Person ist dann nicht auf die plötzliche Veränderung eingestellt und kann diese auch möglicherweise nicht so schnell verarbeiten. Auch das Abmelden vom Arbeitsplatz, sowie das Bereitstellen eines Fahrzeugs usw. können nicht erst am Tag des Arzttermins erfolgen.

Organisation im pädagogischen Team

Von Fachkräften, auch von solchen, die noch in der Ausbildung sind, wird im Bereich der Organisation besonderes Engagement erwartet. Die erste Voraussetzung für eine gut funktionierende Organisation im pädagogischen Team ist der Informationsfluss und die Informations-

verarbeitung. Ein Zurückhalten oder Verfälschen von Informationen kann die Zusammenarbeit und das Vertrauen erheblich stören.
Der gruppeninterne Austausch ist die Basis jeder heilerzieherischen Arbeit. Er umfasst alle Themen und Inhalte, seien sie persönlicher, pädagogischer, technischer oder struktureller Natur. Informationen zu verarbeiten bedeutet, Beobachtungen, Wahrnehmungen und Aussagen auszuwählen, zu differenzieren oder gegebenenfalls zu generalisieren und den entsprechenden Sinnzusammenhängen zuzuordnen. Es geht letztendlich darum, Informationen in Handlungen oder in Handlungswissen umzusetzen.

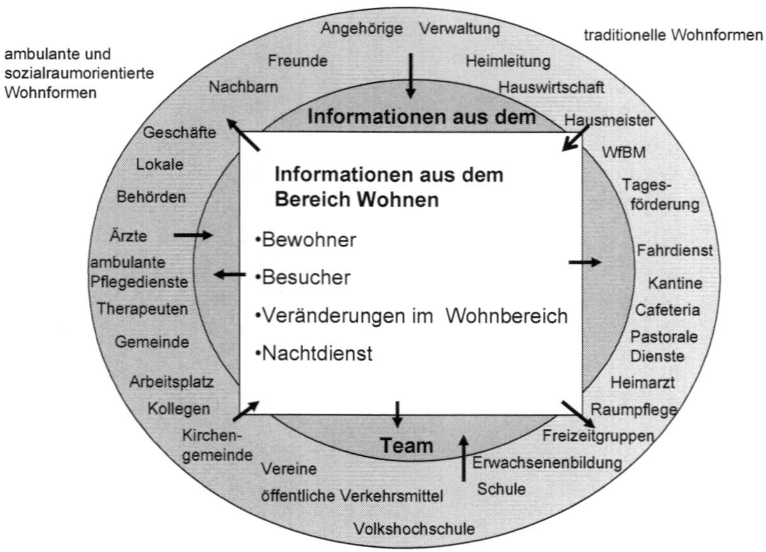

Abb. 25: Der Informationsfluss auf verschiedenen Ebenen

Abbildung 25 zeigt, dass die Heilerziehungspflegerin und ihr Team in einer Zwischenebene sind, was die Verarbeitung von externen und internen Informationen anbelangt. Verarbeiten von Informationen bedeutet, diese an die richtige Stelle weiterzuleiten oder in Handlungen umsetzen. Je nach Wohnform öffnen sich neue Informationsfelder – es ist überraschend, aus wie vielen Bereichen Informationen, ob nun schriftlich oder mündlich, zusammenkommen können.

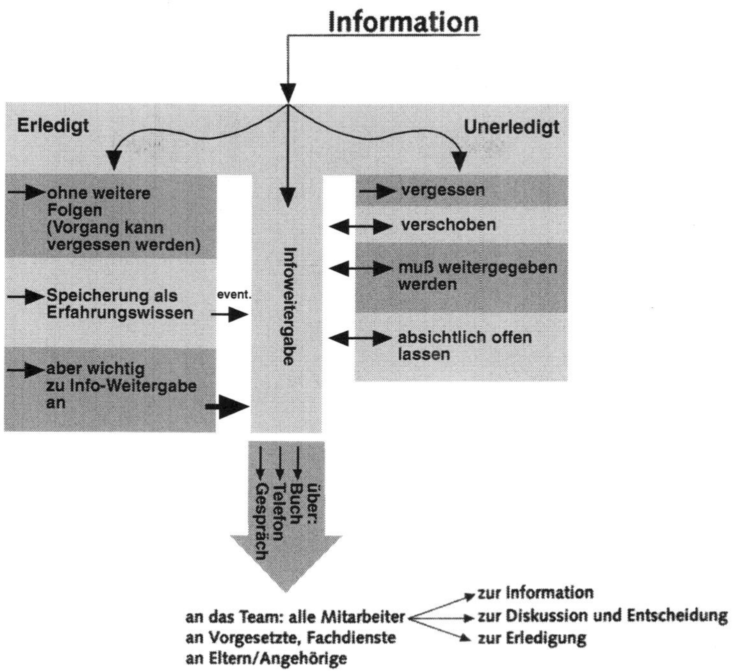

Abb. 26: Informationsverarbeitung im pädagogischen Team

Abbildung 26 verdeutlicht, wie externe und interne Informationen umgesetzt beziehungsweise weitergegeben werden. Im ersten Schritt werden die gewonnenen Informationen interpretiert. Wenn Handlungsbedarf besteht, wird im zweiten Schritt erfasst, wer diese Aufgabe bewältigen kann. Dabei sollte je nach Kompetenz und Dringlichkeit entschieden werden. Was erledigt und was unerledigt geblieben ist, muss im Team ausgetauscht werden. Besonders Wichtiges wird in einem Gruppen- oder Schichtübergabebuch festgehalten. Es ist sinnvoll, in diesem Buch auch auf andere Quellen (Akten, Protokolle, Kalender usw.) zu verweisen.

Besprechungen sollten wöchentlich bis vierzehntägig stattfinden; sie sind die wichtigste Einrichtung, um Informationen weiterzugeben und sie zu verarbeiten, Aufgaben zu kontrollieren und Ergebnisse zu bewerten.

Für die Gruppenbesprechung gilt es formal folgende Aspekte zu berücksichtigen:
(1) Es kann sinnvoll sein, eine Gesprächsleiterin oder einen Moderator einzusetzen. Diese sorgen dafür, dass eine Tagesordnung erstellt und auch eingehalten wird. Außerdem obliegt ihnen die Aufgabe, die Redebeiträge zu koordinieren und darauf zu achten, dass sie inhaltlich am Thema bleiben. Auch die Redezeit muss gegebenenfalls moderiert werden. Sofern sinnvoll, kann die Gesprächsleitung vorschlagen, auf eine Metaebene zu wechseln und bei widersprüchlichen Positionen auf Kompromisse hinweisen. Am Ende eines Tagesordnungspunktes fasst die Gesprächsleitung das Ergebnis kurz zusammen.
(2) Alle Inhalte von dienstlichen Besprechungen unterliegen der Schweigepflicht. Der Ort der Besprechung wird deshalb im Hinblick auf persönliche und sensible Informationen entsprechend gewählt.

Die Tagesordnung

Die einzelnen Punkte werden entweder im Voraus (auch schriftlich) oder zu Beginn der Sitzung gesammelt. Die Gewichtung der einzelnen Punkte sowie die Reihenfolge sollten gemeinsam festgelegt werden. Tagesordnungen sind häufig überladen; oft wird über Unwichtiges lange, über Wichtiges zu wenig gesprochen. Deshalb ist es sinnvoll, Informationen und Inhalte, die im organisatorischen Bereich liegen, an den Beginn der Tagesordnung zu setzen, und solche Themen, für die ein größerer Diskussionsbedarf vorauszusehen ist, weiter unten zu platzieren. Punkte, die ganz am Ende der Tagesordnung stehen, geraten häufig in Gefahr, aus zeitlichen Gründen nicht mehr bearbeitet zu werden.
Für die Besprechungen sollten immer Dienstplan, Terminkalender, Gruppenbuch und Berichtsakte bereitliegen. Da an vielen Sitzungen des Teams auch die Leitung, der heilpädagogische oder psychologische Fachdienst teilnehmen, sollte unbedingt darauf geachtet werden, dass das pädagogische Basisteam darüber hinaus genügend Zeit hat, in eigener Sache zu konferieren.
Es ist wichtig, von jeder Teambesprechung ein Protokoll anzufertigen. Zu Beginn einer jeden Besprechung sollte das Protokoll der letzten

Gruppenbesprechung vorliegen, um zu überprüfen, welche Punkte erledigt sind und welche nicht. Das Protokoll sollte richtig beschriftet sein (mit Datum, Liste der Anwesenden und Entschuldigten, Name des/der Schriftführer/-in).
Die Tagesordnungspunkte werden in der Reihenfolge, in der sie auch behandelt werden, aufgeführt. Außerdem sollte der Termin für die nächste Gruppenbesprechung vermerkt sein. Das Abfassen des Protokolls erfolgt dann auf der Gliederungsgrundlage der Tagesordnungspunkte; hier werden dann insbesondere zentrale Aussagen, gemeinsame Beschlüsse, Zusammenfassungen einer Diskussion und Aufgabenverteilungen festgehalten. Für die Richtigkeit des Protokolls zeichnet der/die Protokollant/-in. Es ist darauf zu achten, dass die Protokollantin pädagogisch relevante Aussagen in die entsprechenden Dokumentationsunterlagen für die betroffene Person einträgt.

11 Zusammenarbeit

Die Qualität der Zusammenarbeit in der pädagogischen Praxis wirkt sich unmittelbar auf die Lebenswelt der Menschen aus, die Unterstützung und Assistenz in Anspruch nehmen. Viele Fäden laufen bei der Heilerziehungspflegerin zusammen, insofern hat sie eine umfassende Verantwortung. Die Unterstützung der Kontaktpflege zu den Angehörigen und Freunden gehört ebenso in den Bereich der Zusammenarbeit wie die Abstimmung mit den Kolleginnen des eigenen Berufstandes, mit verwandten Berufsständen (Erzieherinnen, Jugend- und Heimerzieherinnen, Krankenschwestern, Pflegern, Altenpflegerinnen usw.), mit den Fachschülerinnen und Zivildienstleistenden, mit Praktikantinnen sowie mit den verschiedenen Fachdiensten (Heilpädagoginnen, Psychologinnen, Pflegefachkräften, Ärztinnen, Physiotherapeuten, Logopädinnen, Arbeitserzieherinnen und Lehrerinnen). Außerdem ist eine kompetente Zusammenarbeit mit Vorgesetzten, mit Verwaltungen und Behörden erforderlich. Die Zusammenarbeit setzt die Fähigkeit voraus komplexe Rollenerwartungen aufeinander abzustimmen und einen souveränen Dialog führen zu können.

Die Heilerziehungspflegerin in der Zusammenarbeit mit den Fachdiensten und der Leitung

Die Zusammenarbeit mit den verschiedensten Fachdiensten (Heilpädagogen, Psychologen, Pflegedienst ...) gehört zum beruflichen Alltag der Heilerziehungspflegerin. Da sie den direktesten Kontakt zu den Menschen mit Lernschwierigkeiten hat und diese in ihren Interessen vertritt, ist sie die Schnittstelle für viele Informationen. Sie hat die Aufgabe, die Zusammenarbeit mit den Fachdiensten zu koordinieren. Je nach Größe der Einrichtung ist das Aufgabenfeld der Heilerziehungspflegerin unterschiedlich: Bei kleinen Wohneinheiten und dezentralen Wohnformen müssen die pädagogischen Basisfachkräfte, das heißt die Heilerziehungspflegerinnen, auch große Teile der Verwaltungstätigkeit, der Hauswirtschaft und der Pflege übernehmen. Die Notwendigkeit, bestimmte Ereignisse oder Phänomene aus einer gewissen Distanz und mit einer speziellen Fachkompetenz anzugehen, soll hier keinesfalls in Frage gestellt werden. Wenn aber für die Heilerziehungspflegerin die Zusammenarbeit mit den Spezialisten und

Fachkräften darin besteht, dass sie „Zubringerdienste“ leistet und Ausführungsorgan wird, dann bedarf es einer Überprüfung der bestehenden Selbstverständnisse und der Strukturen in der Zusammenarbeit. Die in den zurückliegenden Jahren erfolgte Überbewertung von Fachdiensten und Spezialisten wurde auch in der Fachliteratur in letzter Zeit immer mehr unter ein kritisches Licht gestellt (vgl. Speck 1987, 362ff. oder Theunissen/Plaute 2002).
In der Zusammenarbeit mit Pflegefachkräften, Physiotherapeuten oder Logopädinnen sollte die Heilerziehungspflegerin darauf achten, dass besonders die Informationen von der Förder- oder Pflegesituation mit dem Basisteam ausgetauscht werden und Therapie-, Förder- oder Pflegemaßnahmen, die gemeinsam mit den Spezialisten ausgearbeitet wurden, so in den Tagesablauf integriert werden, dass sie dem Selbstbestimmungsanspruch der unterstützen Person gerecht werden.
Die Zusammenarbeit mit den Fachkräften der Schule, der Erwachsenenbildung und der Werkstatt für Menschen mit Behinderung erfordert eine differenzierte Koordination und Kooperation. Bei außergewöhnlichen Vorkommnissen auf der Gruppe, in der Schule, am Arbeitsplatz oder in der Erwachsenenbildung kann es bedeutsam sein, dass der Austausch spontan erfolgen kann. Gleichzeitig sind die Informationskanäle so diskret zu halten, dass aus der gemeinsamen Unterstützung keine totale Überwachung wird.
Während sich die Zusammenarbeit mit den heilpädagogischen Fachdiensten, den Psychologen und anderen therapeutischen Berufen weitgehend auf einer wechselseitigen Basis etabliert hat, kommt es im Verhältnis zu den Ärzten und Fachärzten erst langsam zu einer Trendwende. An diese Berufsgruppe ist der Vorwurf zu richten, dass die Diagnosen und die Verordnung von Therapien nur unzureichend erklärt und plausibel gemacht werden. Auf Risiken, Nebenwirkungen oder alternative Therapiemöglichkeiten wird häufig überhaupt nicht hingewiesen. Bei mangelndem Vertrauensverhältnis muss es für Menschen mit Behinderung genauso wie für alle anderen Menschen auch möglich sein, einen anderen Arzt zu konsultieren. Für Menschen mit geistiger Behinderung, die dieses Verhältnis nicht einschätzen können, kann eine anwaltschaftliche Assistenz durch die Heilerziehungspflegerin (einvernehmlich mit dem Erziehungsberechtigten oder dem Betreuer) erforderlich werden.
Bezüglich der medikamentösen Therapie, die allein der Arzt anordnen kann, hat die Heilerziehungspflegerin besondere Sorgfaltspflicht. Ihre Beobachtungen können sich beispielsweise sowohl auf die Dosierung als auch auf die Änderung von Medikamenten auswirken.

Menschen mit einer geistigen Behinderung haben nicht selten belastende Erfahrungen durch medizinische Untersuchungen und Behandlungen erlebt und reagieren deshalb vermehrt mit Angst oder heftiger Abwehr. Die Heilerziehungspflegerin hat hier die Aufgabe, beharrlich auf humane Umgangsformen zu pochen (gegebenenfalls ist es notwendig, dass ein Arzttermin mehrmals angesetzt werden muss) und vielleicht auch als Vermittlerin den Weg zu bahnen.
Die Zusammenarbeit mit der Heim-, Haus- oder Bereichsleitung erfolgt auf Grundlage des Dienstverhältnisses. Die wechselseitige Informationspflicht und -notwendigkeit sollte ebenso geklärt sein wie die Aufgabenverteilung und die Verantwortlichkeiten. Unklarheiten, Fehleinschätzungen oder Missverständnisse können entstehen, wenn einerseits in der strukturell hierarchischen aufgebauten Institution und andererseits gleichberechtigt und eigenverantwortlich in einem Team gearbeitet wird. Es besteht eine latente Widerspruchssituation zwischen eigenverantwortlichem Handeln und der Anweisung durch die Leitung.
Gerade wenn auf der inhaltlichen Ebene der pädagogischen Arbeit Diskussionen zwischen der Leitung und dem Team stattfinden, lässt sich mancher Vorgesetzte dazu verleiten, sich von einer zunächst scheinbar offenen Ausgangssituation auf die ihm zustehende Möglichkeit der Anweisung zu wechseln. Ein solches Vorgehen belastet die vertrauensvolle Zusammenarbeit unnötig. Für die Heilerziehungspflegerin ist es wichtig, schon im Vorfeld von Diskussionen und Verhandlungen den offenen Entscheidungsraum bezüglich feststehenden Grenzen zu erkunden.
Die Heilerziehungspflegerin muss einschätzen können, welche Informationen an die verantwortliche Leitung weitergegeben werden, damit auch von dieser Stelle aus adäquat entschieden oder gehandelt werden kann. Entscheidungen, die rechtliche, finanzielle, dienstplanmäßige oder andere weit reichende Konsequenzen nach sich ziehen, müssen unbedingt mit der Leitung abgestimmt werden. Entscheidungen, die von der Leitung mit getroffen werden müssen, betreffen Aufnahme oder Umzug von Bewohnerinnen sowie die Zusammensetzung der Teams. In jedem Fall ist es wichtig, dass zwischen den Hierarchieebenen ein Vertrauensverhältnis entsteht, das von Achtung, gegenseitigem Respekt und kritischer Dialogfähigkeit geprägt ist.

Die Situation von Eltern, die ein behindertes Kind bekommen, schildert Hinze sehr anschaulich: „Ein behindertes Kind zu bekommen, trifft die Eltern in der Regel völlig unerwartet. Sie sind darauf weder persönlich noch institutionell vorbereitet. Ihre Elternschaft ist traditionslos, weil sie sich weder auf ihre einschlägigen Erfahrungen ihrer eigenen Erziehung stützen noch sich an gesellschaftlichen Vorbildern orientieren können. Unter diesen Voraussetzungen ist eine befriedigende Beziehung zum behinderten Kind ebenso wie seine auf soziale und gesellschaftliche Integration ausgerichtete Erziehung grundsätzlich sehr erschwert. (...)
Die Eltern stehen unausweichlich vor der Aufgabe, sich mit der Tatsache der Behinderung auseinandersetzen zu müssen. Von allen Beziehungspersonen sind sie am unmittelbarsten, stärksten und anhaltendsten mit der Behinderung konfrontiert. (...)
Die Behinderung ihres Kindes führt bei den Eltern in der Regel zu einer tiefgreifenden seelischen Belastung, die jahrelang andauern kann" (Hinze 1991, 14).
Selbstverständlich muss das für alle Eltern unterschiedlich und in komplexen Zusammenhängen gesehen werden.
„Alle Anforderungen sind überlagert von psychischen Prozessen, deren Intensität abhängig von Persönlichkeitsmerkmalen, Lebensumständen und Lebenserfahrungen variiert. Es ist nicht leicht, die eigene Lebensplanung umzustellen, wenn ein behindertes Kind alle Pläne durchkreuzt. Es ist nicht leicht, sich mit der Behinderung abzufinden, die Reaktionen der Umwelt auszuhalten, Zukunftssorgen mit sich herumzutragen und gleichzeitig vielleicht mit anderen kritischen Lebensereignissen konfrontiert zu werden ..." (Seifert 2004, S.315).
Soviel zur Ausgangslage dieser Eltern. Noch immer gibt es Probleme bei den institutionellen Hilfen, noch immer muss um bestimmte Leistungen gekämpft werden.

In dem differenzierten Hilfenetz begegnen Eltern einer Vielzahl von Fachleuten, mit denen sie kooperieren beziehungsweise kooperieren müssen. Dazu gehören zum Beispiel Ärzte, Sozialarbeiter, Therapeuten, Psychologen, Heilpädagogen, Erzieher, Lehrer, ambulante Helfer, Mitarbeiter in Institutionen der Behindertenhilfe. Sie geben Informationen, beraten, hören zu, machen Mut, entlasten, vermitteln Kontakte und Know-how für den Umgang mit dem behinderten Kind und unterstützen die Eltern im Empowermentprozess (Seifert 2004, 315).

Für eine professionelle Haltung in der Heilerziehungspflege ist es selbstverständlich, dass Eltern und Angehörige in den unmittelbaren Lebensbereich, gleich welcher Wohnform, mit einbezogen sind. Assistenz bei der Beziehungspflege kann hier ebenso ein Thema sein wie die Beratung und Unterstützung in besonderen Lebensphasen (z.B. Ablösungsprozess vom Elternhaus, Krankheit). Die Bedeutung von Eltern und Angehörigen kann für Personen mit Behinderungen nicht hoch genug eingeschätzt werden. Durch Elternschaft und Verwandtschaft sind zunächst die Bindungen entstanden, die jenseits von professioneller Hilfe und Dienstleistung, Bindungen und anwaltschaftliches Eintreten im inklusiven und exklusiven sozialen Gefüge ermöglichen. Die oben schon angesprochene Notwendigkeit der Kooperation zwischen Eltern/Angehörigen und der Heilerziehungspflegerin erfordert von beiden Seiten ein hohes Maß an Einfühlungsvermögen und gegenseitiger Toleranz sowie Verständnis und Interesse für die jeweiligen Rollen und Erwartungen (vgl. Braun/Klein-Jung, 1994). Die Heilerziehungspflegerin sollte in der Lage sein, Konflikte, die sich in dieser sozialen Konstellation abspielen oder abspielen können, durch vorausschauendes Handeln, durch fachkompetente Kommunikation und eine wertschätzende Grundhaltung zu bewältigen.
Wie in allen Familien wird sich auch im Falle eines Menschen mit Behinderung der Ablösungsprozess von den Eltern nicht problemlos gestalten – gerade in dieser Phase sollten die Eltern mit ihren Ängsten, ihrer Kritik und ihren Anregungen ernst genommen werden und bei der Heilerziehungspflegerin Unterstützung finden.
„Die Gestaltung der Kooperation mit Eltern in dieser Lebensphase erfordert einen sensiblen und achtungsvollen Umgang. Es gilt, sich in die Situation der Eltern hineinzuversetzen, die besondere Problemlage zu verstehen suchen und individuelle Lebensentwürfe zu respektieren. Eltern brauchen Ermutigung bei der Entscheidung, dem Kind außerhalb der Familie Entwicklungschancen zu eröffnen, die im Elternhaus nicht möglich sind. Sie brauchen die Sicherheit, dass ihre Erfahrungen im Zusammenleben mit dem Kind wertgeschätzt und auch im zweiten Zuhause Berücksichtigung finden. Wenn sie darauf vertrauen können, dass die Bedürfnisse des Kindes ernst genommen und im Alltag beachtet werden und ihre Beziehung zum Sohn oder zur Tochter auch nach der räumlichen Trennung erhalten bleibt, können sie ohne Schuldgefühle den eigenen Alltag neu gestalten“ (Seifert 2004, 320).
Das Leben in zwei Welten, einmal im Elternhaus, zum anderen in der von Fachleuten unterstützten Wohnsituation, ist manchmal mehr ein Problem für die Fachteams oder die Eltern als für die Personen mit Behinderung. Es kann diesem Personenkreis nach einer gewissen Zeit

der Eingewöhnung durchaus zugestanden und zugemutet werden, mit zwei unterschiedlichen Lebenswelten zurecht zu kommen. Hinderlich sind hier eher die alt hergebrachten Vorstellungen man müsse an „einem Strang“ ziehen, es müssten überall dieselben Regeln gelten und die Kontrolle über die Einhaltung von allen Absprachen müssten gesichert sein.
Auch bei älteren Personen mit Behinderung können Heilerziehungspflegerinnen einen wichtigen Beitrag dazu leisten, Angehörigenbeziehungen wieder aufzufrischen, zu intensivieren und zwischen den Beteiligten zu vermitteln. Das gilt besonders für die Eltern und Angehörige, die eine gewisse Scheu vor der Institution oder der Lebenswelt ihres/ihrer behinderten Verwandten haben – auch dann, wenn die Besuchs oder Kontaktabstände sehr groß geworden sind.

Anregungen und Möglichkeiten für die Zusammenarbeit mit Angehörigen

Für die wichtige Aufgabe der Kontaktpflege können drei Bereiche unterschieden werden:

(1) Assistenz und Unterstützung bei der *Organisation* des Kontaktes,
(2) Assistenz und Unterstützung bei der *Kommunikation* im Kontakt,
(3) Assistenz und Unterstützung bei der *Sinnstiftung und Situationsbewältigung* im Kontakt.

Nachbarschaftsfeste, Straßenfeste, Tage der offenen Tür, Familientage, Sommerfeste, Weihnachtsmärkte, Geburtstage, Jubiläen und die anderen Feste im Jahreslauf bieten sich für Begegnungen mit den Angehörigen besonders an. Die Einladungen sollten rechtzeitig und wenn nötig mit der Bitte um ein Rückantwortschreiben erfolgen. Eine Atmosphäre von Offenheit, Freundlichkeit und Erwünschtsein macht es für die Angehörigen einfacher, je nach eigenem Bedarf und Möglichkeiten Kontakt aufzunehmen. Ein besonderes Vertrauensklima kann dann geschaffen werden, wenn die Verwandten sich immer wieder an dieselbe Fachkraft wenden können.
Bei der regelmäßigen Kontaktpflege steht das Gespräch mit den Angehörigen im Vordergrund. Es ist wichtig, dass bei solchen Gesprächen die Personen, um die es geht in das Gespräch und in die Gesprächssituation eingebunden werden. Es ist wichtig, dass nicht über, sondern mit den Menschen mit Behinderung gesprochen wird, unabhängig davon, ob alles verstanden wird oder nicht. Entscheidend ist, dass sich die Betreffenden in die Kommunikation miteinbezogen fühlen. Wenn es die Gelegenheit gibt, dass ein Mensch mit geistiger Behinderung

seine Eltern oder Verwandten besuchen kann oder ein Ferienaufenthalt möglich ist, sollten solche Angebote von der Heilerziehungspflegerin tatkräftig unterstützt werden.

Die Heilerziehungspflegerin hat auch die Aufgabe, den brieflichen und telefonischen Kontakt zu den Angehörigen zu unterstützen. Je nach dem Hilfebedarf wird sie Briefe der Angehörigen vorlesen beziehungsweise erklären und Vorschläge machen, wie die betreffende Person antworten könnte. Wenn die zu unterstützende Person selbst schreiben kann, kann es sein, dass dennoch Hilfe oder Assistenz gewollt wird. Der Text für einen Brief kann von der Heilerziehungspflegerin auch stellvertretend formuliert werden oder es kann, je nach den individuellen Fähigkeiten, ein aktuelles Foto, ein selbst gemaltes Bild oder eine gepresste Blume vom letzten Spaziergang mit einem kurzen Gruß geschickt werden. Auch beim Telefonieren kann es erforderlich sein, dass die Heilerziehungspflegerin die entsprechende Unterstützung gibt. Für viele Eltern ist es sehr wichtig, dass sie sich telefonisch über die Situation und das Befinden ihrer Söhne oder Töchter erkundigen können und auch entsprechend qualifizierte Auskünfte bekommen. An dieser Stelle sei deutlich darauf hingewiesen, dass die Unverletzlichkeit des Brief-, Post- und Fernmeldegeheimnisses im Grundgesetz geregelt ist, und dass die Heilerziehungspflegerin mit ihrer Hilfestellung entsprechend sensibel agieren muss.

Wie oben schon ausgeführt, gehen viele Kontakte zu den Angehörigen über Feiern und Feste.

Es bietet sich an, dass die Heilerziehungspflegerin gemeinsam mit den zu unterstützenden Personen die Einladungskarten gestaltet.

„Partnerschaftliche Zusammenarbeit wird als Zusammenwirken von Teilhabern an einer gemeinsamen Aufgabe, als die gegenseitige Ergänzung von unterschiedlichen Sichtweisen und Systemen verstanden. Eltern und Fachleute gehören unterschiedlichen Systemen an, handeln deshalb auch aus unterschiedlichen Ansätzen heraus, die gegenseitig zu respektieren sind.

Voraussetzung solcher gegenseitig ergänzenden Funktionen ist ein Verhältnis zueinander, das davon bestimmt ist, dass jeder bereit ist, dem anderen zuzuhören, auf ihn vorbehaltlos einzugehen, sich bemüht, sich in ihn hineinzudenken, ihn zu verstehen, aber auch seinen eigenen Standpunkt wenn nötig zu verteidigen beziehungsweise zu modifizieren oder zu revidieren“ (Speck 1987, 371).

Unterschiedliche Dienstleistungen in den Wohn- und Lebensformen der Behindertenhilfe werden nach wie vor von interdisziplinären Fachteams angeboten. Die Heilerziehungspflegerin spielt hier eine wichtige Schlüsselrolle, da sie die entsprechenden Kompetenzen für Bildungsarbeit, Assistenz und Pflege auf sich vereinen kann. Gelingende Zusammenarbeit in einem Team ist jedoch keine Selbstverständlichkeit. Dieser Anspruch besteht zwar grundsätzlich, jedoch zeigt es sich in der Praxis, dass mangelnde Teamarbeit oder Probleme im Team negative Folgen für die Qualität und Effizienz der praktischen Arbeit, letztendlich für die Personen mit Behinderung haben.

Das Grundverständnis von Team und Teamarbeit

Zunächst einige Definitionen aus unterschiedlichen Fachbüchern zu diesem Thema:
„Ich fasse den Teambegriff sehr weit: Wenn zwei oder mehrere Menschen an einem gemeinsamen Projekt kooperativ zusammenarbeiten, ist das ein Team." (Will 2002, 8)
„Ein Team ist eine Gruppe von Mitarbeitern, die für einen geschlossenen Arbeitsprozess verantwortlich sind und die das Ergebnis ihrer Arbeit als Produkt oder Dienstleistung an einen internen oder externen Empfänger liefern." (Bender 2002,17)
Während bei einer Gruppe die unterschiedlichen Interessenlagen der Mitglieder stärker im Vordergrund stehen, wird die Ausrichtung des Teams von Birker/Birker so dargestellt:
„Team: Hier rückt die Gemeinsamkeit stärker ins Zentrum. Bei Teamwork oder Teamarbeit wird eine Lösung oder ein Werk gemeinsam von mehreren geschaffen, ohne dass sich ihre Anteile trennen oder gesondert verwerten und zuordnen lassen. Man spricht auch gelegentlich von „Miturheberschaft", womit ausgedrückt werden soll, dass es weniger darauf ankommt, wer genau welchen Beitrag geleistet hat, sondern darauf, dass die Struktur der Zusammenarbeit die Voraussetzung schaffte, dass diese Beiträge überhaupt angeregt wurden und kommen konnten." (Birker / Birker 2001, 9)
Alle Definitionen deuten darauf hin, dass mit Teamarbeit eine Zusammenarbeit gemeint ist, die in einem komplexen Zusammenhang steht. Das scheinbar einfache Gebilde eines Arbeitsteams hat bei genauerer Betrachtung und Analyse meistens eine komplizierte und vielschichtige Struktur, in der mehrere Ebenen unterschieden werden können.

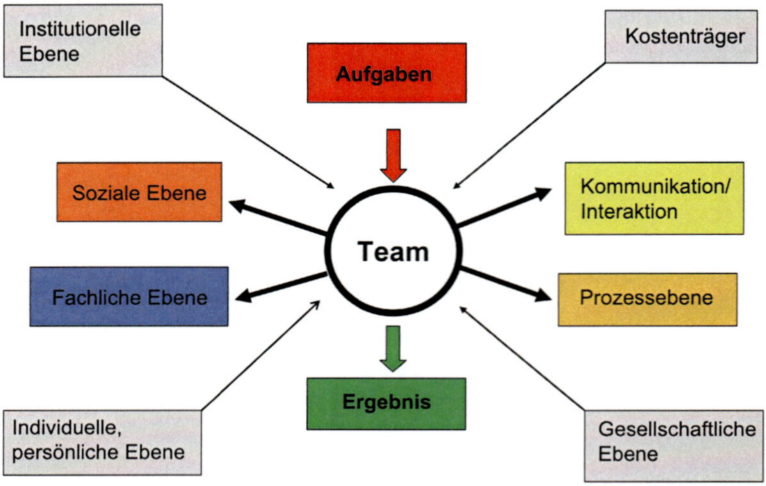

Abb. 27: Komplexität der Teamarbeit in der Heilerziehungspflege

Als Basisfunktion eines Teams ist zunächst festzuhalten, dass die Teammitarbeiter in einem Arbeitsverhältnis stehen und als einzelne Teammitglieder wie auch als ganzes Team ihrem Arbeitgeber gegenüber in der Pflicht stehen, die vertraglich festgelegten Aufgaben zu erfüllen. Das Ergebnis der Teamarbeit betrifft in erster Linie die Lebenssituation von Menschen mit Behinderung oder psychischer Erkrankung. In zweiter Linie bezieht sie sich auf die Einrichtung, weshalb hier auch von der institutionellen Ebene die Rede ist. Immer mehr müssen sich diese Ergebnisse auf ihre Qualität hin einer Kontrolle unterziehen lassen. Insbesondere die Kostenträger zeigen an diesem Aspekt ein zunehmendes Interesse. Die Aufgaben ergeben sich aus den unterschiedlichen Lebenssituationen der Personen, die auf Unterstützung und Assistenz angewiesen sind. Die Aufgaben als solche zu erkennen und angemessen zu bewältigen, setzen im Team Kompetenzen voraus, die im Schaubild als fachliche Ebene dargestellt sind. Die soziale Ebene eines Teams ergibt sich aus dem Zusammenspiel von Rollen, Beziehungen, gemeinsamen Erlebnissen und führt zu mehr oder weniger Identifikation mit dem Team. Die Außenwirkung zeigt sich in einem entsprechenden Image. Ohne Kommunikation / Interaktion sind soziale Wechselwirkungen nicht möglich und diese ereig-

nen sich immer auf dem Hintergrund von gruppendynamischen Zusammenhängen – im Schaubild als Prozessebene dargestellt. Jeder einzelne Mitarbeiter bringt sich als Person mit jeweils eigenen Interessen, Fähigkeiten und Bedürfnissen in das Team ein, deshalb ist hier von der individuellen beziehungsweise persönlichen Ebene die Rede. Jedes Team muss in der Lage sein, die soziale Arbeit in einem gesamtgesellschaftlichen Rahmen zu verorten, im Schaubild als die gesellschaftliche Ebene ausgedrückt.
In der sozialpädagogischen Praxis wird Teamarbeit nicht selten als gleichberechtigtes Zusammenarbeiten mit bisweilen familiärem Unterton missverstanden. Ein Team ist keine frei zusammengesetzte Gruppe; es gibt übergeordnete und strukturelle Zwänge (Verhältnis von Fachkräften zu unausgebildeten Kräften, von weiblichen zu männlichen, von jüngeren zu älteren Mitarbeitern/-rinnen usw.).
Ein Team ist insofern ein offenes System, als es durch die komplexen Kommunikationsstrukturen, die notwendige Informationsverarbeitung, den Wechsel der Mitarbeiterinnen, die unterschiedliche persönliche Situation und Entwicklung der einzelnen Teammitglieder geprägt ist. Insofern befindet sich das Team in einem ständigen Prozess. Das Team ist nicht mehr und nicht weniger als das, was die einzelnen Teammitglieder aus ihm machen. Mehr als in anderen Berufen spielen im pädagogischen Team die persönlichen Einstellungen und Werte eine wichtige Rolle. Unterschiedliche Charaktere und unterschiedliche Qualifikationen der Teammitglieder tragen entscheidend zur Entwicklung im Teamprozess bei. Zur Analyse eines Teams kann es deshalb hoch bedeutsam sein, folgende soziale Zuschreibungen zu unterscheiden:

- Rollen, die sich aus der Persönlichkeit in der Wechselwirkung zur Gruppe ergeben können (z.B.: Macher, Nörgler, Schweiger, Kontrolleur, Clown, Kreativer, Schwätzer ...);
- Rollen, die sich aus dem Qualifikationsprofil einer Mitarbeiterin ergeben können (Heilerziehungspflegerin, Krankenpflegerin, Heilpädagoge, Sozialpädagoge, Erzieherin ...);
- Rollen, die sich aus dem Geschlecht und dem Alter ergeben können;
- Rollen, die sich aus dem formellen (z.B. Hierarchieebenen) Beziehungsgeflecht ergeben können (Heimleiterin, Abteilungsleiterin, Gruppenleiterin, Fachkraft, Fachkraft in Ausbildung, Praktikant ...);
- Rollen, die sich aus informellen Beziehungsstrukturen ergeben können (private Beziehungsverhältnisse, Freundschaften, Feindschaften, Spaltungen ...).

Durch die Wechselwirkung und Überlagerung von Rollen kann es zu so genannten Inter- oder Intrarollenkonflikten kommen. Verschiedenste Ausprägungen/Qualitäten von Berufserfahrung, Lebenserfahrung, Fachlichkeit, Engagement und unterschiedliche Werthaltungen können im Team auf engstem Raum zusammentreffen und erfordern von allen Teammitgliedern eine souveräne Kommunikationsbereitschaft.

Soziale Ebene und Kommunikation in der Teamarbeit

Die Gestaltung von Beziehungen bestimmt den Prozess der Gruppendynamik. Die Kommunikation läuft über Handlungen und über Gespräche. Erinnert sei an dieser Stelle, dass Wahrnehmung und Beobachtung sowie die Differenzierung der Inhalts- und Beziehungsebene wichtige Grundvoraussetzungen für den Überblick von Interaktionen bilden. Das Geflecht möglicher Interaktionen in einem Team ist mit Sicherheit zu komplex, als dass es vollständig erfasst und reflektiert werden könnte. Häufig gibt es „atmosphärische“ Stimmungen, die, je nach Grad der Übereinstimmung beziehungsweise der bestehenden Widersprüche, zum Teil nur unterschwellig zum Tragen kommen. Offenheit und Kritikfähigkeit werden in der Regel von allen Mitgliedern eines Teams als Ansprüche übereinstimmend formuliert – die Wirklichkeit sieht allerdings nicht selten anders aus. Schwierige Themen werden umgangen, anstößiges Verhalten nicht angesprochen usw. Folgendes Zitat verdeutlicht, von welchen Prozessen auszugehen ist: „Jeder Mensch, dem ich begegne, besitzt ein grundlegendes Interesse, während des Treffens (des Zusammenseins, d.V.) seine Integrität zu bewahren. Was ich sage und tue, bestimmt, ob er (der andere, d.V.) für eine Unterhaltung offen ist oder sich ihr verschließt. Wenn ich ihn also beobachte, beobachtet er eigentlich mein Beobachten. Wir befinden uns beide in einer beobachtenden Position. Ich beobachte, ob es Anzeichen gibt, die darauf hinweisen, dass ich zu ungewöhnlich geworden bin. Dadurch, dass ich seine Reaktion auf mein Beobachten beobachte, kann ich indirekt zum Beobachter meines eigenen Beobachtens werden. Er beobachtet, um zu bestimmen, wer ich bin, um herauszufinden, wie sehr er es wagen darf, sich an der Konversation zu beteiligen und dabei seine Integrität zu bewahren. Er fertigt ein Bild von mir an, ein bewegliches Bild, und er versieht dieses Bild mit einer Erklärung, die ihm sagt, was er von mir zu erwarten hat. Diese Erklärung wird sein Reden und Tun mir gegenüber in seiner Beziehung zu mir bestimmen“ (Andersen 1990, 36).

Da sich solche Prozesse ungeheuer schnell vollziehen, ist es für die Teamarbeit wichtig, Kommunikationsabläufe besonders genau wahrzunehmen und die Erwartungen und Ansprüche auch der anderen Mitarbeiter einzukalkulieren.

Die Entwicklung in einem Team

Ein Team, das sich zur Unterstützung oder Assistenz im ambulanten wie im stationären Wohnbereich der Psychiatrie oder der Behindertenhilfe neu gebildet hat, unterliegt zunächst einem Entwicklungsprozess, der erfahrungsgemäß mehrere Stufen durchlaufen kann. Die einzelnen Teammitglieder stehen in einer Wechselwirkung im Sinne eines gruppendynamischen Prozesses. Für die Darstellung dieses Prozesses gibt es unterschiedliche Modelle. Das Modell mit den vier Phasen nach Tuckmann (eine fünfte Phase, die von Tuckmann später ergänzt wurde, ist in der Übersicht genannt) bildet den Entwicklungsverlauf eines Teams im Praxisfeld der Heilerziehungspflege in einer häufig anzutreffenden Weise ab.

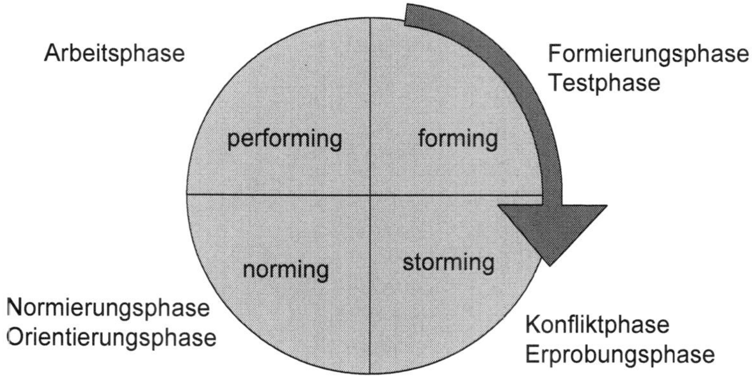

Abb. 28: Schaubild Teamentwicklung Tuckmann

In der Fachliteratur gibt es zu diesem Prozess unterschiedliche Modelle, die im nachfolgenden Schaubild zusammengefasst dargestellt sind.

Phase \ Autor	Bender 2002	Haug 1994	Garland u.a. 1965	Tuckmann 1965
1. Phase	Zugehörigkeit	Testphase	Orientierung	Formierungsphase (forming)
2. Phase	Verantwortung	Nahkampfphase	Machtkampf / Kontrolle	Konfliktphase (storming)
3. Phase	Offenheit	Organisierungsphase	Differenzierung	Regelphase (norming)
4. Phase	Trennung	Arbeitsphase	Trennung	Arbeitsphase (preforming)
5. Phase				Auflösungsphase (dajourning)

Abb. 29: Übersicht (Synopse) über die unterschiedliche Einteilung von Entwicklungsphasen im Teamprozess.

Zur Analyse eines Teamprozesses kann es durchaus Sinn machen und hilfreich sein, auch auf diese Entwicklungsphasen Bezug zu nehmen. Ein häufiger Wechsel von Mitarbeitern/-rinnen (Praktikanten, Fachkräfte in Ausbildung, Zivildienst usw.) kann das Team sehr belasten, weil er dynamische Prozesse auslösen kann, die wesentliche Arbeitskräfte im Team binden. Nicht selten kommt es in einem Team mit häufigem Wechsel dazu, dass die vierte Phase (Arbeitsphase) nicht erreicht wird, der Prozess pendelt dann zwischen der ersten und der dritten Phase. In einem Team zu arbeiten bedeutet, dass sich die Teammitglieder immer wieder auf solche Entwicklungsprozesse einstellen müssen. Wenn der Ablauf solcher Entwicklungsphasen bekannt ist, wird es einfacher sein, reflektiert gegenzusteuern. Für die Reorganisation eines Teams ist es wichtig, dass die Teammitglieder Einfluss auf die Entscheidung für neue Mitarbeiterinnen haben, dadurch wird die Integration und Identifikation in der ersten Phase sehr erleichtert.

Anregungen für die Zusammenarbeit im Team

Wenn die Teammitglieder ihre gegenseitigen persönlichen und inhaltlichen Erwartungen benennen können und sich darüber austauschen, ist ein erster wesentlicher Schritt getan. Es ist auch darauf zu achten,

dass jede Aussage, die eine Mitarbeiterin macht, unabhängig von ihrer objektiven Rolle (als Praktikant/-in, Hilfskraft, Schüler/-in, Fachkraft) geprüft wird. Es kann hilfreich sein, wenn sich die Teammitglieder darin schulen, die Kommunikationsabläufe zu beobachten und digitale Aussagen – die sachlogische und die intellektuelle Argumentation – sowie analoge Ausdrucksformen (z.B. Körperhaltung, Mimik, Gestik, Stimme, Blickkontakt) in Beziehung zu setzen. Inhaltliche Differenzen können Ausdruck persönlicher Spannungen sein und verhärtete Positionen bilden sich auf dem Hintergrund von unausgesprochenen Rollenkonflikten.
Bei Schwierigkeiten und Spannungen im Team ist davon auszugehen, dass die Kommunikationsebenen entweder gestört oder blockiert sind. In solchen Situationen kommen Gespräche, die vor allem „das heiße Thema" betreffen, nicht von selbst in Gang, sie müssen initiiert werden. Das kann Aufgabe eines jeden Teammitgliedes sein, eine besondere Verantwortung hat allerdings die Gruppenleiterin.
Von zentraler Bedeutung sind dann die Kenntnisse über die Kommunikationstheorie (siehe Kap. 3), insbesondere die Fähigkeit in eine „Metakommunikation" zu wechseln. Die Kommunikation über die Kommunikation macht die Kommunikation selbst zum Gesprächsinhalt. Mit Hilfe der Trennung der Inhalts- und der Beziehungsebene kann es möglich werden, sehr viele Probleme in einem Team zu analysieren.
In der Gesprächsform ist es wichtig, auf Behauptungen, die sich nicht belegen lassen, ganz zu verzichten. Statt dessen kann es sinnvoll sein, Fragen oder Aussagen als Vermutungen zu formulieren: „Stimmt es, dass ...", „ich vermute ...", „ist mein Gefühl richtig" ...
Die Bereitschaft und Fähigkeit, dem anderen zuhören zu können, ist in jedem Fall die wichtigste Grundlage für gute und effektive Zusammenarbeit. In allen Teamgesprächen sollte auf das Indefinitpronomen (man) zugunsten der Personalpronomen (ich, du, wir) verzichtet werden. Die Verwendung von „ich", „du", „wir" usw. bringt Eindeutigkeit in das Gespräch. Von der Aussage „man sollte" braucht sich niemand konkret angesprochen zu fühlen. Solche Aussagen haben gute Chancen, wirkungslos zu bleiben. Dagegen kann das „Wir", sofern auch wirklich alle gemeint sind, von seiner gesprächsstrategischen Seite her durchaus genutzt werden. Bei einer selbstkritischen Äußerung, die alle betrifft, ermöglicht das „Wir" eventuell eine bessere Annahme der Kritik.
Das Gespräch in einem Team lebt von der Vielschichtigkeit der Beiträge. Auch wenn Widersprüche und Dissens (Einigungsmangel) bestehen, so bieten diese doch die Voraussetzung für Innovationen und für die Integration verschiedener Perspektiven. Es ist deshalb zunächst

wichtig, den Unterschied von verschiedenen Positionen genau herauszuarbeiten. Das geschieht am besten durch Fragen, die allerdings echt und begründet sein sollen. Das Versäumnis von ausführlichem Fragen führt in der Regel zu unnötigen Missverständnissen. Wenn ein Gespräch wirklich offen sein soll, ist es wichtig, dass prinzipiell die Möglichkeit besteht, eine gegensätzliche Position beziehen zu können. Ansonsten wird die offene Form zur Farce. Ein unausgesprochenes Nein blockiert in der Regel die Zusammenarbeit.
Die Mitarbeiterinnen eines Teams haben sich in einem Arbeitsvertrag zur Erfüllung von Aufgaben verpflichtet. Daraus resultiert, dass es dienstrechtlich bedingte Anweisungsbefugnisse gibt. Auch wenn die Möglichkeit der Instruktion oft nur unterschwellig mitschwingt, kann sie doch zu Einschränkungen in der Offenheit des Dialogs führen. Es ist wichtig zu erkennen, dass die Möglichkeit der Instruktion als solche, auch im Rahmen der Teamarbeit, gerechtfertigt sein kann oder muss. Die Entscheidungen, die in einem Team getroffen werden, können nicht einfach von der Meinung der Mehrheit der Teammitglieder getroffen werden. Entscheidend ist, *wer* die Verantwortung für eine Entscheidung übernimmt oder übernehmen kann. Wichtig und hilfreich ist es, wenn im Team, das in der heilerziehungspflegerischen Praxis tätig ist, die Rollen und Aufgaben bezüglich der „Entscheidungsverantwortung" offen gelegt sind.
Das Einhalten von Absprachen gilt in der Praxis häufig als Maßstab für gelungene Teamarbeit. Besonders bei Absprachen, die das pädagogische Handeln betreffen, sollte jedoch daran gedacht werden, dass viele Situationen so komplex sind, dass kaum allgemeingültig festzulegen ist, was „richtig" und was „falsch" ist. In der konkreten Situation ist die einzelne Mitarbeiterin verantwortlich, nicht das Team! Jeder gemeinsame Entschluss muss kritisierbar und revidierbar bleiben. Die Balance zwischen eigenverantwortlichem Handeln und dem Einhalten von gemeinsamen Absprachen und Beschlüssen erfordert hohe Souveränität und in der Regel auch berufliche Erfahrung.
Die meisten Teams arbeiten im Schichtdienst, das heißt ein Teil der Mitarbeiterinnen ist immer abwesend. Gespräche über die Abwesenden haben ein relativ geringes Situationsrisiko für die Integrität der eigenen Person; im Gegenteil: durch Negativbeurteilungen von anderen wertet sich der Einzelne auf. Über Dritte in deren Abwesenheit (abwertend) zu sprechen, ist Ausdruck der eigenen Unzulänglichkeit. Vielleicht ist es möglich, sich vorzunehmen: Was ich über einen anderen sage, bin ich auch bereit, ihm direkt zu sagen; Aussagen, die vertraulich gemacht wurden, dürfen nicht weitergegeben werden; es besteht grundsätzlich die Möglichkeit, sich dem „Tratsch" zu verweigern.

In der beruflichen Arbeit der Heilerziehungspflegerin kann es relativ rasch zu Überschneidungen von persönlichen Interessen und beruflichem Handeln kommen. Auch wenn auf die Trennung von Berufs- und Privatleben geachtet wird, so gehen – zum Beispiel bei der Dienst- und Ferienplanung – die Interessen ineinander über. Von Mitarbeiterinnen, die keine Kinder haben, wird oft erwartet, die Terminwünsche von Mitarbeiterinnen mit schulpflichtigen Kindern zu respektieren.
Mitarbeiterinnen können sich privat (familiär) in einer Situation befinden, die ein Entgegenkommen bezüglich der Dienstplangestaltung erforderlich macht, ohne dass sie die Gründe im Einzelnen offen legen müssen.
Wenn sich eine Mitarbeiterin vorübergehend in einer persönlichen Krise befindet, so zeichnet sich ein Team dadurch aus, dass es die dabei auftretenden Leistungseinbrüche für eine gewisse Zeit kompensiert. Allerdings darf diese Situation nicht zum Dauerzustand werden. Ein Team ist nicht die Auffanggruppe für die persönliche Probleme und Schwierigkeiten einzelner Mitarbeiterinnen. Übertriebene Teamloyalität wird dem Auftrag und auch den eigenen Ansprüchen des Teams nicht gerecht, zumal wenn sie auf Kosten anderer geht.
Ein anderer Punkt, der immer wieder zu Spannungen führt, ist die Aufgabenverteilung im Hinblick auf die unterschiedlichen Kompetenzen. Es ist vorteilhaft, wenn diese Aufgaben und die für sie erforderlichen Fähigkeiten im Praxisfeld klar beschrieben sind. Nur so kann die angehende Heilerziehungspflegerin Erwartungen erfüllen und Verantwortung für einzelne Bereiche übernehmen.
Mangelnde Informationsweitergabe im Team kann zu erheblichen Problemen führen und die Zusammenarbeit stark beinträchtigen. Regelmäßige Gruppenbesprechungen, gemeinsame Schichtübergaben, Übergabebücher usw. können eine vorbeugende positive Wirkung haben. Das strategische Zurückhalten von Informationen kann zu einer Beschädigung des Vertrauensverhältnisses im Team führen.
Die Arbeit in einem pädagogischen Team erfordert ein hohes Maß an Gespür für die Balance von persönlichen und inhaltlichen Zusammenhängen. Wenn ein privates Beziehungsverhältnis im Team dominiert, wird es in der Regel besonders schwierig, diese Balance herzustellen. Die Verquickung von privaten und beruflichen Interessen wird in vielen Fällen zu einer Belastung des Teams.
Supervision ist inzwischen eine normale Einrichtung zur Begleitung und Unterstützung eines Teams, wenn es darum geht, inhaltliche oder prozessbezogene Entwicklungen zu verbessern. Bei festgefahrenen Situationen im Team verspricht man sich von der Supervision wesentliche Hilfe. Eine ausgebildete Fachkraft (ein/eine Supervisor/-in), die

von außen kommt, analysiert die beruflichen Bedingungen, Erfahrungen und Beziehungsebenen des Berufsfeldes gemeinsam mit den Mitarbeitern/-rinnen. Die teamzentrierte Supervision setzt sich zum Beispiel mit Konflikten innerhalb des Teams, mit den Zuständigkeiten und der Verantwortung, mit den Kompetenzen, den Organisations- und Kommunikationsstrukturen auseinander. Durch Supervision soll es den Mitarbeitern/-rinnen möglich werden, erlebte berufliche Situationen unter neuen Aspekten zu betrachten, Veränderungsvorstellungen zu entwickeln und diese in neue Handlungsmöglichkeiten umzusetzen.
Insofern hat Supervision nicht nur klärenden, sondern auch progressiven Charakter. Da durch Supervision nicht nur organisatorische oder einrichtungsbedingte Probleme aufgedeckt werden, sondern sich auch ganz persönliche Schwierigkeiten herauskristallisieren können, kommt es in der Praxis vor, dass die Teilnahme von manchen Mitarbeitern/-rinnen verweigert wird – möglicherweise gerade von denen, die der Auslöser für die Supervision waren. Hier stößt Supervision an ihre Grenzen. Trotz der zum Teil hohen Kosten, die Supervisionen verursachen, müssen diese auch in Relation zur besseren Arbeitsqualität, die ein Team nach solchen Sitzungen zu leisten im Stande ist, gesehen werden (krankheitsbedingte Ausfälle oder das „Burn-out-Syndrom" können möglicherweise vermieden werden). Allerdings ist die Supervision kein Allheilmittel. Es gibt auch Teamprobleme, die sich nur noch durch Umbesetzung oder Versetzung bereinigen lassen.

Das Wecken von „Selbstheilungskräften", die in einem Team vorhanden sind, sollte nicht unterschätzt werden. Insbesondere stabilisieren sie ein Team in seiner Autonomie und in seinem Selbstverständnis, das auf wechselseitiger Loyalität gegründet, eine gewisse Homogenität nach außen sowie Kontinuität und selbstkritische Reflexion nach innen aufweisen sollte.

Zusammenfassung wichtiger Aspekte der Teamarbeit

- Sicherung der Grundbedürfnisse, das heißt exakte Weitergabe von Informationen, die die Kontinuität der Bedürfnisbefriedigung von Personen mit Lernschwierigkeiten sicherstellt.
- Eine freundliche Grundstimmung überträgt sich auf den gesamten Bereich des sozialen Zusammenlebens.
- Organisation und Absprachen, das heißt die Einhaltung von Terminen und die verlässliche Ausführung von Aufgaben tragen zur

Sicherheit und zum Wohlbefinden der Personen mit Lernschwierigkeiten bei.
- Das Ergebnis guter Teamarbeit ist immer auch das Gelingen von Kommunikationsprozessen (Verstehen). Verstehen verringert grundsätzlich anstrengende „Reibungsverluste“ im Zusammenleben.
- Gute Absprachen und wiederkehrende Handlungsabläufe sorgen für Orientierung und Sicherheit im Tagesablauf.
- Freiraum für Offenheit und Spontaneität ermöglicht und erhält selbst bestimmte Handlungsmöglichkeiten.
- Durch unterschiedliche Perspektiven und Beobachtungen können die Angebote zur Entwicklung und Bildung optimiert werden.
- Durch Teamarbeit gibt es für die Menschen mit Behinderung Wahlbeziehungsweise Erfahrungsmöglichkeiten mit Menschen mit ganz unterschiedlichen Charakteren und Persönlichkeiten. Das heißt, auch ein gewisser Wechsel im Team kann eine positive Qualität haben.
- Für die Mitarbeiter ist das Gelingen von Zusammenarbeit ein wesentlicher Aspekt der positiven Selbstverwirklichung am Arbeitsplatz.
- Einrichtungen und Institutionen, die eine positive Teamarbeit nicht verlangen und forcieren, werden langfristig Wettbewerbsnachteile im Dienstleistungssektor hinnehmen müssen.

Übung:

Die Heilerziehungspflegerin in Ausbildung wird oder wurde bereits mit Erfahrungen in der Teamarbeit konfrontiert. Schwierigkeiten und Spannungen haben aber häufig ähnliche Strukturen, weshalb es sinnvoll sein kann, diese Strukturen aufzudecken. Bei der Aufarbeitung dieses Themas im Unterricht bietet sich vor allem die Technik des Rollenspiels an. So können einerseits Erfahrungen in einem gewissen Schonraum gemacht werden andererseits, können in einer konkreten praktischen Situation angemessene Handlungsstrategien geübt werden. Fiktive Team- oder Konfliktgespräche bieten besonders mit dem Hilfsmittel der Videoreflexion einen geeigneten Rahmen um komplexe Situationen zu analysieren.

Literatur

Andersen, T. (1990): Das reflektierende Team. Dialoge und Dialoge über Dialoge, in: Andersen, T. (Hrsg.), Dortmund, S. 19–110
Birker, G./Birker, K. (2001): Teamentwicklung und Konfliktmanagement. Berlin
Braun, A./Klein-Jung, R. (1994): Angehörigenarbeit im Heim für Menschen mit geistiger Behinderung, in: Deutscher Caritasverband (Hrsg.): Caritas 1995. Jahrbuch des Deutschen Caritasverbandes. Freiburg i.Br., S. 133–145
Bender, S. (2002) Teamentwicklung. München
Haug, C. (1994): Erfolgreich im Team. Praxisnahe Anregungen für effiziente Zusammenarbeit. München
Hinze, D. (1991): Väter und Mütter behinderter Kinder. Der Prozess der Auseinandersetzung im Vergleich. Heidelberg
Haeske, U.(2002): Team- und Konfliktmanagement. Berlin
Jeltsch-Schudel, B./Wilken U. (2003): Eltern behinderter Kinder. Empowerment – Kooperation – Beratung. Stuttgart
Tuckman, B.W. (1965): Developmental sequences in small groups Psychological Bulletin, 63, 348–399
Speck, O. (1987): System Heilpädagogik. Eine ökologisch reflexive Grundlegung. München, Basel
Van Dick, R./West, M.A. (2005): Teamwork, Teamdiagnose, Teamentwicklung. Göttingen
Will, F. (2002): Was bremst mein Team? Weinheim, Basel

Zweiter Teil:
Bildungskonzepte für Menschen mit Behinderungen

12 Entwicklungspsychologische Voraussetzungen

Die Entwicklung des Gehirns

An dieser Stelle soll kurz die Entwicklung der Nervenzellen (Neuronen) und des Gehirns betrachtet werden. Genauere Details werden in den medizinischen Fächern abgehandelt.
Während der Entwicklung des Gehirns im menschlichen Fetus bilden sich pro Minute ca. 500.000 Nervenzellen. Am Ende dieser Entwicklung besteht das Gehirn aus ca. 120 Milliarden Neuronen. Diese Entwicklung ist schon vor der Geburt abgeschlossen.

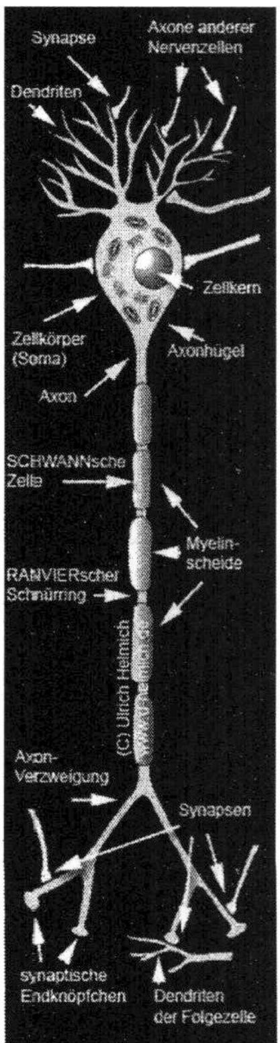

Abb.: Nervenzelle

Obwohl Neurone sehr unterschiedliche Formen haben können, besitzen sie eine charakteristische Grundstruktur. Sie bestehen aus einem Zellkörper (Soma) und Zellfortsätzen. Im Soma befinden sich der Zellkern und andere Zellorganellen. Als Dendriten werden kurze, fein verästelte Fortsätze des Zellkörpers bezeichnet. Sie nehmen Informationen von benachbarten Nervenzellen auf. Diese Informationen werden vom Soma verrechnet und über den Axonhügel an das Axon weitergegeben.
Das Axon ist eine unterschiedlich lange Ausstülpung des Zellkörpers und leitet die Informationen (Aktionspotentiale) weiter an andere Neuronen oder Erfolgsorgane (z.B. Muskeln) weiter. Die Überragung von Informationen von einem Neuron zum anderen, geschieht an den Synapsen. Im Gegensatz zu der elektrischen Informationsübertragung am Axon wird die Information an den Synapsen auf chemischen Weg mit Hilfe von Transmittersubstanzen (z.B. Acetylcholin, Noradrenalin usw.) übertragen. Wird das Axon von einer dicken Isolierschicht (Myelinschicht) umgeben, spricht man von markhaltigen Nervenfasern. Die Myelinschicht ist in regelmäßigen Abständen unterbrochen.

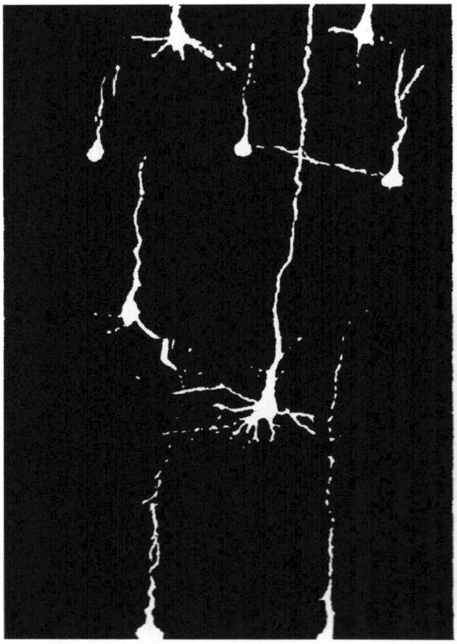

Geburt

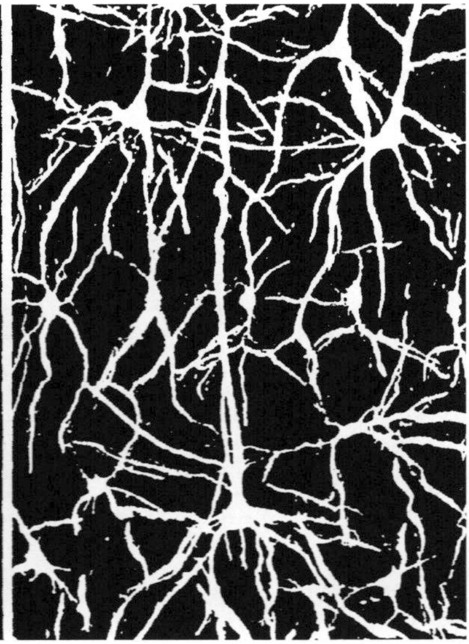

3 Monate

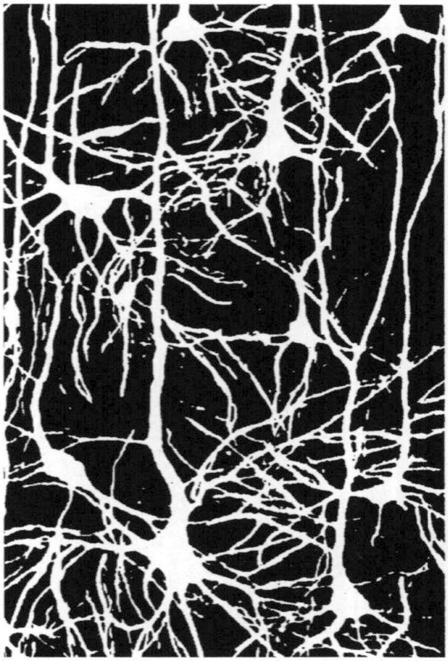

15 Monate

3 Jahre

Abb. 30: Schnitt durch eine Partie der menschlichen Großhirnrinde (Vester 2002, 40f.)

An diesen sogenannten Ranvier'schen Schnürringen hat das elektrische Signal (Aktionspotential) Kontakt mit dem Axon. Es breitet sich von einem Ranvier'schen Schnürring zum anderen aus, überspringt quasi die myelinisierten Abschnitte. Wir sprechen von einer saltatorischen (sprunghaften) Erregungsleitung. Myelinisierte Axone haben eine schnelle Erregungsleitung, ca. 120 Meter/sec und mehr. Nichtmyelinisierte Axone haben eine Leitungsgeschwindigkeit von ca. 1–3 Meter pro Sekunde.
Synapsen bilden sich sehr früh, aber die intensivste Zeit der Synapsenbildung ist nach der Geburt. Wie auf der Abbildung zu erkennen ist, bilden sich in den ersten drei Lebensmonaten sehr viele Verbindungen aus, die sich im Laufe der Weiterentwicklung noch differenzieren. Wie komplex dieses Netzwerk sich darstellt, kann man daran ersehen, dass eine einzige Gehirnzelle bis zu 10.000 Verbindungen mit anderen Neuronen eingehen kann (vgl. Spitzer 2002, 52). Synapsen werden immer wieder gelöst und entstehen neu. Beim erwachsenen Menschen kommunizieren 120 Milliarden Zellen über ca. 100 Billionen Synapsen.
Die neuronale Geschwindigkeit nimmt zwischen Geburt und Adoleszenz um das 30–40 fache zu. Grund dafür ist die Myelinisierung der Neuronen. Die Neuronen werden „dicker", damit erreichen sie eine Reizleitungsgeschwindigkeit von ca. 120m/s. Jetzt erst können die Verbindungen richtig genutzt werden und alle Gehirnbereiche in den Informationsverarbeitungsprozess miteinbezogen werden.
Mit der Geburt beginnt eine intensive Reifung des Gehirns. Über die Sinnesorgane strömen eine unermessliche Zahl an Informationen und Eindrücken auf das kindliche Gehirn ein. Erfahrungen, die sich oft wiederholen, führen zu einer intensiven Ausbildung von Synapsen und damit zur Ausbildung von neuronalen Netzen. Versuche von Eltern, die Gehirnentwicklung ihres Kindes mittels Video und Tonkassetten zu beeinflussen, müssen sehr kritisch gesehen werden. Die Kindern brauchen verlässliche wiederkehrende, „erlebte" Erfahrungen, die optimalerweise in einem positiven emotionalen Kontext stehen.
Zu Beginn dieser Entwicklung bildet der Säugling, beziehungsweise das Kleinkind fast doppelt so viele Synapsen, wie letztlich benötigt werden. Ein wesentlicher Bestandteil der Gehirnentwicklung bei Kindern besteht darin, die für ihre Lebenswelt nicht relevanten Synapsen abzubauen und die benötigten Bahnen zwischen den Neuronen zu intensivieren. Dies macht deutlich, wie bedeutsam Bewegen, Wahrnehmen, Handeln und Kommunikation/Interaktion in den ersten Lebensjahren sind.
Mit Entwicklungsfenster (kritische Phasen) werden Zeiträume definiert, in welchen das Gehirn für bestimmte Lernerfahrungen beson-

ders empfänglich ist. Bekannt sind solche Fenster zum Beispiel für die Entwicklung des Sehens und Hören, und vor allem für den Erwerb der Sprache. Natürlich ist das Erlernen von Sprachen auch später noch möglich, aber mit erheblich mehr Aufwand.
Erfahrungen der ersten Jahre werden nicht im Langzeitgedächtnis gespeichert und stehen uns deshalb später nicht zur Verfügung (infantile Amnesie).
Alle Erfahrungen werden mit Emotionen gekoppelt und entsprechend unterschiedlich gespeichert. „Während das erfolgreiche Einspeichern von Wörtern in positivem emotionalen Kontext eine Aktivität im Bereich des Parahippocampus zeigte, fand sich eine Aktivierung der Amygdala, während des erfolgreichen Einspeicherns in negativen emotionalen Kontext" (Spitzer 2005, 95).
Emotionen spielen also eine wichtige Rolle bei der Grundorganisation des Gehirns. Für Luc Ciompi sind Affekte (Gefühle, Emotionen usw.) zentrale Organisatoren und Integratoren für jede kognitive Leistung.

→ „Die Affekte wirken dabei wie Pforten oder Schleusen, die den Zugang zu bestimmten kognitiven Inhalten kontextabhängig öffnen oder schließen.
→ Sie funktionieren offenbar wie ein Leim oder Bindegewebe, das weit über das ganze Leben verstreute kognitive Inhalte mit gleicher Affektfärbung miteinander verbindet.
→ Die organisieren die operationale Hierarchisierung von kognitiven Inhalten. „Je nach affektivem Zustand (Gestimmtheit) werden verschiedenartige kognitive Welten mit je spezifischen Inhalten und Formen der Informationsverarbeitung aktiviert bzw. konstruiert" (Ciompi 1995, zitiert nach Hornberger).

Ein positiver emotionaler Kontext ist sehr förderlich für alle Situationen. Wir alle erleben gelungene Lösungen und erfolgreiches Handeln als sehr angenehm. Es motiviert uns zu neuen Anstrengungen. Negativ eingefärbte Erfahrungen sind auch von Bedeutung, denken wir nur mal an den ersten Blechschaden an „unserem" Auto. Viele Situationen, die keinen besonderen positiven emotionalen Anteil haben, geraten in Vergessenheit. So ist die Erinnerung an unsere Schulzeit oft recht „dünn". Nur sehr positive emotionale Geschehnisse, wie unsere erste erfolgreiche Rolle im Schultheater, sind uns noch präsent.
Unser Gehirn zeichnet sich durch eine hohe Anpassungs-Fähigkeit (Plastizität) aus. Diese Fähigkeit ermöglicht uns ein lebenslanges Lernen! Plastizität bedeutet aber auch, dass das Gehirn über die Fähigkeit verfügt, Schädigungen zu kompensieren und die gestörten Funktionen wiederherzustellen. In welchem Umfang dies geschehen kann, hängt

Halbhirn-Patient Dörr
Vollständiges und ungeteiltes Ich

Leben ohne links

Seit zwölf Jahren lebt Philipp Dörr mit einem halben Großhirn. Trotzdem spielt er Schach, liest Goethe und taucht – ein verblüffendes Beispiel für die Wandlungsfähigkeit des Denkorgans.

Als Philipp Dörr aus der Narkose aufwachte, war links aus seinem Leben verschwunden. Unvermittelt standen die Krankenschwestern, die von links in sein Zimmer traten, vor seinem Bett. „Sie waren aufgetaucht wie aus dem Nichts", erinnert sich Philipp. Seine Eltern banden ihm eine Uhr ums linke Handgelenk und fragten ihn nach der Zeit. „Woher soll ich das wissen?", antwortete er genervt.

Links war nicht nur einfach weg. Philipp vermisste diese Hälfte nicht einmal. Dass sein linker Arm steif und unbeweglich von der Schulter baumelte, kümmerte ihn ebenso wenig wie sein regloses linkes Bein.

Nach seiner Entlassung kegelte er im Supermarkt von den Regalen auf der unsichtbaren Seite seiner Welt alles zu Boden. „Es war, als gäbe es eine vierte, unsichtbare Dimension", erinnert sich der inzwischen 23-Jährige.

Damals, als die Ärzte ihm den Schädel öffneten, war Philipp gerade elf. Mehrere lange Narben auf der rechten Seite seines kahlrasierten Kopfes blieben zurück. Lange Zeit trauten sich seine Eltern nicht, ihm die Wahrheit darüber zu sagen, was genau die Ärzte mit ihm gemacht hatten.

Erst sieben Jahre nach der Operation – Philipp sollte gerade in die Oberstufe kommen, er wählte Deutsch als Leistungskurs – zeigten sie ihm die Aufnahmen aus dem Computertomografen: Auf der rechten Seite war gähnende Leere; die Ärzte hatten dem Jungen eine gesamte Großhirnhälfte herausoperiert.

Die Operation war unumgänglich gewesen. Denn Philipp litt seit frühester Kindheit an schwerer Epilepsie. Seine epileptischen Anfälle hatten so schwere Verwüstungen in seinem Hirn angerichtet, dass sein Leben bedroht schien.

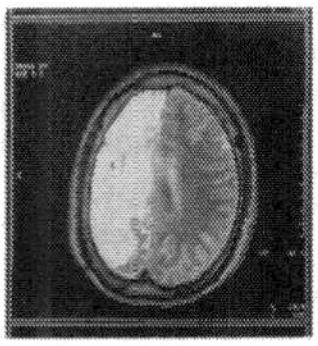

Operiertes Gehirn*
Der Hälfte beraubt

Vor dem Entfernen der geschädigten Hirnhälfte bereiteten die Ärzte seine Eltern darauf vor, dass er danach „möglicherweise nicht mehr der Philipp sei, wie sie ihn kannten", erinnert sich Reinhard Werth, Neuropsychologe an der Universität München. Wie, so fragten sich Ärzte und Eltern, würde ein Philipp aussehen, dem eine Hälfte des Großhirns fehlt – des Organs, das seine Persönlichkeit, Talente, Vorlieben, Identität enthält?

Drei Jahre verbrachte Philipp wegen der OP in der Klinik. Ganz langsam nur lernte die verbliebene Hirnhälfte, mit dem Verlust der anderen zu leben. Doch was dann folgte, grenzt für Werth an ein medizinisches Wunder: „Philipps Gehirn war offenbar so flexibel, dass fast alle Fähigkeiten der rechten von der linken Hirnhälfte übernommen werden konnten."

* Computertomografie des Patienten Dörr.

Anfangs war für Philipp all das, was ehedem sein rechtes Großhirn verarbeitet hatte, schlicht nicht mehr existent – „Neglect" nennen die Hirnforscher dieses Phänomen. Doch Schritt für Schritt bemächtigte sich sein Linkshirn dann all jener Aufgaben, die ehedem dem Rechtshirn zugewiesen waren. Mit einem Gerät, bei dem auf einem kreisrunden Plexiglasschirm verschieden helle Lichtpunkte aufleuchten, gelang es sogar, sein Gesichtsfeld wieder zu erweitern.

„Mir fehlen eine Reihe von Erinnerungen, vor allem aus den letzten Jahren vor der Operation", berichtet der Patient. Doch zum Erstaunen der Ärzte haben seine intellektuellen Fähigkeiten nicht gelitten. Sprechen und Schreiben fallen ihm leicht. Philipps Intelligenzquotient ist überdurchschnittlich. Er spielt Schach, schreibt in den Schulklausuren gute Noten und befasst sich mit Goethe, Mann und E. T. A. Hoffmann. Im nächsten Schuljahr dann steht die vorläufige Krönung seiner neurologischen Rekonvaleszenz an: das Abitur.

Für die Wissenschaftler ist Philipp ein Extrembeispiel eines Phänomens, das sie immer aufs Neue verblüfft: die enorme Veränderungsfähigkeit, die so genannte Plastizität des Organs im Kopf. Der Hälfte aller Großhirnzellen beraubt, gelang es Philipps verbliebenem Hirn doch, sämtliche Sinnesreize und Schaltkreise derart neu zu verdrahten, dass am Ende ein so vollständiges und ungeteiltes Ich entsteht wie in einem vollständigen Hirn.

Einzig, wenn es darum ging, viele Dinge zugleich zu verarbeiten und schnell zu reagieren, stellte Philipp bei sich Schwächen fest. Doch auch diese glaubt er inzwischen überwunden zu haben. Unlängst bestand Philipp sogar die Prüfung als Rettungstaucher. Erforderlich dafür sind möglichst prompte Reaktionen. „Ich war selbst überrascht, dass es so gut geklappt hat", freut sich Philipp.

Nach den Abiturprüfungen muss er noch eine weitere Institution von seinen geistigen Fähigkeiten überzeugen: die Fahrerlaubnisbehörde.

Die ist zuständig, Philipp zur Führerscheinprüfung zuzulassen. Patienten, die einen Neglect erlitten haben, dürfen laut gängiger Praxis eigentlich keine Fahr-Erlaubnis erwerben. Dass sich das Gesichtsfeld wieder erweitern lässt, gehört beim Straßenverkehrsamt noch nicht zum medizinischen Standardwissen.

Deshalb ist Philipp sich noch nicht sicher, „ob die Behörden ähnlich flexibel sind wie mein Gehirn". GERALD TRAUFETTER

30 SPIEGEL SPECIAL 4/2003

Abb. 31: Leben ohne links (spiegel spezial 4/2003 S. 30)

von vielen Faktoren ab. Natürlich ist der Grad der Schädigung und das Ausmaß der betroffenen Hirnareale von entscheidender Bedeutung,

wichtig ist aber auch eine schnelle Versorgung nach dem Eintreten der Schädigung, ein frühes Einleiten von Rehabilitationsmaßnahmen und zum Beispiel die Motivation des Betroffenen.
Bis vor ein paar Jahren waren alle der Überzeugung, dass ein Leben nur mit beiden Gehirnhälften möglich wäre. Eine Untersuchung bei einem ca. 40-jährigen Berufskraftfahrer nach einem Unfall zeigte, dass er nur eine Gehirnhälfte besaß. Noch spektakulärer waren die Entwicklungen, als man jungen Patienten mit extremer Epilepsie eine Gehirnhälfte entfernen musste (vgl. Spitzer 2002, 16).
Das Gehirn hat also eine unvorstellbare Plastizität. Dabei ist natürlich das junge Gehirn viel anpassungsfähiger.
Kompensatorische Leistungen sind aber auch bei älteren Patienten möglich. Bach-y-Rita (1977, 100f.) beschreibt dies am Beispiel eines 65-jährigen Mannes. Nach einem Schlaganfall blieb eine schwere rechtsseitige Hemiplegie (Halbseitenlähmung) mit Aphasie (Sprechunfähigkeit) zurück. Da der Patient überdurchschnittlich motiviert war und sofort mit den Übungen begann, konnte er nach einigen Monaten mit einem Finger, später mit zwei und drei Fingern und zuletzt mit allen Fingern wieder Schreibmaschine schreiben. Drei Jahre nach dem Schlaganfall waren schließlich Sprache und motorische Koordination fast voll hergestellt, und der Patient nahm seine frühere Tätigkeit wieder auf. Als er sieben Jahre später (einer anderen Ursache wegen) starb, ergab die neuropathologische Untersuchung des Gehirns deutliche linkshemisphärische Atrophie (Abbau) und Demyelinisierung der distalen corticospinalen Bahnen (sie steuern Muskel, Rumpf und Gliedmaßen). Die motorischen und sprachlichen Funktionen mussten also nach dem Schlaganfall von anderen Zentren übernommen worden sein.
Die Erholung des geschädigten Gehirns kann auf unterschiedliche Art und Weise erfolgen. Wichtigster Vorgang ist dabei die funktionelle Reorganisation unverletzt gebliebener Hirnteile. Dabei kommt es zu einem Wachstum der Achsenzylinder und der Dendriten und damit zur Bildung neuer Synapsen. Existierende Synapsen werden gebahnt, das heißt ihre Funktionalität (z.B. Leitungsgeschwindigkeit) wird gesteigert. Die funktionelle Vielseitigkeit vieler Hirnareale unterstützt die Reorganisation. Die Übernahme der Funktionen durch andere Areale ist auf jeden Fall von dem Vorhandensein von Verbindungsstellen abhängig.
Eine weitere Sensation war die Entdeckung, dass auch nach der Geburt weitere Neuronen gebildet werden können. Inwiefern diese Neubildung von Neuronen zum Beispiel bei Ausfällen oder degenerativen Prozessen kompensatorische Wirkung haben, ist noch ungeklärt. Die Plastizität des Gehirns, die lebenslange Neubildung von Neuronen

zeigt jedoch, dass Lern- und Bildungsprozesse in jedem Lebensabschnitt möglich.
Welche Konsequenzen ergeben sich aus den vorher gemachten Ausführungen für Menschen mit unterschiedlichen Entwicklungsverzögerungen?
Klar ist, die Entwicklung des Gehirns und der geistigen Fähigkeiten findet wesentlich durch die Auseinandersetzungen mit der Umwelt statt. Aufgrund der intensiven Vernetzungsvorgänge im ersten Lebensabschnitt wird deutlich: Je früher individuelle Entwicklungsanreize angeboten werden, umso mehr kann eine positive Entwicklung der gesamten Persönlichkeit beeinflusst werden. Für Menschen mit einer schweren Einschränkung bedeutet dies, dass basale Bildungsangebote zum Beispiel im somatischen Bereich, so lange angeboten werden sollen, bis unser Gegenüber diese Erfahrungen „verinnerlicht" hat, beziehungsweise sie in neuronalen Mustern abgespeichert sind. Aufbauend auf diese Kompetenzen sind Erweiterungen/Variationen sinnvoll. Dies muss natürlich sehr individuell gestaltet werden. Bei Kinder/Jugendlichen mit guten Grundlagen in basalen Wahrnehmungs- und Bewegungserfahrungen sind Bewegungs- und Lernangebote in verschiedenen Varianten sinnvoll, um so eine vielfältige Verknüpfungen der Neuronen zu ermöglichen. Mehrere Bewegungsalternativen zu kennen heißt, die Freiheit der Wahl und damit die größere Handlungskompetenz zu haben. Jeder Mensch kann in jeder Situation Erfahrungen machen, er kann lernen und damit Kompetenzen aufbauen. Das bedeutet für die heilerzieherische Praxis, dass Bildungsangebote bei allen Menschen, mit oder ohne Behinderung und egal in welcher Lebensphase immer sinnvoll und bedeutsam sind. Voraussetzung ist aber, dass die Inhalte für den Einzelnen bedeutsam sind beziehungsweise er darin einen Sinn sieht. Und sie müssen regelmäßig erfolgen. Wiederholungen bewirken neurophysiologische Veränderungen (z.B. Bahnung), Üben und Handeln festigen die gemachten Erfahrungen. An dieser Stelle möchten wir nochmals auf die Bedeutsamkeit eines positiven Bezuges hinweisen. Nur wenn unser Gegenüber unser Zutrauen spürt, er sich aufgehoben und sicher fühlt, werden Bildungsprozesse Erfolg haben.

Literatur

Bach-y-Rita, P. (1977): Hirnplastizität und sensorische Substution, in: Ditfurth, H.: Mannheimer Forum, S. 89–146
Bauer, J. (2006): Warum ich fühle, was du fühlst. München
Bauer, J. (2006): Prinzip Menschlichkeit. Hamburg
Ciompi, L. (1998): Affektlogik. Stuttgart
Grolle, J. (2003): Baustoffe der Gedanken, in: Spiegel spezial 4/2003

Hornberger, S. (1997):Was heißt eigentlich „Psychisch krank?“, in: Kapustin, P./Hornberger, S./Kuckuck, R.: Sport als Erlebnis und Bewegung. Aachen
Sacks, O. (1995): Eine Anthropologin auf dem Mars. Reinbek bei Hamburg
Sacks. O (1993): Der Mann, der seine Frau mit einem Hut verwechselte. Reinbek bei Hamburg
Spitzer, M. (2002): Lernen – Gehirnforschung und die Schule des Lebens. Heidelberg
Spitzer, M. (2005): Nervensachen. Stuttgart
Supp, B. (2003): Wie ich Ich werde, in: Spiegel spezial 4/2003
Timm, K. (2003): Jeden Tag ein Universum, in: Spiegel spezial 4/2003
Traufetter, G. (2003): Leben ohne links, in: Spiegel spezial 4/2003
Vester, F.(2002): Denken, Lernen, Vergessen. München
Vester, F. (2000): Die Kunst vernetzt zu denken. Stuttgart
www.u-helmich.de/bio/neu
Zinke-Wolter, P. (2005): Spüren – Bewegen – Lernen. Dortmund

Definition des Wahrnehmungsprozesses

Unter Wahrnehmung wird die „sinnstiftende (sinngebende) Verarbeitung von Reizen“ (vgl. Fröhlich 2003, 50) verstanden. Der Begriff Reiz bezeichnet jeden Impuls der Sinnesorgane an das zentrale Nervensystem. Eine Wahrnehmungsstörung liegt folglich dann vor, wenn die sinngebende Verarbeitung von Reizen gestört ist. Wahrnehmung ist ein aktiver Verarbeitungsprozess von äußeren und inneren Reizen, der nach folgendem Schema abläuft.

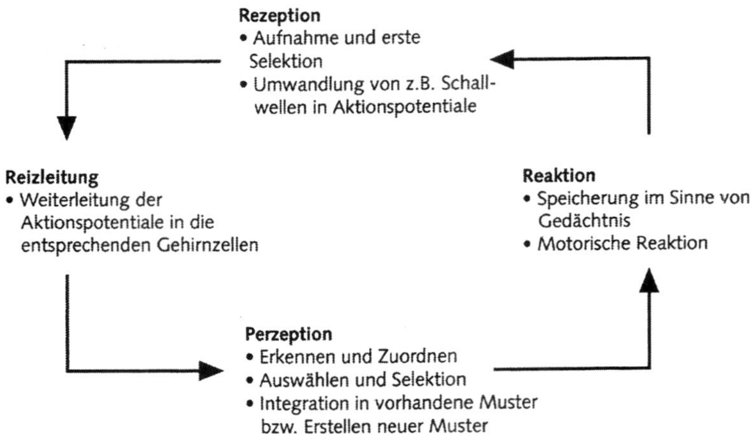

Abb. 32: Der Prozess der Wahrnehmung

Rezeption bedeutet, dass die Sinnesorgane die Information aufnehmen. Im Falle der auditiven Wahrnehmung beispielsweise heißt das, dass die Schallwellen auf das Ohr treffen, durch verschiedene anatomische Gegebenheiten verstärkt werden und damit die Lymphe im Innenohr in Bewegung setzen. Diese Bewegung bewirkt wiederum eine Reizung von Nervenzellen, die die Weiterleitung elektrischer Impulse (Aktionspotentiale) ans Gehirn zur Folge hat.
Reizleitung bedeutet, dass die in den aufnehmenden Sinnesorganen entstehenden Impulse in den entsprechenden Nervenbahnen, die oft nach Art des Reizes bezeichnet werden (Riech-, Seh- und Hörnerv), in die entsprechenden Gehirnzentren geleitet werden.
Unter *Perzeption* wird die Informationsverarbeitung der eingetroffenen Signale in den entsprechenden Gehirnzentren verstanden. Zuerst aber werden die ankommende Impulse im Hirnstamm gesammelt, ver-

glichen, vereinfacht und weitergeleitet. Nur ein minimaler Teil dieses Wahrnehmungsprozesses wird bewusst erlebt. In den höheren Gehirnzentren erfolgt ein Erkennen und Zuordnen, Vergleichen und Verknüpfen der Informationen. Entweder kann die Information in bereits vorhandene kognitive Muster integriert werden, oder es müssen neue Handlungsschemata erstellt werden.
Die *Reaktion* erfolgt, wenn die Information verarbeitet ist. Sie kann entweder in Motorik (Körper-, Sprech-, Handmotorik) überführt werden oder als Speicherung von Informationen im Sinne von Erfahrung (Gedächtnis) erfolgen.
Nicht das, was an der Netzhaut des Auges stattfindet, ist Wahrnehmung, sondern das, was im Gehirn mit den dort ankommenden Reizen geschieht, nämlich die Verarbeitung des Reizes oder der komplexen Reizkonfiguration.
Wahrnehmungsstörungen sind Störungen in der sinngebenden Verarbeitung von Reizen. Sie drücken sich in der mangelnden Fähigkeit der Reizerkennung, Reizzuordnung und Verarbeitung aus. Demgegenüber sind die eigentlichen Sinnesstörungen (z.B. beim Auge Schielen, Kurz-/Weitsichtigkeit, beim Ohr Taubheit) auf eine mangelnde Funktionsfähigkeit der Sinnesorgane und/oder der weiterleitenden Nervenbahnen zurückzuführen.

Die Darstellung der wichtigsten Sinne

Der Tastsinn (taktile Wahrnehmung)

Das größte Wahrnehmungsorgan des Menschen ist die Haut, die ca. 1,75 qm Fläche und ca. 3 Kilogramm Gewicht umfasst. Eingebettet in die Haut finden wir eine Vielzahl unterschiedlicher Rezeptoren. Der Tastsinn gibt uns Rückmeldung bezüglich Druck, Berührung, Vibration (Mechanorezeptoren), Temperatur (Thermorezeptoren) und Schmerz (Nocirezeptoren).
Bei der taktilen Wahrnehmung unterscheiden wir zwischen einem schützenden (protopathisches) und einem unterscheidende, beurteilende (epikritisches) System.
Das epikritische System ermöglicht uns, die Umwelt differenziert wahrzunehmen. Die Oberfläche, Größe, Form und Konsistenz von Gegenständen werden erfasst. Beteiligt sind hauptsächlich Handinnenflächen, Fingerspitzen und der Mund.
Das protopathische System ist bei jeder Berührung aktiv und schützt uns vor Verletzungen, aber auch vor ungewohnten Reizen. Berühren wir zum Beispiel ein sehr kaltes Wasser, ziehen wir unsere Hand schnell zurück.

Nehmen Sie zwei Zahnstocher, halten sie diese zuerst dicht aneinander und setzen auf dem Rücken Ihres Partners einen kurzen Impuls. Fordern Sie den Partner auf, Ihnen mitzuteilen, ab wann er spürt, dass es sich um zwei Zahnstocher handelt. Nach jedem Impuls führen Sie die Zahnstocher weiter auseinander. Sie werden feststellen, dass es einer relativ großen Entfernung bedarf, bevor die pieksenden Objekte als zwei Zahnstocher erkannt werden. Lassen Sie die Übung an sich wiederholen. Nun setzten sie die Zahnstocher eng aneinander geschlossen auf ihre Zungenspitze. Sie werden relativ rasch bemerken, dass es sich um zwei Zahnstocher handelt. Je weiter sie die Zahnstocher jedoch an der Zunge entlang führen, desto schwieriger wird die Identifikation. Testen sie nun die Fähigkeit der Erkennung im Vergleich von ihrer Zungenspitze zu einer ihrer Fingerspitzen. Auch hier werden sie erkennen, dass die Fingerspitzen längst nicht so gut spüren können wie die Zungenspitze (nach Bienstein/Fröhlich 2006, 70).

Die Verteilung beziehungsweise die Dichte der einzelnen Rezeptoren ist je nach Körperregion unterschiedlich. Die simultane Raumschwelle (Mindestabstand, der für zwei deutlich trennbare Empfindungen nötig ist) liegt zum Beispiel bei der Zungenspitze bei 1 mm, an der Fingerspitze bei 2 mm, bei den Lippen bei 4 mm, am Unterarm bei 40 mm und am Rücken zwischen 60–70 mm.
Um eine Berührung als solche identifizieren zu können, benötigt zum Beispiel die Nase 2 g/cm^2, der Unterarm 33 g/cm^2 und der Handrücken 12 g/cm^2. Wichtig dabei ist, dass die Berührungsrezeptoren differentialquotientenempfindliche Systeme sind, sie reagieren nur auf eine Veränderung der Reizstärke. Deshalb spüren wir nach einer gewissen Zeit unsere Kleidung nicht mehr; bei Menschen, die lange liegen müssen, bedeutet dies aber auch einen erheblichen Verlust des Körpergefühls.

Wir legen uns auf eine bequeme Matratze oder auf eine sehr weiche Schaumstoffunterlage. Unter den Kopf ein Kissen, sonstige eventuelle Freiräume werden ausgepolstert. In dieser Position verbleiben wir ca. 20 Minuten völlig regungslos.
Diese Lagerungsart wird anfangs meist als sehr angenehm empfunden. Allerdings spürt man den Körper kaum mehr, auch nicht an den dekubitusgefährdeten Stellen. Die Körperform, das Körperschema geht dabei verloren. Jetzt wird diese Lagerungsform als sehr „bedrohlich“ empfunden.

Berührungen sind für die Entwicklung und das emotionale, psychische Befinden der Einzelnen von größter Wichtigkeit. Babys werden von den Müttern in den Arm genommen und umschlossen. Trösten wir jemanden, nehmen wir ihn in den Arm und halten uns gegenseitig fest. Ein Mangel an taktilen Reizen in den ersten Lebensmonaten kann zu Störungen in der Entwicklung der Emotionalität, Motorik, Wahrnehmung und Intelligenz führen.
Störungen des taktilen Systems können sich sowohl in einer Über- als auch einer Unterfunktion ausdrücken. Bei der Überfunktion werden Berührungsreize als schmerzhaft, unangenehm empfunden und können nicht lokalisiert werden. Deshalb versuchen hypersensible Personen Reizen aus dem Weg zu gehen oder reagieren mit taktiler Abwehr. Ursache dieser Hyperreaktion scheint eine ungenügende Hemmung taktiler Reize zu sein. Bei der Unterfunktion hingegen wird eine mangelnde Bahnung vermutet, welche verhindert, dass Reize vom zentralen Nervensystem registriert werden. Die Unterfunktion des taktilen Systems führt dazu, dass zum Beispiel thermische Reize nicht angemessen verarbeitet werden können. Zu heißes Duschen, der Außentemperatur nicht angepasste Kleidung, also mangelndes Kälte- und Wärmeempfinden sind bekannte Symptome der Hyporeaktion.

Tiefensensibilität (propriozeptive Wahrnehmung)

Die Tiefensensibilität wird auch als „kinästhetisches System" bezeichnet. Kinästhesie (griech. kinein = bewegen u. aisthesis = wahrnehmen), auch Muskelsinn genannt, meint die Empfindungen eigener körperlicher Bewegungen. Grundsätzlich werden zwei Formen von Rezeptoren unterschieden. Exterozeptoren nehmen die Reize von außen auf, Enterozeptoren registrieren die im Körperinnern entstehenden Reize. Dabei unterscheidet man nochmals zwischen den Rezeptoren der Eingeweide, den sog. Viscerozeptoren, und den Propriozeptoren (proprio, lat. das Eigene), die als sensible Endorgane auf Zustandsänderungen des Bewegungs- und Halteapparates ansprechen (Mechanorezeptoren). Spannungsrezeptoren, Sehnen- und Muskelspindeln messen die Spannung an Muskeln und Sehnen und regeln so den Lagezustand des Körpers, die Stellungsrezeptoren an den Gelenkkapseln und Gelenkbändern steuern die Bewegungsregulation. Die Tiefenwahrnehmung ist zentral wichtig für die Kraftdosierung und Krafteinschätzung. Weiterhin gibt sie Rückmeldung über die Körpertätigkeit, die die Grundlage ist für die Planung und Durchführung von Bewegungsabläufen. Die Kinästhetik vermittelt uns also ein Gefühl für unseren Körper und damit ein Identitätsempfinden. Sacks (1993, 69ff.) beschreibt die Situation einer Frau, die aufgrund einer sensorischen Polyneuropathie (Erkrankung des peripheren Nervensystems) ihren Körper „verliert". Aufgrund der Schädigung/ Ausfall der propriozeptiven Nervenfasern erhält sie keine Informationen über Stellung und Lage ihres Körpers im Raum. Wenn sie morgens im Bett aufwacht, hat sie keinerlei Informationen, wo beziehungsweise in welcher Stellung sich ihr Körper befindet, muss ihn also erst suchen. Über visuelle Kontrolle gelingt es ihr dann wieder, ihren Körper zu bewegen. „Sie hat es geschafft zu funktionieren, aber nicht zu sein" (Sacks 1993, 82).

> Die Teilnehmerin einer Gruppe (ca. zehn Personen) soll mit verschlossenen Augen den Rest der Gruppe der Größe nach geordnet aufstellen. Die Augen sollen dabei nicht verbunden werden, damit sich die einzelne ganz auf ihre Wahrnehmung konzentrieren kann. Meist gelingt es den Teilnehmerinnen problemlos, die Aufgabe zu lösen, selbst wenn nur minimale Größenunterschiede bestehen.

Der Gleichgewichtssinn (vestibuläre Wahrnehmung)

Die vestibuläre Wahrnehmung ist nach dem Vestibulärapparat, dem Gleichgewichtsorgan im Innenohr benannt. Man unterscheidet zwischen dem Lage und Bewegungssinn und dem Drehbewegungssinn. Rezeptoren des Lage- und Bewegungssinn registrieren die Richtung sowie eine Veränderung der Geschwindigkeit und regeln damit unser Gleichgewicht. Dies geschieht zu jedem Zeitpunkt, bewusst wird uns dies jedoch erst bei einer Überreizung in Folge von Störbeschleunigungen, zum Beispiel bei Sturm auf See oder in einem Karussell. Der Drehbewegungssinn besteht aus Sinneszellen (Cupulae), die sich in den drei senkrecht zueinander stehenden Bogengängen befinden. Sie registrieren die Drehung beziehungsweise Stellung des Kopfes und Körpers im Raum.

> Eine Person setzt sich auf einen gut gelagerten Drehstuhl, ohne Kontakt zum Boden. Jetzt schließt die Versuchsperson die Augen und wird in die Drehbewegung versetzt. Dabei darf die Versuchsperson nicht berührt werden. Nach kurzer Zeit hat sie das Gefühl, nicht mehr zu drehen. Wird die Bewegung abgestoppt, hat die Versuchperson das Gefühl in die entgegengesetzte Richtung zu drehen.

Das vestibuläre System erfüllt also u.a. folgende Aufgaben:

→ Definition der Raumlage und Körperpositionen;
→ Stabilisierung und Harmonisierung des Muskeltonus;
→ Haltungs- und Gleichgewichtsreaktionen durch automatische Muskelkontraktionen, zum Beispiel wenn wir über unebenes Gelände gehen, beim Ziehen und Schieben, beim Sitzen;
→ Koordination von Augen- und Halsmuskulatur;
→ Aufrechterhaltung eines stabilen Gesichtsfeldes. Das bedeutet, das Vestibularsystem stimmt die Augen- und Halsmuskulatur so ab, dass sie jede Bewegung des Kopfes und des Körpers kompensieren kann;
→ vestibuläre und kinästhetische Impulse bewirken Schutzreaktionen.

Das vestibuläre System hat Verbindungen zu allen anderen Funktionsarealen des Gehirns. Es ist eng verbunden mit dem taktilen und kinästhetischen System. Aber auch bei der Entwicklung und Wirkungsweise der Fernsinne, vor allem bei der visuellen und akustischen Wahrnehmung ist es beteiligt (Raumvorstellung und Raumwahrnehmung). Das vestibuläre System beeinflusst auch die emotionale Entwicklung und Gestimmtheit. Tätigkeiten mit hohen vestibulären Anteilen wie Skifahren, Snowboarden, Motorradfahren, Skateboard werden von vielen Menschen gesucht und führen offensichtlich zu einer hohen emotionalen Zufriedenheit.
Überstarke Reize wirken sich auf das vegetative Nervensystem aus und führen zu Schweißausbrüchen und Übelkeit.

> Aufzug fahren: Eine Person setzt sich auf einen Stuhl. Vier andere Personen heben den Stuhl leicht an (ca. 10–20 cm) und bleiben dabei immer in Bewegung. Währenddessen führt eine weitere Person die Hand der Sitzenden und führt sie langsam nach unten. Danach wird die Person gefragt, wie hoch sie sich ihrem Empfinden nach befindet.

Störungen des vestibulären Systems beruhen meist auf einem Ungleichgewicht zwischen Fazilitation (Bahnung) und Inhibition (Hemmung). Personen mit einer Unterfunktion des vestibulären Systems suchen Betätigungen, die ihnen ein Übermaß an vestibulärer Stimulation verschaffen. Bei einer Überfunktion gelangen zu viele Reize zum Gehirn; Menschen mit Überfunktion suchen vestibuläre Stimulationen zu vermeiden.

Die Verarbeitungsleistungen des Tastsinns, der Tiefensensibilität und des Gleichgewichtssinnes werden unter dem Begriff „taktil-kinästhetische Wahrnehmung“ zusammengefasst.

Der Gesichtssinn (visuelle Wahrnehmung)

Der visuelle Sinn spielt im Leben eines sehenden Menschen eine große Rolle. Wir nehmen ca. 80 % unserer Informationen aus der Umwelt über das Auge auf. Dabei bewirkt Licht, also elektromagnetische Strahlung mit dem Wellenlängenbereich von ca. 400–750 nm, eine Erregung der Sehzellen. Je nach Intensität werden die zwei unterschiedlichen Sehzellentypen, Stäbchen und Zapfen, angesprochen. Die Stäbchen sind für das Schwarz-Weiß-Sehen, die Zapfen für das Farbsehen verantwortlich. Dabei werden nur drei Typen von Zapfen (rot, grün, blau) unterschieden. Trotzdem können ca. 7 Mio. Farbnuancen unterschieden werden. Die ca. 126 Millionen Sehzellen (120 Mio. Stäbchen/6 Mio. Zapfen) sind bereits in der Netzhaut miteinander verbunden; der Sehnerv, der schließlich die entstandenen Aktionspotentiale zum Gehirn weiterleitet, besteht aus ca. 1 Mio. Neuriten. Bereits in der Netzhaut laufen also „Verarbeitungsprozesse“ ab. Die im Gehirn ankommenden Informationen werden über das Zwischenhirn zur Sehrinde des Großhirns weitergeleitet. Bei der Informationsverarbeitung im Gehirn sind mehrere Gehirnteile auf verschiedenen Ebenen beteiligt. Erst im Gehirn bekommen die ankommenden Signale Bedeutung. Wir sehen also nicht mit den Augen, sondern mit dem Gehirn.

Der Gehörsinn (auditive Wahrnehmung)

Neben dem Gesichtssinn gehört auch der Gehörsinn zu den sogenannten Fernsinnen. Der Schall wird vom äußeren Ohr aufgefangen und gelangt über den äußeren Gehörgang an das Trommelfell. Im Mittelohr werden die Schwingungen des Trommelfells mit Hilfe von Hammer, Amboss und Steigbügel (Gehörknöchelchen) auf das ovale Fenster übertragen. Die Schwingungen des ovalen Fensters übertragen sich auf die im Innenohr befindliche Flüssigkeit (Endolymphe). Je nach Stärke der Schwingungen werden jetzt verschiedene Sinneszellen angeregt (hohe Töne werden in der Nähe des ovalen Fensters, tiefe an der Spitze der Schnecke registriert), welche die Impulse ans Gehirn weiterleiten. Der Mensch hat eine untere Hörgrenze von ca. 20 Hertz (Hz) und eine obere von ca. 20 kHz (kHz = Kiloherz = 1.000 Schwingungen/sec). Eine starke Einschränkung beziehungsweise der Ausfall der auditiven Wahrnehmung bedeutet eine erhebliche Einschränkung, zum Beispiel bei der Wahrnehmung der Umwelt, vor allem aber im Bereich der Kommunikation.

Übersicht	Rezeptoren/Organ:	Physikalischer Reiz:	Perzeptionsfunktion:
1. Der Gleichgewichtssinn/das Vestibularsystem	Vestibulum/Innenohr (Sacculus/Utriculus/Bogengänge)	Schwerkraft (Gravitation), Körperbeschleunigung, Kopfrotation	Körperposition bezüglich Erdanziehung, Körperbeschleunigung, Kopfbewegungen, Gleichgewichtsregulation, Lage im Raum, Lage der Körperteile zueinander
2. Das kinästhetisch-propriozeptive System/Tiefenwahrnehmung	Muskeln, Sehnen, Gelenke: Muskelspindeln (Muskeldehnung), Sehnenspindeln (Muskelkontraktion), Druckrezeptoren	Druck, Zug	Position, Bewegung, Lokalisation, Körperinnensensibilität
3. Das taktile System/ Tasten-Fühlen	Haut: Thermo-, Noci- und Mechanorezeptoren	Druck, Vibration, Temperatur, Schmerz	Berührungs- und Vibrationsempfindung (passiv: taktil protopathisches System), Tasten (aktiv: taktil epikritisches System)
4. Das auditive System Hören	Ohren/Innenohr (Schnecke)	Schallwellen (Luftdruckschwankungen 16–20.000 pro Sek.)	Töne, Geräusche, Musik, Sprache, Lokalisation im Raum, Zeitempfinden
5. Das visuelle System/ Sehen	Augen (Netzhaut/Retina)	Lichtwellen (elektromagnetische Wellen 380–760 nm)	Farben, Raum, Objekte, Bewegung, Helligkeit
6. Das olfaktorische System/Riechen	Nase, Riechepithel (sensible Nerven in der Nasenschleimhaut)	Moleküle im Gaszustand	
7. Das gustatorische System/Schmecken	Zunge, Mund- und Rachenschleimhaut, Geschmacksknospen	Geschmacksrichtungen: süß, salzig, sauer, bitter	

Abb. 33: Die Sinnessysteme (Brüggebors 1992, 105)

Verarbeitungsebenen:	Bewußtseinsmodus:	Genese:	Psycho-Physis:
(primär): Kleinhirn	weitgehend unbewußt	3. Monat intrauterin: Labyrinth angelegt, Funktionsbeginn 5., 6. Monat intrauterin: Reifung	Sicherheit vs. Un-Sicherheit Gleichgewicht vs. Un-Gleichgewicht Ordnung vs. Un-Ordnung
(primär): Kleinhirn	teilweise bewußt	siehe: taktiles System	(Bewegungs-/ Körper-)Lust vs. (Bewegungs-, Körper-) Un-Lust
(primär): Protopathisches System: Thalamus: epikritisches System: Cortex	protopathisches System: (weitgehend) unbewußt; epikritisches System: (voll) bewußt	2. Monat intrauterin: Mundregion reagiert auf Reize 3. Monat intrauterin: Hand, Körperoberfläche, Mundhöhle teilweise reiz- und schmerzempfindlich 7. Monat intrauterin: alle physikalischen Reize werden von der Hand empfunden	Geborgenheit vs. Abgrenzung (Schmerz-)Mißempfinden vs. Wohl-Befinden Zärtlichkeit/ Liebe/Nähe vs. Ferne, Flucht/Angst
(primär): Cortex	(selektiv) bewußt	2. Monat intrauterin: Schneckenwindungen angelegt 5., 6. Monat intrauterin: alle Strukturen reif 7. Monat intrauterin: Reaktionen auf äußere Schallreize	Orientierung vs. Des-Orientierung Wohlbefinden vs. Mißempfinden Vertrautheit vs. Fremdheit Kommunikation
(primär): Cortex (Hinterhaupt)	bewußt (aber stark selektiv)	4. Monat intrauterin: Sehstäbchen differenziert; 9. Monat intrauterin: Aufnahme von Lichtreizen vollständig	Helligkeit vs. Dunkelheit Sicherheit vs. Orientierungsprobleme Wohlbefinden vs. Verunsicherung Lust vs. Unlust Vertrautheit vs. Fremdheit
(primär): Allo cortex	weitgehend weniger bewußt	2. Monat intrauterin: Riechepithel vorhanden 5.–8. Monat Reifung	Lust vs. Unlust, Flucht
(primär): Rautenhirn	(weniger) bewußt	2. Monat intrauterin: angelegt 4. Monat intrauterin: ausgereift 8. Monat intrauterin: Reaktion auf Mißempfindung	Lust vs. Unlust Genuß vs. Ekel

Der Geruchssinn (olfaktorische Wahrnehmung)

Der Geruchssinn ist sowohl Fern- als auch Nahsinn. Riechzellen in der Nasenschleimhaut reagieren auf gasförmige Stoffe und leiten die entsprechenden Informationen ans Gehirn weiter. Dabei kann der Mensch Tausende von Duftstoffen unterscheiden. Der Geruchssinn ist wichtig für die Auslösung der Speichel- und Magensaftsekretion, für die Umweltkontrolle im Sinne von Hygiene und für die Nahrungskontrolle. Eine Hyposensibilität fällt meist wenig auf. Die entsprechenden Personen essen zum Beispiel alles, bilden meist keine geschmacklichen Vorlieben aus und riechen, aufgrund ihrer Hyposensibilität, ohne es zu merken, an stark (scharf) riechenden Substanzen. Bei einer Überempfindlichkeit dagegen kommt es häufig zu ablehnenden Reaktionen gegenüber bestimmten Düften, zum Beispiel bei Speisen, Hygieneartikeln, Kleidung, Räumen usw. Solche Verhaltensweisen werden manchmal falsch als „unwilliges“ beziehungsweise „ungezogenes“ Verhalten interpretiert.

Der Geschmackssinn (gustatorische Wahrnehmung)

Die Geschmackssinneszellen befinden sich auf der Zungenoberfläche in sogenannten Geschmacksknospen. (4-20 Sinneszellen pro Geschmacksknospe) Erwachsene Menschen besitzen davon zwei- bis dreitausend. Grundsätzlich werden vier Geschmacksqualitäten – süß, sauer, bitter und salzig – unterschieden. Der Geschmackssinn ist ein Nahsinn und hat hauptsächlich Bedeutung bei der Nahrungsprüfung, Steuerung der Nahrungsaufnahme und -verarbeitung. In der praktischen Arbeit mit behinderten Menschen werden der Geruchssinn und der Geschmackssinn leider oft nicht genug beachtet, obwohl der Alltag gerade hier viele Erfahrungsfelder bieten würde.

Wahrnehmungsentwicklung nach Affolter

Nach der Vorstellung Affolters können die Wahrnehmungssysteme und deren Rezeptions- und Perzeptionsleistungen mit dem Bild eines Baumes verglichen werden. Basis aller Wahrnehmungsleistungen ist die breite und vielfältige Ausbildung der taktil-kinästhetischen Wahrnehmung (Wurzelwerk). Diese Propriozeption (Eigenwahrnehmung) bildet das Wurzelwerk, ist also Grundlage für alle weiteren Entwicklungsschritte. Unter Körperimago versteht man „die Summe aller auf den Körper bezogenen Empfindungen" (Frostig 1985, 45). Positive

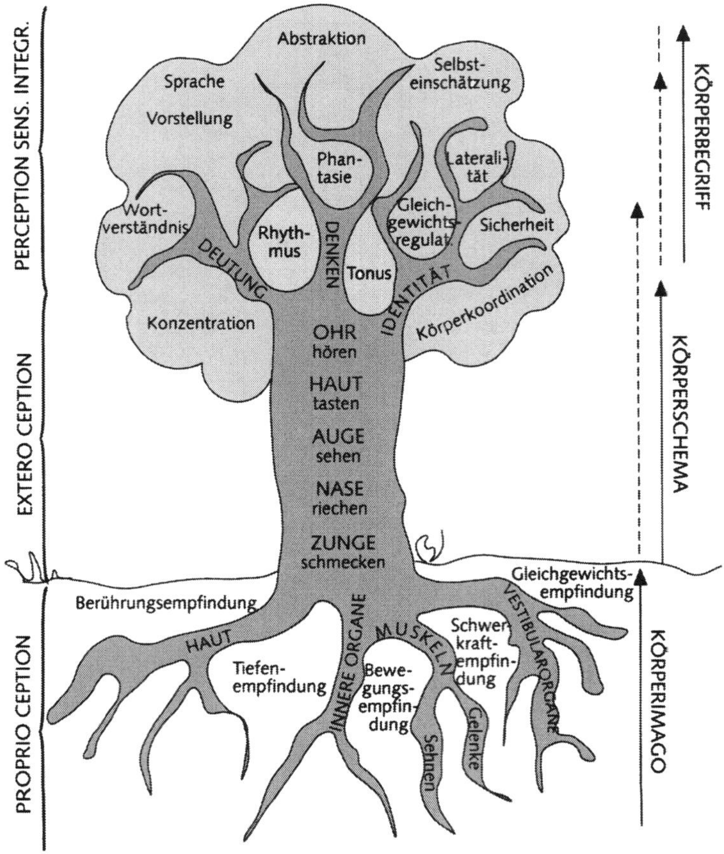

Abb. 34: Der Wahrnehmungsentwicklungsbaum (Brüggebors 1992, 32)

Erfahrungen, wie liebevoll gestreichelt und umarmt, behutsam gebadet und eingecremt zu werden, erzeugen ein stabiles Körperbewußtsein. Später erleben wir uns erfolgreich in der Bewegung, zum Beispiel beim Fußball oder durch Zuordnungen von außen (Aussehen). Unser ganzes Leben ist durch den emotionalen Bezug zu unserem Körper geprägt. Die Aufnahme äußerer Reize (Exterozeption) erweitert das Erfahrungsfeld, Reize werden miteinander gekoppelt und zugeordnet, die Verarbeitung (Perzeption) erfolgt in komplexer Form. Unter dem Begriff „Körperschema" versteht man ein dynamisches und flexibles Bezugssystem. Das bedeutet, wir besitzen eine Vorstellung von unserem Körper, kennen die Dimensionen und Relationen aufgrund vorhandener gespeicherter Bewegungserfahrungen. Neue, vom Grundmuster abweichende Informationen, die das Kind über seine aktive Bewegungstätigkeit erzeugt, werden im Körperschema zentral verrechnet, das heißt es sind ständig Afferenzen (eingehende Informationen) und Rückkopplungen erforderlich, um die Bewegungshandlung erfolgreich durchführen zu können (vgl. Fischer 2001, 53). Diese Vorstellung/Kenntnis ist Grundlage für unser alltägliches Handeln. Das Körperschema ist das Ergebnis sensorischer Integration. Wenn also alle Wahrnehmungen richtig zugeordnet und gespeichert wurden, ist das Zentralnervensystem (ZNS) in der Lage, unsere Bewegungen zu steuern. Der Körperbegriff bezieht sich auf kognitive Aspekte des Körpers, zum Beispiel die sprachlich begriffliche Benennung des Körpers, zum Beispiel Arme und Beine.

Die Perzeptionsleistungen der Krone sind wesentlich abhängig von den vielfältigen Erfahrungen an den Wurzeln und dem Stamm. Die Ausbildung einer guten Körperkoordination, guten Gleichgewichtsgefühl und einer angepassten Tonusregulation gelingt nur über viel Bewegungserfahrungen. Im Spiel lernt das Kind sich zu konzentrieren, die Entwicklung der Lateralität (Seitigkeit) ist sehr bedeutsam für die Identität. Sprache, Abstraktion, Fantasie und Denken bilden die komplexesten Leistungen. Hat ein Kind Probleme in der Perzeption, zum Beispiel bei der Gleichgewichtsregulation oder in der Sprache, so wird nicht das Symptom angegangen, sondern vielfältige Anregungen aus dem Bereich des Wurzelwerkes und des Stammes angeboten. Durch ein breites Angebot im taktil-kinästhetischen Bereich kann das Kind weitere Erfahrungen machen und damit auch die Leistungen in der Krone weiterentwickeln und stabilisieren.

Wahrnehmungsentwicklung als Stufenmodell

Schon im Mutterleib entwickeln sich Sinnesfunktionen und Motorik. Die frühesten Sinneseindrücke vermitteln dem Embryo sein Tast- und Bewegungssinn. Schon in der achten Woche nach der Zeugung reagiert er mit Bewegung auf Berührung; so führt zum Beispiel eine Berührung der Mundgegend zu einem Wegdrehen des Kopfes. Im dritten Schwangerschaftsmonat beginnt die Wahrnehmung von Bewegung und Gleichgewicht. Ab Ende des sechsten Schwangerschaftsmonats verfügt das Kind über ein bereits voll funktionsfähiges und differenziertes Gleichgewichtsorgan. Auch das Gehör ist um diese Zeit voll ausgereift. Der Embryo nimmt also Geräusche von außen und innen wahr, zum Beispiel nimmt er den Herzschlag der Mutter nicht mehr nur als Vibration wahr, sondern auch als Ton. Auch die Stimme der Mutter und andere Umweltgeräusche werden vom ungeborenen Kind gehört. Im letzten Schwangerschaftsmonat beginnt auch die visuelle Wahrnehmung. In dieser Zeit kommt es vermutlich auch schon zu intermodalen Leistungen, die Entwicklung verläuft jedoch schwerpunktmäßig entsprechend dem nachfolgenden Modell.
Nach der Geburt stellt sich eine rasante Entwicklung der Wahrnehmungsentwicklung ein. Diese verläuft nach Affolter in drei Stufen: Modalitätsstufe, Intermodalitätsstufe, Serialstufe.
Die Altersangaben dienen nur der groben Orientierung. Nach Affolters Vorstellungen folgen die Stufen einander in hierarchischer Weise und beeinflussen sich gegenseitig. Das bedeutet, dass die Modalitätsstufe bis zu einem gewissen Maße ausgebildet sein muss, damit sich die intermodale Stufe entwickeln kann. Dies gilt wiederum für die Intermodalitätsstufe, damit sich die seriale Stufe entwickeln kann. Gegenseitige Beeinflussung heißt, dass während der Entwicklung der Intermodalitätsstufe/Serialstufe auch noch Reifungsprozesse in der Modalitätsstufe ablaufen. Grundsätzlich sind unsere Sinne immer auf „Nahrung" aus, jede neue Erfahrung hat Auswirkung auf die verschiedenen Stufen.
Diese Stufen der Wahrnehmungsentwicklung sind gut in das Modell der Intelligenzentwicklung nach Piaget integrierbar. Sie fallen in die Phase der sensomotorische Intelligenz. Die störungsfreie Entwicklung der Wahrnehmung ist wichtig für alle weiteren Entwicklungsprozesse. Probleme in der Wahrnehmungsentwicklung haben vielfältige Folgen.

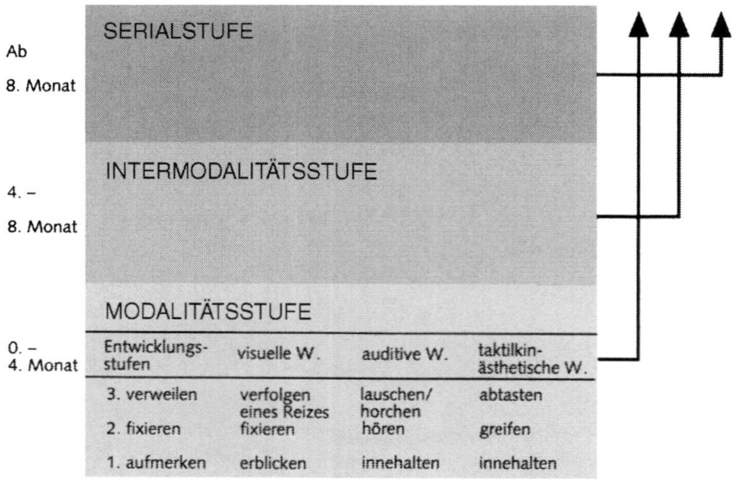

Abb. 35: Die Wahrnehmungsentwicklung

Die Modalitätsstufe

Als Modalität wird die spezifische Reaktionsweise eines Sinnesorgans (z.B. die Reaktion des Ohrs auf Schallwellen) bezeichnet. In der Modalitätsstufe entwickeln die einzelnen Sinne unabhängig voneinander Ordnungsschemata, das heißt es bestehen noch keine Verbindungen zwischen visuellen und taktilen Wahrnehmungen. Es entwickeln sich verschiedene Grade der modalitätsspezifischen Perzeption und ihrer Reifung.
Im Bereich der taktil-kinästhetischen Perzeption kommt es zuerst zu einem Aufmerken (aufmerksam werden), was bedeutet, dass das Kind impulsive Bewegungen (Massenbewegungen) zugunsten eines sensorischen Reizes hemmt und einen Augenblick in der Bewegung innehält. In der Stufe des Fixierens hat sich die Aufmerksamkeitsspanne vergrößert, das Kind umklammert Gegenstände, die ihm in die Hand gegeben werden. In der nächsten Stufe des Verweilens kommt es zum Abtasten eines Gegenstandes und zu Zufallshandlungen, das heißt es entsteht ein zufälliges Greifen. Im Bereich des Sehens kommt es zum Erblicken im Sinne von Aufmerken, darauf folgt Fixieren und Verfolgen im Sinne des Verweilens. Im auditiven Bereich kommt es zuerst zu einem Innehalten als Aufmerksamkeitsreaktion, dem Hören als Fixierreaktion und schließlich zum Horchen oder Lauschen als Ver-

weilreaktion. Diese Schemata erlauben dem Kind, die Qualitäten von Sinnesreizen zu analysieren, zum Beispiel Farbe und Beleuchtungsunterschiede im Sehbereich, Tonhöhen und Tonstärken im Hörbereich (Affolter 1972, 50).

Auswirkungen bei Entwicklungsverzögerungen

Kommt es bereits in dieser Phase zu Entwicklungsverzögerungen, zeichnen sich meist schwere Behinderungsformen ab. Starke körperliche Einschränkungen beeinträchtigen vor allem die Erfahrungen in taktil-kinästhetischen Bereich. Häufig sind die Stufen des Fixierens und Verweilens mangelhaft oder gar nicht ausgebildet, was sich in der Form zeigt, dass man einer Person einen Gegenstand in die Hand gibt, dieser aber nicht ergriffen oder abgetastet, sondern fallen gelassen wird. Beschränken sich Entwicklungsverzögerungen nur auf eine Sinnesmodalität, können die Wahrnehmungsentwicklungen der anderen Sinne innerhalb dieser Stufe störungsfrei verlaufen, es kann sogar zu kompensatorischen Leistungen kommen. Bei blindgeborenen Kindern wird der Tastsinn häufig besser ausgebildet, da das Kind die Umwelt vermehrt über den taktil-kinästhetischen Sinn erfassen und wahrnehmen muss. Dennoch ist der Ausfall einer Sinnesmodalität meist problematisch, so ist zum Beispiel ist der Spracherwerb bei gehörlosen Kindern mangels auditiver Rückkoppelung erschwert. Durch kompensatorische Leistungen anderer Sinne (visuell, taktil-kinästhetisch) ist dennoch ein Spracherwerb möglich. Ein Stagnieren der Entwicklung auf dieser Stufe stellt eine starke Beeinträchtigung dar. „Ein Verharren in dieser Phase bedeutet für den schwer behinderten Menschen, dass er sich lediglich auf eine Handlungsdimension beschränkt, die er auf die Manipulation mit allen Gegenständen und eventuell sogar Personen überträgt (z.B. Riechen, Schmecken, Gegenstände hin- und herpendeln)“ (Bader 1988, 103).

Bildungsangebote

Personen mit starken Einschränkungen können ihre Bildung oft nicht selbst initiieren. Deshalb muss das Umfeld Angebote entwickeln. Durch gute Personenkenntnis und detaillierte Beobachtung können wir Themen aufgreifen, die für unser Gegenüber Bedeutung haben. Zentraler Ansatz ist die „Basale Bildung“. Darunter verstehen wir Angebote für Menschen mit einer schweren Behinderung. Konzepte in der Praxis sind vor allem Basale Kommunikation nach Mall, Basale Stimulation nach Fröhlich und Basale Stimulation in der Pflege (Fröhlich, Bienstein). Snoezelen, Gestalttherapie und Tiertherapien sind weitere wichtige Ansätze. Bei allen basalen Bildungsangeboten suchen wir individuelle Zugänge. Der Einzelne bringt sich als Person ein, es gibt keine normierten Voraussetzungen.

Intermodalitätsstufe

Zwischen (inter) den einzelnen Sinnesgebieten entstehen nun intensive Verbindungen. Das heißt, dass das Kind Gegenstände, die es spürt, auch anschaut beziehungsweise nach Gegenständen greift, die es gesehen hat. (visuell-motorische Leistung) In gleicher Weise entstehen Verknüpfungen zwischen allen Sinnesbereichen (koordinative Leistungen). Die in der Modalitätsstufe erworbenen Schemata werden nun koordiniert (sekundäre Zirkulärreaktion). Neuronal bedeutet dies eine intensive Synapsenbildung und dadurch eine Entstehung von neuronalen Netzwerken. Entscheidend für diese Entwicklung ist der Input. Hat das Kind genügend Anregungen und kann es die vielfältigen Reize strukturieren, so verläuft die Entwicklung optimal. Das Kind setzt sich aktiv mit der Umwelt auseinander und erweitert so seinen Aktionsradius. Es kann Dinge zuordnen und attraktive Tätigkeiten übertragen (intermodaler Transfer). Das Kind klopft an oder mit verschiedenen Gegenständen oder dreht jedes Material um. Wir können uns aber auch vorstellen, welche Auswirkungen der Ausfall von ein oder zwei Sinnesmodalitäten oder eine kognitive Einschränkung auf diesen Entwicklungsabschnitt hat.

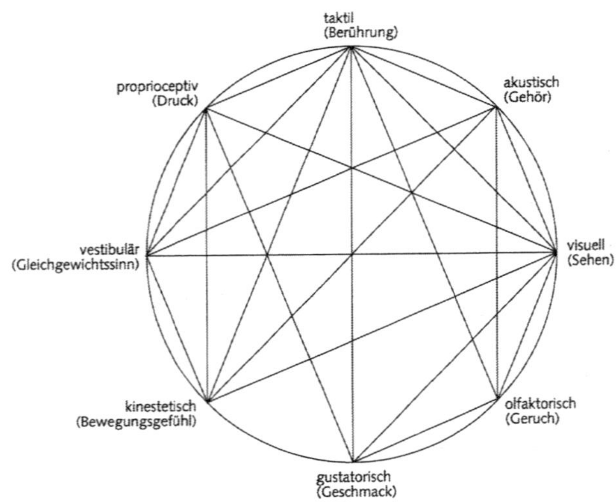

Abb. 36: Intermodale Wahrnehmung (Zinke-Wolter 1992, 202)

Auswirkungen bei Entwicklungsverzögerungen

Treten in dieser Stufe Entwicklungsprobleme beziehungsweise Verzögerungen oder gar Stillstände auf, so sind diese an folgenden Symptomen deutlich erkennbar:

→ mangelhafte Augen-/Handkoordination; das Kind greift nicht nach Gegenständen, die es sieht;
→ ungenügende audiovisuelle Koordination; das Kind hört eine Stimme, versucht diese Stimme aber nicht visuell zu lokalisieren;
→ mangelhafte Figur-Grund-Unterscheidung. Eine aktive Auseinandersetzung mit der Umwelt ist häufig nicht möglich, ein Er- oder Begreifen der Umwelt erfolgt nicht;
→ fehlende Sprachentwicklung;
→ fehlendes Nachahmungsverhalten.

Aufgrund dieser Erkenntnisse werden typische Verhaltensweisen von Personen, die die Intermodalitätsstufe nicht in adäquater Weise durchlaufen haben, verständlich. Typisches Verhalten ist, dass diese Personen in fremder Umgebung auffallend ängstlich sind, sie versuchen, ihre Umgebung konstant zu halten. Durch eine mangelnde aktive Auseinandersetzung mit der Umwelt ist ein Bild der Umwelt (Figur-Grund-Unterscheidung) nur in ungenügender beziehungsweise verzerrter Weise vorhanden. Bewegungen in einem neuen Raum, in einem unbekannten Gelände können deshalb auch mit schmerzhaften Erfahrungen verbunden sein.
Weiterhin sind typische stereotype Bewegungen oder in stereotyper Weise produzierte Laute zu beobachten. Aufgrund der nur geringen Entwicklung von Bewegungsmustern werden einzelne Muster, die attraktiv und der Individualität des Einzelnen entsprechen, herausdifferenziert und entwickeln sich zu stereotypen Bewegungs- und Kommunikationsformen.
Häufig kann aufgrund dessen kein Blickkontakt hergestellt oder aufrechterhalten werden. Als Folge von Störungen in dieser Stufe kommt es zu einem geringeren Neugierdeverhalten, da Reize der Umwelt nicht richtig ein- und zugeordnet werden können und damit an Bedeutung verlieren. Kinder mit extremen Störungen in dieser Stufe werden häufig als autistisch diagnostiziert, was sie aber oft nicht sind. Vielmehr kann diese Phase Ausgangspunkt für autistische Entwicklungen sein.

Bildungsangebote

Personen, die in diesem Bereich Probleme haben, verfügen aber meist über gute basale Erfahrungen. Um diese zu erweitern, müssen sie aus einer sicheren Position heraus handeln. Affolter spricht dabei von stabiler Unterlage und stabilen Seiten (vgl. Affolter 2007, 20ff.). In der Psychomotorik bieten wir viele Bewegungsmöglichkeiten bodennah an. Dadurch spüren die Menschen mit einer Entwicklungsverzögerung intensiv ihren Körper, erhalten viele verlässliche Informationen. Material spielt eine große Rolle. Es fördert die Koordination und unterstützt die Figur-Hintergrund-Unterscheidung. Neben Rollen, Krabbeln und Bewegen auf verschiedenen Untergründen sind Aspekte Schaukeln, Drehen, Springen usw. von großer Bedeutung. Wichtig ist, dass sich der Mensch mit einer Einschränkung immer selbst als aktiv erlebt. So wird jede Schaukel mit einem Seil versehen, so dass er die Schaukel selbst in Bewegung versetzen kann. Neben Wohnraum und Halle bietet die Natur vielfältige Erfahrungsmöglichkeiten. Egal ob im Rollstuhl, krabbelnd oder zu Fuß, immer gibt es Kontakt mit Material, Distanzen müssen überwunden werden. Die Natur ist von der Wahrnehmung her ganzheitlich, alle Modalitäten werden angesprochen. Bewegen und Handeln fördert in allen Situationen intermodale Leistungen. Bei Problemen in der Bewegungsausführung kann mit Körperführung unterstützt werden. Wichtig ist dabei, dass die Geführte in der gemeinsamen Bewegungsausführung einen Sinn sieht. Erfahrungen in der Praxis zeigen, dass die Nähe einer Vertrauensperson und die emotionale Unterstützung sich sehr positiv auswirken.

Serialstufe

Die Serialstufe ist gekennzeichnet durch komplexe Leistungen des Kindes, das nun Verständnis für die Serie einer Handlung entwickelt. Das bedeutet, Einzelleistungen werden in die richtige Reihenfolge gebracht, räumliche und zeitliche Gesichtspunkte werden beachtet und integriert. Zeitbegriffe wie gestern, morgen, früher, später, vorher, nachher gewinnen an Bedeutung und können vom Kind zugeordnet werden. Damit sind auch Nachahmungsleistungen möglich. Weiterhin entstehen beim Kind erste Erwartungshaltungen und die Vorstellungskraft beginnt. Das abstrakte Denken entwickelt sich.
Probleme in der Entwicklung dieser Stufe zeigen sich in sehr unterschiedlicher Art und Weise. Kennzeichnend ist jedoch, dass Nachahmungsprozesse schwer fallen, verzögert auftreten. Das heißt, das Kind kann die komplexe Folge von Handlungen nur schwer überblicken und zuordnen. Befindet sich das Kind dabei zusätzlich in einer schlechten Verfassung oder gerät unter Stress, so brechen die Leistungen zusammen. Man kann das Verhalten solcher Kinder folgendermaßen beschreiben: Sie wirken nervös, können nicht warten, wollen zuviel

auf einmal, stoßen ununterbrochen irgendwo an, konzentrieren sich schlecht. Bei Schwierigkeiten geraten sie in Panik, manche sprechen nicht oder nur in Ansätzen.
Das Erkennen von Schwächen in der Serialstufe ist nicht immer einfach. Befinden sich Kinder in einer ausgeglichenen und harmonischen Situation, können sie gestellte Anforderungen durchaus meistern, in der nächsten stressgeprägten Situation dagegen nicht. Einen Zerfall von serialen Leistungen erlebt jeder Mensch, wenn er zum Beispiel bei Krankheit, Ermüdung, Stress oder unter Alkoholeinfluss komplexen Anforderungen ausgesetzt ist und diese nicht meistern kann. Der Unterschied ist der, dass diese Zustände vorübergehend sind, während sie beim serial gestörten Kind meist andauernd sind.

Bildungsangebote

Bewegung und Handeln beinhaltet immer serielle Leistungen. Im Bereich der Psychomotorik sind Themen wie Bauen, Konstruieren und Gestalten ideale Inhalte, um serielle Leistungen auszubauen. Die Auseinandersetzung mit der zum Beispiel der Bewegungsbaustelle ist Lernen mir dem ganzen Körper. Einzelne Handlungsabläufe werden aneinandergereiht, serielle Leistungen entstehen. Diese Leistungen haben ein gutes Fundament, weil sie selbst „erarbeitet" wurden und in einem positiven Kontext abgespeichert sind. Erlebte serielle Leistungen müssen aber sprachlich aufgearbeitet werden. Die Abfolge der Worte, die Integration von zeitlichen (Jetzt bauen wir ...) und räumlichen (und holen die Kästen aus der Garage) Beziehungen bedarf seriellen Leistungen. Jetzt kann die Handlungsplanung auf abstrakter Ebene erfolgen. Serielle Leistungen finden wir aber in fast allen Alltagshandlungen. Hier kann vielfältige Unterstützung im Sinne von gemeinsamer Planung und Durchführung, Assistenz, Beratung, Bestärkung erfolgen. Wichtig erscheint uns dabei ein stressfreier Rahmen, emotionale Sicherheit und die Ermöglichung individueller Bildungsprozesse.

Intentionale Stufe

Ab dem 11. Monat beginnt die sog. intentionale Stufe. Diese Stufe ist folgendermaßen gekennzeichnet:

- → Das Kind erkennt den Unterschied zwischen sich selbst und der Umwelt;
- → die einzelnen Sinnesfunktionen sind so weit ausgereift, dass das Wahrgenommene in die Vorstellungskraft übertragen wird;

→ die taktile Kontrolle wird aufgebaut, das Kind lernt die Dosierung der Kraft und die Richtung der Bewegungen genau einzuhalten;
→ die Koordination von zwei und mehr Bewegungsmustern beziehungsweise beider Hände entwickelt sich;
→ zielgerichtetes Handeln wird möglich;
→ zielgerichtetes Denken und Sprechen, Sprachäußerungen über bereits wahrgenommene Situationen treten auf. Sie haben Mitteilungscharakter, zum Beispiel „Mama, heiß".
→ das Kind entdeckt Werkzeuge.

Symbolstufe

In dieser Stufe (ab 18. Monat) lässt die Bedeutung der Wahrnehmung und Motorik zugunsten geistiger Operationen wie Kombinieren der vorgestellten Inhalte und Phantasien nach. Handlungen, Gegenstände und Personen können benannt und beschrieben werden. Das Spielen ist in dieser Phase der Entwicklung von zentraler Bedeutung.
Die Darstellung von Entwicklung anhand von Schemata soll helfen, Entwicklungsabläufe kurz und übersichtlich darzustellen. Dabei werden bei einzelnen Stufen/Abschnitten meist nur die Schwerpunkte angesprochen. Übergänge zwischen den einzelnen Phasen erscheinen oft linear, was die Gefahr der Vereinfachung in sich birgt und der Komplexität des Entwicklungsgeschehens nicht gerecht wird. Dies trifft auch auf die Entwicklung der Wahrnehmung zu. Neue Erkenntnisse der Pränatalpsychologie besagen, dass bereits während der Embryonalentwicklung modale und intermodale Leistungen erbracht werden. Die Entwicklung nach der Geburt läuft schwerpunktmäßig in den hier beschriebenen Stufen ab, muss aber in ihrer Vernetztheit gesehen werden.

Literatur

Affolter, F. (2007/1987): Wahrnehmung, Wirklichkeit und Sprache. Villingen-Schwenningen

Bader, I. (1988): Mit allen Sinnen fühlen, in: Geistige Behinderung 2, Marburg

Bentele, P. (1994): Motopädagogische Förderung von Menschen mit einer schweren Behinderung, in: Praxis der Psychomotorik, 2/94

Bienstein, Chr./Fröhlich, A. (2005): Basale Stimulation in der Pflege. Düsseldorf

Brüggebors, G. (1996): Einführung in die Holistische Sensorische Integration. Teil 1. Dortmund

Doering, W. (1999): Sensorische Integration. Dortmund
Fischer, K. (2001): Einführung in die Psychomotorik. Weinheim
Fröhlich, A. (2003): Basale Stimulation. Düsseldorf
Frostig, M. (1985): Bewegungserziehung. München
Muders, A. (1991): Wahrnehmungsstörungen bei Kindern, in: Beschäftigungstherapie und Rehabilitation, 4/1991, S. 310–315
Pfluger-Jakob, M. (1997): Wahrnehmungsstörungen bei Kindern – Hinweise und Beobachtungshilfen, in: kindergarten heute, spezial
Pfluger-Jakob, M. (2007): Kinder mit Wahrnehmungsstörungen erkennen, verstehen, fördern. Freiburg i. Br.
Radigk, W. (1998): Kognitive Entwicklung und zerebrale Dysfunktion. Dortmund
Zinke-Wolter, P. (2005): Spüren – Bewegen – Lernen. Dortmund

Die Entwicklung der Kommunikation

Die Entwicklung der Kommunikation vollzieht sich in einer gewissen Abfolge, die von allen Kindern durchlaufen werden muss. Bei Kindern mit einer Einschränkung ist dieser Entwicklungsprozess häufig erschwert und verzögert, zum Teil stagniert er auch. Im Folgenden wird ein Entwicklungsmodell beschrieben, das von Rotter, Kane, Galle (1992) in Anlehnung an Rowland und Stremel-Campell (1987) vorgestellt wurde. Dabei wird die Entwicklung der Kommunikation in fünf Schritte unterteilt, wobei die Zeitangaben nur grobe Orientierungswerte sind.

Die Kommunikationsentwicklung

Früheste Kommunikation

Rotter, Kane, Galle (1992) bezeichnen diese erste Phase als „Stufe des ungezielten Verhaltens“. Diese Definition resultiert wahrscheinlich daraus, weil das Kind am Anfang keine absichtlichen Mitteilungen an die Umwelt gibt, sondern Reaktionen auf äußere Ereignisse oder die eigene Befindlichkeit zeigt. So schreit das Kind zum Beispiel, weil es Hunger, Durst oder Schmerzen hat. Liegt das Kind längere Zeit in der Wiege, schreit es vielleicht, weil es das Bedürfnis nach Anregung, Bewegung, Interaktion hat. Das Kind verfügt also von Geburt an über angeborene Verhaltensmuster, die von der Umgebung interpretiert werden. Diese Interpretation fällt den Bezugspersonen meist leicht, weil sie die aktuelle Situation ihres Kindes kennen. Allgemein kann man sagen, dass es den Eltern gelingt, sich an die noch beschränkten

physiologischen und kognitiven Fähigkeiten des Kindes anzupassen (vgl. Papousek/Papousek 1983, 183) und damit dem Kind die Entwicklung eigener adaptiver Fähigkeiten zu ermöglichen. In der Interaktion mit den Bezugspersonen erfährt der Säugling immer wiederkehrende bedeutsame Reizsituationen, die beim Kind kognitive Prozesse in Gang setzen. So reagiert ein Kind auf immer wiederkehrende Situationen, zum Beispiel beim Hochnehmen aus dem Bettchen, mit freudiger Erwartung und verspannt sich nicht, während es bei neuen Reizen die Unvertrautheit durch einen erhöhten Muskeltonus anzeigt. Die Signale, die das Kind aussendet, sind bereits sehr vielfältig, am deutlichsten und meist unüberhörbar ist der Schrei des Kindes. Dieser geht immer mit einer ausgeprägten Aktivierung der allgemeinen Motorik einher und wird im Allgemeinen als Alarmsignal gedeutet (vgl. Papousek/Papousek 1973, 184). Basale vokalähnliche Laute tauchen in der 2. bis 5. Lebenswoche auf und ändern sich im Laufe der Entwicklung relativ wenig. Dauer und Intonation dieser Laute werden im engen Zusammenhang mit kognitiven Prozessen variiert. Dies erlaubt der Bezugsperson, auch ohne visuelle Kontrolle, die Art und den Ablauf der verschiedenen Tätigkeiten und die emotionalen Regungen des Kindes zu beurteilen. Die ersten silbenartigen Lautäußerungen tauchen ungefähr ab dem 5. Monat auf.
Da das Kind in dieser Phase noch nicht gezielt greifen kann, kommt dem Blickkontakt große Bedeutung zu. Nach ein bis zwei Monaten löst dieser Blickkontakt das erste „soziale Lächeln" aus. In der Interaktion mit ihrem Kind folgt der Blick der Bezugspersonen immer dem des Kindes, ab dem vierten Monat ist dies auch dem Kind möglich (vgl. Bruner 1977, 834). Mit dem Beginn des Greifens nimmt die Intensität des Blickkontaktes drastisch ab.
Neben dem Blickkontakt und dem Schrei ist die Berührung (somatischer Dialog) zentrales Kommunikationsmittel. Wenn das Kind schreit, wird es von der Mutter aus der Wiege genommen und mit den Armen umschlossen. Die Beruhigung wird unterstützt durch leichtes Schaukeln und Singen. Jetzt beruhigt sich das Kind, denn all diese Erfahrungen kennt es von dem vorgeburtlichen Leben.
Die Befindlichkeit des Säuglings drückt sich deutlich in seiner Körperhaltung und -spannung aus. Dabei zeigt die Hand des Säuglings die aktuelle Situation eindeutig an. Eine leicht geöffnete Hand bedeutet eine Phase der Aufmerksamkeit; wenn die Hand offen und entspannt ist, ist der Säugling meist zufrieden beziehungsweise schläft, während eine angespannte Hand oder Faust deutlich auf Unbehagen oder Schmerz hinweist. Die Interaktion zwischen Säugling und Eltern ist gekennzeichnet einmal durch feste Rhythmen abwechselnder Aktivi-

tät und Ruhe beider Partner (Kane 1992, 304), wobei der Rhythmus meist vom Kind vorgegeben wird und sich die Bezugspersonen anpassen. Zum anderen ist die kommunikative Situation zwischen Säugling und den Bezugspersonen durch ein hohes Maß an Verständnis gekennzeichnet: „Beide Partner freuen sich über eine bestätigende Rückkopplung von seiten des Gegenübers und lernen in seinem Verhalten jene individuellen, oft nur vorübergehend benutzten Signale, darüber zu lesen was es braucht, verlangt, erwartet, genießt oder nicht mehr ertragen kann und ablehnt“ (Papousek/Papousek 1989, 38).
Grundsätzlich kann man festhalten, dass der Säugling sehr früh Situationen einschätzen, seine kommunikativen Mittel variieren kann und die Wirksamkeit seiner Kommunikation erkennt und entsprechend einsetzt.

Kommunikationsentwicklung bei Kindern mit Beeinträchtigungen

In dieser ersten Phase der Kommunikationsentwicklung muss das Verhalten von der Kommunikationspartnerin meist interpretiert werden. Bei Kindern mit Beeinträchtigungen kann es zu extremen Interpretationsproblemen kommen. So ist eine Rückmeldung über die Körperhaltung beziehungsweise Körperspannung bei verändertem Muskeltonus (hypo-/hypertone Muskulatur) nur schwer möglich. Eine nicht wesentlich steuerbare Mimik verstärkt dieses Problem noch. Diese zerebralen Bewegungsstörungen beeinflussen meistens auch das Schreien des Kindes. Aufgrund einer veränderten Muskelspannung werden die Begegnungsangebote, zum Beispiel auf den Arm-Nehmen, Streicheln usw., nicht adäquat wahrgenommen und deshalb nicht in erwarteter Art und Weise beantwortet. Bei Sinnesbeeinträchtigungen beziehungsweise Ausfällen im akustischen und visuellen Bereich entstehen massive Kommunikationseinschränkungen. Wenn kein Blickkontakt möglich ist, fehlt ein wesentlicher Kommunikationskanal: „Weit auffälliger und nicht weniger wichtig als Synchronisation von Sprache und Motorik ist die Verbindung der Lautäußerung mit einem direkten Blickkontakt zwischen dem Kind und seiner Bezugsperson. Diese Verbindung wird von der Bezugsperson als besonders wirksame Kommunikationsform erlebt und das Bemühen, mit dem Säugling Blickkontakt zu erreichen, gehört von Geburt an zum Repertoire des mütterlichen Verhaltens“ (Papousek/Papousek 1983, 185). Neben den auftretenden Beeinträchtigungen erleben diese Säuglinge auch schwierige Lebenssituationen, zum Beispiel lange Klinikaufenthalte, intensive medizinische Behandlungen; sie sind außerdem infektionsanfällig und haben Probleme bei der Nahrungsaufnahme, Ver-

dauung und Ausscheidung. Für die Bezugspersonen ist das häufig sehr belastend: Die Reaktionen vom Säugling sind nicht wie erwartet, Kommunikationsangebote werden nicht oder nur unzureichend beantwortet. Ein unregelmäßiger Rhythmus zehrt an den Kräften aller Beteiligten.
Kennt die Mutter die Ursache für die schwierige Kommunikationssituation, zum Beispiel Blähungen des Kindes, kann sie damit gut umgehen und wird die Gründe nicht bei sich suchen. Sind die Ursachen jedoch unbekannt oder können nicht definiert werden, so entsteht eine problematische Situation und eine hohe Belastung für die Bezugsperson (vgl. Papousek 2004, 91).

Stufe des gezielten Verhaltens (ab dem 5. Monat)

Das Kind hat gelernt, auf die Umwelt einzuwirken, indem es zum Beispiel nach Dingen greift oder bei Langeweile durch Schreien die Bezugspersonen herbeiholt. „Es ist ein angestrengtes Sich-Recken in der Absicht, den Gegenstand in Besitz zu nehmen. Hand und Arm werden weit ausgestreckt, die Faust im Wechsel geöffnet und geschlossen, der Körper ist vornüber geneigt, oft ist auch der Mund in Bewegung, die Augen sind fest auf den Gegenstand gerichtet“ (Bruner 1977, 835). Das Kind kann seine Aufmerksamkeit nur in eine Richtung, also entweder auf einen Gegenstand oder eine Person richten. Wird die Aufmerksamkeit auf eine Person, beziehungsweise auf dessen Gesicht, gerichtet so ist das Kind mit ca. sechs Monaten aufgrund einer guten Kopfkontrolle in der Lage, mit dem Blick zu folgen, sich zu einem gehörten Laut oder einem „Sprecher“ umzudrehen. In dieser Phase produziert das Kind nicht nur Laute der eigenen Sprache (Lallphase), sondern auch solche, die in anderen Sprachen vorkommen. Vermutlich ist diese Lautproduktion angeboren, da auch gehörlose Säuglinge Lalltöne von sich geben.
Erst in der Interaktion mit den Erwachsenen lernt das Kind jedoch, allmählich eine Verbindung zwischen einem Objekt und einer Person herzustellen. Dies entwickelt sich dadurch, dass die Bezugspersonen Handlungen des Kindes wie das Greifen nach einem Gegenstand als kommunikative Aussage interpretieren, zum Beispiel „Gib mir bitte den Gegenstand“ und in dieser Art und Weise handeln. Damit wird dem Kind ermöglicht, einen Bezug zwischen Partnerin und Objekt herzustellen, was eine wesentliche Voraussetzung zum Erlernen gezielter Kommunikation darstellt.

Kommunikationsentwicklung bei Kindern mit Beeinträchtigungen

Ein Kind mit Beeinträchtigungen kann seine Umgebung nur eingeschränkt beeinflussen. Blickausrichtung und Kopfkontrolle sind häufig erschwert, was den Dialog mit den Bezugspersonen beeinflusst. Typisch ist auch die verzögerte Greifentwicklung bei blinden Kindern. Aber auch das Auftreten zum Beispiel von spastischen Lähmungen erschwert eine gezielte Auseinandersetzung mit der Umwelt. Da die Umwelt nicht attraktiv erscheint, verhalten sich die Säuglinge eher ruhig und inaktiv und geben damit auch wenig Ansatzpunkte zur Interaktion an die Umgebung weiter. Die Umgebung reagiert entweder mit einer Verringerung des Interaktionsangebotes bis hin zu dessen Einstellung oder mit einer erheblichen Steigerung der Aktivitäten, um das Interesse des Säuglings zu wecken: „Insgesamt machen Passivität, Wahrnehmungsbeeinträchtigungen und motorische Behinderungen es schwer, Handlungen des Kindes als Mitteilungen zu deuten und so das Kind die Signalfunktionen seiner Äußerungen erfahren zu lassen" (Kane 1992, 307).

Stufe der partnerbezogenen Äußerungen (ca. ab dem 8./9. Monat)

Das Kind hat jetzt viele Erfahrungen mit der dinglichen und personalen Umwelt gesammelt, so dass es diese miteinander kombinieren kann (vgl. Zollinger 2002, 21). „Von partnerbezogener Äußerung sprechen wir dann, wenn das Kind in seiner Reaktion sowohl einen Gegenstand als auch einen Kommunikationspartner einbezieht. Ab dieser Stufe sind die kindlichen Botschaften gezielte Mitteilungen an den Partner" (Rotter/Kane/Gallé 1992, 9). Ein Beispiel: Ein Ball ist weggerollt, so dass er sich außerhalb der Reichweite des Kindes befindet. Das Kind versucht nun nach dem Ball zu greifen beziehungsweise deutet dies später nur noch an und schaut abwechselnd einmal zur Bezugsperson und zum Ball. „Dieser Blick bildet den eigentlichen Ursprung der Sprache" (Zollinger 2002, 21). Von nun an werden Benennungen, Fragen und Kommentare der Bezugsperson zu Wörtern, welche von einer Person kommen und sich auf „etwas" beziehen. Das Kind bildet ein Dreieck zwischen sich, der anderen Person und dem Gegenstand. Zollinger und andere Autoren bezeichnen dieses Geschehen auch als triangulärer oder referentieller Blickkontakt (Zöllinger 2002, 21). Das größere Konzentrationsvermögen der Kinder in dieser Phase ermöglicht eine genauere Beobachtung der Umwelt und das Erleben komplexer Situationen.

Kommunikationsentwicklung bei Kindern mit Beeinträchtigungen

Aufgrund einer Beeinträchtigung der Sinne nehmen die Kinder die Umwelt sehr unterschiedlich wahr, ihre subjektive Wahrnehmung unterscheidet sich deutlich von der der Umwelt. Deshalb sind die Signale, die sie an die Umwelt geben, für diese oft unverständlich. Sinnesbeeinträchtigungen bewirken aber auch, dass die Kinder häufig die Wirkungen, die ihr Verhalten auf die Umwelt hat, nicht beurteilen können, die Wirkung der ausgesendeten Signale meist verborgen bleibt. Eine ungenügende Kopfkontrolle erschwert den referentiellen Blickkontakt. Die Lautierung, das Nachahmen von Lauten im kommunikativen Spiel mit der Mutter ist aufgrund eines zu hohen Tonus oft erschwert. Eine insgesamt stark verlangsamte Reaktionsgeschwindigkeit erschwert für den Kommunikationspartner die Zuordnung eines Verhaltens zu einem bestimmten Ereignis. Durch häufig eingeschränkte Kommunikationsangebote fehlen oft auch die Erfahrungswerte. Die kommunikativen Mittel werden nicht weiter differenziert und verfeinert.

Stufe der konventionellen Äußerungen (ca. ab dem 10./11. Monat)

Das Eintreten in diese Entwicklungsstufe stellt einen bedeutenden Schritt dar. Das Kind kann sich jetzt über sogenannte konventionelle Gesten mitteilen, ohne dass ein direkter Bezug vorhanden sein muss. Dies bedeutet, es kann einen Gegenstand oder ein Spielzeug von den Bezugspersonen einfordern, ohne auf ihn zu zeigen, indem es nur die offene Hand als Symbol des Gebens benutzt. Konventionelle Kommunikation schließt solche Gesten und Laute ein, die innerhalb einer Kultur eine allgemein akzeptierte Bedeutung haben, zum Beispiel Bitte, Kopfnicken, Geben, Klatschen usw. „Das Zeigen wird nun in vielerlei Weise ausgeweitet, zum Beispiel um eine Wahl, die unter verschiedenen Gegenständen getroffen wurde, deutlich zu machen oder ein Verlangen zu unterstützen usw. Aber bei den Kindern, die wir beobachtet haben, war es darüber hinaus ein bevorzugtes Mittel, um die Beziehungen zwischen Gegenständen und ihrem Standort sowie ihrem Besitzer zu erforschen. Mit 15 1/2 Monaten zeigte Richard zur Wohnzimmerdecke und rief ‚Li(cht)', wenn die Beleuchtung angeknipst wurde" (Bruner 1977, 836). Unterstützt wird diese Phase durch Erwachsene, die Handlungen und Gegenstände mit der Sprache begleiten, kommentieren und Aussagen mit Gebärden und Gesten verdeutlichen. Der verstehende Wortschatz wird immer umfangreicher und auch die Lautäußerungen werden komplexer. Ein- und mehrsilbige Vokalisationen wie zum Beispiel „oh" und „aua" treten in vielfacher Weise auf und sind der Lautsprache zunehmend angenähert. Grundsätzlich kann gesagt werden, dass beim Kind mit dem Interesse am Benennen auch das Interesse am Lautsystem der Sprache erwacht. Wichtiges Medium in der Kommunikation ist jetzt das Bilderbuch. Eine weitere Voraussetzung für den Spracherwerb ist die Etablierung wechselseitig geführter „Gespräche".

Diese Gespräche haben meist einen charakteristischen Verlauf:
(1) Anrede: Aufmerksamer, anregender, fragender Blick oder/und Fingerzeig;
(2) „W"-Frage: „Was ist das?" oder kurz: „Das?";
(3) benennen: Dabei sind Benennungen, welche die Bezugsperson verwendet, immer Nomina, Substantive oder Eigennamen, nie Attribute, Adjektive oder Verben (vgl. Bruner 1977, 837). Das Kind lernt jetzt die Wörter zur Benennung und einfache Gesprächsregeln.

Kommunikation bei Kindern mit Beeinträchtigungen

Das Erreichen dieser Kommunikationsstufe bei Menschen mit einer Beeinträchtigung stellt für das Umfeld eine große Erleichterung dar, da jetzt die Kommunikation für Außenstehende verständlicher ist beziehungsweise schneller gelernt werden kann. Kane (1992) weist besonders auf die Fähigkeit von Menschen mit dem Down-Syndrom hin, die in diesem Bereich oft ein vielseitiges Repertoire an konventionellen Gesten haben. Im Gegensatz zur normalen Entwicklung verharren viele Menschen mit einer Entwicklungsbeeinträchtigung lange auf dieser Entwicklungsstufe. Die Hoffnungen des Umfeldes, dass die Entwicklung weitergeht, hin zum eigentlichen Sprechen, erfüllen sich häufig nicht. Gesteigerte Bemühungen, die Sprache doch zu erlernen, sind oft zum Scheitern verurteilt (vgl. Haupt 1989, 106).

Stufe der symbolischen Kommunikation (ab ca. dem 13. bis 15. Monat)

In diesem Alter beginnt das eigentliche Sprechen. Das Kind lernt, dass Gegenstände, Personen und Handlungen Namen haben. Der Übergang von der konventionellen zur symbolischen Lautäußerung verdeutlicht Kane am Beispiel der Verwendung des Lautgebildes Mama (Kane 1992, 311): Am Anfang hat der Begriff Mama für das Kind eine mehrfache Bedeutung, steht zum Beispiel für: „Ich habe Hunger" oder „Komm her", ist also häufig mit einer Wunschäußerung verbunden. Im Laufe der Entwicklung wird der Begriff Mama eingeschränkt auf seine enge Bedeutung, das heißt Mama steht für die Person der Mutter. Die Bezugspersonen spielen in dieser Phase des Spracherwerbs wieder eine wichtige Rolle. Wenn das Kind ganze Wörter zu bilden versucht, so verschärfen die Bezugspersonen die Kriterien der Annehmbarkeit (Bruner 1977, 838). Entweder fragen sie nochmals nach oder sprechen das gemeinte Wort vor. Weiterhin differenzieren sie zwischen bekannten und neuen Begriffen. Bekanntes erfragen sie durch sogenannte „W"- Fragen, Unbekanntes benennen sie sofort selbst. In dieser Phase treten Gesten und Lautsprache parallel auf, erst später, in der Phase der Zwei-Wort-Verbindungen, verlieren Gesten an Bedeutung, haben jedoch – wie wir alle wissen – auch bei Erwachsenen einen festen Platz in der Kommunikation.

Kommunikation bei Kindern mit Entwicklungsverzögerungen

Das Erlernen der Sprache ist ein höchst komplizierter Prozess, der eine gewisse kognitive Entwicklung zum Beispiel Objektpermanenz, Ursache-Wirkung-Zusammenhang, Symbolverständnis usw. erfordert. Ebenso ist die Ausbildung des Sprechapparates Voraussetzung zum Erlernen von Sprache. Grundsätzlich kann gesagt werden, dass der Übergang zum sinnvollen Gebrauch von Worten und damit die Entwicklung des Symbolverständnisses Menschen mit einer Behinderung besonders schwer fällt.

Interaktions- und Kommunikationsformen

Gelungene Interaktionen und Kommunikation

Ein Säugling ist ein höchst aktives und kommunikatives Wesen. So vermag das Neugeborene nach Ansicht von Papousek/Papousek (1989, 34) die basalen Regelmäßigkeiten in seiner Umwelt und die Auswirkungen seiner eigenen Lebensäußerungen zu entdecken und zugunsten besserer Anpassung zu verarbeiten. So ist die Aufmerksamkeit, die ein Kind einem nicht erreichbaren Gegenstand entgegenbringt, sehr kurz. Kann das Kind jedoch auf den Gegenstand, zum Beispiel ein Mobile, einwirken, verändert sich sein Verhalten. Es kann die gewünschten Effekte des Gegenstandes selbst hervorrufen, seine Aktivität steigert sich und hält lange an (vgl. Papousek 1989, 113). Bei Säuglingen kann im Umgang mit der Umwelt und in der Interaktionsform mit Bezugspersonen eine Art innere Motivation festgestellt werden, die durch Erkennen von etwas Vertrautem, der Bestätigung einer richtigen Erwartung, der Freude am Erfolg, am Entdecken und am Beherrschen einer gewissen Kontrolle über Umweltereignisse durch das eigene Verhalten (Papousek/Papousek 1984, 72) gekennzeichnet ist. Eine dominante Rolle in der Entwicklung des Säuglings spielt die

Interaktion mit den Eltern oder Bezugspersonen. Dabei scheinen die Eltern alles richtig zu machen. Papousek spricht deshalb von der „intuitiven elterlichen Didaktik“ (Papousek 1989, 35).
Zu Beginn eines Dialoges (Einleitung) prüft die Bezugsperson zuerst den Wachheitszustand des Kindes, bevor sie versucht, den Blickkontakt zwischen sich und dem Kind herzustellen. Unbewusst gestaltet die Bezugsperson den Abstand zwischen dem Kind und sich im Bereich von 20–25 cm, was der Fähigkeit des Kindes entspricht, einigermaßen scharf zu sehen. Der Säugling ist in dieser Phase noch nicht in der Lage, das Auge auf andere Abstände zu akkomodieren. Wird der Blickkontakt hergestellt, verstärkt die Bezugsperson dies mit dem sogenannten „Augengruß“, bei dem die charakteristischen Merkmale des Gesichts in übertriebener Art und Weise dargeboten werden (erhobene Augenbrauen, weitgeöffnete Augen und Mund usw.).

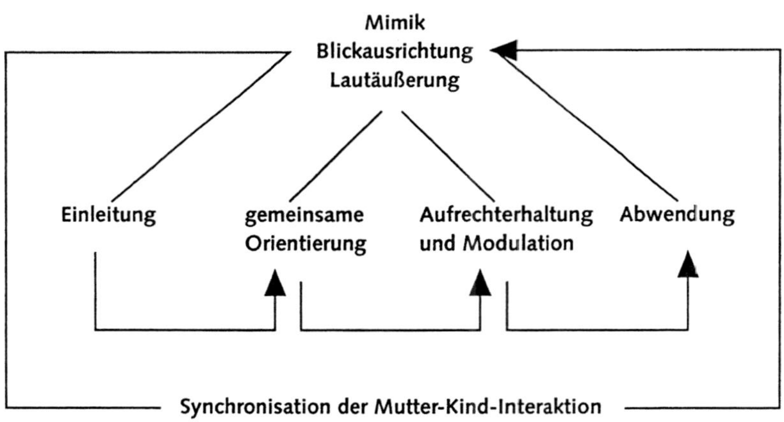

Abb. 37: Strukturelemente früher Interaktion (Sarimski 1986, 13)

Ist eine gemeinsame Orientierung gelungen, versucht die Bezugsperson, die Aufmerksamkeit des Kindes zu bekommen und aufrechtzuerhalten. Dies gelingt ihr meist, indem sie die kindlichen Signale wahrnimmt, imitiert, spiegelt und verstärkt. Die Attraktivität der Situation wird aufrechterhalten durch Wiederholungen von Aktivitäten mit leichten Modifikationen. So erfindet die Bezugsperson beim „Kuck-Kuck-Spiel“ immer wieder neue Variationen (durch Verlangsamung, Wiederholung, Übertreibung), um das Kind „bei der Stange“ zu halten. Benutzt wird dazu ein ganz bestimmter Sprachcode, der sogenannte „Babytalk“, der gekennzeichnet ist durch eine höhere Stimmlage, verlangsamtes Tempo und vor allem durch Vereinfachung der Wort- und Satzstrukturen.

Die Bezugsperson-Kind-Interaktion wird beendet durch ein Abwenden des Kindes, das heißt durch Unterbrechung des Blickkontaktes oder Wegdrehen des Kopfes. Interaktionen dieser Art werden vor allem dann gelingen, wenn wir von Seiten des Kindes volle Aufmerksamkeit und Wachheit haben und auf der anderen Seite der/die Partner/-in in der Lage ist, einfühlsam, variabel, aber dennoch deutlich mit dem Kind zu interagieren. Gelungene Kommunikation verleiht der Eltern-Kind-Beziehung eine erhöhte Widerstandskraft gegen ungünstige Faktoren wie Krankheit, Stress usw. (vgl. Papousek/Papousek 1989, 41).

Erschwernisse

„Frühchen“

Viele Kinder kommen zu früh auf die Welt. Aufgrund verbesserter Behandlungsmöglichkeiten im medizinischen Bereich können bereits Kinder ab der ca. 25. Schwangerschaftswoche überleben, in einigen Fällen sogar mit einem Geburtsgewicht von nur 500 g. „Frühchen“

Kim wog sogar nur 380 Gramm (vgl. www.fruehchen.de/presse/kim). Das bedeutet in den ersten Wochen eine intensive medizinische Betreuung und ein Leben in einer sterilen Atmosphäre. Heute weiß man, wie wichtig der Kontakt und die Kommunikation für das Wohlbefinden und die Entwicklung des Kindes sind; der Kontakt zwischen Mutter und Kind wird intensiviert, der Säugling („Frühchen") wird zum Beispiel auf die Brust der Mutter gelegt, so dass ein intensiver Körperkontakt entstehen kann. Erste (allerdings noch ungesicherte) Ergebnisse zeigen eine deutliche Stabilisierung der Kindesentwicklung. Insgesamt kann jedoch gesagt werden, dass in der Kommunikation mit sogenannten „Frühchen" sich die Eltern auf veränderte Reaktionen des Kindes einstellen müssen. So ist die Kontrolle über die motorischen Aktionen noch nicht stark ausgeprägt, der Tonus eher hypoton, die Aktivität beziehungsweise die Aufmerksamkeit eher reduziert, es treten verzögerte Reaktionen auf. Deutlich ist auch die höhere Reaktionsschwelle auf Geräusche und Berührungen, auch Habitationen dauern länger (Sarimski 1986, 43). Gelingt es den Eltern (vielleicht mit fachlicher Unterstützung), die Interaktion mit ihren frühgeborenen Kindern aufzunehmen und aufrecht zu erhalten, so entwickeln sich diese Babies, wenn keine organischen oder neurogenen Störungen vorliegen, völlig normal. Bedeutsam ist dabei, dass die Eltern ein hohes Maß an Sensitivität und die Bereitschaft, sich Unterstützung von Fachkräften zu holen, einbringen müssen. Treten von Geburt an oder in der sehr frühen Entwicklung Ausfälle beziehungsweise starke Einschränkungen einzelner Sinnesmodalitäten auf, können diese Ausfälle meist in irgendeiner Art und Weise zumindest zum Teil kompensiert werden. Drei Viertel der „Frühchen" entwickeln sich, wenn auch mit anfänglichen Problemen, zu gesunden, nicht beeinträchtigten Kindern. Bei einem Viertel der Kinder bleiben Behinderungen (vgl. www.fruehchen.de/presse/kim).

Sehbehinderte/blinde Kinder

Bei stark sehbehinderten oder blinden Kindern kann man grundsätzlich eine verzögerte Greifentwicklung feststellen, da die Exploration der Umwelt stark eingeschränkt ist. Weiterhin steht der Blickkontakt als zentrales Medium der Interaktion mit Babies nicht zur Verfügung. Auch die Entwicklung der Mimik und Gestik verläuft nicht so vielfältig, da das Nachahmen und das Spiegeln durch die Eltern fehlt. Blinden Kindern fehlt die visuelle Rückkoppelung, so dass sie häufig die Auswirkung ihres Handelns auf ihre Umgebung nicht nachvollziehen können und damit den kommunikativen Aspekt ihres Handelns nicht

„sehen". Durch ein vielfältig strukturiertes Angebot der Umwelt können diese Erfahrungsmängel jedoch kompensiert werden und die kommunikative Entwicklung verläuft – wenn auch leicht verzögert – ähnlich der sehender Kinder.

Gehörlose Kinder

Bei einer Schwerhörigkeit kann mit Hörgeräte das Hörvermögen oft verbessert werden. Bei extremer Schwerhörigkeit oder vollständiger Gehörlosigkeit kann ein Cochlea – Implantat (regt mittels Mikroelektroden Hörnerven im Innenohr direkt an) die Hörfunktion weitgehend ersetzen.
Gehörlosen Kindern fehlt die akustische Rückkoppelung der eigenen Lautäußerung, weshalb das Erlernen der Lautsprache meist stark erschwert beziehungsweise ohne gezielte Hilfe fast unmöglich ist. Wenn der Blickkontakt abreißt, bricht die kommunikative Interaktion mit gehörlosen Kindern ab. Interaktionen hören genauso unvermittelt auf, wie sie begonnen haben. Bei gehörlosen Kindern scheint es erst in der Sprachentwicklung schwerwiegende Probleme zu geben; mit Hilfe alternativer Kommunikationssysteme wie zum Beispiel der Gebärdensprache kann dem jedoch begegnet werden. Dadurch wird der Austausch von Gedanken, Gefühlen und Ideen möglich.

Körperbehinderte Kinder

Ähnlich wie bei Sinnesbehinderungen ist auch bei Körperbehinderungen das große Problem, dass sie meist erst recht spät diagnostiziert werden. Körperbehinderungen beeinflussen vor allem die ersten „Kommunikationsmittel" des Babies, nämlich die Blickausrichtung, die Kopfkontrolle und den Muskeltonus. Da die Kommunikationspartnerinnen aber auf genau diese Signale angewiesen sind, werden beide Seiten häufig verunsichert. Häufig geht diese verzögerte körperliche Entwicklung einher mit einer reduzierten allgemeinen Aktivität und Reaktionsbereitschaft. Bei Cerebralparesen ist die Steuerung der Motorik oft mehr betroffen, so dass die Signale des Körpers (wie zeigen, abwenden usw.) noch uneindeutiger und damit schlecht lesbar sind. Die Verständigung mit körperbehinderten Menschen ist erschwert, weil einige grundlegende Körpersignale (Mimik, Blickkontakt, Körperspannung, Körpersteuerung, Bewegungssteuerung u.a.) oft nur vage sind und deshalb von der Bezugsperson nicht richtig interpretiert werden. Neben den Problemen der Körpersteuerung kommen häufig anatomische Erschwernisse hinzu. Anormale Zahnstellungen, veränderte Zungengröße, Lippen-Kiefer-Gaumenspalten, weiche

Gaumen oder eine unvollständige Ausbildung des Sprechapparates beeinträchtigen die Artikulation. Häufig aber können durch chirurgische Eingriffe diese Erschwernisse abgemildert werden.

Behinderungen durch mehrfache Schädigungen

Besonders problematisch wird die Situation jedoch beim Auftreten von Mehrfachbehinderungen. Die Erfahrungswelt von blinden und gehörlosen Kindern zum Beispiel ist auf die Nahsinne begrenzt, die Welt muss über die taktile Wahrnehmung wahrgenommen werden. Kommt zu einer Sinnesbehinderung noch eine kognitive Einschränkung hinzu, führt dies zu einem erheblichen Verlust an kommunikativen Kompetenzen. Die Situation geistig behinderter Menschen stellt sich insofern häufig sehr schwierig dar, weil die ohnehin eingeschränkten Wahrnehmungen kognitiv nicht adäquat verarbeitet werden, das heißt Wahrnehmungen häufig keine Zuordnung erfahren, Muster nicht ausgebildet werden und somit ohne Bedeutung bleiben. Auch liegen oft Einschränkungen im Bereich der taktil-kinästhetischen Wahrnehmungen vor, welche die Grundlage für alle Entwicklungsprozesse darstellen. Damit erfährt die komplexe Entwicklung eines Menschen eine Gefährdung an allen wesentlichen Eckpfeilern. Durch eine erfolgreiche Auseinandersetzung mit der Umwelt wird die Aktivität des Kindes gesteigert. Ist diese Auseinandersetzung jedoch erfolg- und bedeutungslos, so wird das Kind seine Aktivität reduzieren und eine geringe Ausdauer zeigen. Problematisch im Umgang mit mehrfach und geistig behinderten Menschen ist jedoch, dass deren Reizrezeption und Perzeption anscheinend anderen Gesetzmäßigkeiten unterliegt, zum Beispiel häufig eine höhere Reizschwelle anzutreffen ist.

Erworbene Kommunikationseinschränkungen

Die oben genannten Ausführungen zeigen, dass sich die Kommunikation bei Menschen mit einer Behinderung schwierig gestalten kann. Dabei befinden sich die Kommunikationspartnerinnen, die primären Bezugspersonen und das Kind, in einer besonderen Situation. Die Feststellung beziehungsweise das Auftreten einer Behinderung kommt oft unerwartet und „zerstört“ im ersten Moment alle Hoffnungen und Träume der Eltern. Häufig kristallisiert sich das Ausmaß der Behinderung erst nach und nach heraus, wobei Kinderärzte die Entwicklungsverzögerung oft nicht erkennen. So sind die primären Bezugspersonen häufig auf sich allein gestellt in der Betreuung des Kindes, da auch das private Umfeld (Freunde und Bekannte) häufig mit einer derartigen Situation nicht umzugehen gelernt hat und infolgedessen zunehmend den Kontakt meidet. Aber auch die Eltern müssen mit der Enttäuschung ihres Wunsches nach einem nichtbehinderten Kind und der für die meisten ungewohnten Einstellung auf einen Menschen mit Behinderung leben lernen.

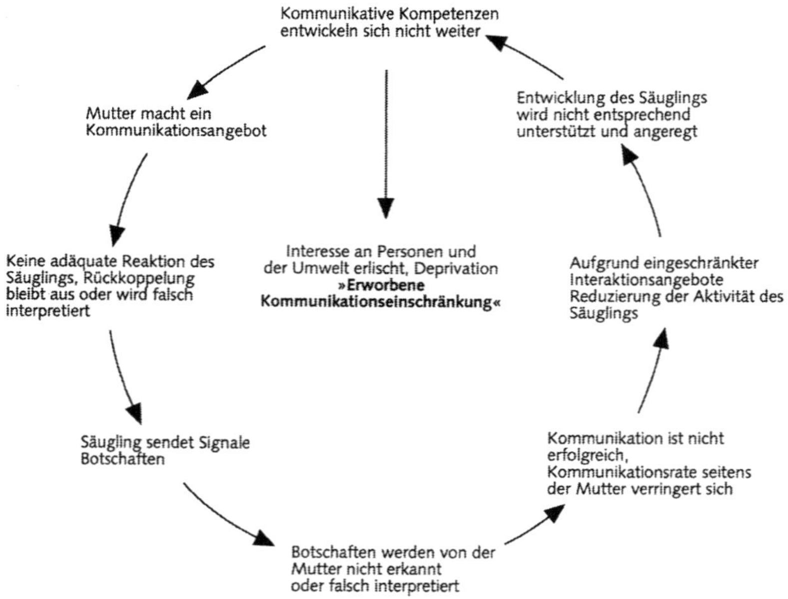

Abb. 38: Erworbene Kommunikationseinschränkung

Für die Bezugspersonen ist mit am schwersten zu bewältigen, dass die Interaktionsangebote von ihrem Kind nicht adäquat beantwortet werden. So nimmt zum Beispiel die Mutter das schreiende Kind auf den Arm, schaukelt es und singt dazu, aber es beruhigt sich dennoch nicht. Häufig gehen die Bezugspersonen mit diesen Kindern sehr behutsam um, was sich als fatal herausstellen kann, da Kinder mit einer starken Behinderung häufig eine erhöhte Reizschwelle haben. Behutsame Berührungen beispielsweise kommen beim Kind nicht an, und es zeigt deshalb keine Reaktion. Auf der anderen Seite gehen vom Säugling Signale aus, die von den Bezugspersonen entweder nicht erkannt oder falsch interpretiert werden. Die Folge dieser misslungenen Kommunikationssituationen ist häufig, dass die Interaktionsangebote seitens der Bezugspersonen reduziert werden, da keine positive Rückkoppelung zustande kommt und ungewiss bleibt, ob das Kind überhaupt erreicht wurde. Dies bewirkt wiederum eine geringere Stimulationsrate beim Kind, was zur Reduzierung der Aktivität führt. Die Entwicklung des Säuglings wird also oft nicht intensiv genug unterstützt und angeregt, was die kommunikative Entwicklung stagnieren lässt. Wird dieser Teufelskreis nicht durchbrochen, zum Beispiel durch Hilfe von außen, reduzieren sich die Interaktionsanlässe auf ein minimales Maß. Das Kind wird immer weniger Signale senden beziehungsweise noch undifferenzierter auf die Kommunikationsangebote von außen reagieren. Das Interesse an Personen und der Umwelt erlischt zunehmend, eine erworbene Kommunikationseinschränkung manifestiert sich. Kommunikationsstörungen bis hin zu einer „Kommunikationsverweigerung" oder anderen extremen Formen (z.B. Aggression) können die Folge sein. Die Konsequenzen für die weitere Entwicklung des Kindes werden deutlich, wenn man sich vor Augen hält, dass die gelungene Kommunikation zwischen den primären Bezugspersonen und dem Kind Basis für alle Entwicklungsprozesse des Kindes ist. Auch wenn die Entwicklung nicht immer so dramatisch verläuft, ist die Kommunikation meistens nicht zufriedenstellend. Zu sehr sind Eltern auf Interpretationen angewiesen, können nur hoffen, dass sie das Richtige tun. In manchen Fällen gestaltet sich die Beziehung zu ihrem Kind als sehr schwierig, da die eingeschränkte Kommunikationsfähigkeit oft Verhaltensweisen wie Auto- oder Fremdaggression begünstigt.

Kommunikationsstörungen

Die Situation im Heim fördert leider häufig diese Entwicklung. Eine Gruppe von Menschen mit einer Behinderung lebt in einer Wohngruppe, meist betreut von einem Team aus Fachleuten und Helferinnen. In dieser Konstellation versucht der behinderte Mensch – im Rahmen seiner Möglichkeiten – seine Wünsche und Bedürfnisse zu artikulieren, was jedoch häufig von den Bezugspersonen infolge der eben sehr individuellen Ausdrucksweise nicht verstanden wird. Die Gründe dafür können vielseitig sein, zum Beispiel geringe Personenkenntnis, fehlende Beziehung, fehlende Fachkompetenz, Zeitmangel oder auch fehlende Bereitschaft. Häufig wird die Sensibilität der Einzelnen auch geringer, wenn die behinderte Partnerin Aussagen in stereotyper Art und Weise wiederholt, zum Beispiel „Wochenende heimgehen". Der Mensch mit einer eingeschränkten Kommunikationsfähigkeit erhält häufig keine differenzierte Rückmeldung beziehungsweise spürt die Ablehnung der Anderen. Im Gegenzug dazu werden Anforderungen an ihn gestellt, die häufig auch sprachlich so komplex sind, dass er sie

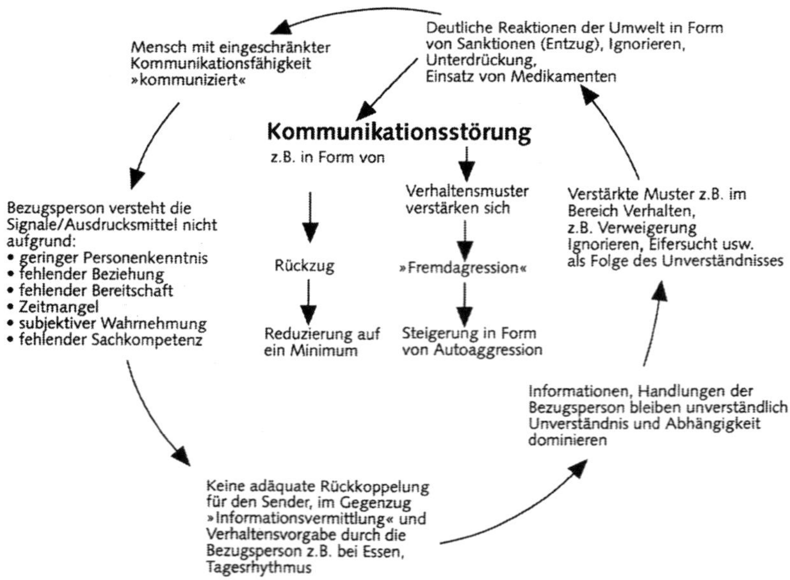

Abb. 39: Möglicher Kommunikationsverlauf bei Kommunikationseinschränkungen

nicht durchschauen kann. Dieser mehrschichtige und zu komplexe Informationsfluss bewirkt, dass die Informationen beziehungsweise Anforderungen der Bezugspersonen zum Teil unverständlich bleiben und die Heimbewohnerinnen diesen nicht gerecht werden können. Die subjektive Wahrnehmung erschwert häufig das Verstehen. Jeder „lebt in seiner Welt“, die aus den eigenen Wahrnehmungen, Vorstellungen und Erfahrungen besteht. Treten derartige Kommunikationsprobleme gehäuft auf, entwickelt die Heimbewohnerin Verhaltensweisen, welche die Umwelt deutlich auf ihre missliche Situation hinweisen soll (z.B. Lautsein, Schreien, Verweigern, Eifersucht). Häufig reagiert die Umwelt mit restriktiven Maßnahmen auf dieses veränderte Verhalten, eventuell in Form von Sanktionen, Ignorieren oder Einsatz von Medikamenten. An dieser Stelle werden die Weichen gestellt; gelingt es dem Team aufgrund der veränderten Verhaltensweisen, die Bedürfnisse der Einzelnen wahrzunehmen, auf sie einzugehen, kann sich die Situation wieder normalisieren und Kommunikation in geeigneten Bahnen ablaufen. Werden die Zeichen jedoch falsch interpretiert oder gar ignoriert, kommt es zu extremen Verhaltensweisen, die Kommunikation ist gestört. Zwei extreme Muster können nun auftreten, einmal

die Tendenz zum Rückzug (Kommunikation wird auf ein Minimum reduziert), wobei die Entwicklung offen bleibt. Diese Reaktion wird von der Umwelt als nicht sehr störend empfunden. Auffälliger und „störender" kann sich eine Kommunikationsstörung auch in Form von Fremdaggression beziehungsweise als weitere Steigerung in Form von Autoaggression ausdrücken, wobei diese Ausdrucksformen so exzessiv sein können, dass die Umwelt fast handlungsunfähig wird und es nahezu keine gemeinsame Handlungsebene mehr gibt.
Wenn die Äußerungen eines Menschen von der Umwelt nicht verstanden werden, sind Probleme vorprogrammiert. Sich ausdrücken können und verstanden werden sind grundlegende Bedürfnisse eines Menschen; gelingt dies nicht, geht er zugrunde. Deshalb muss die Heilerziehungspflegerin einen großen Teil ihrer Zeit und Kraft in die Pflege der Kommunikation investieren. Das Verstehen des Gegenübers ist die Basis für jedes weitere Miteinander.

Literatur

Bruner, J. (1977): Wie das Kind lernt, sich sprachlich zu verständigen, in: Zeitschrift für Pädagogik, 23, S. 829–845

Bruner, J. (2002/1987): Wie das Kind sprechen lernt. Bern

Fröhlich, A. (Hrsg.) (1989): Kommunikation und Sprache körperbehinderter Kinder. Dortmund

Hildebrand-Nilshorn, M. (1989): Sprachentwicklung des körperbehinderten Kindes, in: Fröhlich, A. (Hrsg.): Kommunikation und Sprache körperbehinderter Kinder. Dortmund, S. 45–80

Kane, G. (1992): Entwicklung früher Kommunikation und Beginn des Sprechens, in: Geistige Behinderung, 4/1992, S. 303–319

Papousek, H. (1986): Biologische Wurzeln der ersten Kommunikation im menschlichen Leben, in: Zeitwende, Heft 1/57, S. 1–16

Papousek, H./Papousek, M. (1977): Das Spiel in der Frühentwicklung des Kindes. Supplementband zur Pädiatrischen Praxis, S. 17–32

Papousek, H./Papousek, M. (1979): Lernen im ersten Lebensjahr, in: Montada, L. (1979) (Hrsg.): Brennpunkte der Entwicklungspsychologie. Stuttgart, S. 194–212

Papousek, H./Papousek, M. (1982): Die Rolle der sozialen Interaktionen in der psychischen Entwicklung und Pathogenese von Entwicklungsstörungen im Säuglingsalter, in: Nissen, G. (Hrsg.): Psychiatrie des Säuglings- und des frühen Kleinkindalters. Bern

Papousek, H./Papousek, M. (1983): Frühentwicklung des Sozialverhaltens und der Kommunikation, in: Rennschmidt, H. (Hrsg.): Neuropsychologie des Kindes. Heidelberg, S. 182–190

Papousek, M. (1989): Frühe Phasen der Eltern-Kind-Beziehung. Ergebnisse der entwicklungspsychobiologischen Forschung, in: Praxis der Psychotherapie und Psychosomatik. Zeitschrift für Fort- und Weiterbildung, 34, S. 109–122
Papousek, M. (1984): Wurzeln der kindlichen Bindung an Personen und Dinge: Die Rolle der integrativen Prozesse, in: C. Eggers (Hrsg.): Bindung und Besitzdenken beim Kleinkind. München u.a., S. 155–184
Papousek. M./Schieche M./Wurmser, H. (HSRG)(2004): Regulationsstörungen der frühen Kindheit. Bern
Papousek. M./von Gontard, A.(2003): Spiel und Kreativität in der frühen Kindheit. Stuttgart
Rotter, B./Kane, G./Gallé, B. (1992): Nichtsprachliche Kommunikation: Erfassung und Förderung, in: Geistige Behinderung, 4/1992, S. 1–26
Sarimski, Klaus (1986): Interaktion mit behinderten Kleinkindern. München
www.fruehchen.de/presse/kim

Die Denkentwicklung nach Piaget

Die Erkenntnisse Piagets zur Entwicklung des Denkens (vor allem der sensomotorischen Intelligenz) basieren auf den Beobachtungen seiner drei eigenen Kinder und auf klinischen Erfahrungen. Dabei richtet sich sein Hauptinteresse nicht auf die individuelle Beschreibung der Kinder, sondern er versucht, Grundformen/-prozesse des Denkens zu abstrahieren. Kritisch bemerkt werden muss, dass Piaget – neben den individuellen Unterschieden – den Einfluss von Gefühlen auf die Entwicklung des Denkens (und während des Denkprozesses) vernachlässigt und normative altersspezifische Angaben macht, wann ein Kind in der Lage sein sollte, die spezifischen Aufgaben der jeweiligen Altersstufe zu lösen. Einige Nachuntersuchungen weisen jedoch nach, dass die Denkleistungen des Kindes wesentlich durch Erfahrung und auch durch Übung beeinflusst werden können.
Der Grundgedanke der Piaget'schen Entwicklungspsychologie ist Folgender: Das Kind entdeckt, erkundet und konstruiert selbstständig und aktiv eine sinnvolle Umwelt. Es erschließt Stück für Stück die Umwelt, um sie zu seiner Welt zu machen. Neugierde, Motivation und Selbstorganisation des Kindes sind für Piaget wichtige Faktoren.
Piaget hat einen weit gefassten Intelligenzbegriff. Für ihn ist Intelligenz die höchstmögliche Form der Anpassung des Organismus an die Umwelt, der Herstellung eines Gleichgewichtszustandes zwischen Individuum und Umwelt. Anpassung versteht Piaget als einen Prozess der Wechselwirkung zwischen dem Individuum und seiner Umwelt. Dabei kommt es sowohl zu einer Angleichung der Umwelt an das Indi-

viduum (Assimilation) als auch zu einer Angleichung des Individuums an die Bedingungen der Umwelt (Akkomodation). Piaget definiert Assimilation als den Prozess der Aufnahme von Umweltreizen (Input) und deren Integration in bereits vertraute Schemata. Jede neue Erfahrung wird also in bereits vorhandene Denkformen eingeordnet, in vorhandene kognitive Schemata integriert. Unter einem Schema wird die Struktur einer Handlung oder eines Verhaltens verstanden, denn jede Handlung läuft im Detail verschieden ab. Durch die aktive Auseinandersetzung mit der Umwelt bilden sich viele Schemata aus, in die neue Umwelteindrücke eingeordnet werden können. So assimiliert das Kind in den ersten Lebenswochen alle möglichen Gegenstände (Daumen, Bettzipfel) an die Tätigkeit des Saugens. Verfügt es später zum Beispiel über das Schema „Vierbeiner sind Wauwau“, so wird es alle übrigen vierbeinigen Tiere in dieses Schema integrieren. Sobald die bisher erworbenen Schemata nicht mehr ausreichen, werden sie verändert, der neuen Situation entsprechend angepasst, was zu einer ständigen Differenzierung der erworbenen Bewegungs-, Handlungs- und Verhaltensschemata führt (Augustin 1990, 157). Diese aktive Anpassung an die jeweiligen Umweltbedingungen bezeichnet Piaget als Akkommodation. Ein Kind, das über das Greifschema verfügt, assimiliert, wenn es Wasser mit Daumen und Zeigefinger greifen will. Es akkommodiert, wenn es das Greifschema zum Schöpfschema erweitert und das Wasser mit der Handinnenfläche schöpft. Will das Kind zum Beispiel das Schema Prellen eines Balles (Schaumstoffball) auf andere Bälle anwenden, muss es dieses Schema modifizieren und auf die andersartigen Bedingungen abstimmen.
Bei seinen Überlegungen und Beobachtungen und Erkenntnissen geht Piaget von folgenden Grundlagen aus:
(1) Ererbte physische Strukturen stecken die allgemeinen Grenzen der intellektuellen Funktionen ab.
(2) Ererbte Verhaltensreaktionen (Reflexe) sind während der ersten Tage des menschlichen Lebens maßgebend. Diese Reflexe werden schnell in Strukturen verwandelt, die sich die Resultate der Erfahrung einverleiben.
(3) Lebende Organismen besitzen die angeborene Tendenz zur Organisation, also das Bestreben zu gliedern, zu strukturieren und zu systematisieren. Eine Form der Organisation ist die Bildung kognitiver Schemata, welche eine Einordnung von Umwelteindrücken ermöglichen und mit deren Hilfe Individuen Erfahrungen systematisieren können. Nach einer gewissen Zeit der Entwicklung, des Übens und Erlebens kann der Säugling zunächst voneinander unabhängige Schemata zu einer Struktur verbinden. Organisierte Verbindungen von

Schemata bezeichnet Piaget als Strukturen. Mit einem einzigen Schema kann ein Individuum nicht viel zustande bringen, und mit einer unverbundenen Menge von einzelnen Schemata ist nur wirre Aktivität möglich. Erst die geordnete Verbindung von verschiedenen Schemata ermöglicht einen befriedigenden Austausch mit der Welt (vgl. Flammer 2005).

(4) Alle Organismen werden mit der Tendenz geboren, sich der Umwelt anzupassen. Diese Anpassung geschieht mit Hilfe zweier gegenläufiger Prozesse, der Assimilation und der Akkommodation. Ziel dabei ist die Herstellung eines Gleichgewichtszustandes zwischen dem Individuum und der Außenwelt (Äquilibration). Ein Ungleichgewicht entsteht, wenn sich die Anforderungen und Bedingungen der Außenwelt verändern und die Umwelt mit den vorhandenen kognitiven Schemata nicht mehr bewältigt beziehungsweise eingeordnet werden kann. Verfügt ein Kind zum Beispiel über das Schema „Werfen eines Tennisballs“ und versucht dies auf eine Eisenkugel anzuwenden, so gerät es in ein Ungleichgewicht. Über Akkommodation, also Anpassung, zum Beispiel des Gewichtes der Eisenkugel und damit Investition von mehr Kraft, gelingt es, das Gleichgewicht wieder herzustellen. Die Prozesse der Organisation und Anpassung sind nicht voneinander zu trennen, da Anpassung häufig Organisation bedeutet – und umgekehrt.

Die Entwicklung der sensomotorischen Intelligenz (0–2 Jahre)

Auf dieser Stufe kann das Kind intellektuelle Handlungen erbringen. Tätigkeiten dieser Stufe bestehen darin, Wahrnehmungen mit Bewegungen zu koordinieren. Die sensomotorische Intelligenz strebt nur zur praktischen Erfüllung, das heißt zum Erfolg der Handlung, nicht zur Erkenntnis. Folgende Angaben zur motorischen Entwicklung sollen das Verstehen der sensomotorischen Entwicklung erleichtern.

Erstes Stadium – Betätigung und Übung der Reflexe (1. Monat)

Das Neugeborene verfügt über eine Anzahl angeborener Verhaltens- und Bewegungsmuster (Reflexe), auf die es jetzt zurückgreifen kann und die als Ausgangspunkt zur Weiterentwicklung angesehen werden können. Gemeint sind damit nicht einfache Reflexe (z.B. Knie-Sehnenreflex), sondern äußerst komplexe motorische Reaktionen, zum Beispiel Saugreflex, Greifreflex, Schreireflex. Alle neuen Reize, die aus der Umwelt zum Säugling gelangen, werden in diese angeborenen Schemata assimiliert und integriert. Piaget hat ausführlich den Saugreflex beschrieben: Neugeborene beginnen bei Berührung der Lippen

mit nicht gelernten Saugbewegungen. Werden diese Bewegungen am Anfang durch die Berührung mit der Brust hervorgerufen, löst dieselbe Berührung einige Tage später ein gezieltes Suchen nach der Brustwarze aus. Nach etwa zwei Monaten unterscheidet das Kind zwischen der nahrungsspendenden Brustwarze und anderen Dingen (wiederkehrende Assimilation). Piaget beobachtete bei seinem Sohn Laurent, dass dieser zwischen den Mahlzeiten ins Leere zu saugen begann und erklärte diese Verhaltensweise mit der grundlegenden Tendenz des Organismus, eine Struktur, wenn sie verfügbar ist, auch anzuwenden (funktionale Assimilation). Als verallgemeinernde Assimilation wird der Vorgang bezeichnet, in dem bestimmte Schemata, zum Beispiel das Saugen, auf verschiedene Objekte (z.B. Fingerspitze, Spielzeug, Bettzipfel) angewendet werden. Aufgrund der Erfahrungen werden aber auch erbbedingte Schemata zunehmend abgeändert und ausgebaut. So erfolgte eine Akkommodation der Mund-, Lippen-, Zungenbewegungen an das jeweilige Saugobjekt (Brustwarze, Schnuller, usw.).
Motorik: Die motorische Situation des Säuglings macht ihm noch Mühe, seiner Haltung eine ausreichende Stabilität gegenüber der Schwerkraft zu verleihen, seine Bewegungen entsprechend zu koordinieren und zu steuern; es kommt zu undifferenzierten Massenbewegungen; es überwiegt ein deutlicher Beugetonus. Auch ältere Kinder, Jugendliche oder Erwachsene mit schwersten Behinderungen können sich in diesem Stadium befinden. Häufig fallen Menschen mit einem frischen schweren Schädel-/Hirntrauma, die sich noch im apallischen Syndrom befinden, auf diese Stufe zurück.

Zweites Stadium – Zufallshandlungen/erste einfache Gewohnheiten (1.–4. Monat)

Piaget erklärt dieses Stadium anhand der Entwicklung des Daumenlutschens. Aufgrund einer zufälligen Handlung nimmt sein Sohn Laurent die Hand in den Mund und gibt diesem damit die Möglichkeit, ein bereits aufgebautes Schema (Saugschema) zu betätigen (funktionale Assimilation). Die Handlung beziehungsweise das Ergebnis der Handlung befriedigt Laurent, deshalb versucht er diese auch zu wiederholen. Es entstehen neue Schemata, die vorher ziellose Bewegung wird in ein neues Schema akkomodiert. Damit wird das Verhalten beliebig wiederholbar. Piaget bezeichnet diesen Vorgang auch als *primäre Zirkulärreaktion*, wobei zirkulär in diesem Zusammenhang eine sich wiederholende Tätigkeit bedeutet. Primäre Zirkulärreaktionen des Säuglings sind immer auf den eigenen Körper ausgerichtet. Das

Kind hat am Anfang große Schwierigkeiten, Bewegungen zu koordinieren, und seine Aufmerksamkeitsspanne ist noch kurz. Die Leistungen sind dabei aber auf den eigenen Körper begrenzt, ein Objektbegriff ist noch nicht vorhanden. Das Kind interessiert sich also mehr für den Reiz als für den Gegenstand, es weiß noch nicht, dass der Gegenstand noch existiert, wenn es den visuellen Kontakt mit ihm verloren hat.
Motorik: Das Kind ist in diesem Stadium in der Lage, die Bauch-/Rückenlage zu stabilisieren, so dass die Kopfkontrolle und die Aufrichtung des Schultergürtels möglich werden. Eine Ausrichtung der Hand-, Kopf- und Beinbewegung ist nur möglich, wenn die Grundposition stabilisiert ist. Massenbewegungen treten langsam in den Hintergrund, alle Bewegungen wirken koordinierter. Der Beugetonus ist nicht mehr dominant, das Kind zeigt Streckmuster. Das Greifen von Gegenständen ist bei Kontakt möglich, ein bewusstes Loslassen noch nicht, Loslassen erfolgt meist zufällig, zum Beispiel bei der Moro-Reaktion.

Drittes Stadium – aktive Wiederholungen (Objektbeziehung)/
sekundäre Zirkulärreaktionen (4.–10. Monat)

Das Kind beginnt jetzt auf seine Umwelt einzuwirken. Durch Zufall erfährt es zunächst, dass es Dinge in Bewegung versetzen kann. Piaget (1969a, 163) beschreibt, wie seine Tochter Lucienne durch zufälliges heftiges Strampeln mit den Beinen, Puppen, die am Wagen befestigt sind, in Bewegung versetzt. Durch aktives Wiederholen dieser zufällig entstandenen Handlung versucht sie nu, diesen interessanten Effekt zu wiederholen. Dies bedeutet, dass das Kind in diesem Stadium zwar auf die Umwelt einwirken, dies zunächst jedoch nur mit zufällig eingetretenen Bewegungen erreichen kann. Das Kind will nun durch Wiederholung die Reaktion, das heißt das Ergebnis seiner Handlung, wieder erreichen. Dabei kommt es zu motorischer Anpassung. Berührt das Kind zum Beispiel zum ersten Mal eine Puppe mit der Hand oder mit dem Fuß, so muss es jetzt je nach Ausgangsposition den Bewegungsablauf neu koordinieren (Akkommodation). Piaget beschreibt diese wiederholenden Tätigkeiten als *sekundäre Zirkulärreaktionen* – sekundär deshalb, weil die Ereignisse und Gegenstände der äußeren Umgebung einbezogen werden. Das Kind wirkt also aufgrund zufällig gefundener Bewegungsabläufe auf die Umwelt ein; mit dieser Handlung wird aber weder Neues erfunden noch Bekanntes auf neuartige Umstände angewendet.

Motorik: Am Ende dieses Stadiums (ca. 9. Monat) kann das Kind aus der Bauchlage Kopf und alle Gliedmaßen gleichzeitig anheben oder einen Arm von der Unterlage heben, sein Gewicht auf eine andere Körperseite verlagern und somit spielen. Die Bauch- und Rückenlage verliert an Bedeutung, denn das Kind dreht sich jetzt über die Seitenlage oder den Vierfüsslerstand und kommt so zum Sitzen. Das Sitzen bereitet meist keine Probleme. An stabilen Gegenständen kann sich das Kind in den Stand hochziehen und steht dann schon recht stabil, und durch das Krabbeln ist es jetzt mobil. Es greift in allen stabilen Positionen nach Gegenständen und kann sie wieder loslassen beziehungsweise wirft sie weg. Das Kind verfügt über eine gute visumotorische Kontrolle und Koordination, kleine Gegenstände ergreift es zwischen Daumen und gekrümmtem Zeigefinger (Kneifzangengriff).

Viertes Stadium – Anwenden der erworbenen Fähigkeiten/ Verknüpfung von Mittel und Zweck/Koordination der sekundären Schemata (10.–12. Monat)

Das Handeln in diesem Stadium ist durch die Absicht gekennzeichnet, ein Ziel zu erreichen. Dazu setzt der Säugling sekundäre Schemata ein und koordiniert sie. Grundlage dabei ist der Wunsch, das Ziel zu erreichen, da das Zielobjekt (z.B. eine Schachtel) aufgrund bereits vorhandener Erfahrungen interessant ist. Um aber an das Objekt zu gelangen, muss er eventuell zuerst ein Kissen wegschieben, um an die darunterliegende Schachtel zu kommen. Flexibilität und Neuorganisation in der Anwendung bekannter Schemata bezeichnet Piaget als die „Originalität des Kindes". Diese Originalität ist jedoch begrenzter Art, da der Säugling keine neuen Mittel findet, um sich mit dem Hindernis auseinanderzusetzen. Ein weiteres Kennzeichen dieses Stadiums ist das Voraussehen von Ereignissen (Antizipation). So erkennt das Kind bei einer wiederholten Medikamentenzuführung zum Beispiel an der Form der Flasche die Medizin und schließt bereits vor der Verabreichung den Mund. In diesem Stadium setzt auch das Explorationsverhalten ein, das heißt das Kind probiert Handlungsschemata an Gegenständen aus und versucht so das Wesen der Dinge zu verstehen. Wenn Gegenstände aus dem Gesichtsfeld verschwinden, versucht der Säugling, sie durch aktives Suchen wieder zu finden. Objekte erhalten jetzt die Qualität der Permanenz und der Substanz, was jedoch nur bei einfachen Zusammenhängen gelingt.
Motorik: Dominantes Fortbewegungsmittel ist meist noch das Krabbeln. Das Kind sitzt frei. Das Aufrichten zum Stand erfolgt übers Hochziehen, freies Aufstehen oder manchmal über den „Bärenstand".

Das Kind bewegt sich recht schnell (z.B. an Möbeln entlang), freies Stehen ist meist möglich, freies Gehen allerdings nur begrenzt. Die Handmotorik ist gut ausgebildet.

Fünftes Stadium – Problemlösen durch aktives Ausprobieren / tertiäre Zirkulärreaktionen (12–18 Monate)

Das Interesse am Neuen um seiner selbst willen wird tertiäre Zirkulärreaktion genannt. Neues wird ausprobiert, es wird versucht, Neues in vorhandene Schemata zu assimilieren. Hier treten bedingt durch die Eigenschaften des Gegenstandes oder die Bedingung der Situation Widerstände auf; so lässt sich zum Beispiel das verfügbare Schema des Fallenlassens nicht in gleicher Weise auf alle Gegenstände anwenden, da jeder Gegenstand bestimmte Eigenschaften hat, die berücksichtigt werden müssen (ein Ball fällt schneller zu Boden als eine Feder). Das Kind ist an Widerständen interessiert, die sich einstellen, wenn es seine alten Schemata auf neue Ereignisse anwendet. Die Erkenntnis, dass Gegenstände eine von seinem eigenen Körper unabhängige Existenz besitzen, verstärkt den Wunsch nach Entdeckung. Sobald der Säugling die Neuartigkeit einer Situation erkennt und sich für sie interessiert, beginnt er zu akkomodieren. Die Lösung der Probleme gelingt dabei nach dem Prinzip von Versuch und Irrtum, also auf dem Wege des Ausprobierens und Kombinierens von Handlungsschemata. Jede Entdeckung führt zu der nächsten, das Ergebnis eines Experiments zieht neue Experimente nach sich. Die Bewegungen, die zu neuen interessanten Ergebnissen führen, werden jedoch nicht nur reproduziert, sondern abgestuft und systematisch variiert (Akkommodation, z.B. Fallenlassen eines Gegenstandes von verschiedenen Stellen aus, Verwenden verschiedener Gegenstände). Das auf den *tertiären Zirkulärreaktionen* aufbauende experimentelle Handeln führt zur Entdeckung neuer Mittel durch Ausprobieren (Piaget 1969a, 283 ff.). Im Unterschied zu den sekundären Zirkulärreaktionen ist das Ausprobieren jetzt an der Erreichung eines Zieles orientiert. Die Handlung wird vom gestellten Problem geleitet und vollzieht sich nicht mehr der Erkundung willen. Ein Kind erkennt beispielsweise in diesem Stadium, dass sich ein entfernter Gegenstand durch eine Schnur, die an ihm befestigt ist, heranziehen lässt. Bei der Nachahmung hat die Akkommodation Vorrang vor der Assimilation, der Objektbegriff wird weiter ausgebaut. Wenn der Säugling früher einen Gegenstand an der Stelle gesucht hat, wo er ihn zuletzt gefunden hat, so wird er jetzt dort suchen, wo er ihn zuletzt gesehen hat. Kinder in dieser Phase sind meist sehr aktiv, längeres Sitzen und konzentriertes Spielen ist nur begrenzt möglich.

Motorik: Das Kind zeigt in allen Positionen ein gutes Gleichgewicht, kann „Fußballspielen“, das heißt mit dem Fuß Gegenstände anstoßen und damit kurzfristig das stabile Gleichgewicht aufgeben. Rückwärtsgehen und das Tragen von Gegenständen gelingen gut, beim Treppensteigen benötigt es noch Halt. Es verfügt bereits über eine gute Auge-Hand- und Hand-Hand-Koordination.

Sechstes Stadium – Beginn des Denkens/Erfinden neuer Mittel durch geistige Kombination (18.–24. Monat)

War das Kind bisher bei einer Problemlösung auf unmittelbare Erfahrungsdaten angewiesen, so ist es jetzt in der Lage, auf dem Wege der Einsicht, das heißt des geistigen Kombinierens, Lösungsmöglichkeiten zu finden. Piaget beschreibt das Beispiel seiner Tochter Lucienne, wie sie versucht, eine Uhrkette aus einer leeren Streichholzschachtel herauszuholen. Nach einigen vergeblichen Versuchen (Anwendung von alten Mustern) kommt sie durch Überlegung darauf, den Spalt mit den Fingern zu vergrößern, um damit die Kette zu angeln. Die Koordination verschiedener Schemata wird nicht ausprobiert, sondern vielmehr vorweggenommen, so dass die Handlung der Situation angemessen durchgeführt werden kann. Die Nachahmung erfolgt schneller, das Kind ist in der Lage, eine Situation nicht in dem Moment, in dem sie stattfindet, sondern einige Zeit später wiederzugeben (aufgeschobene Nachahmung). Der Begriff des permanenten Objektes ist ganz ausgebildet. Vielseitige Erfahrungen bilden ein breites Fundament für die sensomotorische Intelligenz und sind zugleich Grundlage für die weiteren Stufen.

Die Stufe des symbolischen und vorbegrifflichen Denkens (2–4 Jahre)

Bedeutsam für diese Stufe und für die Entwicklung des Denkens ist das Aufkommen der Vorstellungen. Das Kind löst sich vom realen Gegenstand und kann diesen durch ein Symbol (Bild, Gegenstand, Wort) ersetzen. Die Nachahmung beziehungsweise die aufgeschobene Nachahmung ist nach Meinung Piagets der Vorläufer des Symbols. Symbole beziehen sich dabei nicht primär auf den Gegenstand, sondern eher auf das, was wir von ihm wissen beziehungsweise welche Erfahrungen wir mit ihm gemacht haben, das vom Kind entwickelte Symbol ist also individuell. Auf dem Weg des symbolischen Denkens vermag das Kind nun einen Gegenstand zu manipulieren. So wird ein Karton zur Badewanne, Höhle, zum LKW, Haus oder Bett.
Mit dem Erwerb der Sprache ist es auch möglich, sprachliche Symbole zu bilden (von Piaget als „Vorbegriffe“ bezeichnet). So lässt zum Beispiel ein Kind einen Vogel auf einem Bild fliegen.

Die Stufe des anschaulichen Denkens (Alter 4–7 Jahre)

Das Kind kann nun das Wahrgenommene (Person, Gegenstand oder Ereignis) leichter in der Vorstellung reproduzieren. Weiterhin entwickelt es im Laufe der Zeit komplexe Vorstellungen und echte Begriffe; Denkakte vollziehen sich in der Vorstellung. Das Kind nimmt Dinge so an, wie es sie erlebt und sieht. Bei Veränderungen aber verlieren die Dinge noch ihre Identität. Das nachfolgende Beispiel verdeutlicht dies: Ein Mädchen sitzt am Tisch vor drei verschiedenfarbigen Bergen aus Ton oder ähnlichem Material, die es überblickt. Nun wird eine Puppe an die Stelle des Mädchens gesetzt, welche ebenfalls die Berge überblicken kann. Nun wird das Kind gefragt, welchen Berg die Puppe wohl als höchsten, nächsthöchsten und niedrigsten sieht. Das Kind gibt die richtige Reihenfolge an. Jetzt wird die Puppe auf die andere Seite gesetzt, also vor den niedrigsten Berg. Wiederum wird das Mädchen gefragt, welchen Berg die Puppe nun zuerst sieht, den niedrigsten, den mittleren oder den höchsten. Das Kind kann die jetzt gestellte Frage nicht beantworten, obwohl es die Berge sehr gut sieht. Ein anderes Beispiel: Die Mutter und die vierjährige Tochter sitzen sich bei Tisch gegenüber. Die Tochter ist ganz stolz, dass sie mit Messer und Gabel essen darf. Plötzlich bemerkt das Kind: „Mama, Du hältst das Messer in der falschen Hand." Das Kind kann sich beim anschaulichen Denken also noch nicht in die Wahrnehmungsmöglichkeiten anderer Standorte versetzen, sondern die Lage nur aus der Position, die es selbst einnimmt, beurteilen; das Denken ist in dieser Stufe noch eingleisig, das Kind nicht in der Lage, mehrere Aspekte gleichzeitig zu erfassen. Verdeutlicht werden kann dies mit einer der wohl berühmtesten Untersuchungen Piagets: Zwei gleichförmige Behälter sind mit gleichen Mengen Wasser gefüllt. Der Inhalt des einen Gefäßes wird nun in ein höheres, schmaleres Gefäß umgefüllt. Auf die Frage, in welchem Gefäß sich mehr Wasser befindet, antwortet das Kind gewöhnlich, in dem höheren, schmaleren sei mehr. Es konzentriert sich also in diesem Fall nur auf den Aspekt Höhe und lässt andere Faktoren wie Breite beziehungsweise Volumen außer Acht. In der vorhergehenden wie in dieser Stufe zeigt sich deutlich die geistige Haltung des Kindes. Es kann sich noch nicht in die Gedanken einer anderen Person hineinversetzen, alles orientiert sich an seinen Vorstellungen (kindlicher Egozentrismus). So meint zum Beispiel ein vierjähriges Kind beimVersteckspielen, dass, wenn es sich die Augen zuhält, es auch von den anderen nicht gesehen werden kann.

Die Stufe der konkreten Operationen (7–11/12 Jahre)

Das Denken wird jetzt unabhängig von der Wahrnehmung des Kindes (eingleisiges Denken wird aufgegeben), ist jedoch immer noch an konkrete Situationen gebunden. Die Umschütt-Aufgabe wird jetzt keine Schwierigkeiten mehr bereiten, da das Kind alle Faktoren berücksichtigen kann. Weiterhin kann sich das Kind die Umkehrung der Vorgänge vorstellen, das Denken wird reversibel. Die Weltbeständigkeit – sie wird konkret. Das Kind hat nun soviel Selbstständigkeit erreicht, dass es sich mit anderen messen möchte. Ein Kind, bei dem die konkreten Denkoperationen voll entwickelt sind, zeigt erstaunliches Interesse für die materiellen Gegebenheiten der Welt. Es ist das Alter, in dem beispielsweise Fußballstatistiken auswendig gelernt werden und das Guiness-Buch der Rekorde zum Lieblingsbuch wird.

Stufe der formalen Operationen (ab 11/12 Jahren)

Die Denkoperationen sind jetzt unabhängig vom Konkreten. Es gelingt das Operieren mit Vorstellungen, die nicht Reproduktionen von etwas Wahrgenommenem sind, zumindest nicht die Reproduktion von etwas aktuell Wahrgenommenem. Es gelingt das Operieren mit Begriffen und deren Beziehungen, das Ableiten von Regeln (induktives Denken) und das Anwenden von allgemeinen Sätzen auf den konkreten Sachverhalt (deduktives Denken). Ferner beginnt das Metadenken, das heißt das Nachdenken über das Denken selbst.

Besonderheiten in der sensomotorischen Entwicklung bei Menschen mit Entwicklungsverzögerungen beziehungsweise einer geistigen Behinderung

Die geistige Entwicklung eines Menschen, speziell die sensomotorische Entwicklung, kann durch viele Faktoren beeinflusst, verzögert beziehungsweise gestört werden. Dabei muss jedoch immer bedacht werden, dass die Denkentwicklung einen individuellen Prozess darstellt, der von vielen Gegebenheiten mitbestimmt wird. Im Folgenden sollen als Orientierungspunkte einige Besonderheiten/Abweichungen in der Intelligenzentwicklung beschrieben werden.

(1) Das erste Stadium der sensomotorischen Intelligenz bezeichnet Piaget als Übung und Betätigung der Reflexe. Gleich nach der Geburt reagiert das Kind auf Umweltreize mit angeborenen Reaktionen, den unbedingten Reflexen. Auf dieser Grundlage bilden sich bedingte Reflexe aus, als einer der ersten entsteht der bedingte Saugreflex.

Begann es sofort Saugbewegungen auszuführen, sobald ein Reiz seine Lippen berührte (unbedingter Reflex), lernt das Kind bald nur dann Saugbewegungen auszuführen, wenn es in die Stillage gebracht wird (natürlich bedingter Reflex). Bei geistig behinderten Kindern können sich bedingte Reflexe langsamer entwickeln und unbedingte angeborene Reflexe später verschwinden (Miessler/Bauer 1978, 29). So verhindert ein länger auftretender Greifreflex eine aktive Auseinandersetzung mit der Umwelt. Das Persistieren von tonischen Haltemustern, zum Beispiel ATNR (asymmetrischer tonischer Nackenreflex) und TNR (tonischer Labyrinthreflex) verhindert meist eine Koordination der Bewegungen und lässt das Erscheinungsbild asymmetrisch erscheinen.

(2) Die beschriebenen Verzögerungen in der motorischen Entwicklung, aber auch eine abweichende motorische Entwicklung beeinflussen in vielfältiger Weise die Ausbildung von Handlungsschemata. Bei einer schweren körperlichen Beeinträchtigung beziehungsweise bei einer Mehrfachbehinderung wird eine geringere Anzahl, beziehungsweise eine andere Qualität von Schemata ausgebildet. Häufig kommt (vor allem bei geistig behinderten Kindern) noch eine Überbehütung durch die Eltern hinzu, die ihr behindertes Kind vor weiteren „schmerzhaften Erfahrungen" schützen wollen.

(3) Aufgrund einer veränderten Wahrnehmungssituation kommt es häufig zur Ausbildung von vereinfachten, nicht der Realität entsprechenden Handlungsschemata. Bei der Erkundung der Umwelt macht ein Mensch mit erhöhtem Muskeltonus und damit einer eingeschränkten Wahrnehmung andere Erfahrungen mit den Dingen des Alltags. Die Ausbildung von Handlungschemata orientiert sich häufig an den Widerständen, denen begegnet wird, die überwunden werden müssen. Bei einer Hypo- oder Hypersensibilität kommt es zur Ausbildung von Schemata, die nicht der normalen Gegebenheit des Gegenstandes beziehungsweise der Umwelt entsprechen. So entwickeln beispielsweise autistische Menschen nach neuen Erkenntnissen andere Schemata im Bereich des Hörens, die wesentlich differenzierter und feiner sind als bei anderen Menschen. Eine Hypersensibilität im taktilen Bereich fördert Rückzugstendenzen und damit auch eine geringere Ausbildung von Schemata.

(4) Aufgrund der vorher genannten motorischen beziehungsweise sensorischen Beeinträchtigung kommt es dazu, dass die Gegebenheiten der Umwelt nicht so differenziert wahrgenommen werden, was dazu führt, dass Assimilationsprozesse deutlich überwiegen, weil die feinen Informationen der Umwelt nicht in dem Maße wahrgenommen werden und somit nur wenig Akkommodationsprozesse eingeleitet

werden. So kann manchmal auch bei erwachsenen behinderten Menschen noch beobachtet werden, wie sie die Umwelt ausschließlich unter dem Aspekt des Geruchs beurteilen.
(5) Ein Angebot von sehr vielen Reizen und damit eine Überstimulation bewirkt häufig, dass das Kind die Reize nicht mehr bewältigen und damit eine Integration nicht erfolgen kann. Es kommt meist zwar zu einer Abspeicherung der Eindrücke, jedoch ohne wirkliche Assimilation.
(6) Das Lösen von Problemen fällt schwer, da nur eine geringe Anzahl von Schemata zur Lösung verfügbar ist. Hier beginnt sich bereits der Kreislauf auszubilden, der für die Entwicklung vieler behinderter Menschen typisch ist. Durch motorische beziehungsweise sensorische, psychische Einschränkungen kommt es zur Ausbildung einer geringeren Anzahl von Handlungsschemata und damit einer meist geringeren Auseinandersetzung mit der Umwelt. Bei der Begegnung mit Problemen sind die Informationen über das Problem meist nur lückenhaft, und es stehen wenige Schemata zur Lösung bereit. Dies führt dazu, dass sich der behinderte Mensch häufig in der Phase des Nicht-Könnens wieder findet und sich von diesen Problemen abwendet. Versucht das Kind trotzdem, das Problem zu lösen, strengt es sich meist sehr an, und es kommt dabei zu einer allgemeinen Tonussteigerung: „Jede Verspannung (psychisch oder motorisch) hemmt aber auch die Akkommodation, den Bewegungsfluss, den Entwicklungsprozess, den Redefluss oder den Handlungsablauf" (Augustin 1990, 158).
Häufig ist an die bereits erwähnten körperlichen beziehungsweise geistigen Behinderungen noch eine Reduktion der Aktivität gekoppelt. Ein geringer ausgebildetes Neugierdeverhalten, eine geringe Funktionslust und eine geringe Experimentierfreude verstärken die bereits genannten Tendenzen.

Aus den bisherigen Ausführungen ergeben sich einige wichtige Überlegungen für die Begegnung und Kommunikation mit behinderten Kindern, für ihre Begleitung und die Initiation von Bildungsprozessen:
Die Lebensgeschichte eines Kindes muss in Erfahrung gebracht und berücksichtigt werden. Darüber hinaus sollte beobachtet werden, über welche Muster/Schemata das Kind verfügt, um daran anknüpfen zu können.
Lern- oder sensorische Angebote müssen den individuellen und momentanen Bedürfnissen und Möglichkeiten des Kindes angepasst werden. Eine Über- oder Unterforderung wird dadurch vermieden, indem das Kind aktiv am Geschehen beteiligt wird.

Wichtig ist, dass das Kind ausreichend eigene Erfahrungen machen darf. Dabei ist der spürbare Widerstand (maximale Widerstände vgl. Affolter) für die Entwicklung der Bewegungsanpassung und Bewegungssteuerung von entscheidender Bedeutung.
Wiederholungen sind von besonderer Bedeutung, nur durch sie können sich entsprechende Erfahrungen manifestieren. Wiederholen und Üben kann durch geringe Abweichungen/Variationen in der Aufgabenstellung beziehungsweise in der Auswahl des Gegenstandes interessant gestaltet werden.
Grundsätzlich sollte bei der Begegnung, Begleitung und Bildung der Personen darauf geachtet werden, dass eine interessante und attraktive Umwelt geschaffen wird, damit die einzelnen Entwicklungsschritte von sich aus gemacht werden können. Ein starres Lernprogramm führt zu Verweigerungstendenzen und bleibt meist ohne Erfolg. Die wichtigste Voraussetzung für alle Bildungsprozesse ist die emotionale Zuwendung, die dem Kind Selbstvertrauen und Mut zur Umwelterforschung macht.

Piagets Modell in der aktuellen Diskussion

Die Vorstellungen Piagets sind bis heute aktuell und zu einer Grundlage der Entwicklungspsychologie geworden. Piagets Auffassung, die auf der systematischen Folge der kognitiven Entwicklungsstufen und des biologischen Prinzips der Anpassung beruht, ist einfach und faszinierend zugleich. Kritisiert wurde eines: „Was die Umsetzung seiner Erkenntnisse behindert, ist nicht das detaillierte Ergebnis, sondern die Einordnung derselben in seinem Gesamtentwurf, die Einengung auf eine biologisch-genetische Vorstellung von Entwicklung“ (Radigk 1998, 86). Wilkening orientiert sich bei seiner Forschungstätigkeit an den Versuchen Piagets, er untersucht hauptsächlich die von Piaget gewonnenen Erkenntnisse. Piagets Behauptung, Kinder bis zu einem Alter von sechs bis sieben Jahren seien nicht in der Lage, mehrere Informationen zu berücksichtigen und zu kombinieren (Eingleisigkeit des Denkens), wird von Wilkening in Frage gestellt, der sagt, Kinder im Vorschulalter könnten mehrere Faktoren systematisch kombinieren, wendeten dabei jedoch fehlerhafte Regeln an. Wenn zum Beispiel zwei Rechtecke angeboten werden – das erste 1 cm breit und 9 cm hoch, das zweite 3 cm breit und 3 cm hoch – so wird von den Kindern das erste meist als größer eingeschätzt. Nach Wilkening beruht dies darauf, dass die Kinder eine Addition der Rechteckseiten durchführen, anstatt sie zu multiplizieren. In einem weiteren Versuch gelingt es Wilkening nachzuweisen, dass Kinder verschieden große Pizzastücke in Relation setzen

konnten – damit war klar, dass Kinder mehrere Faktoren berücksichtigen mussten (und konnten). Auch die Vorstellung der Entwicklung des Zeitbegriffes muss nach Wilkening früher angesetzt werden (Wilkening 1994, in Geo). Von anderen Autoren, so zum Beispiel Lew Wygotski, wird die Bedeutung der Sprache mehr in den Vordergrund gestellt. Das Vor-Sich-Hin-Sprechen von kleinen Kindern sei kein Egozentrismus (Piaget), sondern ein inneres Sprechen und damit Beginn des Denkens. Nach Wygotski ist der geistige Entwicklungsstand eines Kindes eher an seiner Fähigkeit zu lernen abzulesen als an seinem Können.
Die Kritik Werner Radigks bezieht sich auf die biologischen Grundmuster und die Stufen des Piaget-Modells: „Was Piaget hingegen nicht erkennt, ist die entscheidende Tatsache, dass mit der Entwicklung des Bewusstseins des Menschen die Prinzipien von Assimilation und Akkommodation aufgehoben werden – aufgehoben im dialektischen Sinne. Assimilation und Akkommodation werden nicht beseitigt, sondern in einem größeren Entwicklungszusammenhang aufgehoben'. Sie werden zum Bestandteil von Entwicklungsprinzipien, die maßgeblich durch die Kommunikation bestimmt sind. Zwar spielt auch hier die Reifung noch eine bedeutsame Rolle, schließlich wird dadurch das materielle Substrat bereitgestellt, die ausschlaggebende Komponente der Entwicklung verlagert sich aber bei der Heranbildung geistiger Operationen auf den Prozess der Kommunikation. Es entsteht gewissermaßen eine andere Stufe der Entwicklung, in deren Verlauf die Koordination der Umweltbeziehungen durch die vom Menschen gebrauchten Signalsysteme übernommen wird" (Radigk 1998, 84). Ein weiterer Kritikpunkt Radigks ist, dass die für die einzelnen Phasen als Merkmal oder Kennzeichen angegebenen Aktivitäten nicht ausreichend sind, kein hinreichendes Unterscheidungsmerkmal darstellen, weil sie (in unterschiedlicher Ausprägung) in jedem Lebensalter auftreten. Deshalb ist nach Radigk dieses Modell keine Hilfe bei der Einschätzung des kognitiven Entwicklungsstandes zum Beispiel von Schulkindern. Vor allem, wenn Handlungs- und Denkstrukturen lernschwieriger und lernbehinderter Kinder analysiert werden, stößt man deutlich an Grenzen, da sehr unterschiedliche Leistungsniveaus in den unterschiedlichen Bereichen angetroffen werden. Grundsätzlich muss jedes Stufenmodell bei Entwicklungsprozessen in Frage gestellt werden. Entwicklung verläuft individuell, Leistungen sind zu unterschiedlichen Zeitpunkten möglich. Entwicklung ist vernetztes Geschehen, das wesentlich durch eine anregende Umwelt beeinflusst wird. Modelle helfen aber, Grundannahmen bei Entwicklungsprozessen zu verstehen. Danach kann man sich damit kritisch auseinandersetzen.

Augustin, A. (1999/1990): Die sensorische Integrationstherapie von Ayres im Vergleich mit der Entwicklungstheorie der Sensomotorik nach Piaget, in: Doering (Hrsg.): Sensorische Integration. Dortmund
Fatke, R. (Hrsg.)(2003): Meine Theorie der geistigen Entwicklung von Jean Piaget. Weinheim
Fammer, A. (2005): Entwicklungstheorien. Bern
Flehmig, I. (2007/1990): Normale Entwicklung des Säuglings und ihre Abweichungen. Stuttgart
Ginzburg, H./Opper, S. (2004/1985): Piagets Theorie der geistigen Entwicklung. Stuttgart
Mechsner, F. (1994): Wissen ist ein Kinderspiel, in: GEO-Wissen, Intelligenz und Bewußtsein, 20/94
Miessler, M./Bauer, I. (1978): Wir lernen denken. Würzburg
Piaget, J. (2003/1969a): Das Erwachen der Intelligenz beim Kinde. Stuttgart
Piaget, J. (2003/1969): Nachahmung Spiel und Traum. Stuttgart
Piaget, J./Inhelder, B. (2000): Die Psychologie des Kindes. München
Radigk, W. (1998): Kognitive Entwicklung und cerebrale Dysfunktion. Dortmund
Scharlau, I. (2007): Jean Piaget zur Einführung. Hamburg
Schraml, W.J. (1999): Einführung in die moderne Entwicklungspsychologie. Stuttgart
Wilkening, F.(1994): Ausführungen, zit. n. Mechsner, in: Geo 1994

13 Unterstützte Kommunikation (UK) Kommunikationsförderung bei Menschen mit einer Behinderung

Einleitung

Anna

Anna war gerade mal vier Jahre alt, als ich sie kennen lernte. Durch ihre schwere Tetraspastik konnte sie mit ihren Händen nicht spielen, mit den Beinen nicht krabbeln. Auch das Sprechen würde sie niemals erlernen, allzu sehr war ihr die koordinierte motorische Steuerung von Mund und Zunge verwehrt.

Und dennoch war Anna das glücklichste Kind auf Erden, sie lachte viel, freute sich an den vielen kleinen Dingen ihres Kinderlebens. Früh zeigte sie Interesse an Gegenständen wie einem Fotoapparat, lachte immer, wenn sie fotografiert wurde. Sie schien die Ohren zu spitzen, wenn die Erzieherin aus ihrem Mitteilungsheft vorlas und schielte hinüber, wenn gerade etwas in ihr Heft hinein geschrieben wurde.

Anna schien recht gut zu verstehen, wenn man ihr etwas erzählte, sie lächelte oft dabei, doch ein klares Handzeichen für Ja oder Nein konnte sie nicht von sich geben. Die Hände wollten ihrem Willen nicht gehorchen ...

Als Anna 6 Jahre alt war, wich das unbeschwerte Glück mehr und mehr dicken Tränen. Anna begann oft völlig unvermittelt zu weinen. Niemand wusste Rat, auch die Eltern spekulierten über die Gründe. Sie weinte oft untröstlich, oft über Stunden, wehrte manchmal gar die tröstende Zuneigung der Erwachsenen ab.

Körperlich schien Anna gesund zu sein und nichts – zunächst jedenfalls – konnte sie aus ihrem Unglück befreien. Wir fragten Anna unzählige Male, doch ihre Antworten, reduziert auf das noch unsichere Zeigen auf Symbolkärtchen für ja und nein, erbrachten keine plausible Erklärung. Sie nährten allenfalls unseren Verdacht, dass sich Anna untröstlich den eng gesetzten Grenzen ihrer Behinderung bewusst geworden sein könnte ... ???

Es waren viele kleine Zeichen, die diese These untermauerten. Doch auch wir konnten die Behinderung nicht von ihr nehmen. Beim Frühstück boten wir Anna unser Vesper an. War es der Babybrei, den sie mit Tränen abwehrte? War sie diesem pürierten Ein-

heitsmatsch überdrüssig geworden. Anna lächelte, aß mit Freude Brezel, Salami, Käse, Vollkornbrot und Nutella, nur kauen konnte sie die Speisen nicht, verschluckte sich viel zu oft daran ...
Annas Unglück machte nur selten einem zarten Lächeln Platz. Sie wollte nicht mehr spielen, egal was man ihr anbot. Nach fünf Minuten schaute sie Löcher in die Luft, ob Babyspiele oder einfache Denkspiele. Nur ihr Interesse am Mitteilungsheftchen schien geblieben. Wir lasen es ihr vor, immer wieder einmal. Und manchmal saß sie bei mir auf dem Schoß, wenn ich den Eltern etwas hineingeschrieben hatte. Anna langte immer wieder in meinen Stift und manchmal ließ ich sie dann mit unterschreiben: „ANNA“ stand dann auf dem Papier in großen Krakellettern. Anna schien das zu freuen.
Also gut, sagte ich mir eines Tages. Wenn Anna nichts interessiert, außer das Mitteilungsheft und an den Stift zu langen, dann versuchen wir es eben mal mit Lesen und Schreiben: Ich nahm Anna in ihrem Rollstuhl mit ins Nebenzimmer – dort war es ruhig, stellte sie neben mich an den Tisch. Dort hatte ich mir ein paar Bögen weißes Papier und einen dicken Edding-Stift hingelegt. „Anna“, begann ich, „Du weißt ja, jedes Wort, das ich sprechen kann, kann ich auch schreiben!“ Sie lächelte. „Also gut: Ich kann Anna sagen und ich kann es schreiben.“ Ich schrieb ANNA auf ein Blatt Papier. Anna freute das offensichtlich. Nach 20 Minuten hatten wir gemeinsam ANNA, JENS, MAMA und PAPA auf vier verschiedenen Zetteln stehen. Anna starrte heute überhaupt keine Löcher in die Luft, nein. Stattdessen zappelte sie in ihrem Rollstuhl umher, quietschte vor Vergnügen. – Ein paar Blatt Papier und ein Stift!
„So Anna, jetzt bist du dran“, setzte ich unsere Stunde fort. Ich verteilte die vier Namen-Kärtchen halbkreisförmig auf dem Tisch. „Ich lese dir ein Kärtchen vor und du zeigst mir mit den Augen [Anna kannte diesen Ausdruck], wo das Kärtchen steht!“ Zielsicher drehte sie ihren Kopf in Richtung des jeweiligen Kärtchens, giggerte und lachte dabei.
Nachdem wir uns einige Tage diesen Lese-Schreib-Spielen gewidmet und mit viel Freude allen Leuten im Kindergarten vorgeführt hatten, fragte ich Anna am Ende einer Stunde. „Anna, möchtest du Lesen und Schreiben lernen?“ Sie lachte über beide Backen, klatschte ein festes Ja in meine Hand.
Seitdem hatte sie im Kindergarten keine Träne mehr vergossen, keine einzige!

Heute, im Alter von 11 Jahren schreibt sie mit viel motorischer Unterstützung am PC, sie schreibt, was sie denkt, fragt, was sie bewegt.
Freigang, J. (2007, 3)

Jeder Mensch will und kann kommunizieren,
unabhängig von seiner körperlichen und geistigen Verfassung.

Der Mensch als soziales Wesen ist auf Kommunikation und Interaktion angewiesen. Bei Menschen mit einer Behinderung ist der Austausch von Informationen häufig erschwert und bedeutet für die betroffenen Personen ein schier unüberwindbares Problem. Die Vorstellung, unsere Gedanken und Gefühle anderen nicht richtig mitteilen zu können, löst bei uns allen Unbehagen aus. Helen Keller, die im Alter von einem Jahr aufgrund einer Krankheit Augenlicht und Gehör verloren hatte, beschreibt diese Situation: „Inzwischen wuchs mein Verlangen, meinen Gedanken Ausdruck zu geben, von Tag zu Tag. Die wenigen Zeichen, derer ich mich bedienen konnte, wurden immer unzureichender, und das Fehlschlagen meiner Versuche, mich verständlich zu machen, war stets von einem Zornausbruch begleitet. Es war mir, als hielten mich unsichtbare Hände und ich machte verzweifelte Anstrengungen, mich zu befreien. Ich kämpfte – nicht, weil dieser Kampf mir etwas nützte, sondern weil der Geist des Widerstandes in mir lebendig war; ich brach auch in der Regel weinend und völlig erschöpft zusammen. War meine Mutter zufällig in der Nähe, so flüchtete ich mich in ihre Arme, zu elend, um mich auch nur an die Ursache des Sturmes erinnern zu können. Nach einiger Zeit wurde das Bedürfnis nach Verständigungsmitteln so dringlich, dass diese leidenschaftlichen Auftritte täglich, oft sogar stündlich erfolgten“ (Keller 1997, 26). Menschen, die sich nicht verständlich machen können, zeigen sehr unterschiedliches Verhalten. Wie von Helen Keller beschrieben, kann es zu sehr deutlichen und intensiven Zornesausbrüchen beziehungsweise auffälligem Verhalten bis hin zur Fremd- und Autoaggression kommen. Andere Betroffene ziehen sich scheinbar von der Umwelt zurück, leben in ihrer eigenen Welt.
Eine der wichtigsten Aufgaben von Personen, die Menschen mit einer Behinderung betreuen, ist es, mit ihnen in Austausch zu treten. Gelingt es, in die Welt des Gegenübers einzutauchen, seine Ausdrucksformen richtig zu verstehen, kann sich eine Basis bilden, auf die das weitere Miteinander aufbaut. Beziehung, Erziehung und Bildungsförderung eines Menschen ist nicht möglich, wenn nicht eine Ebene des gemeinsamen Verstehens gegeben ist.

Menschen mit einer körperlichen oder geistigen Behinderung sind oft nicht in der Lage, ihre kommunikativen Handicaps selbst aufzulösen. Ihre Umgebung muss so erfinderisch und kompetent sein, um diese Barrieren aufzuheben oder zumindest abzumildern. Kommunikation ohne Lautsprache ist heute immer noch sehr problematisch, da alternative Formen (z.B. Gebärdensprache, Symbole usw.) in der Bevölkerung nicht bekannt sind oder auf Ablehnung stoßen. Und wer nicht sprechen kann, gilt bei vielen als dumm.

Definition und Zielgruppe

Unter Unterstützer Kommunikation (UK) versteht man in Deutschland heute alle möglichen Bemühungen und Vorgehensweisen, die eine Entwicklung, Erweiterung und Verbesserung der kommunikativen Möglichkeiten bei Menschen bezwecken, die sich nicht oder zufriedenstellend über Lautsprache mitteilen können.

Abb. 40: Unterstützte Kommunikation, Übersicht (nach Christen 1998, verändert durch Autor)

International wird UK als Augmentative and Alternative Communication (AAC) bezeichnet. Vor allem die International Society for Augmentative and Alternative Communication (ISAAC) hat AAC aufgebaut, weiterentwickelt und sorgt für die Verbreitung dieser Konzepte durch Kongresse, Tagungen und Fortbildungen.
ISAAC hat derzeit über 2.300 Mitglieder in mehr als 43 Ländern der Erde mit Sitz in Toronto, Kanada.

Zielgruppe

Zielgruppe sind alle Menschen, die aufgrund angeborener oder erworbener Einschränkungen gar nicht oder nur eingeschränkt sprechen können. Kristen (2006,15) präzisiert diese Gruppe:

- „Menschen mit angeborenen Behinderungen (Cerebralparesen, geistiger Behinderung u.a.)
- Menschen mit einer fortschreitender Erkrankung (Muskeldystrophie, Amyothrophe Lateralsklerose, Multiple Sklerose, u.a.)
- Menschen mit erworbenen Schädigungen durch Unfälle (Schädel-Hirn-Trauma u.a.) oder Schlaganfälle
- Menschen mit vorübergehender eingeschränkten sprachlichen Möglichkeiten (Tracheotomie, Gesichtsverletzungen u.a.)“.

Menschen, die nicht sprechen können, zeigen in Bezug auf ihre körperlichen und geistigen Fähigkeiten oftmals sehr unterschiedliche Voraussetzungen. Niemals jedoch kann allein von der Schwere einer körperlichen Beeinträchtigung ein Rückschluss auf die kognitiven Fähigkeiten einer Person gezogen werden.

Beispiel:
Ein siebenjähriger Junge, der aufgrund einer schweren Athetose seine Arme und Beine nicht kontrollieren kann, sein Gesicht beim Versuch Worte zu bilden, zu einer Grimasse verzieht. Dennoch entsprechen seine kognitiven Fähigkeiten denen eines nichtbehinderten Schulanfängers (Freigang 2007, 1).

Allen Personen gemeinsam ist jedoch ihr Bedürfnis nach Kommunikation. Deshalb werden keine Voraussetzungen für UK definiert. Aber alle Erfahrungen und Kompetenzen des betroffenen Menschen werden wahr- und aufgenommen. Und wir müssen gut beobachten, erfinderisch sein und unserem Gegenüber etwas zutrauen und ihn das auch spüren lassen.

Auswirkungen von Kommunikationseinschränkungen auf Entwicklung und Identität

Kommunikation

Das kommunikative Zusammenspiel zwischen Mutter und Kind scheint mühelos zu gelingen. Die Bezugspersonen scheinen alle kommunikativen Bedürfnisse des Kindes (Intuitive elterliche Kompetenzen nach Papoucek) richtig zu erkennen und zu beantworten.
Gelingt dieses Zusammenspiel jedoch nicht, kommt es zu großen Problemen. Schreit das Kind weiter, obwohl die Mutter „alles" richtig gemacht hat und sie die Ursache für das Schreien nicht kennt, wird eine Verunsicherung eintreten. Die Umgebung zieht sich aus dem kommunikativen Geschehen zurück, die Interaktionsrate sinkt. Dies bewirkt, dass bei einer eingeschränkten Kommunikationsfähigkeit die Intensität abnimmt und damit die Entwicklung negativ beeinflusst wird. Aber nicht nur für Kinder, sondern für jeden Menschen ist eine eingeschränkte Kommunikationsfähigkeit ein zentrales Problem. Jean-Dominique Beauby, der nach einem Schlaganfall vollständig gelähmt ist (Locked-in-Syndrom), beschreibt seine Situation: „Meistens steht mir also nur ein kümmerliches Arsenal von mimischen Veränderungen, Augenblinzeln und Kopfschütteln zur Verfügung, um darum zu bitten, dass eine Tür zugemacht, eine eingeklemmte Wasserspülung behoben, der Fernseher leiser gestellt oder ein Kopfkissen hochgeschoben wird" (Beaby 1997, 41).
Nicht verstanden werden, in der Kommunikation keine Wirkung zu erzielen, ist für jeden Menschen problematisch, für nicht sprechende Menschen eine Katastrophe.

Kognition

Die kognitive Entwicklung wird wesentlich durch die Umwelt angeregt. Das Zusammenspiel von Wahrnehmung und Bewegung wird auf tausendfache Art erlebt und gespeichert, höhere kognitive Prozesse bauen auf diese Erfahrungen auf. Der Spracherwerb scheint in einer kommunikativen Umgebung scheinbar mühelos zu gelingen.
Einschränkungen im Bereich Wahrnehmung und Motorik haben weit reichende Konsequenzen. Die Umwelt wird reduziert oder anders wahrgenommen, andere Schemata bauen sich auf. Vor allem das geistige Erfassen und Verarbeiten von einfachen bis komplexen Zusammenhängen ist bei nicht sprechenden Menschen sehr erschwert.
„Lange Zeit habe ich mich gefragt, wie sich Wolken anfühlen, und ich wollte mit jemand darüber reden, warum es behinderte Kinder auf der

Welt gibt. Erst mit der Tafel konnte ich Sätze buchstabieren, und so musste ich lange warten, bis jemand mit mir über diese Dinge sprach." (Lemler 1997, 14)
Am Beispiel – Lesen lernen – zeigen sich Erschwernisse für Menschen, die nicht sprechen können. Ruth Sienkiewicz-Mercer beschreibt dies:
„Obwohl ich mir sehr viel Mühe gab, stellte sich der Erfolg nur zögernd ein, und bisweilen war ich sehr verzweifelt. Es ist sehr schwierig Buchstaben zu lernen, wenn man weder sprechen noch schreiben kann. Man kann nicht fühlen, wie es ist, wenn die Laute der Wörter aus dem eigenen Mund kommen und nicht beobachten wie die Buchstaben an der Füller- oder Bleichstiftspitze Gestalt annehmen. Ich musste die Buchstaben in meinem Kopf aufschreiben oder sie in Gedanken niederschreiben" (Sienkiewicz-Mercer 1991, zitiert nach Haupt 2005, 8).

Soziale Kontakte

Miteinander reden, diskutieren und telefonieren, sich sprachlich auszutauschen ist so selbstverständlich, dass wir uns es anders nicht vorstellen können. Wie sieht dies bei nicht sprechenden Menschen aus? Natürlich wollen sie auch kommunizieren, aber häufig kann das Gegenüber sie nicht verstehen. Sprechende Personen sind es nicht gewohnt, körperliche Signale (z.B. Augenbewegungen) genau zu beobachten, die Gebärden sind unbekannt, die Bildtafeln zu uneindeutig in der Aussage, die Kommunikation mit dem Talker zu langsam!! So bleibt meistens nur die Interaktion mit Bezugspersonen und anderen nicht sprechenden Personen. Die Loslösung zum Beispiel vom Elternhaus oder von der Wohngruppe ist meist mit großen Schwierigkeiten verbunden (s. auch verschiedene Biografien im Literaturverzeichnis).

Selbstbestimmung

Wer in seiner Lebensführung auf Hilfe angewiesen ist, ist meist in seiner Selbstbestimmung eingeschränkt. Extrem erleben wir das bei schwerbehinderten Menschen. Nur gute Personenkenntnis, aufmerksames Begegnen und Beobachten und ein gutes Gespür für die Bedürfnisse des anderen ermöglichen ein gewisses Maß an selbstbestimmtem Leben. Dabei kennen wir alle solche Situationen der Fremdbestimmung, zum Beispiel im Krankenhaus oder bei schwerer Krankheit. „Da gibt es die Mehrheit, die mein Zimmer nicht betreten würde, ohne zu versuchen, meine SOS-Signale zu begreifen und die anderen, weniger gewissenhaften, die so tun, als sähen sie meine Notzeichen nicht, und wieder verschwinden. So wie dieser reizende Unmensch, der mir die Übertragung des Fußballspieles Bordeaux-München in der Halbzeit abgedreht hat und mir ein unwiderrufliches „Gute Nacht“ zukommen ließ“ (Beauby 1999, 41f).

Identität

„Die Identität ist ein psychologisches Konstrukt, sie entsteht durch Verarbeitung der Erfahrungen, die eine Person über sich selbst in der Auseinandersetzung mit ihrer materialen und sozialen Umwelt macht“ (Zimmer 1999, 52). Wie wirksam erlebt sich also jemand, dem es nur schwer gelingt, seine Bedürfnisse zu artikulieren beziehungsweise sie durchzusetzen.
Fast alle Belange werden einfach über Sprache ausgehandelt, dabei ist zur Lösung oder Umsetzung eine gewisse Redundanz notwendig. Das bedeutet, alle Aspekte eines Sachverhaltes werden beleuchtet, wiederholt und variiert. Das Durchsetzen eigener Belange bedarf aber auch der Übung. Sind aber die Kommunikationsmöglichkeiten eingeschränkt, ist die Durchsetzung eigener Interessen wesentlich von der Kompetenz und Bereitschaft des Gegenübers oder Betreuers abhängig. Braun fasst zusammen: „Ein gutes Selbstbewusstsein zu entwickeln, eigene Standpunkte zu diskutieren und zu revidieren, Probleme durch Austausch mit anderen zu durchleuchten und zu lösen, sind Prozesse, die sehr stark durch eine erfolgreiche Kommunikation beeinflusst werden. Für Menschen mit unzureichender Lautsprache sind diese sozial und individuell so bedeutsamen Erfahrungen nur sehr begrenzt möglich. Eine erhebliche Einschränkung der Lebensqualität ist die Folge“ (Braun 2006, 9).

Grundsätzliche Überlegungen

Kompetenzen

Die Basis bei jeder Initiation von Bildungsprozessen ist die Beobachtung und Erfassung bereits vorhandener Kompetenzen. Häufig wird das Sprachverständnis von Menschen mit einer leichten geistigen Behinderung überschätzt, da sie aufgrund eines ausgeprägten Situationsverständnisses verbale Anforderungen korrekt ausführen. So kann der Mensch mit einer Behinderung die Aufforderung „Bitte hole eine neue Tüte Milch“ aufgrund der Situation – leere Milchtüte, Zeigegeste der Heilerziehungspflegerin usw. – leicht verstehen. Eine Abklärung Sprachverständnis versus Situationsverständnis kann erfolgen, indem in einer bestimmten Situation eine nicht passende verbale Aufforderung eingebracht wird, zum Beispiel kann die Heilerziehungspflegerin im schon genannten Beispiel sagen: „Bitte geh in die Küche und bring den Kalender mit." An dieser Stelle sei darauf hingewiesen, dass sich ein Sprachverständnis auch ohne Handlungserfahrung entwickeln kann (vgl. Hildebrand-Nilshon 1989, 61). Auch Menschen mit einer schweren körperlichen Behinderung können oft über ein ausgeprägtes Sprachverständnis verfügen, auch wenn die aktive Sprache fehlt beziehungsweise nur minimale motorische Prozesse (z.B. Augenbewegungen, Kopfbewegungen) als kommunikative Signale benutzt werden können.

Persönlichkeit und Identität

Das Anbahnen und das Entwickeln von Kommunikation werden erfolglos bleiben, solange die Persönlichkeit als wesentliches Bestimmungsmerkmal für Qualität, Quantität und Inhalt der Kommunikation nicht in Rechnung gestellt wird. Dabei muss jeder Betreuerin bewusst sein, dass sie die Persönlichkeit der Einzelnen wesentlich mitdefiniert, da sie ihr Handlungsfelder eröffnet, zugesteht oder auch verschließt, also als interagierende Partnerin Wege der Verständigung öffnen oder verschließen kann. So erfahren die Einzelnen die Wirksamkeit ihres Handelns dadurch, dass die betreuende Person fähig ist, ihre Signale zu decodieren und darauf zu reagieren. Vor allem in der Begegnung mit Menschen mit einer schweren Behinderung sollten die Signale positiv beantwortet werden, da sonst die Gefahr besteht, dass dem behinderten Menschen die Wirksamkeit des eigenen Handelns nicht deutlich wird und er in Folge die Aktivität einstellt. Andererseits kann die Heilerziehungspflegerin den Menschen mit einer Behinderung bei der Verfolgung seiner Ziele durch Bewegungsbegleitung, Körperführung und ähnliche Hilfestellungen unterstützen. Es erfordert allerdings ein hohes Maß an Vertrautheit und Personenkenntnis sowie die Fähigkeit, die eventuell schwach intendierten Ziele des Menschen mit einer Behinderung überhaupt erkennen zu können.

Gemeinsame Handlungssituationen

Grundlage für die Entwicklung und Stabilisierung kommunikativer Strukturen zwischen zwei Partnerinnen ist die von beiden als sinnvoll

erlebte gemeinsame Handlungssituation. Sie ist Voraussetzung für den Aufbau einer Motivation und die beidseitige Entwicklung von Zielvorstellungen. Motivation entsteht immer dann, wenn Verhalten erfolgreich ist, wenn also die behinderte Partnerin erfolgreich auf ihr Gegenüber einwirken kann und umgekehrt. Gemeinsame Handlungssituationen ergeben sich aber nur selten; häufig ist das gemeinsame Essen die einzige. Andere Tätigkeiten, wie das Waschen, An- und Ausziehen können seitens der Menschen mit einer Behinderung auch negativ besetzt sein. Deshalb ist die Alltagsbeobachtung, aus der heraus sich verschiedene Handlungssituationen entwickeln können, so außerordentlich wichtig. „Das Gelingen der Herstellung von Gemeinsamkeiten ist jedoch die Voraussetzung dafür, dass das Kind in der gemeinsamen Tätigkeit die Mittel erwirbt, von seiner Seite aus den Prozess der Interaktion selbstständig zu organisieren und von der primären zur sekundären Intersubjektivität zu gelangen, indem es sich des ‚Getrenntseins' von der Bezugsperson bewusst wird und die Gemeinsamkeit durch symbolische Mittel wieder herstellt" (Hildebrand/Nilshon 1989, 74).
Gemeinsame Handlungssituationen und damit Kommunikationsförderung müssen sich an den wesentlichen Bedürfnissen des behinderten Menschen orientieren. Das Spielen bietet sich dafür geradezu an. Die Interaktion mit der Spielpartnerin fördert den Dialog, häufiges Benennen von Gegenständen und Handlungen erweitert und festigt das kommunikative Repertoire, das Einnehmen verschiedener Rollen unterstützt die Generalisierung. Eine intrinsische Motivationslage bildet eine Erfolg versprechende Basis (weitere Ausführungen dazu siehe z.B. Baronjan 1994, 148ff.). In der Kommunikation mit behinderten Menschen ist es wichtig, dass am Anfang ihre Symbole (Laute, Bewegung) und Ausdrucksmuster übernommen werden und erst nach und nach mit konventionellen Symbolen parallelisiert werden. Eine störungsfreie Atmosphäre, individuelles Lerntempo und personenzentrierte Vorgehensweise bieten Erfolg versprechende Aussichten für die Förderung behinderter Menschen. Gelingt es, das Gelernte in den Alltag zu integrieren beziehungsweise den Alltag zum Gegenstand der Förderung werden zu lassen, so werden sich die kommunikativen Kompetenzen erheblich erweitern. Dabei bietet die Einzelförderung häufig die beste Basis.

Persönlichkeit der Heilerziehungspflegerin

Die Persönlichkeit der Heilerziehungspflegerin ist wesentlicher Garant für das Gelingen der Kommunikation. Neben der fachlichen

Kompetenz bilden Empathie, Akzeptanz und wirkliches Interesse an dem behinderten Menschen eine tragfähige Basis für eine positive Entwicklung. „Das Entwicklungsproblem liegt nicht in den Schädigungen der Kinder, sondern in unserer Fähigkeit, einerseits die geeigneten Mittel zu erfinden und bereitzustellen, die Kinder brauchen, um konstruktiv und selbstbestimmt handeln zu können, auch wenn die Mittel häufig andere Personen sind, andererseits die von den Kindern intendierten Ziele und die dabei verwendeten Mittel als solche überhaupt erst zu erkennen, und zwar auch dann, wenn sie auf den ersten Blick nicht zum Spektrum der herkömmlichen Kommunikationsmittel gehören" (Hildebrand/Nilshon 1989, 61). Die Entwicklung und der Erhalt kommunikativer Kompetenzen sind wesentlich geprägt von einer kommunikationsfördernden Umgebung. Deshalb muss zum Beispiel der Aspekt der Kommunikation bei der Konstellation von Lebensgemeinschaften, zum Beispiel von Wohngruppen, deutlich in den Vordergrund gestellt werden. Jede Heimbewohnerin braucht einen adäquaten Kommunikationspartner. Voraussetzung ist aber auch, dass das Umfeld die kommunikativen Strukturen, zum Beispiel Gebärdensprache, durchgängig wahrnimmt und umsetzt. Eine entsprechende Wohnraumgestaltung und Ausstattung sind dabei ebenso wichtig wie Zeit. Die Bereitschaft aber, aufeinander zuzugehen, sich gegenseitig zuzuhören, sich in die Situation des anderen zu versetzen und sie nicht alleine zu lassen, bildet die Basis.

„Total Communication"

Früher wurde häufig der Einsatz vom verschiedenen alternativen Kommunikationsmitteln abgelehnt. Grund war die Vermutung beziehungsweise die Annahme, dass Kinder keine sprachlichen Anstrengungen mehr unternehmen, wenn sie sich über Gebärden, Piktogramme usw. ausdrücken können. Neuere Erkenntnisse und Beobachtungen beweisen genau das Gegenteil. Durch den Aufbau kommunikativer Kompetenzen mit allen zur Verfügung stehenden Mitteln entsteht eine hohe Motivationslage, die Wirkung von Kommunikation wird gespürt. Wenn immer möglich, wird der Einzelne versuchen, seine kommunikativen Äußerungen mit Sprache zu begleiten. Auch die Umgebung kommentiert die Geschehnisse sprachlich. Es entsteht quasi eine ideale Lernsituation, sprachliche Produkte entstehen zu lassen, um Sprache anzubahnen beziehungsweise zu lernen.

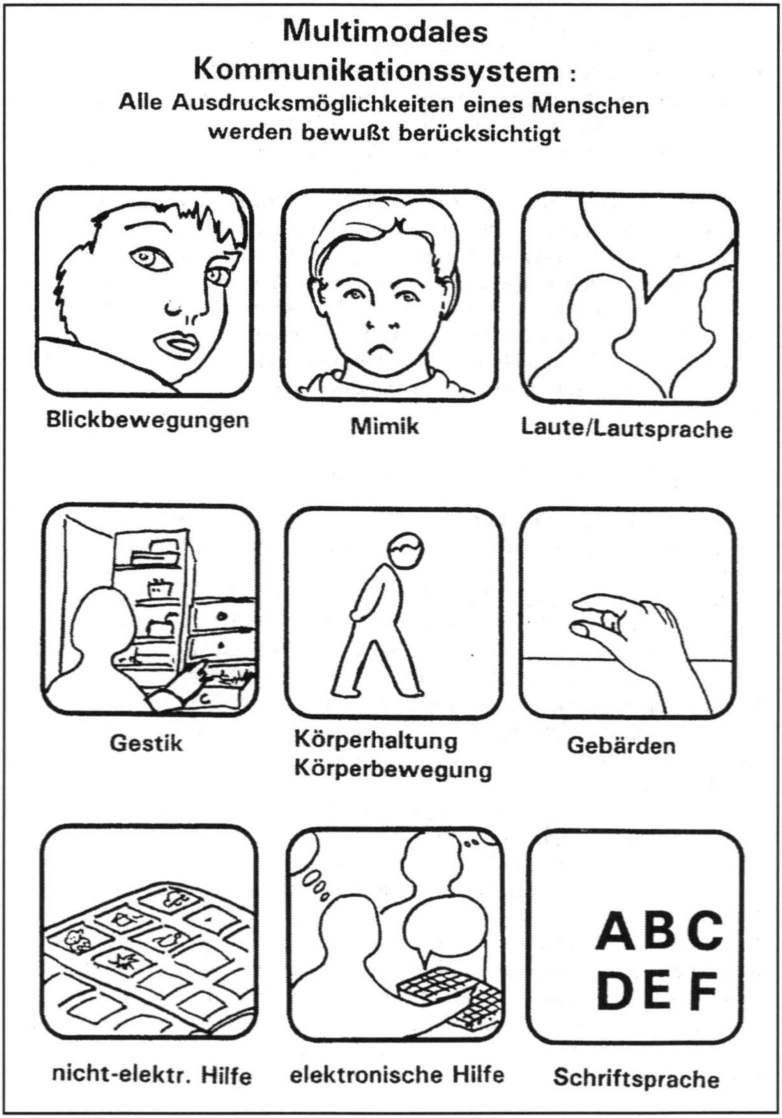

Abb. 41: Einsatz aller kommunikativer Mittel (Christen 2005, 17)

Generalisierung von Kommunikation

Neue kommunikative Kompetenzen eines Menschen, zum Beispiel eine neue Gebärde, müssen seiner Umwelt mitgeteilt werden. So gewinnen neue Ausdrucksmittel an Bedeutung. Der Lernende spürt die Wirkung seiner Anstrengungen, erfährt hohe Anerkennung für sein Lernen. Informiert werden können Eltern, Bekannte, Freunde Schule, Werkstatt zum Beispiel über Bildkarten, Kommunikationstagebuch, Telefon usw.

Entscheidungsprozesse in der Kommunikation

„Ja/Nein", „Vielleicht", „Ich weiß noch nicht".

In kommunikativen Prozessen geht es häufig um Auswählen und Abwägen, bevor Entscheidungen getroffen werden. Entscheidungen erfolgen auf dem Hintergrund von Erfahrungen, Kenntnissen, Perspektiven und Gefühlen. Häufig erbitten wir uns noch Bedenkzeit. Wenn wir uns in die Situation von behinderten Menschen versetzen, so sind sie oft vor Entscheidungen gestellt, die sie gar nicht entscheiden können beziehungsweise wollen! Wird auf einer Wohngruppe am Mittwoch schon das Wochenendprogramm besprochen, weil eventuell ein Bus bestellt werden muss, so kann dies ein Problem sein. Menschen mit einer Behinderung überschauen oft nicht die zeitliche Dimension; ein Ausflug in die Berge oder der Besuch eines Thermalbades gehören nicht zu den Lieblingsaktivitäten des Menschen und außerdem ist er im Moment so müde, dass er lieber schlafen möchte. Also müssen Zeichen, Gebärden, Tastenbelegungen festgelegt werden im Sinne von „Ich weiß noch nicht", „Ich will noch überlegen", „Bitte ein anderer Vorschlag", usw.

Besonderheiten bei Kommunikations- und Gesprächssituationen

Kommunikations- und Gesprächssituationen zwischen Menschen mit einer Behinderung und ihrer Umwelt unterliegen besonderen Bedingungen und müssen bei der Förderung beachtet werden. Braun (1996, 134ff.) und Kristen (1994, 47ff.) beschreiben Folgendes:

Atypisches Rollenverhalten

Häufig muss der sprechende Mensch dem behinderten Menschen bei der Rückkoppelung beziehungsweise dem Senden einer Nachricht behilflich sein, indem er Kommunikationshilfen (z.B. Kommunikationstafeln) bereitstellt oder durch Nachfragen den Inhalt einer Nachricht zu ergründen versucht (Co-Konstruktionen). Dies löst die klassische Rollenverteilung des Sprechens und Zuhörens auf.

Reduzierte Kommunikationsgeschwindigkeit

Bei Personen, die die Lautsprache beherrschen, variiert das Sprechtempo zwischen 120 und 180 Worten pro Minute. Die Kommunikationsgeschwindigkeit ist bei Menschen, die auf Unterstützung angewiesen sind, drastisch auf zwei bis 25 Worte reduziert. Dadurch wird ein „Gespräch" zu einem zeitintensiven Vorgang. Durch Probleme im motorischen Bereich (z.B. bei spastischen Lähmungen) fällt sowohl die Artikulation wie auch der Einsatz von Medien durch die erschwerte Ansteuerung von Hilfsmitteln (z.B. Tastatur) schwer. Die Kommunikation braucht mehr Zeit, was wiederum eine erhöhte Aufmerksamkeit und Konzentration erfordert, die der kommunikationseingeschränkte Mensch häufig nicht in der Lage ist aufzubringen. Dadurch entstehen Pausen, die von nicht geschulten Personen oft als unangenehm und peinlich empfunden werden. Aber auch die Verarbeitung einer Nachricht erfordert Zeit, so dass die Antwort häufig nicht abgewartet wird. Das kann dazu führen, dass die behinderte Partnerin gar nicht mehr versucht, zu antworten oder dass an sie nur noch Fragen rhetorischer Art gestellt werden.

Eingeschränkte Ausdrucksfähigkeit/Veränderte und fehlende nonverbale Signale

Ein Gespräch „lebt" aber auch von den nonverbalen Zeichen. Ein Lächeln oder Kopfnicken ermuntert die Sprecherin, während ein Stirnrunzeln des Gegenübers eher zur Vorsicht rät. Fehlen diese eindeutigen Rückkoppelungsmechanismen, zum Beispiel bei einem Menschen mit schwerer Behinderung, so ist der Sprecher meist verunsichert. In der Kommunikation mit zum Beispiel körperbehinderten Menschen sind die nonverbalen Signale häufig uneindeutig beziehungsweise irreführend. Aufgrund spastischer Lähmung gelingt nicht die passende Mimik, Bewegungen sind oft unkoordiniert und irreführend. Körpereigene Ausdrucksformen werden häufig nicht mehr in der Qualität ausgeführt, da die konstante Umgebung, zum Beispiel Wohngruppe, die Signale auch so lesen kann. Aus eigener Erfahrung sind uns viele kommunikative Situationen bekannt, die sehr unbefriedigend für beide Seiten abgelaufen sind. Häufig steigert der Unverstandene noch seine Muster, was das Verstehen noch mehr erschwert. Viele Personen scheinen aufgrund langjähriger schlechter Erfahrungen ihre kommunikativen Äußerungen auf ein notwendiges Minimum reduziert zu haben.

Eingeschränktes Vokabular

Die Redundanz, die Kommunikation im Allgemeinen so leicht gelingen lässt, fehlt häufig in der Kommunikation mit Menschen mit einer Behinderung. Aufgrund schwerfallender Artikulation oder eingeschränktem Wortschatz wird nur das Nötigste gesagt, vieles bleibt unerwähnt, die Modulation ist nicht ausgeprägt, Nuancen gehen verloren. Wie bei Gebärden steht ein Begriff für mehrere Bedeutungen, Interpretationen werden notwendig. Auch ein Einsatz von Bildkarten, Fotos und Symbolen begrenzt die Inhalte, die meistens auf Alltagsthemen ausgerichtet sind. Immer wenn der Partner mit Interpretationen und „Ko-Konstuktionen“ arbeiten muss, steigt die Gefahr von Missverständnissen.

Übersehen von Kommunikationssignalen

Braun beschreibt aber auch eine unmenschliche Tendenz im Umgang mit kommunikationseingeschränkten Menschen: „So machte eine meiner Schülerinnen in der Pause wiederholt die Erfahrung, dass ein bestimmter (und in die Möglichkeiten unterstützter Kommunikation durchaus eingeweihter) Kollege niemals bemerkte, wenn sie Blickkontakt mit ihm aufnahm, lautierte und wiederholt auf ihre Tafel zeigte, um ihm deutlich zu machen, dass sie um seine Hilfe beim Trinken bitten wollte“ (1996, 139). Dieses Beispiel ist sicher kein Einzelfall, und alle kennen die Gefahr, dass wir aufgrund von Zeitmangel oder anderen Faktoren die Kommunikationssituation mit einem Menschen mit eingeschränkter Kommunikationsfähigkeit abrupt beenden oder ihr keine ungeteilte Aufmerksamkeit zukommen lassen. Diese Praxis muss aber deutlich verändert werden. Ansonsten entziehen wir uns die Basis für unser pädagogisches Handeln.

Die Kommunikationsförderung orientiert an der Normalentwicklung

Der „normale“ Verlauf der Kommunikationsentwicklung ist für die Heilerziehungspflegerin von Bedeutung, da sie zum einen eine Einschätzung der kommunikativen Kompetenzen der Einzelnen ermöglicht und sich zum anderen daraus Bildungsmöglichkeiten ergeben. Bei der Gestaltung kommunikativer Situationen geht es auch immer darum, wie die Aufmerksamkeit der Partnerin erreicht werden kann.

Rotter, Kane und Gallé (1992, 3) unterscheiden drei Grundstrukturen kommunikationsauslösender Situationen:

(1) Situationen, die Forderungen anregen: Spielsituationen sollen beim Kind einen Wunsch wecken, den es nicht allein, sondern nur mit Hilfe der Erwachsenen erfüllen kann. Diese Wünsche können sich auf einen Gegenstand beziehen, den das Kind alleine nicht erreichen kann oder auf eine Handlung, die der Erwachsene ausführen soll (z.B. Seifenblasen machen). Wie fordert das Kind die Hilfe des Erwachsenen?
(2) Situationen, die Kommentare anregen: Ein Ereignis soll die Aufmerksamkeit des Kindes wecken (z.B. das Blinken einer Lichterkette). Wie zeigt es sein Interesse beziehungsweise wie kommentiert es dieses Ereignis?
(3) Situationen, die Ablehnung und Protest anregen: Die Erwachsene unternimmt Eingriffe, die den Wünschen und Interessen des Kindes entgegenstehen (das Wegnehmen eines interessanten Spielzeuges). Wie setzt sich das Kind gegen die Eingriffe zur Wehr?

Ziel \ Stufe	Ungezieltes Verhalten	Gezieltes Verhalten	Partnerbezogene Äußerung	Konventionelle Äußerung	Symbolische Äußerung
Fordern Gegenstand	schaut Objekt an; verspannt Körper; wedelt Arme; schreit	schaut zu Objekt + greift danach	schaut zu Person + fordernder Laut; schaut zu Person + macht eine Greifbewegung	Gib-mir-Geste (+ Blick zu Person); zeigt auf Objekt (+ Blick pendelt); „da“ (+ zeigt)	„Ball“ (+ Zeigen)
Fordern Handlung	unterbricht Stereotypien; überstreckt Körper; schaut Objekt an	schaut zu Objekt + schiebt es an; hält Hand hin für Fingerroutine	schiebt Hand des Erwachsenen zu Spielzeug; gibt dem Erwachsenen das Objekt	Bitte-bitte-Geste (+ Blick zu Person mit Laut); „da“ (+ gibt Erw. das Spielzeug)	„noch“; „an“ (+ gibt Erwachsenen das Spielzeug)
Kommentar Ereignis	lächelt; gurrt; schaut Ereignis an	schaut zu Ereignis + greift danach; schaut zu Ereignis + bewegt sich mit	Blick pendelt zwischen Ereignis und Person; Blick zu Person + Laut	zeigt auf Ereignis (+ „oh“); klatscht Beifall; Hand ans Ohr (+ Blick zu Person)	„Licht“; „schau“
Protest Wegnahme	schreit; wedelt Arme; überstreckt Körper	schaut zu Objekt + Unmutslaute; hält Objekt fest + schaut zu Objekt	nimmt Objekt aus Reichweite des Erwachsenen; hält Objekt fest + Blick zu Person; Unmutslaute + Blick zu Person	Kopf schütteln; „eh-eh“; schimpft in intonierten Silben	„nein“ (+ Kopfschütteln); „haben“ (+ hält Objekt fest)

Botschaften des Kindes in den Spielsituationen und ihre Zuordnung zu den fünf Entwicklungsstufen der vorsprachlichen Kommunikation.

Zur Erläuterung:
„;“ trennt unabhängige Verhaltenseinheiten.
„+“ verbindet Einheiten, die nur als Kombination der Stufe entsprechen.

In Klammer (+ ...) stehen häufige, zusätzlich auftretende Verhaltensweisen, die jedoch nicht Voraussetzung für die Zuordnung zu der Entwicklungsstufe sind.

Abb. 42: Verhaltensmuster in ihrer Entsprechung zu der kommunikativen Entwicklung (Rotter/Kane/Gallé 1992, 11f.)

Um die kommunikativen Kompetenzen der Einzelnen richtig einzuschätzen, können in Spiel- und Alltagssituationen die Ausdrucksmöglichkeiten beobachtet und dokumentiert werden, wobei nicht Spitzenleistungen, sondern die Breite der Kommunikationsmöglichkeiten erfasst werden soll. Auf die Einschätzung der kommunikativen Möglichkeiten der Einzelnen kann eine geplante Förderung folgen, bei der es vorrangig darum geht, die vorhandenen Kompetenzen zu stärken und auszubauen, weitere anzubahnen und zu entwickeln. Im Folgenden werden einige Anregungen zur Förderung der einzelnen kommunikativen Stufen gegeben.

Stufe des ungezielten Verhaltens

Auf dieser Stufe kommen vor allem basale Bildungskonzepte wie die basale Kommunikation und Stimulation zum Tragen, da alle Bereiche des Menschen (Wahrnehmung, Bewegung, Denken, Fühlen usw.) in Entwicklungen der Kommunikation eingebunden sind. In Begegnungssituationen wird jedes Verhalten als kommunikative Äußerung betrachtet und nach feinen Signalen bei der Partnerin gesucht. Eine Verstärkung oder Herausforderung von Ausdrucksmöglichkeiten (z.B. durch Unterbrechen spannender Interaktionssituationen) zeigt meiner behinderten Partnerin, dass ihr Verhalten Auswirkungen auf die Umwelt hat und verstärkt ihre Ausdrucksfähigkeit. Diese Vorgehensweise darf aber nur in Situationen der Betätigung angewandt werden, nicht aber, wenn es um die Befriedigung elementarer Bedürfnisse geht. Da häufig Probleme in der Rezeption oder Perzeption auftreten, ist es wichtig, dass meine Reaktionen als Partnerin einfach strukturiert und deutlich sind und sich häufig wiederholen. Wichtig ist auch, dass die Heilerziehungspflegerin sich ausreichend Zeit für die Interaktionen nimmt, um einmal dem Menschen mit einer Einschränkung Zeit zur Verarbeitung und Reaktion zu lassen, aber auch, um selbst Zeit zum Beobachten, zum Erkennen und Verstärken gelungener Interaktionen zu haben. Als sehr hemmend erweisen sich häufig vorgegebene Strukturen (z.B. im Heim), die auf den individuellen Rhythmus der Einzelnen keine Rücksicht nehmen. Das Eintreten in eine kommunikative Situation mit einer Partnerin, die zum Beispiel müde ist und sich nicht konzentrieren kann, ist meist für beide Seiten frustrierend. Im Alltag, zum Beispiel in der Pflege, beim Geben von Essen und Trinken und anderen Begegnungssituationen bieten sich allerdings viele Möglichkeiten, die kommunikativen Kompetenzen meines Gegenübers zu stärken.

Stufe des gezielten Verhaltens

Eine Förderung auf dieser Stufe kann folgende Inhalte haben:

(1) Verstärkung des Greifens durch Anbieten attraktiver Medien und Stabilisierung dieses Verhaltens durch Angebote mit kleinen Variationen;
(2) Einbinden des Kommunikationspartners durch gemeinsames Handeln, zum Beispiel beim Greifen, Bauen, Spielen;
(3) Verhaltensweisen interpretieren und Bedeutung geben. Verhalten, zum Beispiel Greifaktionen, wird mit einer deutlichen Antwort versehen, so dass der behinderte Mensch erfährt, dass sein Handeln Wirkung auf die Umwelt hat;
(4) Forderungen provozieren. Die Interaktion mit der Partnerin wird jetzt provoziert, indem zum Beispiel routinierte Bewegungsabläufe unterbrochen werden, begehrte Gegenstände außerhalb der Reichweite deponiert werden und erst auf Signale hin reagiert wird;
(5) Provozieren von Abwehr. Durch das Anbieten von ungeliebten Gegenständen wird eine Abwehrreaktion provoziert. Danach werden die Gegenstände wieder weggenommen, so dass die Wirkung der Abwehrreaktion auf die Umwelt deutlich wird.

Stufe der partnerbezogenen Äußerung

Schwerpunkt der Förderung dieser Stufe sind vor allem drei Aspekte:

(1) Aufbau, Entwicklung und Stabilisierung der Motivation zur Partnerkommunikation;
(2) Erweiterung der kommunikativen Mittel durch weitere Variationen eigener Ausdrucksformen;
(3) Erlernen konventioneller Laute und Gesten (vgl. Rotter/Kane/Gallé 1992, 18).

Die Motivation zur Partnerkommunikation hängt von der Fähigkeit der Einzelnen ab, auf die Interaktionsangebote des behinderten Menschen einzugehen. Durch den bewussten Einsatz konventioneller Gesten (Kopf schütteln, zeigen, mit dem Finger deuten usw.) ergibt sich ein Lernfeld; durch Spiegeln und Verstärken seiner Ausdrucksmöglichkeiten erhält der behinderte Mensch Rückkoppelung und Sicherheit; er integriert damit die gezeigten Verhaltensweisen in sein kommunikatives Repertoire.

Stufe der konventionellen Äußerung

Personen, die diese Stufe erreicht haben, steht eine Vielfalt kommunikativer Möglichkeiten zur Verfügung. Der Einsatz natürlicher und erlernter Gebärden, aber auch die Methoden medialer Kommunikation zum Beispiel über Fotos, Piktogramme oder Symbole ermöglichen einen Gedankenaustausch. Deshalb ist in dieser Stufe vorrangiges Ziel, das Repertoire an konventionellen Gesten und Lauten zu erweitern und zu üben sowie den passiven Wortschatz auszubauen. Um dies zu erreichen schlagen Rotter, Kane und Gallé (1992, 19f.) folgende Vorgehensweisen vor:

(1) Anregung durch Auswahl oder „Missverständnisse":
Dem behinderten Partner werden mehrere Gegenstände zur Auswahl vorgelegt, so dass er auswählen kann. Auf Reaktionen des behinderten Menschen hin reagiert die Betreuungsperson mit Missverständnis, so dass die behinderte Partnerin sich nochmals beziehungsweise deutlicher artikulieren muss. Diese Vorgehensweise ist nicht ganz unproblematisch, da sie den Partner auch extrem verunsichern kann. Eine gute Beziehung ist bei diesem Vorgehen absolut notwendig.
(2) Erleichterung des Zeichenerwerbs durch Modelle der Umwelt:
Der Kommunikationspartner muss seine Mitteilung bewusst mit deutlichen konventionellen Gesten wie Zeigen, „gib mir bitte" und mit Lauten begleiten; damit soll eine Verbindung zwischen dem Wortverständnis und der nonverbalen Kommunikation entstehen.

(3) Benennen von Gegenständen und Handlungen:
Das Benennen von Gegenständen hat große Bedeutung für die Entwicklung des Sprachverständnisses, auch ist das Benennen von Gegenständen Grundlage für die Entwicklung der Sprache selbst. Für das Zeigen und Benennen eignen sich vor allem Bilderbücher, Kataloge und Prospekte. Wesentlich ist auch hier die Fähigkeit der betreuenden Person, mit der behinderten Partnerin in einen Dialog zu treten, da eine größere Spanne von Aufmerksamkeit notwendig ist, um eine Serie von Handlungen aufzunehmen und zu verarbeiten.

Stufe der symbolischen Kommunikation

Für Kinder mit einer normalen Entwicklung scheint das Erlernen der Sprache in spielerischer Art und Weise in der Interaktion mit einer kommunikativen Umgebung zu gelingen; Grund dafür scheint die Neugier des Kindes zu sein, Gegenstände zu ergreifen, zu benennen, seine Wissbegier, aber auch die Geduld der Bezugspersonen, den Din-

gen immer wieder einen Namen zu geben, um sie so dem lernenden Kind zu verdeutlichen. Das Erfassen des semantischen Zusammenhangs zwischen einer Buchstabenkommunikation und einem Gegenstand beziehungsweise einer Person ist jedoch für Menschen mit einer Behinderung häufig ein schwieriger Prozess. Helen Keller beschreibt dies in ihrer Biografie. Im Alter von etwa sieben Jahren hatte sie eine Puppe geschenkt bekommen: „Als ich eine Weile mit ihr gespielt hatte, buchstabierte Fräulein Sullivan das Wort „d-o-l-l.-“ (= Puppe) in meine Hand. Dieses Fingerspiel interessierte mich sofort und ich begann es nachzumachen. Als es mir endlich gelungen war, die Buchstaben genau nachzuahmen, errötete ich vor kindlicher Freude und Stolz. Ich wußte damals noch nicht, dass ich ein Wort buchstabierte, ja nicht einmal, dass es Wörter gab; ich bewegte einfach meine Finger in affenartiger Nachahmung. Während der folgenden Tage lernte ich auf diese verständnislose Art eine große Menge Wörter buchstabieren – unter ihnen pin (Nadel), hat (Hut), cup (Tasse) und ein paar Verben wie sit (sitzen), stand (stehen) und walk (gehen). Aber meine Lehrerin war schon mehrere Wochen bei mir, als ich schließlich begriff, dass jedes Ding seine Bezeichnung hat“ (1997, 31).
Helen Keller schreibt an anderer Stelle weiter: „Wir schlugen den Weg zum Brunnen ein, geleitet durch den Duft des ihn umrankenden Geissblattstrauches. Es pumpte jemand Wasser, und meine Lehrerin hielt mir die Hand unter das Rohr. Während der kühle Strom über eine meiner Hände sprudelte, buchstabierte sie mir in die andere das Wort water, zuerst langsam, dann schnell. Ich stand still, mit gespannter Aufmerksamkeit der Bewegung ihrer Finger folgend. Mit einem Mal durchzuckte mich wie eine nebelhafte verschwommene Erinnerung ein Blitz des zurückkehrenden Denkens und das Geheimnis der Sprache lag plötzlich offen vor mir. Ich wußte jetzt, dass water jenes wundervolle kühle Etwas bedeutete, welches über meine Hand strömte. Dieses lebendige Wort erweckte meine Seele zum Leben, spendete ihr Licht, Hoffnung, Freude, befreite sie von ihren Fesseln!“ (1997, 32)
Ähnliches beschreibt Oliver Sacks in seinem 1992 erschienenen Buch „Stumme Stimmen“ (S. 92). Diese Beispiele machen deutlich, welche Welt sich auch für einen Menschen mit einer Behinderung eröffnet, wenn er die semantische Bedeutung von Buchstabenkombinationen (Wörtern) erkennt. Der Wunsch, jetzt aktiv über die Sprache zu verfügen, wird meist von der Umgebung vehement unterstützt. Der Zugang zur Sprache gelingt auch in einigen Fällen, häufig jedoch wird viel Zeit und Mühe aller Beteiligter investiert, ohne dass sich ein durchschlagender Erfolg einstellt.

Sprachentwicklung		
Lebensalter	Hörendes Kind, das in lautsprachlicher Umgebung aufwächst	Gehörloses Kind, das in gebärdensprachlicher Umgebung aufwächst
1. Monat	Schreien – als Reflex und bei Lageveränderung	bis ca. 4. Monat wie hörendes Kind, dann verstummt das Kind
2. Monat	Primäres Lallen – Lautproduktion aus eigenem Antrieb	
3.–6. Monat	Lallphase – Umweltklänge und -geräusche werden nachgeahmt.	Beginn der Gestikulierphase
6. Monat	Silbenproduktion – Lallen als Mittel der Kontaktaufnahme	erste Ein-Gebärden-äußerungen – deutlich früher, weil der visuell-motorische Sprechapparat früher ausreift als der auditiv-orale
9. Monat	Beginn des Sprachverständnisses – Bestimmte Dinge werden mit immer gleichklingenden Lautgebilden bezeichnet.	Die Ausdifferenzierung der einzelnen Gebärdenzeichen erfolgt analog dem Sprechen-Lernen.
ab 10. Monat	Nachahmungsperiode (Echolalie) Kind plappert Wörter nach, ohne ihren Sinn zu verstehen	
12.–18. Monat	Einwortsatz	
18.–36. Monat	Mehrwortsätze Fragealter – erste vollständige Sätze	Zwei-Gebärden-Äußerungen
3.–4. Lebensjahr	Satzbildung wird gefestigt	Erwerb morphologischer Regeln der Gebärdensprache
ab 4.–5. Lebensjahr	sollte die Sprachentwicklung weitgehend abgeschlossen sein.	Syntax und semantische Strukturen werden aufgebaut und verfeinert.

Abb. 43: Sprachentwicklung (Lernen konkret 1992, 17)

Vor Beginn einer Sprachförderung sollte auf jeden Fall die diagnostische Abklärung der morphologischen Strukturen (Sprechapparat) stehen. Viele Menschen mit einer Behinderung können aufgrund anatomischer Veränderungen des Sprechapparates nicht richtig artikulieren oder sind aufgrund spastischer Lähmungen beziehungsweise veränderter motorischer Situation erheblich in der Artikulationsfähigkeit eingeschränkt. Neben der motorischen Situation spielt vor allem auch die Entwicklung der Wahrnehmung, der Kognition, der Emotionen, der Kommunikation, der Sozialisation eine wesentliche Rolle. Symbolische Kommunikation verlangt einen Höchstgrad an Abstraktionsvermögen, viele Prozesse verlaufen parallel, zum Beispiel das Erkennen von Wahrnehmungen, Zuordnen, Vergleichen, Auswählen, Ausdrücken und Speichern. Diese Ausführungen sollen verdeutlichen, dass die diagnostische Abklärung der Voraussetzungen für eine sprachliche Förderung unbedingt notwendig ist, um beidseitige Frustrationen und Enttäuschungen zu ersparen.

Bei der Sprachförderung sollte Folgendes beachtet werden:

(1) Sprachliche Förderung darf niemals eine isolierte Maßnahme darstellen. Sie muss eingebunden sein in das Lebensfeld und in die Bedürfnisse der Einzelnen. Liegen die Interessengebiete einer Jugendlichen zum Beispiel im Bereich der Musik, so ist es sinnvoll, in diesem Bereich die sprachliche Anbahnung in Gang zu setzen.
(2) Isoliertes Sprachtraining beinhaltet die geringste Erfolgschance. Das Einbeziehen aller Kommunikationsmöglichkeiten im Sinne einer „Total-Kommunikation" sichert den größten Erfolg.
(3) Gelingt es, Sprachanbahnung in sinnvolle und motivierte Handlungssequenzen einzubinden, wird eine positive Motivationsgrundlage geschaffen.
(4) Das Berücksichtigen der personalen Umwelt bietet ebenfalls eine Erfolg versprechende Möglichkeit. Die Namen von Mutter, Vater, Geschwister, Mitbewohner/-innen und Erzieher/-innen haben oft große Bedeutung und regen zur Nachahmung an.
(5) Gemeinsame Handlungssituationen, wie zum Beispiel im Bereich Sport oder Freizeit, die von allen Beteiligten als positiv erlebt werden, eignen sich besonders für die Entwicklung des Sprachverständnisses und des aktiven Sprachschatzes. Das Springen auf dem Trampolin oder das Fahren eines Karussells wird von den Einzelnen als so positiv erlebt, dass sie diese Situation wieder herbeiführen möchten. Um dies zu erreichen, müssen sie mit der Partnerin in Interaktion treten.
(6) Die sprachliche Begleitung und Verdeutlichung auftretender Handlungen (Sprachhandeln, nach Hedderich 1992, 11) ist eine wesentliche Hilfe für den Spracherwerb. Sich ständig wiederholende Alltagssituationen, Abläufe und Gegenstände werden immer und immer wieder benannt, so dass ein Verständnis beziehungsweise eine sprachliche Wiedergabe mit der Zeit möglich wird.

(7) Eine Förderung der Kommunikation und damit auch eine Sprachförderung können stattfinden, indem Menschen mit einer Behinderung im Alltag Entscheidungssituationen beziehungsweise Handlungsalternativen angeboten werden. Sie müssen bewusst in die Planung ihres Alltags, also ihres Lebens, einbezogen werden, da sie damit die Wirksamkeit ihres Handelns erkennen und auch ein hohes Maß an Selbstbestimmung bekommen.

(8) Die kommunikativen Kompetenzen der Einzelnen werden durch eine kommunikationsfördernde Umwelt erweitert, welche die Sprachkompetenzen der Einzelnen wahrnimmt, einfordert, spontane sprachliche Reaktionen registriert und verstärkt, Interesse an der Person und ihrer Entwicklung zeigt. Das spontane Ansprechen eines Menschen mit einer Behinderung, zum Beispiel auf eine Problemsituation, stellt häufig eine Überforderung dar. Deshalb ist es sinnvoll, strukturierte Situationen zu schaffen, in denen es Zeit für Erklärungen, Wiederholungen und zum Nachdenken gibt. Häufig werden Ansätze sprachlicher Kompetenzerweiterungen wieder eingestellt, da die Umwelt die Antwort des behinderten Menschen nicht abwartet. Wir können nicht erwarten, dass die behinderte Partnerin schnell und differenziert Information aufnimmt, verarbeitet und in einen Handlungsplan umsetzt. Warten können bedeutet auch, Respekt zu haben vor dem/der anderen.

(9) Das Spiel bietet vor allem bei Kindern eine Fülle von Möglichkeiten, um die sprachlichen Kompetenzen zu verbessern. Beim Würfelspiel zum Beispiel werden immer wieder die Zahlen formuliert, das Kind lernt im Umgang mit seiner Puppe Ausdrücke wie „Kämmen, Haar, Bürste“ usw. Beim erwachsenen Menschen muss nach entsprechenden personengerechten Inhalten gesucht werden.

(10) Neben dem Abklären der Voraussetzungen, die durch Spezialisten geschehen muss, ist die Einbindung beziehungsweise das Heranziehen von Fachleuten, zum Beispiel Logopädinnen, ein wichtiges Anliegen. Atem-, Stimm- und Artikulationsübungen ermöglichen häufig erst den Erwerb der Sprache.

(11) Die aktive Anwendung der Sprache in verschiedenen Situationen (Generalisierung) bildet die Grundlage für eine wirkliche sprachliche Kompetenz. Deshalb ist es wichtig, dass im Alltag immer wieder Interaktionsstrukturen zwischen Menschen mit einer Behinderung gesucht und gefördert werden, damit keine ausschließliche Ausrichtung auf die Betreuungspersonen entsteht.

Das Partizipationsmodell

Welche Hilfe für die nicht sprechende Person im Rahmen einer UK-Unterstützung die richtige ist, bedarf einer Analyse der individuellen Kompetenzen, der aktuellen Situation, aber auch des kommunikativen Umfeldes. Das Partizipationsmodell, das 1992 in den USA von David Beukelman und Pat Mirenda entwickelt wurde, ist hier eine wertvolle Hilfe.

Im Rahmen einer mehrphasigen Diagnostik sollen hinderliche Barrieren für eine erfolgreiche Kommunikation erkannt und abgebaut werden. Die gegenwartsbezogene Diagnostik versucht die aktuellen Kommunikationsbedürfnisse und individuellen kommunikativen Fähigkeiten zu erfassen, um eine möglichst effektive kommunikative Grundstruktur aufzubauen. Im Rahmen der zukunftsbezogenen Diagnostik wird ein vielfältiges und variables Kommunikationssystem angestrebt. Neben der alltäglichen Kommunikation soll auch Kommunikation in spezielleren Situationen ermöglicht werden. Die Follow-up-Diagnostik überprüft die Wirksamkeit der ersten beiden Phasen bezüglich deren Anpassung an die Lebensumstände und Fähigkeiten der unterstützt kommunizierenden Person.

In der praktischen Umsetzung wird zuerst eine Aktivitäts- und Tätigkeitsliste der Einzelnen erstellt. Eine Verankerung von UK im gelebten Alltag des Einzelnen bietet die größte Chance auf Erfolg. Ein Vergleich mit Gleichaltrigen (behinderten oder nichtbehinderten) soll helfen, zentrale Aktivitäten dieser Altersgruppe zu erkennen. Als nächstes sollen Barrieren erkannt werden. Die können zu einem bei den Kompetenzen und Einstellungen des Einzelnen liegen, als auch bei den Bezugspersonen und in Bezug auf äußere Faktoren. Abschließend werden konkrete Umsetzungen definiert umgesetzt und auch immer wieder überprüft.

Was sich hier so einfach anhört, ist in der Praxis viel komplexer. Immer noch stoßen wir auf eine ablehnende Umgebung. Aber auch beim Menschen mit einer eingeschränkten Kommunikationsfähigkeit müssen wir Überzeugungsarbeit leisten, ihm die Wirksamkeit der neuen Möglichkeiten erfahrbar machen. Dann erleben aber viele Dank dieser Hilfen eine neue Welt, wie eine junge Dame, die sich mit ihrem Talker vor eine Klasse mit Heilerziehungspflegerinnen setzte und selbstbewusst mit der Klasse unterhielt.

(Weitere Informationen in: Braun, U./Kristen, U. (2001): Woran hakt es? – Analysehilfe durch das Partizipationsmodell nach Beukelman/ Mirenda, in: Unterstützte Kommunikation 1–2/2001, S. 6–10)

Kolja

Gerade hatte ich als Sonderschullehrer angefangen, im Kindergarten für körperbehinderte Kinder zu arbeiten, als mir Kolja von seinen Eltern vorgestellt wurde: Kolja war gerade drei Jahre geworden. Sein freundliches Lachen strahlte voll Humor und Neugier. Unter seinem strohblonden Haarschopf steckte ein Lausbubengesicht. Kolja hatte durch eine schwere Athetose große Schwierigkeiten bei seiner motorischen Entwicklung, auch hatte er das Sprechen noch nicht gelernt. Eine Ursache für seine schwere Körperbehinderung war von den Ärzten nicht gefunden worden. Zwar konnte Kolja mit ungelenken Schritten gehen, aber nur, wenn man ihn unter seiner Armen festhielt. Das Spielzeug, das man Kolja in die Hände legte, konnte er nicht festhalten und meist flog es im weiten Bogen davon, so unkontrolliert überschießend waren seine Armbewegungen.

Die unglückliche Situation von Kolja bereitete den Eltern und den Mitarbeitern des Kindergartens viel Kopfzerbrechen: Kolja möchte spielen, doch das Spielzeug fliegt ihm aus der Hand, Kolja möchte sich mitteilen, doch sprechen kann er nicht, nicht einmal den Kopf schütteln für ein Nein oder Ja. Er möchte die Welt entdecken, doch was immer er machen möchte, seine Arme und Beine verlieren sich in zappelnden Bewegungen. Selbst den Blick zu halten, fällt ihm schwer, denn oft dreht sich sein Kopf weg.

Nach einigen Monaten meine ich zu erkennen, das Kolja seinen linken Fuß ein wenig besser zu kontrollieren gelernt hat. Nach einigen Gesprächen mit den Eltern und Physiotherapeuten des Kindergartens soll die Förderung von Kolja verstärkt auf seinen linken Fuß abgestimmt werden …

Als Kolja eingeschult wurde, hatte er gelernt, sich mit mehr als 200 Begriffen mit einem Alpha-Talker mitzuteilen, am PC konnte er kleine Wörter schreiben – mit seinem linken Fuß.

(Freigang, J. 2007, 2)

Zugänge – Überlegungen von Jens Freigang

In der Anfangsphase jeglicher geplanter Bildungsprozesse bei Menschen mit einer schweren Behinderung ist es von elementarer Bedeutung, sich auf die Suche zu machen nach „versteckten Fenstern", also jenen oftmals nur sehr schwachen Signalen, Zeichen und Kompetenzen dieses Menschen, die sich zaghaft Abheben vom Hintergrundrauschen bedeutungsloser Zufallsbewegungen, Blickausrichtungen und Laute.
Sehr häufig befinden sich kleine, schwer mehrfach behinderte Kinder in einem Zustand, der dem Locked-in Syndrom sehr nahe kommt. Die Unfähigkeit dieser Kinder, auch nur irgendeine zielgerichtete und mehrfach abrufbare Bewegung auszuführen, einen eindeutigen Laut bewusst und wiederholbar von sich zu geben oder die Blickausrichtung zu steuern und den Blick zu halten, stellen das Kind und den Therapeuten wie auch die Eltern und anderen Bezugspersonen vor eine Aufgabe, die ein hohes Maß an Einfühlungsvermögen, Beobachtungsfähigkeit, Reflexionsfähigkeit und Geduld abverlangen.
Im Folgenden einige Überlegungen, die helfen können, die schwachen Signale des schwer behinderten Menschen zu sehen und zu verstehen.

(1) Versucht das Kind seinen Blick nach Personen oder Gegenständen auszurichten, über die gerade gesprochen wird?
Was aber, wenn das Kind jedoch Schwierigkeiten bei der muskulären Steuerung seiner Augen hat? Hat es dennoch den Versuch unternommen? Ist eine Ausrichtung des Kopfes oder des Körpers sichtbar. Erst hinreichend viele Beobachtungssituationen können darüber Aufschluss ergeben.
(2) Zeigt das Kind in hoher Stetigkeit gewisse Aufmerksamkeit? Wie reagiert das Kind, wenn es fotografiert wird, wie auf die Videokamera? Zeigt es Interesse an seinem Kommunikationstagebuch, wie aufmerksam schaut es Fernsehen? Wie reagiert es auf Fotos von vertrauten Personen, zeigt es Interesse am Schriftzug seines Namens? Wie verändert sich das Verhalten des Kindes, wenn die Mutter oder eine andere vertraute Person den Raum betritt, sie sich dem Kind mit ihrer Stimme zuwendet, das Kind auf den Arm nimmt?
Wenn gleichartige Reaktionen mit hoher Stetigkeit beobachtet werden können, heißt dies, dass das Kind schon recht komplexe kognitive Strukturen aufgebaut hat, die seiner Außenwelt bisher verschlossen geblieben waren, eben weil die schwere Behinderung jegliches Ausdrucksverhalten des Kindes bis zur Unkenntlichkeit verzerrt hat.

(3) Das Zeichen für „noch mal“ als Vorstufe zum Ja-Nein-Konzept:
Im frühen Kindesalter und bei schwerer geistiger Behinderung verfügen Kinder noch nicht über ein stabiles Ja-Nein-Konzept, das eine Kommunikation über die Beantwortung von Ja-Nein-Fragen möglich machen würde. Unter diesem Aspekt ist es wichtig, das Kind an ein Zeichen für „noch mal“ heranzuführen: Dazu unterbreche ich mein Spielangebot immer wieder ganz bewusst, frage das Kind beispielsweise „Soll ich noch mal singen?“, „Soll ich noch mal schaukeln?“. Ich wiederhole die Frage ein zweites Mal, halte dann dem Kind meine offene Handfläche so hin, dass es mit seiner Hand in meine Hand klatschen kann. Anfänglich wird das Kind noch nicht verstehen, was ich will und so nehme ich seine Hand am Arm und führe diese Klatschbewegung gestützt aus. Unmittelbar nachdem sich unsere Hände berührt haben, setze ich das Lied, das Schaukeln etc. fort. Diese „noch mal“ – Kommunikation lässt sich bei beliebten Spielen unzählige Male wiederholen und selbst kognitiv stark beeinträchtigte Kinder lernen sehr schnell den Zusammenhang zwischen dem „noch mal“-Zeichen und der Fortsetzung einer Handlung. Sie erleben sich als wirksam, eigene Aktionen lösen weitere Handlungen aus.
(4) „Ja“ und „Nein“ – die erste Kommunikationsbrücke:
In jeglicher erstmaligen Kontaktaufnahme zu einem nicht sprechenden Menschen muss die Frage nach dem zumeist sehr individuellen Zeichen für Ja beziehungsweise Nein stehen. Unter einem Zeichen verstehe ich hier eine bestimmte Körperbewegung im Sinne einer Geste oder einer Gebärde, der eine eindeutige kommunikative Funktion zukommt, eben weil sie sich absetzt von den gerichteten und ungezielten Bewegungen des Alltags.
Bis ein nicht sprechendes Kind gelernt hat, dass seine Kommunikationsmöglichkeiten mit einem Zeichen für Ja und Nein eine ganz wesentliche Erweiterung erfahren, ist es oftmals ein langer Weg. Bei motorisch sehr stark beeinträchtigten Kindern gibt es einmal keinerlei Körperbewegung, die das Kind so „gut“ ausführen kann, dass diese Bewegung überhaupt als intendierte, willentlich ausgeführte Bewegung vom Therapeuten oder Kommunikationspartner erkannt beziehungsweise als Symbolträger für ja oder nein verwendet werden kann.
Gewöhnlich sind bei Kindern mit schwerster Körperbehinderung willentliche und unbedeutende, zufällige Bewegungen nicht oder kaum voneinander zu unterscheiden. Der sicheren Unterscheidung kommt jedoch eine zentrale Bedeutung zu, wenn eine Bewegung als Kommunikationssignal interpretiert werden soll. Wenn das Kind nun ein Handzeichen oder Ähnliches für >Ja< und >Nein< erlernt hat, kann

dies dennoch damit einhergehen, dass dieses Zeichen nicht zu jedem Zeitpunkt für das Kind wiederholbar ist!
Vielleicht kann das Kind diese symboltragende Bewegung nur dann ausführen, wenn es auf dem Schoß des Therapeuten sitzt. Manchmal muss der Therapeut das Kind in einer ganz speziellen und individuellen Weise an Rumpf und Kopf unterstützen, damit das Kind diese Bewegung überhaupt ausführen kann.
Die Stabilisierung dieser Bewegung ist von größter Bedeutung!!!
Auf der Suche nach Ja-Nein – Zeichen sind bei den verschiedenen Kindern teilweise sehr individuelle Zeichen entstanden: Eine allgemeinverständliche Geste ist das Kopfnicken für Ja und das Kopfschütteln für Nein. Diese Zeichen funktionieren bei vielen nicht sprechenden Kindern, bei einem Großteil schwerst körperlich eingeschränkter Menschen jedoch leider nicht.

Ja-Nein – Zeichen können sein:

- mit den Augen nach oben blicken, nach unten blicken, nach rechts oder links;
- eine Handgeste wie für „okay" (gefaustete Hand mit nach oben zeigendem Daumen) für „ja", den Arm hinter den Nacken legen für „nein";
- für „ja" legt (oder klatscht) das Kind mit seiner Hand in meine offene Handfläche für „nein" legt es seine Hand auf meine geschlossene, gefaustete Hand;
- das Zeigen auf ein Symbol für „ja" beziehungsweise für „nein".

Bei der Suche nach geeigneten Zeichen sollte man seinen Überlegungen auf alle Körperteile ausdehnen: Zunge, Mund, Schulter, Füsse, natürlich die Hände, die Finger, den ganzen Arm, den Kopf. Jedoch war nach meinen Erfahrungen die Ja-Nein-Kommunikation über das Zwinkern mit den Augenlidern nie erfolgreich gewesen. Das Augenzwinkern stellt einerseits eine unbewusste Bewegung dar, andererseits fällt Menschen mit schwerer Körperbehinderung das kurzzeitige Schließen der Augen als willentliche Handlung oft sehr schwer.

Stefan

Stefan wurde schon mit einer schweren Behinderung geboren. Durch eine Stoffwechselerkrankung war er kaum in der Lage, seine Muskeln einzusetzen. Die ersten Lebensjahre musste er beatmet werden, durch eine Augenmuskellähmung war sein Blickfeld sehr stark eingeschränkt und das Sprechenlernen war ihm nicht möglich gewesen. Die leiblichen Eltern waren mit der Behinderung ihres Sohnes überfordert gewesen und so wuchs er die ersten zwei Jahre seines Lebens zunächst im Krankenhaus auf, bis ihn schließlich eine Pflegemutter zu sich nahm.

Die Pflegemutter entdeckte, dass Stefan im Alter von vier Jahren durchaus auf Fragen mit >ja< und >nein< Antwort geben konnte. Von da an hatte Stefan einen wahren Heißhunger nach Spielen aller Art. Bald begann er sich für Schrift zu interessieren. Er wollte sich endlich mitteilen, sagen, was er denkt, fragen was er wissen möchte. Stefan lernte in nur einem Jahr das Lesen und konnte bald am PC schreiben. Nun war er fünf Jahre alt und besuchte einen Kindergarten für behinderte Kinder im bayerischen Allgäu. Da ihm der Kindergartenalltag zu wenig war, entschloss man sich, ihn mit fünf Jahren probehalber in die angeschlossene Körperbehindertenschule aufzunehmen.

Die Probe wurde zur Bravour: Nach einem Schuljahr, also bis zum Ende seiner Kindergartenzeit, beherrschte Stefan den Unterrichtsstoff der achten Klasse Hauptschule, hatte Englisch und Italienisch als Fremdsprache perfekt lesen und schreiben gelernt und beschäftigte sich mit Atomphysik und Informatik, so wie andere Kinder in seinem Alter sich mit Dinosauriern und Lego beschäftigen.

Im Alter von sechs Jahren wurde Stefan schließlich „eingeschult". Seinen „ersten" Schultag absolvierte er in der fünften Klasse eines Gymnasiums, schwerst körperbehindert, nicht sprechend, bei stark beeinträchtigtem Sehvermögen.

Freigang, J. (2007, 7)

Körpereigene kommunikative Formen	Nichtelektronische Hilfen	Elektronische Hilfen
zum Beispiel	zum Beispiel	zum Beispiel
→ Atmung, Tonus, Körperhaltung	→ Kommunikationstagebuch	→ einfache elektronische Hilfen ohne Sprachausgabe, z.B. PC, Laptop
→ Körperbewegungen	→ Objekte, Spielzeug	→ einfache Sprachausgabegeräte
→ Blicke,	→ Wort- oder Bildkarten	→ Sprechgeräte mit digitaler oder synthetischer Sprachausgabe
→ Mimik, Gestik	→ Fotos, Fotoalben	
→ Lautierungen, Vokalisationen	→ Grafische Symbole	
→ Individuelle Ausdrucksformen	→ Kommunikations- – Tafeln – Ordner – Bücher	
→ Gebärden		

Abb. 44: UK Praxis (nach Christen 2006, verändert durch Autoren)

Körpereigene Formen

Körpereigene Ausdrucksformen stehen jedem Menschen zur Verfügung. Bei sprechenden Menschen spielt die „Körpersprache“ häufig eine begleitende, unterstützende beziehungsweise verstärkende Rolle. Bei nicht sprechenden Menschen rücken körpereigene Ausdrucksformen zentral ins Geschehen. Jetzt muss aber das Umfeld lernen, diese Zeichen zu sehen beziehungsweise auf sie zu achten. Schwierig wird es, wenn die Zeichen beziehungsweise körperlichen Signale uneindeutig oder sehr reduziert sind.

Ausdrucksformen wie Körperhaltung, Tonus, Bewegungsausführung und -muster sind meist leicht zu interpretieren. Auch Blickkontakt, Mimik und Gestik kennt jeder. Im Kapitel „Basale Kommunikation“ werden diese Kommunikationsformen eingehend besprochen.
Individuelle Ausdrucksformen bei Menschen mit einer Einschränkung sind oft nur mit einer guten Personenkenntnis zu verstehen. Formen wie „Mund auf“ gleich ja, „Mund zu“ gleich nein sind noch einfach, bedürfen aber auch schon einer Erklärung. Manche Menschen versuchen sich über zum Beispiel Klopfen, Händeklatschen und anderen individuellen Bewegungsmuster mitzuteilen. Viele in stereotypen Mustern „verhaftete“ Personen variieren die Ausführungsqualität, beziehungsweise -tempo, um zum Beispiel Zustimmung oder Ablehnung zu signalisieren. Nur durch gute Beobachtung können solche höchst individuellen Zeichen entschlüsselt werden.
Eine herausragende Bedeutung bei den körpereigenen Kommunikationsformen nehmen die Gebärden ein. Deshalb soll im Folgenden näher darauf eingegangen werden.

Kommunikation mit Gebärden

Funktionen, Voraussetzungen, methodische Überlegungen

Der Einsatz von Gebärden in der Kommunikation wurde und wird kontrovers diskutiert. Die „Oralisten“ setzen den Erwerb der Lautsprache über alles; Höhepunkt dieser Entwicklung war der 1880 in Mailand abgehaltene Kongress der Gehörlosen-Lehrer/-innen, auf dem der Gebrauch der Gebärdensprache in den Schulen offiziell verboten wurde (vgl. Sacks 1992, 45f.). „16 Jahre zuvor hatte in Amerika der Kongress ein Gesetz verabschiedet, das es der ‚Columbia Institution for the Deaf and the Blind‘ in Washington erlaubte, in den Rang eines nationalen College für Taubstumme aufzusteigen. Dieses erste College entwickelte sich zur Gallaudet-University, die immer noch weltweit die einzige geisteswissenschaftlich ausgerichtete Universität für gehörlose Studierende ist. An anderen technischen Hochschulen sind inzwischen verschiedene Studiengänge und Institute für Gehörlose eingerichtet worden, das berühmteste ist das ‚Rochester-Institute of Technology‘, in dem mehr als 1.500 gehörlose Studierende im ‚National technical Institut for the deaf‘ zusammengefasst sind“ (vgl. Sacks 1992, 49).
Ein häufig verwendetes Argument gegen den Einsatz manueller Kommunikationssysteme war die Überlegung, dass bei der Vermittlung dieser Form der Kommunikation die lautsprachliche Entwicklung gehemmt beziehungsweise nicht gefördert werde. Diese Argumentati-

onsweise ist aufgrund der Erfahrung in der Praxis jedoch nicht mehr haltbar. Autor/-innen wie A. Affolter, A. Fröhlich und U. Haupt betonen die Wichtigkeit einer ganzheitlichen Entwicklungsförderung, wobei das Zeigen, Zuordnen, Benennen, Definieren der Umwelt über Gebärden eine wesentliche Rolle spielt, wie auch in der normalen Kommunikationsentwicklung Gebärden die Grundlage für das Erlernen der Lautsprache bilden. Der Einsatz von Gebärden ist in folgenden Funktionen möglich:

(1) Sprachersetzende Funktion: Bei Menschen mit einer geistigen Behinderung und/oder Sprach-/Hörschädigung, die nicht in der Lage sind, Lautsprache zu lernen, kann Gebärdensprache als einfaches Kommunikationssystem aufgebaut werden.
(2) Sprachanbahnende Funktion: Die Vermittlung von Gebärden und damit die häufige Benennung von Gegenständen kann zu einer deutlichen Verbesserung des Sprachverständnisses führen. Durch die sogenannte „Total-Communication", das heißt den Einsatz aller kommunikativen Medien wie Gebärden, Symbole, Pictogramme, Zeichen, Mimik und Aktion, kann die Wahrscheinlichkeit eines Spracherwerbs erhöht werden.
(3) Sprachunterstützende Funktion: Verfügt jemand nur über eine geringe Artikulationsfähigkeit oder ist sie erst dabei, die Symbolsprache zu erlernen, kann der gleichzeitige Einsatz von Gebärden den Kommunikationsfluss wesentlich erleichtern und verbessern. Nur gelungene kommunikative Situationen werden die Einzelnen ermutigen, neue Wörter zu lernen und vorhandene Kompetenzen anzuwenden. Deshalb ist eine gleichzeitige Anwendung von Gebärden und Sprache in lautsprachbegleitender Form sinnvoll.
Gegenüber der Lautsprache beinhaltet das Erlernen von Gebärden einige Vorteile. So ist die Darbietungszeit im Vergleich zum gesprochenen Wort ungefähr doppelt so lang, was die Rezeption und Perzeption erleichtert. Weiterhin sind Handzeichen motorisch wesentlich einfacher als das gesprochene Wort; häufig sind es körpernahe, einfache Bewegungsabläufe, die Rückkoppelungsmechanismen sind sowohl visueller als auch taktil-kinästhetischer Art. Bei der Vermittlung von Gebärden können mehrere didaktische Möglichkeiten eingesetzt werden, zum Beispiel Vormachen, synchrones Mitmachen, Nachmachen, aber auch eine Begleitung der Gebärde über die Körperführung, damit auch Personen mit eingeschränktem oder nicht vorhandenem Hörvermögen ein Kommunikationssystem erlernen können. Dies wird dadurch erleichtert, dass die Gebärden häufig einen direkten Bezug zur Realität haben (natürliche Gebärden).

Um Gebärden erlernen und verwenden zu können, bedarf es seitens des Menschen mit einer Behinderung gewisser Voraussetzungen:

(a) Die Steuerung der Handmotorik muss so ausgeprägt sein, dass es im Einzelnen gelingt, Gebärden deutlich auszuführen und zu wiederholen.
(b) Das Aufnehmen von Blickkontakt und das Zulassen von Körperkontakt ist für das Erlernen und Anwenden von Gebärden eine grundlegende Voraussetzung. Erleichtert wird dies durch eine gute Beziehung zwischen der Lernenden und der Lehrenden. Deshalb ist es notwendig, im Vorfeld der Beziehungsgestaltung Raum zu geben und eine gegenseitige Personenkenntnis aufzubauen. Gelingt es, Gebärden im Interessenbereich des Menschen mit einer Behinderung anzubieten, kann eine hohe Motivation erzielt werden, die den Lernprozess ermöglicht.
(c) Die Zuordnung einer Gebärde zu einem Gegenstand, einer Person, einem Zustand oder einer Handlung ist grundlegend, wozu notwendig ist, dass der Mensch mit einer Behinderung eine Objektkonstanz besitzt, das heißt Gegenstände als solche definieren kann, auch wenn sie nicht vorhanden sind. Die Kommunikation mit Gebärden wird für die Einzelnen aber nur dann erfolgreich sein, wenn die Umwelt bereit ist, auf diese Kommunikationsebene einzugehen. Das bedeutet für die Betreuerin, dieses Kommunikationssystem zu erlernen und es in der Praxis einzusetzen. Auch hier sind eine gute Beziehung und Interesse an den Möglichkeiten des Menschen mit einer Behinderung Grundlage für die Sprachvermittlung.

Bei der Auswahl und Anwendung von Gebärden sind folgende Gesichtspunkte wichtig:

(1) Die Auswahl der Gebärden muss sich vor allem an den Bedürfnissen und Vorlieben der Adressantin orientieren, die Einbindung in den Alltag ist vorrangig, da nur Gebärden, die im Alltag Anwendung finden, angewendet und generalisiert werden.
(2) Natürliche Hinweise oder sachbezogene Gebärden können leicht verstanden und zugeordnet werden, zusammengesetzte und abstrakte Gebärden sind oft schwer zu vermitteln.
(3) Die Gebärde muss eindeutig sein, damit die Abgrenzung zu einer anderen Gebärde leicht fällt. Ein einfacher grobmotorischer Bewegungsablauf erleichtert das Erlernen der Gebärde.
(4) Von entscheidender Bedeutung ist auch das Tempo der Handbewegungen. Bei zu langsamer Ausführung zerfällt die Einheit des Zeichens, bei zu hastiger und schneller Ausführung leidet die Klarheit.

Starke, betonte und rasche Bewegung unterstreicht emotionale Beteiligung; sanfte, dezente Ausführung vermittelt Ruhe (Blickle 1985).
(5) Gebärden, die im Blickfeld ausgeführt werden können, sind aufgrund visueller und kinästhetischer Rückkoppelungsprozesse leichter zu erlernen als zum Beispiel Gebärden über dem Kopf.
(6) Bei der Vermittlung von Gebärden soll auf eine störungsfreie und angenehme Atmosphäre geachtet werden. Dabei ist auch wichtig, dass die Lichtquelle niemals im Rücken der Gebärdenden sein darf, da der Schattenwurf eine verzerrte Wiedergabe von Gebärden ergeben kann und das Gegenlicht die Angesprochene blendet.
(7) Haupt- und Tätigkeitswörter, zum Beispiel Schere und Schneiden, sollten durch die gleiche Gebärde ausgedrückt werden. Die Anzahl der Begriffe sollte möglichst klein gehalten werden, wobei ein Begriffsinhalt durch eine, höchstens zwei Gebärden ausgedrückt werden sollte.

Die Vermittlung von Gebärden kann in folgenden Schritten erfolgen:

(1) Anbieten der ersten Gebärde, darauf folgend die Imitation durch den Menschen mit einer Behinderung. Der Inhalt der Gebärde kann durch das entsprechende Objekt beziehungsweise Aktivität, zum Beispiel Schneiden mit dem Messer, verdeutlicht werden. Ist die Nachahmung der Gebärde unzureichend oder fehlerhaft, kann sie mit Körperführung verdeutlicht werden.
(2) Gelingt die Nachahmung/Imitation einer Gebärde, soll jetzt der entsprechende Gegenstand beziehungsweise die Handlung mit der Gebärde benannt werden. Dabei können am Anfang Gebärde und Objekt beziehungsweise Handlung noch direkt zugeordnet werden, später werden auch Gegenstände, die nicht mehr unmittelbar zugegen sind, benannt.
(3) Ist eine Gebärde angebahnt beziehungsweise kann über sie verfügt werden, wird eine zweite Gebärde vermittelt. Dabei sollten sich beide Gebärden sowohl vom Inhalt wie auch der Vermittlungssituation deutlich unterscheiden. Ziel ist, dass der behinderte Mensch die beiden Gebärden zu unterscheiden lernt und sie in unterschiedlicher Weise einsetzt. Daraufhin folgt die Vermittlung weiterer Gebärden.
(4) Wichtiges Anliegen bei der Vermittlung von Gebärden ist es, den Einzelnen vom Lernen zum spontanen Gebrauch der Gebärden zu motivieren. Dabei kann man die „Was-ist-das ?-Frage“ mit der Zeit ausblenden, Gegenstände nur nach vorheriger Benennung „aushändigen“, Gegenstände aus dem Sichtfeld entfernen usw. Beliebte Tätigkeiten werden nur dann ausgeführt, wenn sie von dem Menschen mit einer Behinderung eingefordert werden. Diese Vorgehensweise sollte

jedoch nur vereinzelt angewendet werden, da sie große Risiken in sich birgt. Eine Reduktion auf die Situation „Du bekommst nur etwas, wenn Du es auch benennen kannst“ verstärkt das Abhängigkeitsverhältnis und ist nicht motivierend. Bei der Befriedigung existenzieller Bedürfnisse (z.B. beim Essen) muss auf diese Vorgehensweise völlig verzichtet werden.

(5) Das Übertragen von gelernten Gebärden auf neue Situationen und Personen ermöglicht dem Menschen mit einer Behinderung eine kommunikative Kompetenz. Diese Generalisierung muss als Ziel in den Vordergrund gestellt werden, so dass Kommunikation sich nicht nur auf isolierte Situationen bezieht.

Die Kommunikation mit Gebärden eröffnet vielen Menschen neue Verständigungsmöglichkeiten, ist aber nicht ohne Probleme. So haben viele Gebärden Mehrfachbedeutungen. Das Abwärtsstreichen mit einer Hand auf der Wange bedeutet zum Beispiel „brav, lieb, lieben“. Diese Vereinfachung erleichtert natürlich das Erlernen, schränkt aber die Ausdrucksfähigkeit ein. Weiterhin beziehen sich die meisten Gebärden auf Alltagssituationen, sind also eine Art „Basiskommunikation“. Die Darstellung komplizierter Zusammenhänge oder das Ausdrücken unterschiedlicher Stimmungslagen, Befindlichkeiten und Gefühle ist oft nur bedingt möglich. Die motorischen Fähigkeiten, vor allem die feinmotorische Steuerung, sind häufig nicht ausreichend entwickelt oder durch Störungen zum Beispiel des Tremors manchmal so stark beeinflusst, dass eine korrekte Ausführung der Gebärden nicht gelingt. All dies kann zu Verständigungsproblemen führen. Ein breites Übungsfeld wird dadurch geschaffen, dass die unmittelbare und weitere Umgebung der Behinderten ebenfalls die Gebärdensprache erlernt.

Gebärdensprachen von Menschen mit einer Behinderung in Deutschland

Entsprechend der Aktivität der einzelnen Verbände beziehungsweise dem Engagement einzelner Personen haben sich in Deutschland unterschiedliche Gebärdensysteme verbreitet. Unter dem Titel „Wenn man mit Händen und Füssen reden muss“ veröffentlichte Ernst Blickle 1971 erstmals eine Sammlung von rund 300 Gebärden, die speziell auf das Klientel der Haslachmühle (Ravensburg) ausgerichtet ist (Blickle 1985) angeboten.

Aktuelle Gebärdensammlungen:

(1) Gebärden-unterstützten Kommunikation (GUK), von Etta Wilken, eingesetzt bei Menschen mit Down-Syndrom.

(2) Das kleine 1x1 der Gebärdensprache, von Birgit Jakobsen, ca. 450 Gebärden für erwachsene Menschen mit Behinderungen.
(3) „Schau doch meine Hände an“ (1991/1995/2007):
Dies ist eine Sammlung einfacher Gebärden zur Kommunikation mit nicht sprechenden Menschen. In ihm werden verschiedene Gebärdensprachen vereinheitlicht. Fachleute verschiedener Einrichtungen, zum Beispiel von der Haslachmühle, Mosbach, Winnenden (Baden-Württemberg), Hefata (Nordrhein-Westfalen), Nieder-Ramstadt (Hessen) usw. arbeiteten an diesem Werk, das Grundlage für die weitere Förderung von Menschen mit einer geistigen Behinderung in Deutschland sein soll. Insgesamt umfasst diese Gebärdensammlung ca. 600 Gebärden, dazu eine kurze Darstellung des „Phonembestimmten Manual System“ (PMS) und des Fingeralphabets. Der ergänzende Einsatz des PMS wurde vor allem in der Haslachmühle eingesetzt. Es unterstützt die Aussprache, hilft hörgeschädigten und gehörlosen Menschen beim Lippenlesen und kann zum Benennen von Personen verwendet werden.

Abb. 45: Gebärde Mann und PMS P „Mann Peter“

Neben der Darstellung der Gebärden finden sich in diesem Buch auch Hinweise bezüglich der Voraussetzungen zur Vermittlung und zur Funktion der Gebärden.
(4) Gebärdenlexikon:
1977 erschien die erste Ausgabe des „Blauen Buches“, dem Gebärdenlexikon der Deutschen Gebärdensprache (DGS). Heute gibt es vier Bände. Band 1 umfasst einen Grundwortschatz mit ca. 1930 Gebär-

den, Band 2 Thema Mensch, Band 3 Thema Natur und Band 4 Aufbaugebärden.

Nichtelektronische Hilfen

Kommunikationstagebuch

Bei nicht sprechenden Menschen ist es von zentraler Bedeutung, die Lebenswelten auch kommunikativ zu verknüpfen. Mittels eines Kommunikationstagebuches (KT) ist dies leicht zu bewerkstelligen. Eltern, Lehrer, Werkstatt- und Wohngruppenmitarbeiter berichten über Geschehenes, wobei vor allem positive Aspekte, gelungene Situationen im Vordergrund stehen sollten. Aber auch schwierige Situationen, zum Beispiel Ärger am Arbeitsplatz können später besser aufgearbeitet werden, wenn die Wohngruppenmitarbeiter die Problematik kennen.

Objekte/Spielzeug

Objekte stellen einen realen Bezug zur Umwelt dar. Personen, die überwiegend über Blickkontakt kommunizieren, können so eine unmittelbare, direkte und erfolgreiche Kommunikationsstruktur aufbauen.

Fotos

Ein einfaches, aber auch sehr wirksames Mittel zur Verständigung ist es, Orte, Gegenstände oder Vorgänge, die für eine Person sehr wichtig sind, zu fotografieren. Anhand dieser Bilder kann die Einzelne mit der Umwelt kommunizieren, wobei dieser Ansatz nicht so verstanden werden soll, dass Sprache, Mimik und Gestik ausgeblendet werden; Vorgänge sollen auch immer wieder mit Sprache, Gebärden usw. verdeutlicht werden. Obwohl diese Kommunikationsform sehr stark von der Qualität und vom Informationsgehalt der Bilder abhängig ist und nur eingeschränkte Möglichkeiten bietet, kann sie zumindest der Beginn einer kommunikativen Form sein und helfen, totale Kommunikationszusammenbrüche zu vermeiden.

Kommunikationstafeln, -ordner, -bücher

Bilder, Bildkarten und Symbole können zu verschiedenen Einheiten zusammengefasst werden. Dies ermöglicht ein individualisiertes Kommunikationssystem, das ein hohes Maß an Selbstbestimmung ermöglicht. Mit digitaler Fototechnik kann der Mensch mit einer Einschränkung auch bei der Herstellung eingebunden beziehungsweise

beteiligt werden. Laminiergeräte schützen die Bilder und ermöglichen damit einen längerfristigen Einsatz. Neben eigenen Bildern oder Zeichnungen können auch käufliche Symbolsammlungen wie zum Beispiel Touch n Talk, Aladin, Löb, Bliss usw. verwendet werden. Neben Alltagsthemen wie Essen, Trinken, Freizeit, Beschäftigung ermöglichen Spezialisierungen eine hohe Individualisierung. So kann eine Sammlung von verschiedenen Eissorten bei einem Eisliebhaber ein hohes Maß an Autonomie ermöglichen.
Einzelne Bilder oder Fototafeln werden in Ringordner, Klapptafeln, Fotoalben, Tischflipcharts usw. zusammengefasst. Je nach Wahrnehmungsvermögen und Verstehen können einfache beziehungsweise komplexe Kommunikationshilfen entstehen.
Nichtelektronische Hilfsmittel sind einfach herzustellen, leicht zu transportieren, kostengünstig und erfordern von der Betreuerin keine besonderen Kenntnisse. Andererseits bedarf diese Form der Kommunikation einer uneingeschränkten Aufmerksamkeit seitens der Betreuerin. Gute Personenkenntnis und das Einfühlen in die Bedürfnisse des Gegenübers sind absolut wichtig (sog. Ko-Konstruktionen). Ein Informationsaustausch zum Beispiel über Telefon ist nur mit Hilfe möglich. Im Folgenden werden zwei Möglichkeiten nichtelektronischer Hilfen ausführlich vorgestellt.

Das Löb-System

Reinhold Löb versuchte in seiner Tätigkeit als Sonderschullehrer die Kommunikationsfähigkeit seiner Schüler/-innen zu verbessern. Da die Gebärdensprache aufgrund von Mehrfachbehinderungen häufig nicht umgesetzt werden konnte, entwickelte Löb ein Symbolsystem mit 60 Symbolen, die in zehn Bereiche untergliedert werden:

(1) Allgemeine Verständigungszeichen, zum Beispiel ja/nein, danke, ich;
(2) Eigenschaftswörter, zum Beispiel warm, kalt, laut, leise;
(3) Gesundheitsfürsorge, zum Beispiel krank, Arzt;
(4) Nahrungsmittel, zum Beispiel Essen, Brot, Eis;
(5) häusliche Gegenstände, zum Beispiel Haus, Tisch, usw.;
(6) Körperhygiene;
(7) Spielen und Beschäftigung, zum Beispiel Autofahren, Musikmachen, Gehen, Fernsehen;
(8) Religion, zum Beispiel Beten, Kirche, Kommunion;
(9) Gefühle, zum Beispiel glücklich, traurig, ängstlich;
(10) Arbeit und Vergnügen, zum Beispiel Feiern, Tanzen, Lernen, Arbeiten, Aufräumen.

Zu jedem Bild im Begleitheft werden eine Gebärde und Materialhinweise angegeben. Die Bildkarten selbst sind ohne diese Zusätze. Auf diese Art und Weise werden alle für die Kommunikation wichtigen Wahrnehmungsmodalitäten (visuell, auditiv, taktil-kinästhetisch usw.) benutzt. Eine Kommunikation unter Einsetzung aller Möglichkeiten wird auch als „Total-Communication" bezeichnet. Dieses System wird vor allem in den USA, in Skandinavien und in den Niederlanden verwendet.

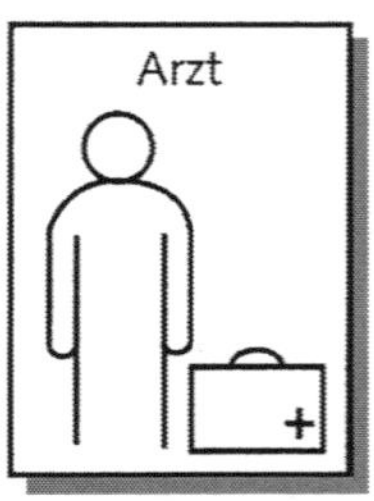

Situation: Einführen mit Arztbesuch
Gesten: a) Hand auf die Stirn legen und Fieber fühlen
b) Puls messen
Synonyme: Doktor, Zahnarzt, Notarzt

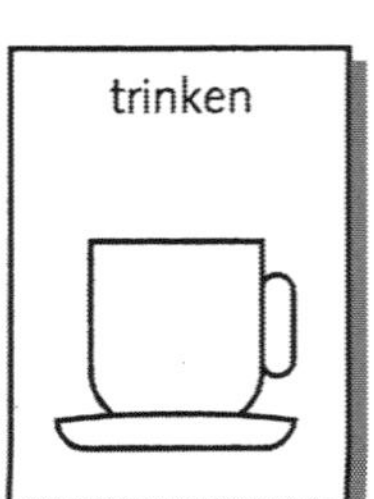

Ziele: 1. mitteilen von: »Ich habe Durst«
2. Oberbegriff für alle Getränke
Material: Tasse, Unterteller, Tee, Milch, Limonade usw.
Geste: analog einen Becher zum Mund führen

Abb. 46 : Die Symbole nach Löb

Dieses System soll nach Löb so früh wie möglich eingesetzt werden, da davon ausgegangen wird, dass der Einsatz von Symbolen, Gebärden, Zeichen eine Sprachentwicklung nicht behindert, sondern ihr eher dienlich ist. Der/die Kommunikationspartner/-in kann dabei die einzelnen Symbole entweder greifen oder darauf zeigen, bei schwerer Behinderung eventuell nur hinschauen. Beim Einsatz von mehreren Symbolen ist eine Holzleiste beziehungsweise eine Tafel sinnvoll. Die Einführung der Symbole kann überwiegend im Alltag geschehen, dabei werden am Anfang sowohl das gesprochene Wort als auch Gesten und Gebärden eingesetzt; später können diese Hilfen eventuell wieder ausgeblendet werden. Sollten die Symbole nicht ausreichen, können eigene entwickelt und auf das System „Deutsch lernen mit dem Löb-System" zurückgegriffen werden.

Die Bliss-Symbol-Kommunikationsmethode

Dieses Symbol-System wurde vom Österreicher Karl Bliss entwickelt und war ursprünglich als Universalsprache gedacht, die sich aber nicht durchsetzte. Tatsächliche Bedeutung hat dieses System in der Kommunikation von behinderten Menschen bekommen. Anfang der 70er Jahre wurden die Bliss-Symbole von einem kanadischen Forschungsteam und Bliss selbst revidiert und an den Bedürfnissen von nicht sprechenden Menschen orientiert. Insgesamt bestehen die Symbole aus ca. 25 verschiedenen Einzelelementen, die zu etwa 1.400 standardisierten Symbolen zusammengesetzt worden sind.
Diese kurze Darstellung soll die Möglichkeiten des Bliss-Systems andeuten. Zur Benutzung der Bliss-Symbole eignen sich Zeichenschablonen, Symboltafeln und elektronische Medien.
Bei der ersten Begegnung mit dieser Kommunikationsmethode erscheint die Umsetzbarkeit fraglich. Bei näherer Betrachtung jedoch ist ihre Logik erkennbar. Das Bliss-Kommunikationssystem ist für Menschen mit Körper- und/oder Sprachbehinderung und weit entwickelten geistigen Fähigkeiten eine gute Möglichkeit, sich differenziert auszudrücken; eine Übersetzung in die Schrift- oder Lautsprache ist aufgrund heutiger elektronischer Möglichkeiten kein Problem.

Beispiel:

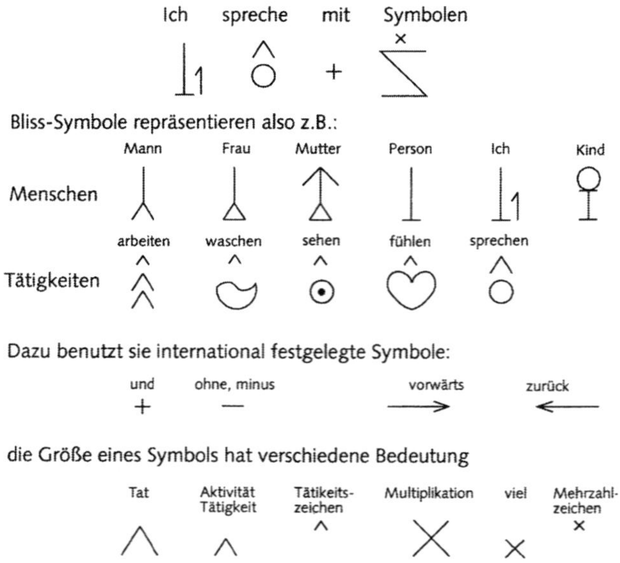

zu Abb. 47: Die Bliss-Symbole

Elektronische Hilfen

Zum Verstehen elektronischer Hilfen ein paar grundlegende Aussagen zur Funktion. Die Grundstruktur ist grob mit einem normalen PC vergleichbar. Viele Personen können auch auf einer normalen Tastatur schreiben. Ein mir gut bekannter junger Mann mit starker körperlicher Einschränkung kommuniziert über E-Mail. Jede Woche erfahre ich so Neues von ihm und umgekehrt. Häufig muss aber die herkömmliche Tastatur vereinfacht werden. So gibt es Geräte zum Beispiel mit 4/6/9 Tasten/Feldern. Bei einer einfachen Nutzung werden diese Felder mit Aussagen belegt. Zum Beispiel erste Taste: „Ich heiße Peter und verstehe alles!“ Komplexere Systeme bedienen sich verschiedener Ebenen. Auf der ersten Ebene sind zum Beispiel Themen wie Ich, Familie, Schule/Arbeit, Essen/Trinken, Freizeit und Freunde vorhanden. Die Auswahl dieser Themen hängt sehr vom Einzelnen ab. Auf den nächsten Ebenen gibt es zu diesen Bereichen weitere Differenzierungen. Beispiel Essen und Trinken. Auf der zweiten Ebene werden Aussagen festgelegt wie: „Ich möchte gerne einen Saft trinken“ oder „Ich habe

Beispiel:

Beispiel:

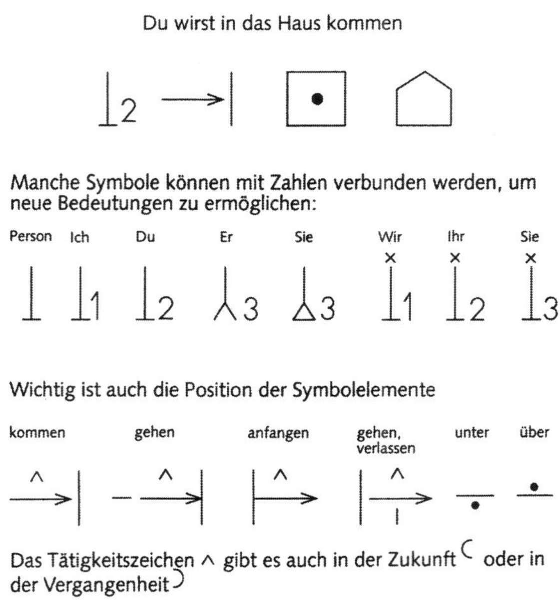

Abb. 47: Die Bliss-Symbole

keinen Hunger“ usw. Auf der dritten und vierten Ebene werden weitere Differenzierungen ausgeführt wie zum Beispiel Orangesaft, Traubensaft, Kirschsaft oder Honig, Himbeermarmelade, Nutella.
Diese Anordnung erlaubt komplexe Aussagen, erfordert aber vom Nutzer eine gute Orientierungs- und Merkfähigkeit.
Als direkte Selektion bezeichnet man die Fähigkeit, Tasten gezielt ansteuern zu können, zum Beispiel mit Hilfe von einem Finger, einem Fuß, einem am Kopf befestigten Zeigestock, den Augen usw. Diese Form ist schneller und direkter. Ist das nicht möglich, stehen dem Anwender sogenannte Scanningmethoden zur Auswahl (Indirekte Selektion). Scanning bedeutet, dass der Person nacheinander verschiedene Wahlmöglichkeiten angeboten werden, die auf ein vorher vereinbartes Signal reagieren. Dabei zeigt der sogenannte Scanningindikator an, welche gerade angewählt werden können (vgl. Bober/Franzkowiak 2001,11). Dabei werden diese Felder in unterschiedlicher Art hervorgehoben. Beim automatischen Scanning läuft die Markierung von Feld zu Feld und kann mit einem Impuls gestoppt werden. Beim manuellen Scanning wird der Indikator (Anzeiger) einzeln betätigt und mit einer zweiten Taste die Auswahl bestätigt.
Die Steuerungsmöglichkeiten sind dabei recht vielfältig, zum Beispiel Drücken eines Busters über eine Oberarmsteuerung, Ein- und Ausatmen (Puster) und sogenannte Headsets. Die Auswahl der Scanning- und Steuerungsverfahren erfolgt natürlich entsprechend den momentanen Möglichkeiten des Einzelnen und kann immer verändert werden.

Beispiele verschiedener Anwendungen:

Geräte ohne Sprachausgabe

Mit der Entwicklung von Notebooks/Laptops stehen nicht nur uns, sondern auch Menschen mit motorischen und kognitiven Einschränkungen neue Möglichkeiten offen. Maus und Tastatur können dabei den individuellen Gegebenheiten des Einzelnen angepasst werden.

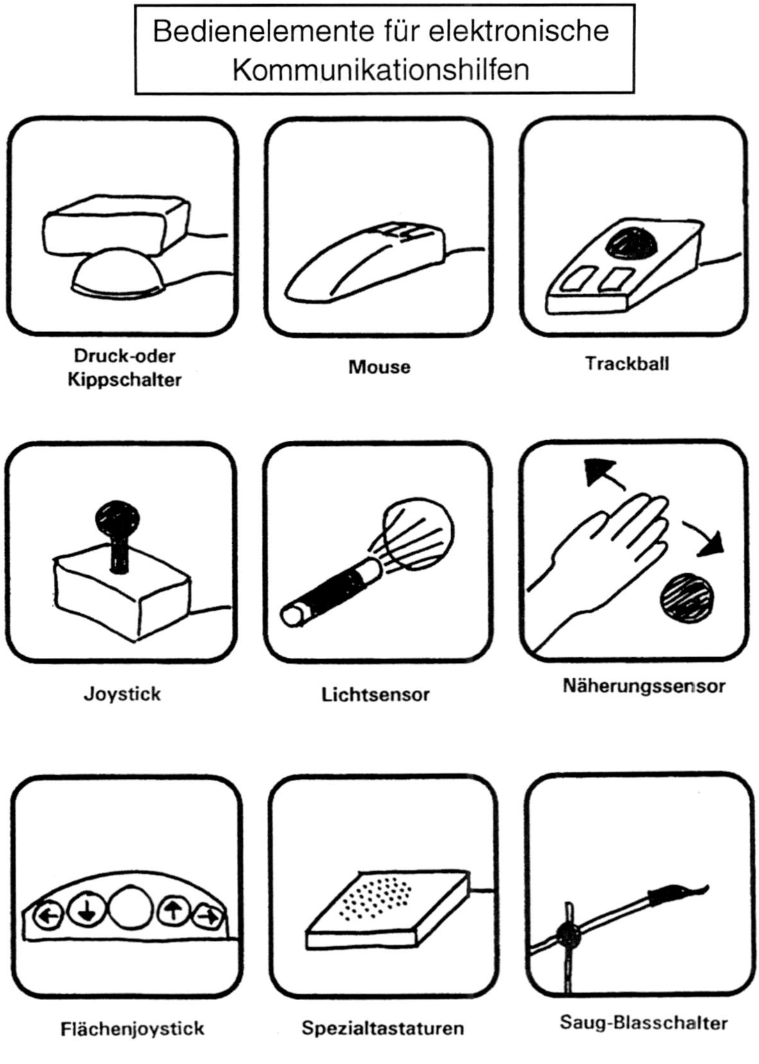

Abb. 48: Bedienelemente für elektronische Geräte (Christen 2006, S. 76)

Geräte mit Sprachausgabe

Bei natürlicher Sprachausgabe wird die Stimme aufgezeichnet und kann dann abgerufen werden. Die einfachste Kommunikationshilfe ist wohl der *Big Mack.*

Abb. 49: Big Mack (www.prentke-romich.de)

Er kann beliebig oft besprochen oder Musik aufgenommen werden. Per Tastendruck wird die zuletzt aufgenommene Information/Musik wiedergegeben. Die Nutzerin lernt damit die Funktion einer Taste kennen und sie erfährt die Wirksamkeit von Sprache. Durch den Einsatz des Big Mack erlangt die Person auf jeden Fall Aufmerksamkeit. Für Situationen, in denen Einzelaussagen sinnvoll sind, zum Beispiel Begrüssung oder Verabschiedung, Herbeirufen einer Bezugsperson ist diese Kommunikationshilfe sehr geeignet.
Der *Go Talk 9+* ist mit neun Feldern auf fünf Ebenen schon etwas komplexer. Insgesamt können 48 Aussagen mit einer Gesamtzeit von ca. neun Minuten gespeichert werden.
Die Deckblätter sind austauschbar. Mit diesem Gerät steht der Nutzerin eine größere Themenauswahl zur Verfügung. Ein „Gespräch“ ist aber nur bedingt möglich!!

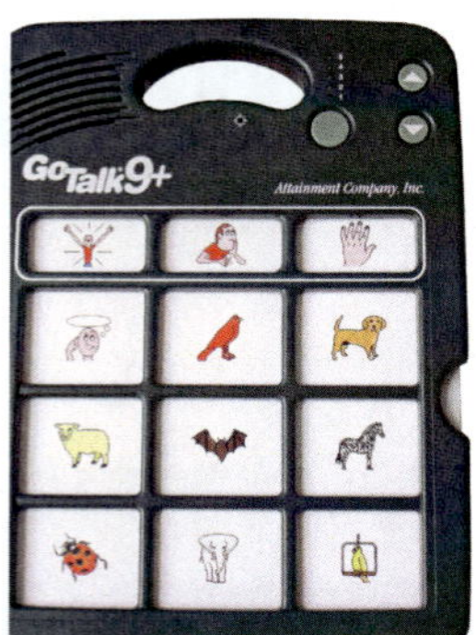

Abb. 50: Go Talk 9+ (www.prentke-romich.de)

Der *Alpha Talker* ist in der Praxis sehr bekannt und ermöglicht der Nutzerin eine komplexere Anwendung. Dazu werden einzelne Tasten oder Tastenkombinationen mit Aussagen belegt, die dann abgerufen werden können. Beispiel: Taste 1= ich; Taste 2 = wohne; Taste 3 = Ravensburg oder der Begriff „Lehrer" ergibt sich aus der Tastenkombination Schule und Mann. Insgesamt können mehr als 400 Sätze, Phrasen oder Worte gespeichert werden (vgl. Boenisch/Sachse 2005,16).Beim Aladin talk kann über direkte Berührung der individuell gestalteten Felder eine Kommunikation auf verschiedenen hierarchisch angeordneten Ebenen zu unterschiedlichen Themen erfolgen. Dabei werden die Bildsymbole (Lieferumfang 5.000) mit Text hinterlegt. Die Sprachausgabe kann synthetisch oder individuell sein.
Der Power Talker umfasst ein Wortschatz von ca. 3.000 Wörtern, der sich aber individuell erweitern lässt. Aufgrund einer besonderen Codierungsstrategie (Minspeak) ermöglicht der Power Talker der Anwenderin eine grammatikalisch korrekte Kommunikation. Dies ist auch in Englisch möglich.
Damit können Benutzer digital mit der Umgebung kommunizieren. Durch die Mobilität solcher „Sprachcomputer" ist eine fast universelle Nutzung möglich.Wie bei allen Computern bedarf es gewisser Kenntnisse im Umgang mit dem Gerät, vor allem auch bei den Betreuern. Einzelne Tasten müssen belegt werden, Akkus regelmäßig geladen und gecheckt. Wie bei allen PC s gibt es „Abstürze", danach muss eventuell alles neu programmiert werden. Defekte Geräte müssen eingeschickt werden und stehen dem Nutzer für Wochen nicht zur Verfügung.

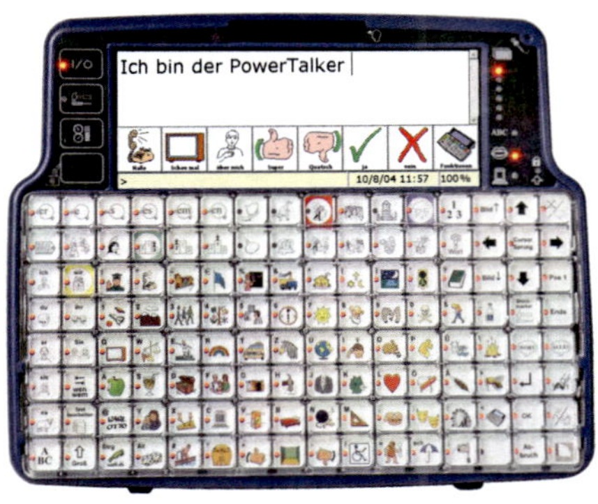

Abb. 51: PowerTalker (www.prentke-romich.de)

Dafür kann der Nutzer Gesprächsthemen selber festlegen, eine gewisse Gesprächssteuerung ist möglich. Telefonieren und Gespräche in Gruppen sind jetzt einfacher. Durch diese digitale Form ist auch der Gesprächspartner entlastet. Er muss nicht immer nachfragen, mögliche Inhalte konstruieren, das Verstehen wird einfacher.

Die Kostenübernahme elektronischer Kommunikations- und Schreibhilfen erfolgt u.a. durch Schulträger, Krankenkassen, Sozialämter, Beihilfestellen Unfallversicherungen, Berufsunfallversicherungen und Haftpflichtversicherungen. Genaue Informationen unter www.isaac-online.de/Seiten/antrag.html

Kommunikation mit autistischen Menschen

Menschen mit autistischen Zügen verhalten sich in Kommunikationssituationen häufig ambivalent. Einerseits scheinen sie nach außen hin Kommunikation abzulehnen, andererseits zeigen sie häufig ein „verstecktes Beobachten“ der Umwelt. Dieses ambivalente Verhalten kann man auch im leiblichen Kontakt mit Bezugspersonen erkennen. Pfeffer beschreibt das Beispiel eines autistischen Mädchens, das den Kontakt über die Fingerspitzen positiv beantwortete. Leibliche Kommunikationen gelingen häufig in gemeinsamen Handlungssituationen, die für den autistischen Menschen interessant und bedeutsam sind, zum Beispiel auf dem Trampolin. Hier sind unterschiedliche Formen des Körperkontakts möglich. Kennzeichnend ist nach Pfeffer, dass Personen mit ausgeprägt autistischem Verhalten die grundlegende Tendenz haben, die Gestaltung des leiblichen Kontaktes nach ihrem Bedürfnis zu kontrollieren. Häufig kommt es in der leiblichen Interaktion zwischen autistischen Menschen und der Heilerziehungspflegerin zu Problemen, wenn die Betreuungsperson die kommunikative Absicht nicht erkennen kann und damit ein Missverständnis entsteht. Zur Gestaltung der leiblichen Kommunikation mit autistischen Menschen sagt Pfeffer Folgendes: „Bei Kindern und Jugendlichen mit ausgeprägten autistischen Zügen ist dem Erzieher eher der vorsichtige, tastende Versuch der leiblichen Begegnung aufgegeben, durch den die Angstschwelle möglichst niedrig gehalten wird, so dass die Kinder und Jugendlichen das Vertrauen entwickeln können, aufgrund dessen sie sich in die Nähe des leiblichen Kontaktes einlassen können, um dadurch offener auf die Mannigfaltigkeit menschlicher und dinglicher Welt zu werden“ (1988, 155).

Manuelle Kommunikationssysteme haben sich auch bei Menschen mit autistischen Zügen bewährt. Bei der Ausführung der Gebärden sollte allerdings darauf geachtet werden, dass sie nicht in der Luft enden, sondern ihren Endpunkt auf dem Tisch oder Körper haben. Gebärden mit Wiederholungen sind nicht geeignet, da sie Stereotypien fördern. Erfahrungen des Kommunikationsförderbereichs (KfB) der Johannesanstalt in Mosbach haben gezeigt, dass autistische Menschen im Vergleich zu geistig behinderten Menschen weniger Gebärden in der gleichen Zeiteinheit lernen und die Übertragungsrate bis zu dreimal geringer ist. Auffällig ist auch, dass für die ersten Gebärden eine hohe Anzahl von Lerndurchgängen benötigt wird, erst danach sinkt die Vermittlungsdauer drastisch (vgl. Bernhard-Opitz u.a. 1988, 43ff.). Der Einsatz von Computern scheint sich vor allem auch in der Kommunikationsförderung autistischer Menschen zu bewähren. Erfahrungen und Ergebnisse des Los Ninos-Centers, San Diego, in dem autistische und geistig behinderte Kinder betreut werden, und des Kommunikationsförderbereiches der Mosbacher Anstalten zeigen:

(1) Der Computer wird als Medium besser angenommen als zum Beispiel Spielzeug.
(2) Computerunterstützte Förderung beeinflusst das Lernen und Verhalten autistischer Kinder positiv.

(3) Der Anteil der Blickabwendung bei computerunterstützter Förderung geht deutlich zurück (bis zu 75 % bei einer Versuchsperson).
(4) Die Anzahl der Unterstützungsleistungen kann deutlich reduziert werden.
Der Einsatz von Computern kann also gerade bei autistischen Kindern ein möglicher Zugang sein, da er nicht bedrohlich, sondern vorhersehbar und unendlich geduldig ist (Bernhard-Opitz u.a. 1989, 125ff.; weitere Informationen zur Kommunikationsförderung autistischer Menschen s. Bernard-Opitz 1994, 158ff.).

Gestützte Kommunikation (Facilitated Communication, FC)

Gestützte Kommunikation ist eine Methode, Menschen, die sich über andere Wege nicht oder nur ungenügend ausdrücken können, durch Stützen bei der Anwahl von Buchstaben beziehungsweise anderen Symbolen zu helfen. Dabei muss die Hand so gefasst werden, dass der Zeigefinger isoliert nach vorne zeigt. Nach jedem Tippen wird die Hand wieder in eine neutrale Ausgangsposition oberhalb der Tastatur zurückgeführt. Im weiteren Verlauf wird die Stütze „zurückgenommen", indem am Unterarm, Oberarm bis zur Schulter gestützt wird. „Es kommt dabei für den Stützer darauf an, den Impuls des Schreibers zu spüren, sich von ihm leiten zu lassen, ohne die Bewegung selbst zu beeinflussen oder gar zu führen" (Nußbeck 2006, S.178).
Die FC-Anwenderin soll damit ihren Körper spüren, motorische Blockaden überwinden und damit ein Mindestmaß an willentlicher motorischer Kontrolle aufbauen, das sie braucht, um auf einen Buchstaben zu zeigen oder ihn auf der Tastatur antippen zu können. Entscheidend scheint aber auch die emotionale Zuwendung sein.
In der Praxis wird von vielen Erfolgen und gelungenen Situationen berichtet. Die wissenschaftliche Fundierung scheint schwierig. In über 50 weltweit durchgeführten Untersuchungen zeigte sich folgendes Ergebnis: „Die Schreiber konnten nur dann sinnvolle Aussagen machen, wenn ihre Stützer die geforderten Antworten kannten" (Nußbeck, 2006, S. 184). Weiterhin zeigen die FC-Anwender Kompetenzen wie Lesen, Schreiben, individuellem Ausdruck, „Weltwissen" usw., die im Alltag nicht auftauchen.
Nach Rosemarie Crossely, die FC Anfang der 80er Jahre in Australien entwickelte, haben alle potenziellen Benutzer „eingeschränkte motorische Fertigkeiten, die den Gebrauch von Handschrift oder Gebärdensprache über das absolut Einfachste hinaus ausschließen und eine unabhängige Benutzung von Kommunikationshilfen verhindern"

(Crossley 1997, 41f.). In Deutschland wird FC vor allem bei autistisch veranlagten Menschen angewendet. Durch Berichte und Veröffentlichungen zum Beispiel von und über Birger Sellin (1993), Dietmar Zöller (1989, 1992) und Franz Uebelacker wurde FC in der BRD bekannt.

Informationen zum Thema UK

Isaac, Gesellschaft für Unterstützte Kommunikation e.V. (www.isaac-online.de)

Die Isaac bietet meist in Kooperation eine berufsbegleitende Weiterbildung zur Kommunikationspädagogin/zum Kommunikationspädagogen an (www.lehrgang-unterstützte-kommunikation.de).

Literatur zum Thema finden Sie bei Von Leoper Literaturverlag (www.von loeper.de).

Literatur und Informationsmaterial zum Thema Unterstützte Kommunikation bietet auch der Bundesverband für Körper- und Mehrfachbehinderte e.V., Brehmstr. 5–7, 40239 Düsseldorf, an. (www.bvkm.de)

Informationen u.a. über Informations- und Beratungsstelle für nicht sprechende Menschen, Anbieter elektronischer Kommunikationshilfen finden sie in: Kristen (2005): Praxis Unterstützter Kommunikation

Zeitschriften:

Unterstützte Kommunikation – isaac's zeitung

Das Band – Zeitschrift des Bundesverbandes für Körper- und Mehrfachbehinderte

Literatur/Medien

Adam, Heidemarie (1993): Mit Gebärden und Bildsymbolen kommunizieren. Würzburg

Antener, G. (2001): Und jetzt? – Das Partizipationsmodell in der Unterstützten Kommunikation, in: Boenisch, J./ Bünk, Ch. (Hrsg.): Forschung und Praxis der Unterstützten Kommunikation. Karlsruhe

Argyle, M./Trower, P. (1981): Signale von Mensch zu Mensch. Weinheim

Bauby, J-D (1997): Schmetterling und Taucherglocke. Rheda-Wiedenbrück

Baunach, M. (2005): Talker im Praxistest, in: Unterstützte Kommunikation 2/2005

Bernhard-Opitz, V. (1994): Entwicklung von Pragmatik und Sozialverhalten bei autistischen Kindern und Jugendlichen, in: Sonderpädagogik, 24. Jg., Heft 3, S. 158–164

Bernhard-Opitz, V./Roos, K./Blesch, G., (1989): Einsatz von Computer bei autistischen Kindern, in: Zeitschrift für Kinder- und Jugendpsychiatrie, Nr. 17, S. 125–130

Bernhard-Opitz, V./Blesch, G./Leib, D. (1991): Kommunikationsförderung – ein Erfahrungsbericht. Mosbach, in: Geistige Behinderung 1/91, S. 1–22
Bernhard-Opitz, V./Blesch, G./Holz, K. (1988): Sprachlos muss keiner bleiben. Freiburg i.Br.
Blickle, E. (1992): Der „Sprach"-raum der schwerstbehinderten Hörsprachgeschädigten, in: Lernen konkret, Heft 4, S. 26–27
Blickle, E. (1985): „. . . wenn man mit Händen und Füssen reden muss". Haslachmühle
Boenisch, J./Otto, K. (2005): Leben im Dialog. Unterstützte Kommunikation über die gesamte Lebensspanne. Karlsruhe
Boenisch, J./Otto, K. (2001): Besonderheiten in der Sprachentwicklung bei kaum- und nichtsprechenden Kindern mit Cerebralparese in Unterstütze Kommunikation 3/2001
Boenisch, J. (2004): Erstellung und Aufbau von Kommunikationstafeln, in: Unterstützte Kommunikation 2/2004
Boenisch, J./Sachse, S. (2005): Elektronische Kommunikationshilfen in der Unterstützen Kommunikation. Studienbrief
Bober, A. (2006): Angebote Unterstützter Kommunikation in Wohnheimen für Menschen mit geistiger Behinderung, in: Wilken, E.: Unterstützte Kommunikation
Braun, U. (1996): Besonderheiten der Gesprächssituation beim Einsatz unterschiedlicher Kommunikation, in: Geistige Behinderung 2/1996,S. 134–141
Braun, U.; Kristen, U. (2001): Woran hakt es? – Analysehilfe durch das Partizipationsmodell nach Beukelman/Mirenda, in: Unterstützte Kommunikation 1–2/2001,S. 6–10
Braun, U. (2005): Kinder mit cerebralen Bewegungsstörungen III. Unterstützte Kommunikation, 2005
Braun, U. (2005): Es gibt viele Wege, sich zu verständigen, in: Das Band 2/2005
Bruner, J. (1977): Wie das Kind lernt, sich sprachlich zu verständigen, in: Zeitschrift für Pädagogik, 23, S. 829–845
Bruner, J. (2002): Wie das Kind sprechen lernt. Bern
Bundesverband für Körper- und Mehrfachbehinderte e.V. (Hrsg.) (1993): Mein Mund ist stumm, aber mein Verstand spricht. Heidelberg
Costabel, U. (1992): Theoriesplitter zum Spracherwerb, in: Lernen konkret. Heft 4, S. 17/18
Crossley, R. (1997): Gestützte Kommunikation. Ein Trainingsprogramm. Weinheim
Freigang, J. (2007): Begegnungen mit schwerst behinderten Menschen – Gedanken zur Kommunikation mit schwerstbehinderten Menschen, unveröffentlichtes Manuskript
Frey, H. (1987): Die Bliss-Symbol-Kommunikationsmethode. Düsseldorf
Fröhlich, A. (Hrsg.) (1989): Kommunikation und Sprache körperbehinderter Kinder. Dortmund
Gruszka, U. (1993): Besondere Momente in der Kommunikation mit geistig behinderten Menschen, in: Zusammen, Heft 9, 13. Jg., S. 6–11

Haupt, U. (1989): Kinder mit cerebralen Bewegungsstörungen und Sprechstörungen, in: Fröhlich, A. (Hrsg.): Kommunikation und Sprache körperbehinderter Kinder. Dortmund, S. 100–113
Häußler, A. (2006): Teacch- ein kommunikationsorientierter Ansatz zur Förderung von Menschen mit Autismus, in: Wilken, E.: Unterstützte Kommunikation. Stuttgart
Hedderich, I. (1992): Kommunikative Förderung von Kindern und Jugendlichen mit schwersten zerebralen Bewegungsstörungen, in: Geistige Behinderung, 3/1992, S. 1–21
Hildebrand-Nilshorn, M. (1989): Sprachentwicklung des körperbehinderten Kindes, in: Fröhlich, A. (Hrsg.): Kommunikation und Sprache körperbehinderter Kinder. Dortmund, S. 45–80
Kane, G. (1992): Entwicklung früher Kommunikation und Beginn des Sprechens, in: Geistige Behinderung, 4/1992, S. 303–319
Kane, G. (2006): Diagnose der Verständigungsfähigkeit bei nichtsprechenden Kindern, in: Wilken, E.: Unterstützte Kommunikation. Stuttgart
Kautz, C. (1988): Zur Bedeutung der Interaktion und Kommunikation in der Förderung von Säuglingen mit einer geistigen Behinderung, in: Frühförderung interdisziplinär, 7. Jg., S. 106–113
Keller, H. (1997): Mein Weg aus dem Dunkel. Bern
Koch, A. (2005): Gelegenheit macht Sprache, in: Das Band 2/2005
Kristen, U. (2005): Praxis Unterstützte Kommunikation. Düsseldorf
Kristen, U. (2006): Persönliche Unterlagen
Kristen, U. (1996): Elektronische Kommunikationshilfen, in: Geistige Behinderung 2/1996, S. 142–149
Kristen, U. (2000): Unterstützte Kommunikation in der Praxis, in: http://bidok.uibk.ac.at./library/beh4-5-00-praxis.htlm
Lemler, K. (1997): Kathrin spricht mit den Augen. Kevelaer
Löb, R. (1994): Mit Löb-System lernen. Amberg
Nagy, Chr. (1993): Einführung in die Methode der geschützten Kommunikation. München
Nußberg, S. (2006): Das Konzept der Gestützten Kommunikation, Beschreibung und kritische Bewertung, in: Wilken, E.: Unterstützte Kommunikation. Stuttgart
Oskamp, U. (1989): Aufgaben der Kommunikationsförderung Körperbehinderter, in: Fröhlich, A. (Hrsg.): Kommunikation und Sprache körperbehinderter Kinder. Dortmund, S. 81–99
Papousek, M. (1989): Frühe Phasen der Eltern-Kind-Beziehung. Ergebnisse der entwicklungspsychobiologischen Forschung, in: Praxis der Psychotherapie und Psychosomatik. Zeitschrift für Fort- und Weiterbildung, 34, 1989, S. 109–122
Papousek, M. (1984): Wurzeln der kindlichen Bindung an Personen und Dinge: Die Rolle der integrativen Prozesse, in: Eggers, D. (Hrsg.): Bindung und Besitzdenken beim Kleinkind, München u.a., S. 155–184
Papousek, H./M. Papousek (1977): Das Spiel in der Frühentwicklung des Kindes. Supplementband zur Pädiatrischen Praxis, S. 17–32

Papousek, H./M. Papousek (1979): Lernen im ersten Lebensjahr, in: Montada, L. (Hrsg.): Brennpunkte der Entwicklungspsychologie. Stuttgart, S. 194–212
Papousek, H./M. Papousek (1982): Die Rolle der sozialen Interaktionen in der psychischen Entwicklung und Pathogenese von Entwicklungsstörungen im Säuglingsalter, in: Nissen, G. (Hrsg.): Psychiatrie des Säuglings- und des frühen Kleinkindalters. Bern
Papousek, H. (1986): Biologische Wurzeln der ersten Kommunikation im menschlichen Leben, in: Zeitwende, Heft 1/57, S. 1–16
Papousek, M. (1994): Vom ersten Schrei zum ersten Wort. Anfänge der Sprachentwicklung in der vorsprachlichen Kommunikation, Göttingen
Papousek, M./Schieche, M./Wurmser, H. (Hrsg.) (2004): Regulationsstörungen der frühen Kindheit. Bern
Pfeffer, W. (1988): Förderung schwer geistig Behinderter. Würzburg
Rogers, C.R. (2005): Die Klient – bezogene Gesprächstherapie. München
Rogers, C.R. (2006): Entwicklung der Persönlichkeit. München
Rotter, B./Kane, G./Gall, B. (1992): Nichtsprachliche Kommunikation: Erfassung und Förderung, in: Geistige Behinderung, 4/1992
Sacks, O. (1992): Stumme Stimmen. Reinbek, S. 1–26
Sellin, B. (1995): Ich Deserteur einer artigen Autistenrasse: neue Botschaften an das Volk der Oberwelt. Hrsg. v. Klonovsky, M., Köln
Sellin, B. (1993): Ich will kein in mich mehr sein. Botschaften aus einem autistischen Kerker. Köln
Übelacker, F. (2006): Ich lasse mich durch Fantasien tragen. Berlin
Verband evangelischer Einrichtungen für geistig und seelisch Behinderte e.V. (Hrsg.) (1991): „Schau doch meine Hände an". Stuttgart
Tetzchner von /Martinsen, H. (2000): Einführung in Unterstützte Kommunikation. Heidelberg
Wachsmuth, S. (1986): Mehrdimensionaler Ansatz zur Förderung kommunikativer Fähigkeiten Geistigbehinderter. Gießen
Wohlfarth, R. (1985): Nonverbale Kommunikation, in: Geistige Behinderung, 4/1985
www.isaac-online.de/Seiten/wer.html(2007): Wer ist ISAAC?
www.schule-bw.de/schularten/sonderschule (2007): Unterstützte Kommunikation
Zöller, D. (1992): Ich gebe nicht auf. München
Zöller, D. (1989): Wenn ich mit euch reden könnte. München

Medien:

Licht im Dunkel – Video über Helens Kellers Leben – (2004) (DVD) www.amazon.de
Auch wer nicht sprechen kann, hat viel zu sagen (DVD) ariadne Buchdienst

14 Basale Bildung

Einleitung

Unter Basaler Bildung sollen nach unserer Ansicht alle Ansätze und Konzepte zusammengefasst werden, die in der Begegnung, Beziehung, Begleitung, Kommunikation und Bildung von Menschen mit einer schweren Behinderung von Bedeutung sind.
Bildungsprozesse haben unterschiedliche Zugänge. Bei Menschen mit einer schweren Beeinträchtigung ist der körperliche, erlebte und basale Zugang von Bedeutung. In der Interaktion entwickeln sich körperliche, leibliche Kompetenzen, das Zusammenspiel von Wahrnehmung und Bewegung differenziert sich. Menschen erleben ihren Körper, bauen neue Interaktionsaktionsstrukturen und erfassen sich und die Umwelt in einer neuen Dimension.
Eine Trennung von Basaler Kommunikation und Stimulation erscheint uns nicht sinnvoll, da die Begegnung mit Menschen mit einer schweren Behinderung immer ganzheitlich ist. Berühre ich einen Menschen, ist es immer eine kommunikative Situation, aber zugleich auch eine Wahrnehmung. Wenn ich einem Menschen mit einer schweren Behinderung Angebote in Sinne Basaler Stimulation anbiete, ist es von elementarer Bedeutung, seine kommunikativen Äußerungen wahrzunehmen und zu verstehen.
In der Entwicklung von Bildungsangeboten für Menschen mit einer schweren Behinderung stellte Winfried Mall den kommunikativen Anteil in den Vordergrund. Es begann Ende der 1970er Jahre durch die Begegnung mit dem neunjährigen Thomas (vgl. Mall 2001). In zahlreichen Veröffentlichungen hat er die „Basale Kommunikation“ vorgestellt und weiterentwickelt. Im Blickpunkt sind Menschen mit schweren Beeinträchtigungen oder autistischen Veranlagungen, aber auch immer mehr alte und demente Menschen oder Menschen mit „apallischem“ Syndrom beziehungsweise Wachkomapatienten (s. www.basale-kommunikation.de).
Prof. Dr. Andreas Fröhlich gilt als Begründer der „Basalen Stimulation“. Über einen Zeitraum von über 30 Jahren (siehe auch www.basale-stimulation.de) hat er diesen Ansatz entwickelt und immer wieder neue Erkenntnissen und Erfahrungen in seine Überlegungen eingebunden. In vielen Veröffentlichungen und Fortbildungen hat Fröhlich dieses Konzept präsentiert. Heute ist sein Ansatz Grundlage für viele

Professor Dr. Andreas Fröhlich

Bildungsangebote für Menschen mit einer schweren Behinderung. Auch in der Begleitung/Pflege von alten Menschen, Betreuung und Aktivierung von apallischen Personen sind die Vorstellungen Fröhlichs nicht mehr wegzudenken.

Personenkreis

Für den Personenkreis, den wir als „schwerstbehinderte Menschen" bezeichnen, werden in der Literatur auch häufig die Begriffe „geistig schwerbehindert", „intensiv geistig behindert", „schwer sozio-emotional gestört", „schwerst mehrfach behindert", „schwerst wahrnehmungsgestört" u.a.m. verwendet. Wir verwenden in Anlehnung an Fröhlich nur den Begriff „schwerstbehindert", unter den sich die unterschiedlichen Ausformungen (sensorisch, motorisch, kognitiv usw.) von Behinderungen subsumieren lassen. Fröhlich definiert diese als komplexe Beeinträchtigung des ganzen Menschen in allen seinen Erlebnis- und Ausdrucksmöglichkeiten (vgl. Fröhlich 2003, 13). Diese Menschen sind in fast allen Aktivitäten des alltäglichen Lebens auf Unterstützung angewiesen. Sie sind stark in ihrer Eigenaktivität eingeschränkt und häufig bedrohlich krank. Schwerste Behinderung geht oft mit erhöhter Anfallsbereitschaft, schwierigen Atemwegserkrankungen, erhöhter Infektionsbereitschaft, Veränderungen am Skelett (Skoliose) einher. Diese unvollständige Auflistung begleitender Faktoren zeigt, dass viele Menschen mit einer schwersten Behinderung eine Existenz „am Rande des Lebens“ (Fröhlich 2003, 21) führen. Jeder Mensch, egal wie stark die Einschränkung ist, hat Kompetenzen und Fähigkeiten. Auch Menschen mit starken Einschränkungen verfügen über umfassende Fähigkeiten, die Umgebung muss sie nur entdecken und nutzen.

(1) Menschen mit einer schwersten Behinderung haben eine Motorik, die sich meist durch deutliche Ansätze zu willkürlicher Steuerung ausdrückt. Die Ausprägung dieser Steuerung kann dabei sehr unterschiedlich sein. Bewegungsabläufe wie Aufrichten gegen die Schwerkraft, Sitzen, Stehen, Greifen, Gehen gelingen in sehr unterschiedlicher Weise. Bei Alltagshandlungen, wie zum Beispiel beim Trinken, umgreifen viele den Becher, beim Anziehen eines Pullovers heben sie eine Hand hoch, beim Drehen von Bauch in Rückenlage und umgekehrt geht der Kopf bereits in die entsprechende Richtung usw. Diese motorischen Ressourcen müssen im Alltag unbedingt eingefordert werden, so dass der Mensch mit einer starken Behinderung seine Bemühungen nicht einstellt. Meist jedoch sind diese motorischen Fähigkeiten nur im Ansatz vorhanden, so dass die Einzelne ein Großteil ihrer Zeit liegend oder sitzend verbringen muss. Erschwert wird die körperliche Situation häufig durch Veränderungen des Muskeltonus (hyper-/hypotone Muskulatur), die den Körper beeinträchtigen können. Aufgrund der eingeschränkten Bewegungsfähigkeit und -möglichkeiten kommt es häufig zu einer weiteren Verschlechterung des körperlichen Zustandes. Kontrakturen und teilweise extreme Haltungsschäden verringern die Vitalität und Lebensqualität.
(2) Bei der Wahrnehmung treffen wir sehr unterschiedliche Fähigkeiten an. Jedes Individuum bringt aufgrund der intrauterinen Erfahrungen, vor allem im vestibulären, vibratorischen und somatischen Wahrnehmungsbereich, gewisse Grundfähigkeiten für den Austausch zur Umwelt mit auf die Welt. So zeigen auch Menschen mit schwerster Behinderung deutliche Reaktionen auf Berührungen im Sinne einer taktilen Abwehr beziehungsweise einer Akzeptanz dieser Berührungen im Sinne einer Entspannung des Muskeltonus. Deutliche Kompetenzen treffen wir vor allem in den Bereichen an, die häufig angeregt beziehungsweise angesprochen werden – beispielsweise im Gesicht und hier speziell um den Mund herum, da die tägliche Nahrungsauf-

nahme ein deutliches Reizangebot erhält, das auch beantwortet wird. Zum einen kann es zu differenzierten Unterscheidungsleistungen kommen, zum Beispiel durch orale Exploration, welche die Ablehnung von gewissen Geschmacksqualitäten ermöglicht, zum anderen kann in besonders schwierigen Wahrnehmungssituationen eine zusätzliche Stimulation des Schluckreflexes notwendig sein. Häufig können die Menschen mit einer schweren Behinderung einigermaßen über die Bewegung ihrer Hände verfügen, die auch Reize aufnehmen und verarbeiten können. Auch bei der Körperwahrnehmung (Körperschema) gibt es gravierende Verluste, da aufgrund der geringen Bewegungsfähigkeit viele Reize nicht mehr wahrgenommen werden und damit gewisse Informationen nicht mehr präsent sind. Durch langes Liegen in einer bestimmten Position erfolgt eine Gewöhnung/Habituation und es gibt keine adäquate Rückkopplung mehr über die momentane Position.

Die Leistungsfähigkeit zum Beispiel des visuellen, auditiven und anderer Sinnesgebiete hängt von den individuellen Voraussetzungen ab. Wir erleben in der Praxis deutliche Reaktionen auf Musik und auf visuelle Reize, wie sie häufig beim Snoezelen eingesetzt werden. Sie binden die Aufmerksamkeit und fördern die Konzentration.

(3) Die Kontaktaufnahme mit der Umwelt geschieht meist über Körpersignale. Sprachliche Artikulation fällt schwer beziehungsweise ist nur in Einzelfällen anzutreffen. Durch Lautieren kann jedoch der einzelne Mensch auf seine Situation aufmerksam machen und der Umwelt Informationen über seine Befindlichkeit geben. Dennoch spielt die Sprache in der Kommunikation mit Menschen mit einer schwersten Behinderung eine wichtige Rolle, da die Bedeutung einzelner Wörter erahnt oder wiedererkannt werden kann. Häufig beinhaltet auch die Modulation der Stimme einen Informationsgehalt. Sprachliche Zuwendung scheint außerdem für beide Interaktionspartner eine elementare Basis des Verstehens darzustellen.

Zentrales Kommunikations- und Ausdrucksmittel scheint jedoch der Körper des behinderten Menschen zu sein. Über die Veränderung der Muskelspannung kann Wohlbefinden beziehungsweise Unbehagen signalisiert werden, über Mimik und Gestik werden diese Informationen verdeutlicht. Aber auch die Körperhaltung beziehungsweise die Atmung des Menschen geben deutlich Aufschluss über das Wohlbefinden (siehe basale Kommunikation). Entscheidend ist, dass die kommunikativen Kompetenzen des Menschen mit einer schwersten Behinderung erkannt und verstärkt werden. Werden diese kleinen Zeichen übersehen, so machen sich immer mehr Rückzugstendenzen bemerkbar, was die Isolation fördert. Für viele Bezugspersonen definiert sich schwerste Behinderung vor allem auch in der problematischen Kommunikation mit diesem Personenkreis.

(4) Im Bereich der Kognition ist vor allem die sensomotorische Intelligenz entwickelt. Das Erkennen und Unterscheiden von Personen/ Betreuern gelingt fast allen Personen. Bestimmte Speisen werden abgelehnt beziehungsweise bevorzugt, bekannte Situationen werden von neuen unterschieden usw. Wir können Gewohnheiten beobachten, zum Beispiel wiederholtes Schaukeln, aber auch erstaunliche Variationen. Wirkung und Ursache werden verstanden und auch angewandt. So versteht jeder die Bedeutung des Schreiens beziehungsweise kennt die Wirkung. Die Übertragung von Verhaltensschemata auf neue Situationen erleben wir oft in der Begegnung mit neuen Bezugspersonen. Hier werden frühere Erfahrungen oft eingebracht beziehungsweise Strategien übertragen. Durch intensive Angebote gelingen längere Konzentrationsphasen.

Es muss deutlich gesagt werden, dass die häufig gegebene motorische Einschränkung eine Auseinandersetzung mit der Umwelt erschwert und damit auch die kognitive Entwicklung negativ beeinflusst. Für die Entwicklung geistiger Fähigkeiten entscheidend ist nicht zuletzt die individuelle Lebensgeschichte: Nähe, Akzeptanz, Geborgenheit und Anregung werden andere Entwicklungen fördern als lange Krankenhausaufenthalte, mangelnde sensorische Anregungen oder gar Isolation.

(5) Das Verhalten des Einzelnen ist stark von der meist eingeschränkten Motorik, die eine aktive Auseinandersetzung mit der Umwelt nur in begrenztem Maße zulässt, geprägt. Beeinflusst wird das Aktivitätsniveau meist jedoch auch durch die Wirkung von Medikamenten, die häufig die Aktivität reduzieren. Teilnahmslosigkeit, Interesselosigkeit und Apathie erschweren oft den Umgang mit Menschen mit einer schwersten Behinderung. Es gibt aber auch Personen mit deutlich stereotypen Mustern beziehungsweise deutlich hyperaktivem Verhalten. Fröhlich (2003, 46ff.) bewertet beide Verhaltensweisen als Zeichen der Isolation, da auch die übersteigerte Aktivität Austauschprozesse zwischen dem Individuum und der Umwelt blockiert und auf diese Weise den erreichten inneren Gleichgewichts-Zustand erhält.

(6) Jeder Mensch hat eine individuelle Persönlichkeit und Identität. Die Würde des Menschen ist unantastbar. Damit wollen wir darauf hinweisen, dass wir nicht die Einschränkung, die Behinderung als erstes in Blick nehmen dürfen, sondern den Mensch als Ganzes sehen. Jeder Mensch in seiner individuellen Ausprägung hat seine Kompetenzen, seine Lebenserfahrung und Lebensgeschichte, seine Hoffnungen, Wünsche und Erwartungen.

Begegnungen mit Menschen mit einer schweren geistigen Behinderung sind häufig durch große Verständigungsschwierigkeiten geprägt. Unsere dominanten Kommunikationskanäle, wie die Sprache, Mimik, Gestik und kurze Berührungen, kommen bei der behinderten Partnerin nicht an. Anderseits können die Bezugspersonen die angebotenen Kommunikationsformen der Menschen mit einer schweren Behinderung (Definition siehe Basale Stimulation) nicht entschlüsseln. Die Frage, die uns beschäftigt, lautet: Wie gelingt es der Heilerziehungspflegerin, dennoch Zugang zu Menschen mit einer schweren Behinderung zu bekommen?
Ein Blick auf die Normalentwicklung kann hier sehr hilfreich sein. Bereits im Mutterleib stellt sich der Embryo als ein höchst kommunikatives Wesen dar. Eng verbunden mit der Mutter nimmt er an deren Gefühlen und Befindlichkeiten (z.B. über den hormonellen Austausch) teil, auch nimmt er bereits Geräusche seiner Umgebung wahr, zum Beispiel Herzschlag und Stimme der Mutter. Wichtige Informationen erhält er auch über den taktil-kinästhetischen Wahrnehmungskanal. Das Kind berührt sich selbst zum Beispiel im Mundbereich, bewegt sich im Mutterleib, es erfährt in der letzten Phase der Schwangerschaft die Enge des Uterus. Frederick Leboyer beschreibt in seinem Buch „Sanfte Hände“ die Situation im Mutterleib folgendermaßen: „Wie war das Leben im Mutterleib? War es nicht erfüllt mit Lauten und Geräuschen vom Körper der Mutter und der Außenwelt? Vor allem aber war es Bewegung. Beständige Bewegung. Wenn die Mutter sitzt, wenn sie läuft, steht, sich wendet: Bewegung, Bewegung, Bewegung. Angenehm und beruhigend für das kleine Wesen in ihr. Manchmal ist die Mutter still, sie sitzt oder liegt. Doch selbst wenn sie schläft, bleibt ihr stetes sicheres Atmen und wiegt den kleinen Reisenden in ihr sanft und beständig. Endloses Fließen von Empfindungen und Bewegungen ohne Unterlass, Tag und Nacht“ (2005/1986, 11).
Mit der Geburt verändert sich diese Situation abrupt. Vorbei ist es mit der wohligen Berührung am Rücken, der Enge des Raumes. Plötzlich ist nichts mehr da, was den Körper hält, den Rücken stützt. Leboyer sagt dazu: „Darum müssen wir unsere Babys streicheln und wiegen. Wir sollten ihre Körper massieren, die außen so leer und hungrig sind. Ein Kind mit Berührung zu füttern, seine Haut und seinen Rücken zu nähren ist ebenso wichtig wie seinen Magen zu füllen. Es versöhnt mit dem Außen. (…) Berührt, gestreichelt und massiert werden, ist Nah-

rung für das Kind. Nahrung, die genauso wichtig ist wie Mineralien, Vitamine und Proteine, Nahrung, die Liebe ist. Wenn ein Kind sie entbehren muss, will es lieber sterben. Und nicht selten stirbt es wirklich" (2005/1986, 17). Der Schock der Geburt wird häufig abgemildert durch einen gelungenen Dialog mit der Mutter. Kaum auf der Welt, kehrt das Kind zurück an den Körper der Mutter, erfährt damit wieder die Nähe, die Berührung, hört Geräusche, die bekannt sind. Das Kind reagiert, indem es dieses Kommunikationsangebot annimmt und sich entspannt. Die Mutter spürt die Entspannung des Säuglings und freut sich über diesen ersten gelungenen Dialog. Diese positive Erfahrung von Mutter und Kind ist die Basis für weitere gelungene Dialoge, die in sehr unterschiedlicher Art und Weise verlaufen. Mall (1988, S. 37) ergänzt dazu: „Je besser die Lebensphase auf die individuellen Bedürfnisse des Kindes abgestimmt verläuft – was nur im Zusammenhang mit der psychosozialen Situation von Mutter und Familie gesehen werden kann – umso verläßlicher wird sich das Urvertrauen ausbilden, mit dem das Kind künftig auf neue Erfahrungen zugehen wird, ohne von der Angst erfasst zu werden. Andererseits wird das Mißlingen der frühen Kommunikationserfahrungen die gesamte emotionale und soziale, körperliche und kognitive Entwicklung beeinträchtigen."

Grundlegungen nach Wilhelm Pfeffer

Pfeffer definiert Kommunikation als Austausch subjektiver Sinnstiftungen in der menschlichen Begegnung; Kommunikation umfasst alle Interaktionen, die in sich bereits Mitteilungscharakter haben (1988, 142). Der erste Teil der Definition impliziert die Fähigkeit, zum Menschlichen in Beziehung zu treten, was nach Pfeffer mit der leiblichen Verfasstheit menschlicher Existenz gegeben ist: „Mit der leiblichen Verfasstheit und mit der leiblichen Herkunft des einzelnen Menschen ist dessen grundlegende Begegnungsfähigkeit gestiftet. Die pädagogische Herausforderung liegt da, wo diese grundlegende Befähigung beeinträchtigt und gestört ist, wie es bei schwerer geistiger Behinderung deutlich wird" (1988, 142). Begegnungen mit Menschen mit einer schweren Behinderung sind für die Heilerziehungspflegerin oft sehr belastend. Kommunikationsangebote werden nicht beantwortet, Beziehungsangebote werden ignoriert oder abgelehnt, was oft Enttäuschung, Resignation, Wut und Ratlosigkeit hervorruft. Bei Kindern mit autistischen Verhaltensweisen erleben Erziehende teilweise ein sehr ambivalentes Verhalten; auf der einen Seite die Ablehnung des Kontaktes, zum anderen heimliches Beobachten. Nach Pfeffer ist es jetzt die wichtigste Aufgabe der Heilerziehungspflegerin, trotz aller

Ablehnungen, Kommunikationshemmnisse und -erschwernisse Kommunikationsangebote aufrechtzuerhalten. Wenn Beziehungen gelöst und Kinder allein gelassen werden, erleben sie, dass ihre Kommunikationsangebote ohne Wirkung sind, worauf sich meist die Bereitschaft, sich mit Menschen einzulassen, reduziert und die Suche nach der Kommunikation „eingestellt“ wird. Daraus ergibt sich die wichtige Aufgabe, dem behinderten Menschen zu vermitteln, dass er nicht alleine bleibt, auch wenn die Entwicklung stagniert und rückläufig ist. Dies ist der Beginn von Kommunikation (Pfeffer 1988, 174).
Das Ansprechen mit dem eigenen Namen ist – obwohl Menschen mit einer schweren Behinderung meist über keine aktive Sprache verfügen – ein zentraler Ansatz: „Was mit der Namensgebung nach der Geburt geschah, nämlich die Aufnahme in die menschliche Gemeinschaft, muss in der Erziehung immer wieder vollzogen und beim Aufbau eines menschlichen Bezugs immer wieder neu vollzogen werden. Durch die Ansprache mit dem Namen wird dem Kind das unverwechselbare und nicht weggebbare Selbstsein zugesprochen und gleichzeitig der Anspruch auf Gemeinsamkeit seitens des Menschen erhoben, den das Kind durch die Kontaktaufnahme beantwortet, indem es zum Beispiel seinen Namen hört und aufmerkt“ (Pfeffer 1988, 146f.). Obwohl dies banal und selbstverständlich klingt, ist es immer wieder notwendig, Erziehende auf diese Aspekte der personalen und sozialen Identität hinzuweisen. In Anlehnung an Watzlawick fordert Pfeffer, dass alles Verhalten als Mitteilung verstanden und dies dem Kind erfahrbar gemacht wird. Durch die Reaktionen der Umwelt erfährt es, dass sein Tun wahrgenommen wird und somit Sinn hat. Alles Verhalten als Kommunikation aufzufassen, es durch Reaktionen bedeutsam zu machen, ist lediglich die Bedingung, unter der das Kind von selbst einen Bezug aufnimmt, den die Heilerziehungspflegerin erwidern kann (Pfeffer 1988, 147).
Nichtverstehen, Ratlosigkeit und Unsicherheit dokumentieren nach Pfeffer die Unverfügbarkeit des Kindes und fordern das geduldige Offensein für Unerwartetes und die Bereitschaft, Kommunikationsangebote nicht einzustellen: „Das Nichtverstehen in der Kommunikation dient der Förderung der Kommunikation, wenn gerade dann das Kind nicht allein bleibt und der Bezug durchgehalten wird“ (Pfeffer 1988, 174). Pfeffer weist auch auf die schwierige Situation der Heilerziehungspflegerinnen hin, die häufig an ihre Grenzen gehen müssen und trotzdem die erwartete Rückmeldung nicht erhalten. Deshalb ist fachliche Begleitung, Schutz und emotionale Unterstützung auch für die Heilerziehungspflegerin unerlässlich.
Als nächsten Aspekt beschreibt Pfeffer die direkte leibliche Kommunikation: Im direkten Körperkontakt können Schutz, Geborgenheit und

Gernhaben vermittelt werden. Diese Begegnungsebene scheint die größte Bedeutung für den schwerstbehinderten Menschen zu haben und baut deutliche Erwartungshaltungen auf. Begegnung über den Körper erfordert von der Heilerziehungspflegerin meist ein Umstellen, eine Neuorientierung der Kommunikation, auch Innehalten und Nachdenken über das, was in der Kommunikation eingebracht werden soll und kann. Dies ist nach Pfeffer umso wichtiger, als diese Form der Kommunikation im Erzieherbereich immer noch unüblich ist und deshalb häufig auch nicht gestaltet werden kann. Der Leib ist oft die einzig verfügbare Präsenz eines Menschen mit einer schweren Behinderung, deshalb sind leibliche Verhaltensweisen wie zum Beispiel Schlagen und Schaukeln als Mitteilung aufzufassen. Leib-Leib-Begegnungen signalisieren der behinderten Partnerin: „Ich bin nicht allein, ich habe einen Mitmenschen, es soll mir gut gehen, ich bin mit meinem Kummer nicht allein, es gibt jemanden, der zu mir hält und mich beschützt." Kommunikation ist ein wechselseitiger Prozess, geprägt von den Aktivitäten beider Partner. Dabei ist das Aktivitätsniveau häufig bei der Heilerziehungspflegerin sehr hoch, während der Mensch mit Behinderung sich scheinbar passiv verhält beziehungsweise nur geringe Aktivität zeigt. Begegnungssituationen mit Menschen mit einer schweren Behinderung zeigen immer wieder, dass der Zugang nur über die Aktivitäten der Partnerin mit Behinderung gelingen kann. Deshalb ist es wichtig zu beobachten und zu erspüren, ob der Mensch mit Behinderung sich entspannt, eventuell lächelt oder andere Signale aussendet. Über die Gestaltung solcher Situationen können die Aktivitäten zwischen dem Menschen mit Behinderung und der Betreuungsperson intensiviert werden und sich zu einem wechselseitigen Verstehen entwickeln. Der Mensch mit schwerer Behinderung registriert die Verfassung der Betreuerin und reagiert darauf – ein deutliches Zeichen wechselseitiger Kommunikation. Bewegungen beziehungsweise Situationen werden von Menschen mit einer geistigen Behinderung häufig mit Lauten kommentiert. Diese Lautmonologe stellen eine differenzierte Weise des Ausdrucks mit dem Munde dar, wobei die diesbezüglichen funktionellen Möglichkeiten des Mundes, nämlich Laute zu bilden, erlebt und erprobt werden (Pfeffer 1988, 161). Vokalisationsdialoge können in vielen Situationen des Alltags eingebaut werden und erfahren so eine Einbindung in die Lebenssituationen des Einzelnen. Durch das Begleiten des Handelns mit Sprache kann ein Sprachverständnis beim Menschen mit Behinderung entstehen. Oft kommt es in diesem Bereich zu Fehleinschätzungen seitens der Mitarbeiter, da Menschen mit Behinderung Situationen schon aufgrund ihrer nonverbalen Signale einschätzen können (Situationsverständnis) und das sprachliche Wort in seiner semantischen Bedeutung häufig nicht erfasst wird. Eine Überprüfung dieses Aspektes kann eine Über- oder Unterforderung verhindern. Wir zeigen zum Beispiel auf die gerade leer gewordene Butterschale und artikulieren „Hol bitte die Post“. Kommt es jetzt zu keinem Innehalten im Sinne von „Was redest Du da?“ ist die Situation eindeutig. Eine Anbahnung des Sprachverständnisses ist durch Konkretisierung der Sprache, zum Beispiel häufiges Benennen von Personen, Gegenständen und Tätigkeiten, Verbalisieren gemeinsam erlebter Situationen, Rhythmisierung von Aktivitäten und vor allem das Betrachten von Bilderbüchern und Singen möglich.

Primäre Kommunikation

„Der Begriff ‚primär‘ soll kennzeichnen, dass diese Erfahrung am Anfang der Entwicklung steht. Es soll keine Sonderform von Kommunikation beschrieben werden, sondern sozusagen der Keim, aus dem sich jede Kommunikation entfaltet, das Kernelement positiver Kommunikation, wie es vom Anfang der ersten Beziehung an das Miteinander zwischen Menschen prägt“ (Mall 2004, 33).
Den Begriff Kommunikation definiert Mall als „jede wechselseitige Anpassung an einen anderen und Einflussnahme auf ihn“ (2004, 34). Wie aber kann die Wiederaufnahme der primären Kommunikationssituation erfolgreich gelingen? Menschen mit einer schweren geistigen Behinderung machen oft negative Lebenserfahrungen, auch im Bereich der Kommunikation und Interaktion. Oft sind gelungene Dialoge in der Minderzahl; Beziehungen werden häufig und meist für den Betroffenen in unverständlicher Weise von der Partnerin gelöst; in Folge zieht sich der behinderte Mensch zurück, hat wenig Interesse an der Interaktion und Kommunikation mit der Umwelt. Der Weg zu diesen Menschen wird nur über das Verstehen führen. Verstehen bedeutet: „Nicht ich will mich ihm mitteilen, sondern zunächst sollen seine Botschaften für mich bedeutsam werden“. Schumacher meint, Verstehen findet dann statt, wenn es gelingt, „in das Lebensfeld des Gegenübers einzudringen und dort Fuß zu fassen“ (Schumacher 1985, 2).

Mall (2004, 36ff.) beschreibt einem Weg, wie mit schwerstbehinderten Menschen ein Dialog entstehen kann:
(1) Der andere zeigt ein Verhalten.
Die Heilerziehungspflegerin nimmt das Verhalten des Gegenübers bewusst wahr, registriert es. Sie macht sich Gedanken darüber, was das Verhalten des anderen bedeutet, was dieses Verhalten bei ihr, der betreuenden Person, auslöst, was es für sie bedeutet, was sie damit anfangen kann.

(2) Ich nehme sein Tun als Äußerung wahr.
Durch konkretes Beobachten und Fachkompetenz versucht die Heilerziehungspflegerin zu ergründen, was der Partner mit diesem Verhalten ausdrückt beziehungsweise was dieses Verhalten bei ihr auslöst. Aus diesen Überlegungen heraus sucht die Heilerziehungspflegerin nach einem Verhalten, an dem der andere merkt, dass sie mit ihm in Kontakt kommen will.
(3) Ich antworte mit einem passenden Tun.
Die Antwort wird und muss sehr individuell sein und fällt deshalb sehr vielfältig aus. Lautiert zum Beispiel der Mensch mit Behinderung, kann die Heilerziehungspflegerin diese Lautierungen spiegeln, kann dazu andere Geräusche anbieten (z.B. mit den Händen im gleichen Rhythmus schlagen). Ob diese Antwort passend war, muss wiederum dem Verhalten des anderen entnommen werden. Ein geeignetes Feedback kann auch auf einem anderen Kommunikationskanal liegen.
(4) Der andere erlebt Antwort auf sein Tun.
Wenn der Mensch mit einer Behinderung meine Reaktion wahrgenommen hat, bedeutet das nicht unbedingt, dass sein Verhalten sich verändert hat; er kann aber verdeutlichen, dass die Antwort passend war, und zeigen, dass meine Antwort ihn erreicht hat.
(5) Der andere zeigt in seinem Tun, dass und wie meine Antwort ihn erreicht hat, und beantwortet so meine Äußerung.
Das bedeutet, dass der erste Dialog positiv verlaufen ist und weitere folgen können.
Das Gelingen einer solchen primären Kommunikationssituation hängt von der Bereitschaft beider Partner zum Dialog und von den Erfahrungen sowie Kompetenzen der Heilerziehungspflegerin ab. Die Verantwortung, ob die Kommunikation in Gang kommt, liegt bei der Bezugsperson: „Der erste Schritt liegt bei Ihnen!" (Mall 2004, 44). Darauf folgt die Antwort des anderen, wenn er sich erreicht fühlt.

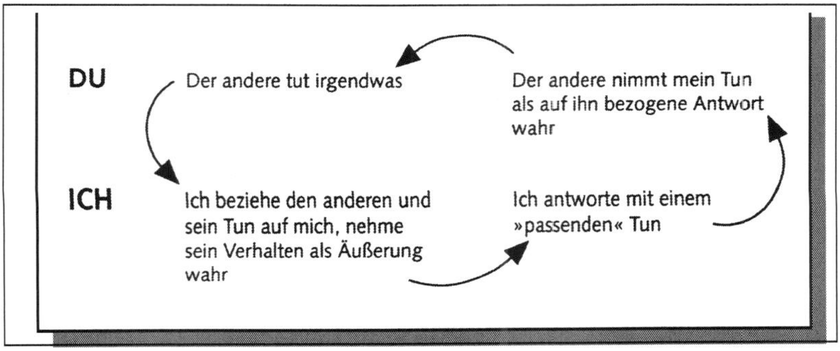

Abb. 52: Kreislauf der Kommunikation (Mall 2004, 39)

Elemente/Ausdrucksmittel

In der Situation der primären Kommunikation spielen alle Elemente menschlichen Verhaltens eine wichtige Rolle. Entscheidend ist jedoch, dass die Gewichtung dieser Elemente, die wir im Folgenden nennen, bei Menschen mit schwerer Behinderung anders liegt.

(1) Nähe und Distanz: Das Zulassen körperlicher Nähe kann für manche Menschen mit einer schweren Behinderung zu einer großen Belastung werden. In vielen Alltagssituationen zum Beispiel Waschen, An- und Ausziehen, Transfers, Essen usw. ist Nähe und Berührung mit unangenehmen, teilweise auch schmerzhaften Erfahrungen verbunden. Darum ist der feine und reflektierte Umgang mit Nähe/Distanz entscheidend für das Gelingen dieses Dialogs.
(2) Körperliches Verhalten: Der Körper spielt als zentrales Ausdrucksmittel eine wesentliche Rolle. Körperhaltung, Körperspannung, Bewegung, Gestik, Mimik, Blickkontakt, Stimme und Berührung sind wesentliche Elemente. Aber nur durch genaues Beobachten werden wir die teilweise fein nuancierten Signale erkennen können. Zeit, Empathie, Erfahrung und gute Personenkenntnis spielen dabei eine entscheidende Rolle. Für den Menschen mit diesen teilweise sehr eingeschränkten Ausdrucksmitteln bedeutet ein aufmerksamer Partner eine Öffnung der Welt.
(3) Sprache: Der Einsatz der Sprache ist und bleibt situationsgebunden. Es kann durchaus sinnvoll sein, eine Begegnung nur auf nicht sprachliche Art zu gestalten, so dass sich die Partnerin auf meine Person konzentrieren kann, keine Ablenkung und Reizüberflutung erfährt. In anderen Fällen kann es durchaus angebracht sein, mein Handeln mit der Sprache zu begleiten, wobei es wichtig ist, dass sich diese Sprache auf das konkrete Tun bezieht, das bedeutet, sie bleibt in ihrem Inhalt stets im Hier und Jetzt (vgl. Mall 2004, 50). Versteht die andere das gesprochene Wort, kann die sprachliche Begleitung sehr wichtig sein, da neben der sprachlichen Begleitung Inhalte angekündigt und Handlungsabläufe reflektiert werden können. Weiterhin ist es wichtig, sich selbst „sprechen zu hören", um damit einen Rückkoppelungsmechanismus aufzubauen, um wahrzunehmen, in welcher Verfassung, Stimmung und Spannung ich mich als Betreuungsperson befinde. Das Sprechen an sich sollte nicht monoton erfolgen, vielmehr soll die Stimme bewusst eingesetzt werden; bei sanften Bewegungen wird leise gesprochen, bei Berührungen mit viel Druck wird die Stimme stärker eingesetzt.
(4) Spiegeln von Verhaltensweisen:
Das Aufgreifen und Spiegeln (Nachahmen) von Verhaltensmustern wie dem Lautieren und individuellen Bewegungen des anderen ist eine

weitere Möglichkeit, in Kontakt zu treten. „Der andere erkennt sein eigenes Verhalten in meinem Tun wieder und kann sich so in einem tiefen Sinn als verstanden und angenommen erleben“ (Mall 2004, 49). Das Spiegeln drückt aber auch aus, dass ich die Verhaltensweisen meiner Partnerin akzeptiere und sie nicht im ersten Moment zu blockieren und zu verändern versuche. Die Gefahr einer Manifestierung von Verhaltensmustern in Sinne einer Stereotypie ist nach Mall nicht gegeben, da sich durch das Aufgreifen und Variieren von Verhaltensweisen weitere Gestaltungsmöglichkeiten in der Kommunikation zwischen dem Menschen mit Behinderung und der Heilerziehungspflegerin ergeben.
(5) Rituale:
Die Aufmerksamkeit, das Erreichen des anderen ist wesentlich abhängig vom Bekanntheitsgrad der Situation. Mechthild und Hanus Papousek (1983, 183) beschreiben, dass die zunehmende Vertrautheit und Vorhersagbarkeit wesentlich ist für die soziale Interaktion zwischen einem Säugling und der Mutter. In der alltäglichen Begegnung zwischen Menschen bilden sich immer wiederkehrende Begegnungsformen beziehungsweise Interaktionsformen aus (allgemeine Rituale), die einen gewissen Bekanntheits- und Vertrautheitsgrad verdeutlichen und Sicherheit geben. Dabei kann zwischen „allgemeinen“ und „persönlichen Ritualen“ unterschieden werden.
„Allgemeine“ Rituale sind zum Beispiel: das Gestalten der Begrüssung und des Abschiedes, Händedruck, Schulterklopfen, kurze Berührungen, über die Haare streicheln, usw.; gemeinsame Mahlzeiten, „Guten Appetit“ – Wünschen, Zuprosten, usw.
Bei wiederkehrenden Begegnungen zwischen Menschen entstehen „persönliche“ Rituale: Es kann sich um die Verwendung eines Kosenamens handeln, um eine gewisse Art, einen Namen zu rufen, die Angesprochenen zu berühren usw. Individuelle Umgangsformen mit Menschen mit einer Behinderung entwickeln sich vor allem in der Pflege, d.h. beim Waschen, Eincremen, Haare kämmen, basalen Angeboten usw. Durch diese Wiederholungen kann sich ein Prozess entwickeln, in dem individuelle Kommunikationselemente zunehmend aufgebaut und differenziert werden können.

Basale Kommunikation nach Winfried Mall

Grundlagen

„Basale Kommunikation bezeichnet eine konkrete Möglichkeit, einen Menschen mit schwersten Beeinträchtigungen ohne Vorbedingungen und ohne Voreingenommenheiten zu begegnen, um so den Kreislauf positiver Kommunikation neu zum Schwingen zu bringen“ (Mall 2004, 73). Wer von uns denkt bei dem Begriff Kommunikation an Atemrhythmus, Körperspannung, -haltung, Lautierung, Bewegung und Berührung? Diese Faktoren spielen zwar immer eine Rolle, aber sie sind dem zentralen Medium der Kommunikation, der Sprache, untergeordnet, zumindest erscheint es bei oberflächlicher Betrachtung so. Bei Menschen mit einer schweren Behinderung gewinnen die vorher genannten Kommunikationskanäle an Bedeutung. Wir erleben diese Menschen oft als „sprachlos“, verstehen sie nicht und sind auf Beobachtung und Interpretation angewiesen. Damit können zwar Bedürfnisse und Befindlichkeiten erkannt werden, es entsteht aber kein Dialog. Das einander Begegnen und Verstehen ist aber Grundlage für das Wohlbefinden des Einzelnen.

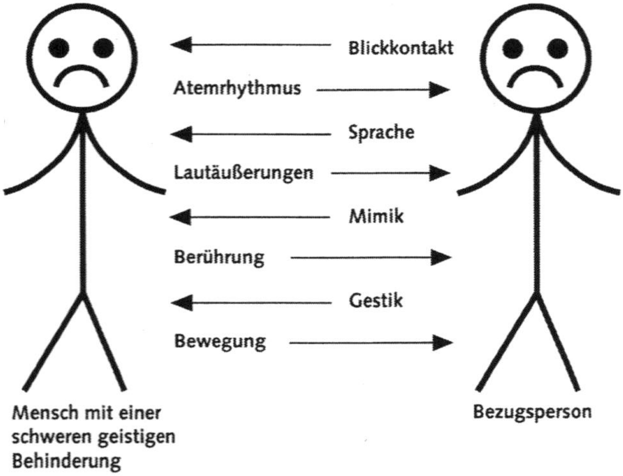

Abb. 53: Die eingesetzten Kommunikationskanäle „passen“ nicht (Mall 1984, 4)

Für die Betreuungsperson bedeutet dies, die vom Menschen mit einer Behinderung angebotenen Kommunikationskanäle zu nutzen. Dabei sind viele Kanäle möglich, Atemrhythmus, Berührung, Bewegen und Lautieren scheinen zentral zu sein.
Die Kommunikationsaufnahme und Gestaltung ist ein intensiver Prozess. „Schwerbehinderte Kinder brauchen Zeit und Exklusivität, sie müssen sich mit Ihren Möglichkeiten ganz auf ein Gegenüber einstellen können, das seinerseits all seine Sensibilität und Aufmerksamkeit darauf verwendet, Zeichen des Kindes aufzunehmen und zu beantwor-

ten“ (Fröhlich 2004, 9). Dabei ist jede Zweierbeziehung verschieden. Deshalb werden die bedeutenden Kommunikationskanäle zwischen den Partnern individuell ausgestaltet. Bei der einen Heilerziehungspflegerin mag der schwerbehinderte Mensch den intensiven Körperkontakt, bei der anderen bevorzugt er ihre sanfte Stimme, liebt ihren Gesang.

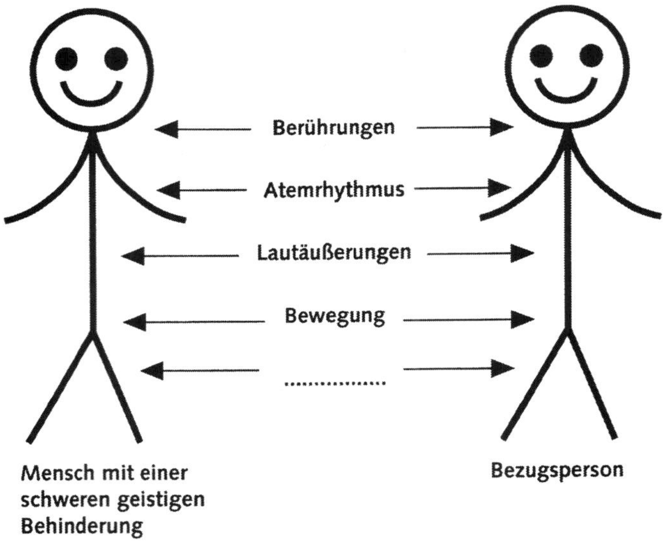

Abb. 54: Basale Kommunikation (Mall 1984, 5, Erweiterung d.V.)

Kommunikationskanäle

Berührungen

Beim Waschen, Baden, Eincremen, Anziehen, Essengeben kommt es zu intensiven Berührungen. Bei der Betreuung im Heim ist es aber auch häufig so, dass neue Mitarbeiterinnen nach kurzer Zeit mit vielen Menschen in körperlichen Kontakt treten müssen. Aufgrund der eigenen Unsicherheit beim Handling erfolgen diese Kontakte oft sehr unsicher und in erhöhter Spannung, was wiederum zur Folge hat, dass die Betreuerin wenig „Spürinformationen“ vom anderen Menschen wahrnimmt und damit die Signale der Partnerin mit einer Behinderung übersieht. Häufig entwickeln sich solche Situationen zu schwierigen Interaktionen bis hin zu Grenzerlebnissen auf beiden Seiten. Beachtet eine

Heilerziehungspflegerin zum Beispiel beim Essengeben aufgrund einer schlechten Einarbeitung nicht die individuellen Gegebenheiten der Einzelnen, kann es zum Verschlucken bis hin zur Erstickungsgefahr kommen. Dabei kann gerade eine gelungene Begegnung auf körperlicher Basis der Grundstein für eine gute Beziehung sein. Ist zum Beispiel die Situation für den Menschen mit einer Behinderung unangenehm, bedrohend oder angsterfüllt, wird sich der Muskeltonus erhöhen und der Blick wendet sich ab. Häufig nimmt der Körper eine passive Schutzhaltung (z.B. Embryohaltung) ein. Wenn die behinderte Partnerin dazu in der Lage ist, wird sie versuchen, sich aus der unangenehmen Situation zu entfernen beziehungsweise die Ursache zu beseitigen. Häufig sind jedoch diese Reaktionen nicht sehr klar und eindeutig, Lähmungen reduzieren das Ausdrucksverhalten, unkoordinierte Bewegungen und stereotype Muster überlagern grundlegende Formen.

In jedem Fall soll die Berührung sprachlich angekündigt werden. Sie beginnt an den Händen. Individuelle Eröffnungsrituale geben Sicherheit und Orientierung. Berührungen und Bewegungen können, je nachdem, auch vokal begleitet werden. Ein Singen, Summen oder auch leises Sprechen kann die Atmosphäre entscheidend positiv beeinflussen und den Zugang zu der Partnerin erleichtern.

Berührungen müssen aber auch eindeutig und klar gestaltet werden. Sie müssen mit einem gewissen Druck erfolgen, damit sie angenehm sind. Eine leichte Berührung wird oft als unangenehm empfunden. Darüber hinaus ist es wichtig, zum Beispiel bei Massagen (Leboyer) immer Kontakt zu halten. Das Lösen des Kontaktes bedeutet für die Partnerin mit einer Behinderung immer eine Neuorientierung und löst möglicherweise Verunsicherung aus. Bleibt die Verbindung bestehen, kann sie sich besser auf die Situation einlassen und sie erspüren.

Komplexe Bewegungsabläufe wie zum Beispiel Waschen müssen im Team abgesprochen werden, damit der Vorgang immer gleich abläuft und somit besser „verstanden“ werden kann. Die gleiche Eröffnung, zum Beispiel Erspüren des nassen Waschlappens in der Handfläche, kündigt das Geschehen an. Der gleiche Ablauf ermöglicht ein Sicheinlassen auf das Geschehen. Der behinderte Mensch kann sich entspannen, eventuell das Geschehen auch genießen, weil er ein hohes Maß an Sicherheit hat.

Über den Körperkontakt und die direkte Zuwendung kann die Heilerzieherin ihrer Partnerin analog mitteilen, dass sie sie mag, für sie Zeit hat. Damit ist eine Grundlage geschaffen, auf der weitere Entwicklungen möglich sind.

Wenn neue Mitarbeiter und Mitarbeiterinnen in das Team kommen, empfiehlt es sich, dass sie sich langsam den zu betreuenden Menschen

über die alltäglichen Verrichtungen nähern. Die Übernahme von bekannten Bewegungsabläufen gibt Sicherheit für beide Seiten, eine gute Einarbeitung erleichtert das Handling. Gelungene Begegnungen motivieren beide Seiten, machen uns aufmerksamer und liebevoller, sind Grundlage für Beziehungsaufbau und -gestaltung.
Berührung ist die absolute Basis basaler Kommunikation. Eine Berührung unterbricht die Monotonie, macht aufmerksam für Kommendes. Bei Berührungen ist mein Partner in der Nähe, er konzentriert sich auf mich. Im tonischen Dialog sind die Partner gleichwertig. Unsere Erfahrungen zeigen, dass jeder Mensch diesen Dialog steuern kann, zum Beispiel ich lege meine Hand auf seine. Mit einer minimalen Bewegung kann er mir zeigen, ob dieses Angebot passt oder nicht.

Atemrhythmus

Atmung ist ein nicht willentlich gesteuerter Prozess, sie kann jedoch bewusst beeinflusst werden; auch wenn wir die Atmung einen gewissen Zeitraum anhalten, muss sie in einem gewissen Zeitrahmen wieder einsetzen, um die Lebensfunktion zu erhalten. Atmung wird stark bestimmt durch die aktuelle Befindlichkeit und durch die Umwelt, die in unterschiedlicher Weise Einfluss auf mich nimmt. Befindet sich ein Mensch in einer sehr entspannten Situation, atmet er in ruhigen langen Zügen; verändert sich die Situation jedoch, stockt der Atem, der Atemrhythmus wird unregelmäßig, bis die neue Situation erfasst und verarbeitet ist. Bei sehr anstrengenden Tätigkeiten, zum Beispiel in Hochleistungssituationen beim Sport, wird die Atmung schneller, um damit dem physiologischen Anspruch des Körpers (erhöhter Sauerstoffbedarf) gerecht zu werden. In einer Situation höchster Gefahr oder Anspannung hält man den Atem an, um nach Auflösen dieser Situation einmal tief durchzuatmen. Befindet sich ein Mensch über eine längere Zeit in einer Situation, die für ihn emotional und affektiv eher negativ besetzt ist, können durch die gepresste Atmung Verkrampfungen der Atemmuskulatur auftreten, das heißt Verkrampfungen im Schultergürtel, im Bereich des Brustkorbs und im Bauchbereich (vgl. Teegen 1985, 500).
Der Atemrhythmus eines Menschen mit einer Behinderung verdeutlicht, in welcher emotionalen beziehungsweise psychischen Situation er sich befindet. Das bewusste Wahrnehmen des Atemrhythmus des Partners mit einer Behinderung gibt wichtigen Aufschluss über sein Befinden.
Großmann schreibt dazu: „Läßt sich bei einem Menschen mit einer schweren geistigen Behinderung beispielsweise eine verkrampfte

Atemmuskulatur und ein damit einhergehendes flaches Atemmuster feststellen, so kann dies nach Teegen als Ausdrucksgebärde einer inneren und äußeren Selbstschutzhaltung und auch als Ausdruck mangelnden Vertrauens in die Umwelt verstanden werden. Beginnt ein Mensch mit schwerer geistiger Behinderung plötzlich sehr schnell und flach zu atmen, wenn die Erzieherin ihn berührt, so kann das ein Zeichen dafür sein, dass der behinderte Partner Angst hat, so dass der Kontakt vorerst behutsamer angeboten werden muss. Atmet er im Gegensatz tief und entspannt, kann dies als Anzeichen dafür gesehen werden, dass er sich wohlfühlt" (1987, 43). Mall erkannte die entscheidende Bedeutung der Atmung in der Kommunikation mit Menschen mit schwerer geistiger Behinderung und stellt sie als dominanten Kommunikationskanal in den Vordergrund: „Basale Kommunikation nimmt den Ausdrucks- und Mitteilungscharakter des Anderen ernst und versucht, auf der Ebene des Atemrhythmus mit dem Partner in einen Austausch zu treten, zu spüren wie es ihm geht, ihm mitzuteilen, wie man zu ihm steht, zu erreichen, dass er sich besser fühlt" (1984, 5). Dazu versucht die Partnerin ohne Behinderung im unmittelbaren Körperkontakt mit dem Menschen mit schwerer geistiger Behinderung, dessen Atemrhythmus zu erspüren und darin mitzuschwingen. Dabei liegt der Schwerpunkt beim gemeinsamen Ausatmen. Dies kann in unterschiedlicher Art und Weise unterstrichen werden. Zum einen kann die Ausatmung hörbar gemacht werden durch Brummen, Summen, Tönen oder Singen, zum anderen kann in die Phase des Ausatmens Bewegung, zum Beispiel Ausstreichen der Hände (siehe Mall 2004, 74ff.), integriert werden. Dies muss jedoch in einer behutsamen Art und Weise geschehen und soll nur ein paar Mal wiederholt werden. Dabei ist von entscheidender Bedeutung, dass die Heilerziehungspflegerin sich selbst ebenso bewusst wahrnimmt und nach Möglichkeit locker und entspannt bleibt. Falls sich der Atemrhythmus der Partnerin mit schwerer Behinderung stark von dem ihren unterscheidet, kann sie immer wieder auch zum eigenen Rhythmus zurückkehren, um nicht zu verspannen. Eine sehr beliebte Position in der Praxis Basaler Kommunikation ist, dass der schwerbehinderte Mensch im Schoß der Betreuerin sitzt. Dabei ist wichtig, dass die Betreuerin selbst sehr bequem und entspannt sitzt. Mit großen Knautschsäcken und verschiedenem Lagermaterial lässt sich das leicht erreichen.

Lautäußerungen

Das Wahrnehmen und Spiegeln von Äußerungen des Menschen mit einer Behinderung ist eine weitere Möglichkeit, ihm zu vermitteln, dass er wahrgenommen wird und die Betreuungsperson für ihn da ist. In der Praxis zeigt sich, dass das Spiegeln von Verhaltensweisen meist zu einer erhöhten Aufmerksamkeit des Gegenübers führt. Und die Heilerziehungspflegerin kann sich dadurch besser in den anderen hineinfinden, spüren wie es ihm gerade geht. Weiterhin kann sie auch beim Ausatmen Töne erzeugen, Lautäußerungen anbieten und vor allem immer wieder den Namen nennen und singen.

Bewegungen

Wenn die Partnerin Bewegungen anbietet, werden diese aufgenommen; ebenso können von der Heilerziehungspflegerin Bewegungen angeboten werden, die in die Ausatmungsphase des Atemrhythmus eingepasst sind. Zum Beispiel Arme ausstreichen, Oberkörper leicht nach vorne beugen, leichter Druck auf Rippenbogen usw.

Intentionen der Basalen Kommunikation

Die Initiation, Wiederaufnahme und Stabilisierung der Kommunikation ist die zentrale Absicht. Die Begegnung und der Dialog mit dem Gegenüber stehen im Vordergrund. Wie sich dieser Dialog gestaltet, welche Ebenen der Verständigung gefunden werden, ist von den beteiligten Personen abhängig. Wichtig dabei ist, die kommunikativen Äußerungen (im Sinne Watzlawick „Jedes Verhalten ist Kommunikation") unseres Gegenübers wahrzunehmen, sich darauf zu beziehen und zu verstärken. Eine Erweiterung und Stabilisierung von individueller Kommunikationskompetenz könnte auch eine Öffnung hin zur Umwelt ermöglichen.

Inhalte

Zentraler Inhalt ist die Kommunikation. In welcher Form und mit welchen Gestaltungselementen die Kommunikation stattfindet, ist völlig offen beziehungsweise wird wesentlich von den beteiligten Partnern bestimmt.

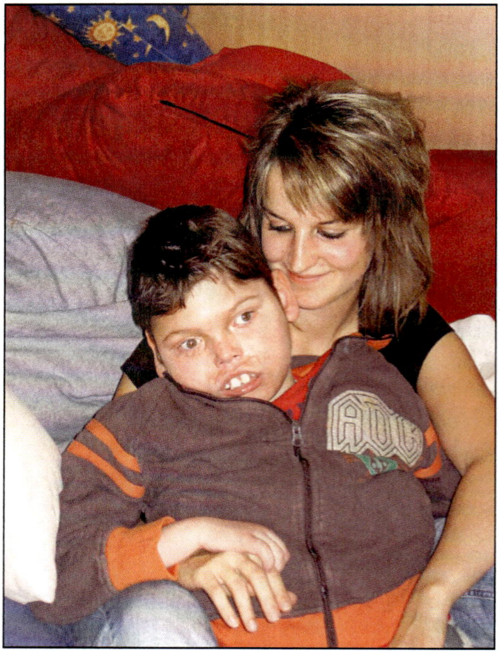

Abb. 55: Begegnung Caroline und Patrick

Die Praxis

Die praktische Durchführung kann niemals bis ins Detail geplant und vorüberlegt werden, was seitens der Betreuerin Fachkompetenz erfordert.
Basale Kommunikation kann in jedem Moment, bei jeder Begegnung stattfinden; es hat sich aber auch gezeigt, dass die Intentionen noch besser umgesetzt werden können, wenn dafür Zeit und Raum zur Verfügung stehen. Die räumlichen Voraussetzungen tragen sehr zum Gelingen einer Begegnungssituation bei. Der Raum soll dabei nicht allzu groß sein, die Ausstattung beziehungsweise Gestaltung des Raumes sollte nicht ablenken; weiterhin sollte er warm sein, und es ist von Vorteil, wenn der Raum verdunkelt werden kann. Ist dies nicht der Fall, kann auch ein Teil des Raumes mit Tüchern verändert werden, damit eine Art Höhlensituation entsteht. Weiterhin sollten Polster, Matratzen und eine Musikanlage zur Verfügung stehen. Beim Betreten des Raumes kann ein Glockenspiel angeschlagen werden als Zeichen dafür, dass wir in den Raum eintreten und eine andere Situation ent-

steht. Die folgende Begegnungssituation ist eine der wichtigsten Interaktionsstrukturen in der Basalen Kommunikation. Auch nach eigenen Erfahrungen suchen viele Menschen mit einer Behinderung ganz gezielt diese Position.
Die Partnerin ohne Behinderung versucht, mit ihrem Gegenüber in engen Körperkontakt zu treten, zum Beispiel indem sie sich an die Wand setzt. Die Partnerin mit Behinderung kann sich nun zwischen die Beine setzen und mit dem Oberkörper gegen den Körper der anderen lehnen. Wichtig dabei ist, dass die Partnerin ohne Behinderung eine stabile Position hat, um nicht zu verkrampfen und sich ganz vorbehaltlos in die Interaktion mit der Partnerin einlassen zu können. Damit der Dialog gelingen kann, ist es von entscheidender Bedeutung, dass sich die Partnerin ohne Behinderung auf sich selbst besinnt, den eigenen Körper, die eigenen Gefühle und den eigenen Atemrhythmus spürt. Der weitere Ablauf hängt vom Verhalten der Partnerin mit Behinderung ab. Wenn sie sich in der Situation wohl fühlt, nicht verspannt, kann die Heilerziehungspflegerin die Hand um den Bauch legen, um so den Atemrhythmus zu erspüren. Wichtig dabei ist, dass die Hände des Menschen mit Behinderung einbezogen werden, eventuell in der Art und Weise, dass ich eine Hand auf den Bauch lege, die Hände meiner Partnerin dazwischen und meine andere Hand oben auflege. Jetzt kann ich wie schon beschrieben in den Atemrhythmus meiner Partnerin eintauchen, in der Ausatmungsphase Verstärkungen einbauen und so mit ihr in einen Austausch treten. Wenn sie Bewegungen anbietet, kann sich nach und nach ein harmonisches gemeinsames Schwingen entwickeln, das je nach Situation verstärkt oder gedämpft wird. Im Laufe der Begegnungen kann der Radius ausgedehnt werden. Auf diese Weise können der Bewegungsspielraum erkundet, Grenzen erspürt und öffnende Bewegungen versucht werden; Widerstand muss akzeptiert werden. Wichtig ist, dass die Situation beendet wird, wenn sie für beide Partnerinnen noch interessant und angenehm ist, da dies neugierig auf neue Begegnungen macht. Auch bei Ablehnung durch den Mensch mit Behinderung sollte nicht zu prompt und automatisch abgebrochen werden. Dabei ist wichtig, dass diese Begegnungssituationen analysiert und reflektiert werden können. In der Situation der Begegnung werden oft kleine Ansätze und Reaktionen der Partnerin übersehen, die später in der Videoaufzeichnung bemerkt und in die nächste Begegnung eingebracht werden können. In der Förderung von Menschen mit schwerer Behinderung sind der Körperkontakt, das Berühren des anderen, die Nähe usw. zentrale Ausdrucksformen. Deshalb wird auch immer wieder die Frage gestellt, ob bei diesem Ansatz bei den beteiligten Personen nicht sexuelle Gefühle entstehen können

und welche Konsequenzen sich daraus ergeben. Diese Möglichkeit besteht natürlich immer. Wichtig ist, dass die auftretenden Gefühle erkannt werden. Sollte die Heilerziehungspflegerin bei sich oder den Partnerinnen mit einer Behinderung solche Gefühle erkennen, muss die Situation verändert werden; entweder wird ein anderer Förderansatz gewählt oder eine andere Kollegin, ein anderer Kollege übernimmt, wenn möglich und sinnvoll, die Förderung, da ansonsten die Gefahr des sexuellen Missbrauchs besteht.

Basale Stimulation

Definition

„Basale Stimulation ist keine Methode, ist keine Technik. Basale Stimulation versteht sich als ein Konzept, das heißt, eine gedankliche Annäherung an die Probleme und Schwierigkeiten sehr schwer beeinträchtigter Menschen. Konzept meint, dass es sich nicht um eine fertig formulierte und endgültig festgelegte Therapie beziehungsweise Pädagogik handelt, sondern um einige essenzielle Grundgedanken, die immer wieder immer wieder neu bedacht und angepasst werden können und müssen. Im Zentrum steht der Mensch in seiner physischen Realität, die uns auch dann einen Zugang eröffnet, wenn scheinbar alle kommunikativen und geistigen Beziehungen verhindert sind" (Fröhlich 2003, 10).
Das Vorgehen orientiert sich also an der Individualität des Einzelnen, es ist ganzheitlich, das heißt, es orientiert sich an der Gesamtpersönlichkeit des Gegenübers und ist partnerschaftlich orientiert. Wenn ich mit einem Menschen mit einer Behinderung arbeiten möchte, muss ich zunächst eine Beziehung zu ihm aufbauen, das heißt, ich muss individuelle Zugangswege finden, vorhandene Kompetenzen entdecken, Vorlieben wahrnehmen und diesen Menschen einfach mögen. Basale Stimulation setzt also auf die individuellen Möglichkeiten in einer dialogischen Begegnung.
Basale Stimulation kennt keine Voraussetzungen. Sie knüpft an Erfahrungen an, die jeder Mensch gemacht hat. Diese können vorgeburtlich sein oder aus den Lebenserfahrungen des Einzelnen stammen. Stimulation bedeutet, aufgrund einer guten Personenkenntnis, individuelle Angebote zur Anregung von verschiedensten Verarbeitungsprozessen anzubieten. Basale Stimulation beginnt nicht in isolierten Angebotssituationen, sondern in den alltäglichen Handlungen. Bei der Pflege, beim Umlagern, An- und Ausziehen, Transfers, Essen und Trinken,

Bewegung, Kommunikation und Betätigung werden Ressourcen wahrgenommen, Aktivitäten verstärkt. Sich öffnende Zugänge und Kompetenzen werden unterstützt und intensiviert. Andererseits wollen wir auch neue Kompetenzen anregen. Die Welt soll sich für den Menschen mit einer schweren Einschränkung öffnen und erweitern. Ursprünglich wurde die basale Stimulation zur ganzheitlichen Förderung von Kindern und Jugendlichen mit einer schwersten Behinderung entwickelt. Inzwischen hat das Konzept der basalen Stimulation auch in anderen Bereichen Eingang gefunden, zum Beispiel in der Betreuung und Aktivierung von alten Menschen, bei Komapatienten und Apallikern.

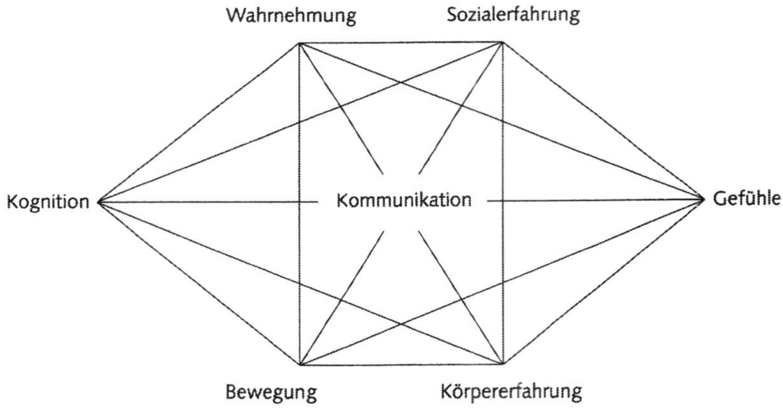

Abb. 56: Entwicklungs- und Persönlichkeitsbereiche des Menschen nach U. Haupt (Fröhlich 2003, 64)

In dem in Abbildung 56 dargestellten Modell sind die wichtigsten Entwicklungs- und Persönlichkeitsbereiche des Menschen beschrieben und miteinander in Beziehung gesetzt. Dabei ist festzuhalten, dass alle Bereiche gleich wirklich und wichtig sind und gleichzeitig wirken. Wenn es gelingt, diesen ganzheitlichen Ansatz zu verfolgen, können wir Bedingungen schaffen, die es der Einzelnen ermöglichen, sich selbst weiterzuentwickeln. Basale Stimulation darf also niemals reduziert werden auf isolierte Reize.

Intentionen

Allgemein gesprochen ist das zentrale Anliegen der basalen Stimulation, dass der Einzelne „lernt", seinen eigenen Körper wahrzunehmen, ihn zu entdecken und über ihn zu verfügen. Diese Kompetenz ist die Grundlage für die weitere Beziehungsaufnahme zur sozialen und materiellen Umwelt. Anders formuliert: Basale Stimulation möchte im Mikrobereich Strukturen verändern, damit sich aus ihnen heraus generalisierte Veränderungen ergeben können. Wenn man von der individuellen Ausgangslage absieht, können folgende Intentionen angegeben werden:

(1) die sinngebende Verarbeitung von Reizen (die Wahrnehmung) soll angeregt und in Gang gesetzt werden;
(2) körperliche Beeinträchtigungen sollen wenn möglich abgemildert werden;
(3) über den Aufbau eines Körperschemas soll ein positiver Bezug zum Körper aufgebaut werden;
(4) durch gezielte Angebote soll eine Erweiterung der Aktivitäts- und Erfahrungsmöglichkeiten erreicht werden;
(5) der Mensch soll befähigt werden, die eigene Umwelt und die darin ablaufenden alltäglichen Geschehnisse besser strukturieren zu können (vgl. Fröhlich 2003,75);
(6) durch den Aufbau von individualisierten Kommunikationsformen soll eine Öffnung nach außen erfolgen;
(7) über den Aufbau von kommunikativen Kompetenzen soll nicht zuletzt die Isolation überwunden werden.

Grundüberlegungen

(1) Die Angebote sollen an die stabilen und vertrauten Erfahrungen dieses Menschen, unabhängig davon, wie lange diese schon vergangen sind, anknüpfen. Um sie zu erkennen, muss die Heilerziehungspflegerin den Menschen gut kennen und ihn beobachten. Sollten wir also bemerken, dass Wasser eine beruhigende und entspannende Wirkung auf den Menschen mit einer schwersten Behinderung hat, so wäre der Ansatz, mit ihm im Wasser zu arbeiten, sicher richtig.
(2) Weiterhin ist es wichtig, dass wir Informationen über die Wahrnehmung unserer Partnerinnen mit einer Behinderung haben. Der Alltag kann zeigen, welche Wahrnehmungsqualitäten als angenehm empfunden beziehungsweise abgelehnt werden. Bei der Pflegetätigkeit

können wir genau beobachten, was der Mensch mit einer Behinderung empfindet. In der Regel werden nicht alle Körperbereiche gleich sensibel sein; einige sind hyper- beziehungsweise hyposensibel.

(3) Um das Wissen über die Empfindungs- und Wahrnehmungsfähigkeit zu erweitern und zu differenzieren, können wir dem Menschen mit einer schwersten Behinderung Materialien von unterschiedlicher Struktur anbieten. Das sollte selbstverständlich behutsam und nicht in einem simplen Testen geschehen.

Wenn wir mit einem Menschen mit einer schwersten Behinderung arbeiten wollen, sollten wir uns selbstverständlich als erstes um eine gute Beziehung bemühen. Mit der Technik der „stellvertretenden Artikulation" kann auf die Sprachlosigkeit unseres Gegenübers reagiert werden. Dabei versuchen wir, von uns erahnte Wünsche und Gefühle der Menschen mit einer schweren Behinderung zu formulieren.

(4) Wenn wir mit einem Menschen mit einer schwersten Behinderung in Kontakt treten, sollten wir ihm immer erklären, was wir mit ihm tun wollen. In dem Moment, wo Spür-Informationen vermittelt werden, ist es dann meist sinnvoll, das Sprechen zugunsten eines intensiven Wahrnehmens einzustellen, da aufgrund der Desorganisation der Wahrnehmung der Informationsfluss, der über mehrere Kanäle erfolgt, das Spüren verhindert und Orientierung unmöglich macht.

(5) Eine gute und sichere Ausgangsposition ist Grundvoraussetzung für eine gelungene Begegnung. Welche Position der Mensch mit einer schwersten Behinderung einnimmt, hängt ab von der Intention der Situation und natürlich auch von den körperlichen Gegebenheiten der Einzelnen. Grundsätzlich kann man sagen, dass alle Positionen, also Sitzen, Stehen, Rücken-, Bauch- oder Seitenlage usw. geeignet sind. Entscheidend sind stabile Positionen, damit sich die beteiligten Menschen ganz auf das Geschehen einlassen können. Jeder Positionswechsel bedeutet für den Menschen mit einer Behinderung eine neue Orientierung und einen neuen Anfang. Denn bei jeder Lageveränderung treten andere Muskelspannungen auf. Bis die entspannende Haltung wieder gefunden ist, vergeht wieder Zeit. Deshalb ist zu bedenken, dass Positionsveränderungen nur dann vollzogen werden sollen, wenn sie unbedingt nötig sind. Dies gilt vor allem für erwachsene Personen. Auch die nicht behinderte Partnerin sollte eine möglichst stabile und bequeme Position einnehmen. So kann sie einmal einen gewissen Zeitraum in gleicher Position verharren, zum zweiten kann sie sich ganz auf die Partnerin konzentrieren.

Die basale Stimulation beruht auf der gemeinsamen Aktivität der Partnerinnen. Damit dieser Sachverhalt zum Tragen kommt, ist es notwendig, dass alle Aktivitäten langsam und deutlich vollzogen werden. Die

Partnerin braucht Zeit, um wahrnehmen und reagieren zu können; nur so werden sich ihre „Mikroaktivitäten“ (Fröhlich) zeigen.

(6) Damit ein Mensch mit einer Behinderung sich überhaupt in seiner Wahrnehmungsfähigkeit spüren kann, ist eine gewisse Aktivität, Wachheit und Anspannung notwendig. Das bedeutet, dass der Mensch mit einer Behinderung aus der Monotonie seines Daseins herausgelöst werden muss, um für die Erkundung seines Körpers beziehungsweise für die Impulse seiner Umwelt bereit zu sein. Auf Phasen der Anspannung müssen Phasen der Entspannung folgen, damit die Regeneration stattfinden kann. Dies gilt sowohl für den Bereich einer geplanten Interaktion wie auch für den Alltag.

(7) Die größte Aufmerksamkeit gilt dem Alltag. Fröhlich beschreibt in seinem Grundlagenwerk „Basale Stimulation“ (2003) in dem Kapitel „Die nötige Grundversorgung“ viele Aspekte, die im alltäglichen Umgang mit Menschen mit einer schweren Behinderung von Bedeutung sind. (Bitte bei Fröhlich nachlesen, da es den Rahmen dieses Buches sprengen würde.) Hier sollten Teams immer wieder die Lebensumstände dieses Personenkreises kritisch reflektieren.

(8) Der Lebensalltag von Menschen mit einer schweren Einschränkung ist häufig geprägt von „Stress“. Das mag im ersten Moment überraschend sein, aber im Alltag gibt es viele Transfers und einen Wechsel von Aktivitäten und Orten. Morgens erster Transfer aus dem Bett, dann Waschen. Häufig bleibt keine Zeit, den Übergang langsam und behutsam zu gestalten. Dann nochmals Zähne putzen und ab in die Schule. In der Schule neue Bezugsperson und Mitschüler, andere Lärmquellen und Reize. Wieder Transfers und wechselnde Situationen. Mittags wieder zurück auf die Wohngruppe, Essen und dann Transfer ins Bett zur Mittagsruhe. Nachmittags Spaziergang, dann wieder Essen. Dann eventuell noch ein Bad, bevor es ins Bett geht. Für einen Menschen, der seine Umwelt eventuell nur schwer durchschaut und meist völlig von seiner Umwelt abhängig ist, kann dies zu einer Belastung werden. Deshalb ist es wichtig, die Veränderungen langsam zu vollziehen und dem Menschen mit einer schweren Einschränkung Zeit zum Einfinden zu geben. Die Angebote müssen vor allem in den Tagesrhythmus „passen“. Vorher und vor allem nachher sollte viel Zeit zur Erholung sein.

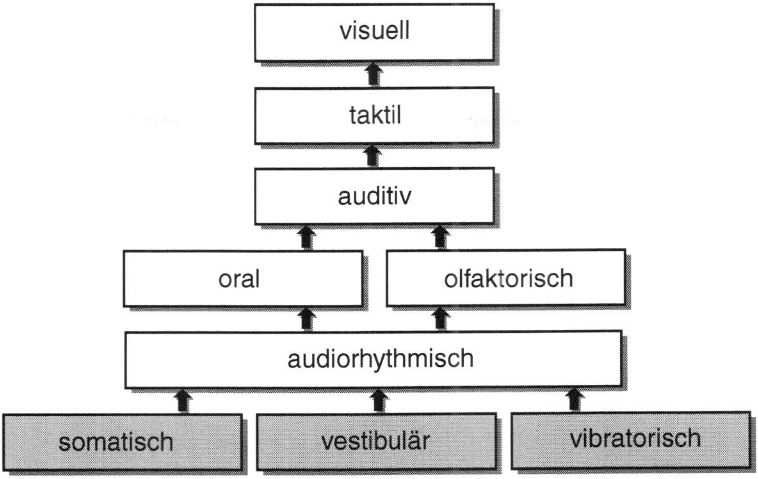

Abb. 57: Inhaltsbereiche basaler Stimulation (aus Bienstein/Fröhlich 2006, 41)

Entwicklungsangebote können in allen Wahrnehmungsbereichen des Menschen erfolgen. Die somatische, vestibuläre, vibratorische Anregung muss jedoch als Basis für die Förderung von Menschen mit einer schwersten Behinderung genommen werden. In diesen drei Bereichen hat das Kind im Mutterleib elementare und früheste Erfahrungen gemacht, an die jetzt angeknüpft werden kann.
Im Rahmen dieser Ausführungen soll der Schwerpunkt auf die somatische Anregung gelegt werden. Denn im Alltag der Heilerziehungspflegerinnen steht die Berührung im Vordergrund – bei der Pflege, beim Lagewechsel, beim Essen, beim An- und Ausziehen usw. Darüber hinaus werden wir noch kurz auf den vestibulären und vibratorischen Bereich eingehen. Alle anderen Inhalte (z.B. visuell, gustatorisch, auditiv usw.) sind in der Literatur nachzulesen.

Somatische Anregung und Körperwahrnehmung

Für Menschen mit einer schwersten Behinderung ist der Körper häufig das einzig reell Existierende. Wenn es uns gelingt, diesen Körper im Einzelnen bewusst erlebbar zu machen, wird sich diese Welt erweitern und öffnen. Bei der somatischen Förderung müssen folgende Prinzipien beachtet werden.

Symmetrie

Aufgrund von Lähmungen oder Mangel an Anregungen sind bei einem Menschen mit einer schwersten Behinderung Teile des Körpers nicht mehr in dem Maße verfügbar. So entsteht ein verzerrtes Körperbild. Deshalb ist es notwendig, die Symmetrie des Körpers zu beachten und den gesamten Körper in die Angebote einzubeziehen. Ist die Wahrnehmung einer Körperhälfte eingeschränkt, so ist es sinnvoll, mit der Körperhälfte zu beginnen, bei der die Wahrnehmung intakt ist. Denn hier werden die Reize adäquat wahrgenommen und verarbeitet. Aus dieser Klarheit heraus wird jetzt auf die andere Seite übergegangen. Mit ihr wird intensiver gearbeitet, so dass auch hier Informationen integriert werden können. Bei der praktischen Durchführung werden am Anfang vor allem die „Übergangsbereiche" in den Vordergrund gestellt. Diese Körperzonen, bei denen also der Übergang von einer intakten zu einer nicht intakten Wahrnehmung stattfindet, werden im Laufe der Zeit ausgedehnt, so dass im optimalen Fall eine Wahrnehmung des gesamten Körpers möglich wird.

Spannung und Entspannung

„Entspannung ist notwendig, um aufmerksamer spüren zu können. Spannung ist notwendig, um Aktivität einzuleiten, ihr harmonischer Wechsel befähigt uns, Bewegung aufzubauen" (Fröhlich 2003, 193). Viele Menschen mit schwerster Behinderung erleben diesen Wechsel zwischen Entspannung und Spannung nicht. Langes Liegen und häufig hypertone Muskulatur haben zu einem körperlich erhöhten Spannungszustand geführt. Oft ist es auch schwierig, die Spannung zu lösen, weil sich der Bewegungsmangel sehr negativ auswirkt und bereits vorhandene pathologische Muster verstärkt. An dieser Stelle möchten wir aber auch darauf hinweisen, dass isolierte Versuche, die Spannung zu lösen, meist nicht zum Erfolg führen, während regelmäßige Angebote nach anfänglichen Schwierigkeiten bald Entspannung bringen (siehe Passives Durchbewegen). Wenn mit Menschen mit einer schwersten Behinderung kontinuierlich gearbeitet wird, können sie sich sowohl schneller entspannen als auch nicht mehr so schnell in Spannungszustände fallen. Wichtig ist hierbei auch die Zusammenarbeit mit den anderen Fachleuten, wie Krankengymnasten, Physiotherapeuten usw.

Zentrales Medium, um diesen Wechsel zu erreichen, sind sicherlich die Hände. Mit ihnen kann massiert werden (z.B. nach Leboyer), es können passive Bewegungsübungen, Spiele mit der Spannung (nach Jörimann und Fröhlich) und einfache Berührungen ausgeführt werden. Wärme, vor allem in Kombination mit Wasser, führt ebenfalls meist zu Entspannung. Der Aufbau von Spannung, zum Beispiel bei Menschen mit einer ausgeprägten hypotonen Muskulatur, ist meist nicht leichter. Möglichkeiten gibt es über die vestibuläre und vibratorische Anregung. Zum Beispiel auf dem Trampolin. Dieser Wechsel von Anspannung und Entspannung sollte sich, wenn möglich, in jeder Sequenz wiederfinden.

Rhythmisierung

Unser Leben ist von verschiedenen Rhythmen geprägt. Phasen von Aktivität und Passivität, Wachsein und Schlafen, Arbeiten und Freizeit wechseln einander ab. Für den Menschen mit einer schweren geistigen und körperlichen Behinderung sind diese Rhythmen oft nicht existent. Dennoch ist auch ihr Leben geprägt von einem biologischen Rhythmus, nämlich dem Atemrhythmus. Bei Menschen mit einer schwersten Behinderung finden wir häufig eine arhythmische, flache, irreguläre Atmung, die auf die Befindlichkeit unseres Gegenübers Hinweise gibt. In allen Begegnungs- und Angebotssituationen ist die Wahrnehmung und Rücksichtnahme auf den Atemrhythmus des behinderten Menschen von elementarer Bedeutung. Um eine tiefere und damit eine gleichmäßigere Atmung zu erreichen, wird die Ausatmungsphase unterstützt. Dies kann auf vielfältige Weise erfolgen.

Körper formen

Die Berührung hinterlässt unterschiedliche Eindrücke und bewirkt verschiedene Reaktionen. Wenn wir annehmen, dass Berührungen oft nicht wahrgenommen oder zugeordnet werden können, das Körperschema bei Menschen mit einer schweren körperlichen und geistigen Einschränkung nur ungenügend ausgebildet ist, müssen einige Grundsätze beachtet werden. Grundsätzlich gilt, dass Bewegungsabläufe abgesprochen werden müssen, zum Beispiel beim Waschen, Anziehen. Alle Betreuer müssen die Beteiligungsmöglichkeiten, Ressourcen des Menschen mit Behinderung kennen und auch ein-„fordern". Berührungen müssen die Körperformen des zu betreuenden Menschen unterstützen und ausdifferenzieren. So waschen wir das Gesicht gleichzeitig mit zwei Waschlappen, formen dabei die Konturen des Gesichtes im Ganzen. Bauch und Rücken werden möglichst großflächig berührt. Die Arme und Beine werden zum Beispiel beim Eincremen komplett mit beiden Händen umfasst und ausgestrichen. Hände und Füsse werden als Ganzes und im Detail (Finger und Zehen einzeln) erfahrbar vermittelt. Der Einsatz von Bürsten ist grundsätzlich abzulehnen, da der Körper nicht als Ganzes erfahren, sondern quasi additiv in Streifen erlebt wird. Auch punktuelle Berührungen zum Beispiel mit dem Tennisball/Noppenball können oft nicht zugeordnet werden und sind deshalb nicht geeignet.

Somatische Anregung

Die Haut, unser größtes Wahrnehmungsorgan, stellt zum einen die Grenze des eigenen Körpers dar, ist aber zugleich auch die Kontaktstelle nach außen. Voraussetzung dafür, dass ein Mensch zwischen sich und der Umwelt unterscheiden kann, ist die Ausdifferenzierung des Körperschemas und eine differenzierte Körperwahrnehmung. Nur wenn ein Mensch spürt, wo die Grenzen seines Körpers sind, kann er den Beginn der Umwelt erkennen. Um das Körperschema aufzubauen und eine differenzierte Körperwahrnehmung zu entwickeln, wird vom Zentrum des Körpers ausgegangen. „Die somatische Anregung folgt der physiologischen Entwicklung, insbesondere dem Prinzip der Tendenz vom Zentrum in die Peripherie. Der Kopf und der Rumpf stellen den Ausgangspunkt der Anregung dar, die Extremitäten schließen" (Fröhlich 1991, 164).
Eine gute Möglichkeit, die Körperwahrnehmung zu verbessern, bietet die Massage nach Leboyer (Leboyer 2005, siehe auch Mall 2004, 67ff.). Bei dieser ursprünglich für Babys konzipierten Massage lassen sich nach einer gewissen Vereinfachung grundsätzlich folgende Bewegungsabläufe definieren: das Ausstreichen vom Zentrum (Thorax) zum Rippenbogen hin, die diagonale Führung rechte Schulter linker Rippenbogen, linke Schulter rechter Rippenbogen, also Bewegungsabläufe in der Diagonalen. Daran schließen sich eine Massage der Arme und der Beine an.
Um das Körperbild abzurunden, ist es unbedingt notwendig, den Rücken einzubeziehen. Dabei wird die Partnerin in eine Bauchlage gebracht. Je nach Beweglichkeit wird zur Lagerung ein großes Kissen, eine Rolle oder Ähnliches benutzt. Jetzt erfolgen wieder Bewegungen in den Diagonalen und später entlang der Wirbelsäule vom Hals bis zum Becken. Wichtig ist dabei auch der Einsatz der Handballen, der eine sehr angenehme Wirkung hat.
Thorax und Rumpf sind für die Wahrnehmungsfähigkeit von zentraler Bedeutung, da die aktiven Prozesse wie zum Beispiel Atmung und Herzschlag dort stattfinden. Vom Thorax aus kann man die Zone nach außen hin erweitern. Eine weitere gute Möglichkeit, um die Körperwahrnehmung zu verbessern, besteht im Abföhnen. Der Aufenthalt im warmen Wasser (Bewegungsbad) unterstützt ebenfalls die

Ausdifferenzierung des Körperschemas. Auch in der alltäglichen Pflege (Waschen, Cremen usw.) bieten sich dazu unzählige Möglichkeiten.
Die Berührungsform Hand/Körper (haptisch/somatisch) hat einen hohen kommunikativen interaktiven Anteil. Wenn man den Schwerpunkt ganz auf die Körpererfahrung legen möchte, so ist es sinnvoll, den direkten Körperkontakt (Hautkontakt) abzubauen und mit Materialien zu arbeiten. Zum Beispiel Frotteetücher, Fellhandschuhe, Baumwolltücher, Seidentücher vermitteln hier klarere Spürinformationen. Voraussetzung ist, dass die Materialien individuell gut verträglich sein müssen. Fröhlich empfiehlt, für jeden Menschen mit einer schwersten Behinderung ein individuelles Sortiment an Materialien bereitzustellen. Bei der Stimulation mit verschiedenen Materialien ist es wichtig, den Arm oder Fuß oder den Körper als Ganzes erscheinen zu lassen, das heißt, es sollte darauf geachtet werden, dass nicht nur eine Seite des Armes, zum Beispiel die Innenseite, berührt wird, sondern in einem Bewegungsablauf der ganze Arm umfasst und so als Ganzes Spürinformationen vermittelt werden. Die Bewegungen sollten dabei sicher, langsam, aber auch kontinuierlich erfolgen.

Vibratorische Anregung

Vibrationen knüpfen an Urerfahrungen im Mutterleib an. Durch die Schwingungsübertragung des Fruchtwassers werden Darm-, Atmungs-, Herz-, aber auch Außengeräusche und die Stimme der Mutter auf den Embryo übertragen. Wenn wir einen Kinderwagen über einen holprigen Untergrund schieben, so reagiert der Säugling meist mit erhöhter Aufmerksamkeit, Lächeln und Produzieren von Lauten oder er schläft ein. Es scheint dies also eine bekannte wie auch angenehme Erfahrung zu sein. Später wird dieser Erfahrungsschatz noch erweitert durch ständiges Bewegen, Krabbeln, Laufen, Gehen, Hüpfen, Springen usw. Durch diese ständige Auseinandersetzung mit der Schwerkraft und mit dem Widerstand erhält das Kind immer wieder kurze vibratorische Impulse als Rückmeldung, die es ihm erlauben, die Stabilität seines Körpers und seine Festigkeit zu erfahren. Wenn sich ein Mensch nicht oder nur kaum bewegen kann, so fehlen ihm diese wesentlichen elementaren Grunderfahrungen. Die somatische Stimulation erreicht im großen Maße nur die Haut und die Muskulatur, das knöcherne System wird nicht erreicht. Vibratorische Stimulation bewirkt also eine Vervollständigung des Körperbildes, wobei auch die Grenzen, sprich die Länge des Körpers, erfahrbar gemacht werden können.

Aber auch im Alltag, speziell in der Pflege, können Geräte, die sehr stark vibratorisch wirken, eingesetzt werden (elektrische Zahnbürste, elektrischer Rasierapparat usw.). Beim Spaziergang kann der Rollstuhl bewusst über holpriges Gelände geschoben werden, so dass Erfahrungen gemacht werden können. Im Bereich der Förderung kommen verschiedene Elemente wie Vibrationswürfel, Wasserklangbett, Vibrationskissen usw. zum Einsatz.
Neben den gespürten Schwingungen spielen gehörte Schwingungen (Schallwellen) in unserem Leben eine bedeutende Rolle. Es ist sehr wichtig, Menschen mit einer schwersten Behinderung zu zeigen, dass Objekte Geräusche und Töne erzeugen. Eine Möglichkeit, diese Aufmerksamkeit zu wecken, besteht darin, Klangkörper unmittelbar an den Körper des Menschen heranzubringen, so dass die Schwingungen über die Knochenleitung direkt auf diesen Menschen übergehen. Dabei sind besonders Musikinstrumente geeignet, die eine intensive Schwingung vermitteln und von ihrer Resonanz nichts verlieren, wenn sie Kontakt mit einem anderen Körper haben.
Geeignete Instrumente wären zum Beispiel: Klangbausteine, klingende Stäbe in Kontrabass- und Subkontrabassanlage, große Schlitztrommeln (auch zum Draufliegen), Sitztrommel, Kalimbaphon, Monochord zum Draufliegen.
Beim Erzeugen und Hören von Klängen gilt das Prinzip der wechselnden Annäherung und Entfernung. Fröhlich beschreibt diese Vorgehensweise sehr anschaulich und einfach: „Das Musikinstrument bietet die Möglichkeit, langsam und zentimeterweise die Distanz zu vergrößern. Zuerst spürt das Kind den Klang in unmittelbarem Körperkontakt, dann gibt es einige Zentimeter Distanz. Schwingung ist dann zwar noch spürbar, aber schon mehr nur hörbar. Die Distanz wird weiter erhöht, so dass nur noch das Hören angesprochen wird. Viele Wiederholungen, Angebote von rechts, links, oben und unten können dem Kind helfen, seine auditive Wahrnehmungswelt zu erweitern“ (Fröhlich 2003, 214). In gleicher Weise kann auch die menschliche Stimme erfahrbarer gemacht werden; eine bekannte Stimme vermittelt ein hohes Maß an Sicherheit und Wohlbefinden.
Darüber hinaus ergeben sich im Alltag viele Situationen, in denen über den direkten Körperkontakt – durch Summen, Singen usw. – die Stimme vermittelbar gemacht werden kann und auf diese Weise auch ein wenig die Sprachlosigkeit im Umgang mit schwerst behinderten Menschen überwunden werden kann.

Vestibuläre Anregungen

Alle Bewegungen, die eine Veränderung der Lage unseres Körpers im Raum zur Folge haben, fallen in diesen Bereich, z.B. Drehbewegungen um die Körperlängs- und Querachse, Schaukelbewegungen, Auf- und Abbewegungen usw. Vestibuläre Reize spielen in unserem Alltag eine große Rolle. Viele Sportarten (Tanzen, Skate- und Snowboardfahren, Inlinern usw.) bieten vestibuläre Anregungen pur. Um ein positives Empfinden vestibulärer Reize überhaupt zu ermöglichen, ist es notwendig, dass unsere Partnerin das aus einer absolut sicheren und stabilen Position erfährt. Dies geschieht unserer Meinung nach am besten über den Aufbau von direktem Körperkontakt. Das bedeutet zum Beispiel, dass wir uns zu unserer Partnerin in die Hängematte beziehungsweise in die Schaukelwanne setzen. Da viele Menschen mit einer schweren Behinderung hier wenige Vorerfahrungen einbringen und viele Unsicherheiten und Ängste haben, ist es zwingend notwendig, mit kleinen sanften Bewegungen zu beginnen. Sanfte Schaukelbewegungen um die Körperlängsachse stehen am Anfang vestibulärer Förderung. Schaukel- und Schwingbewegungen, die vor- und rückwärts ansprechen, sollten erst später erfolgen, da sie ein höheres

Abb. 58:
Ayla und Caroline

Maß an Integrationsfähigkeit verlangen. Bei Drehbewegungen ist eine vorhandene Rumpf- und Kopfstabilität beziehungsweise -kontrolle Voraussetzung. Dabei scheinen Drehbewegungen, deren Drehachse außerhalb des Körpers liegen, angenehmer zu sein als Drehungen um die Körperlängsachse. Bei Letzterem kommt es häufig zu einer Überstimulation. Grundsätzlich kann man sagen, dass Angebote in diesem Bereich den Einzelnen helfen sollen, sich in einer veränderten Situation zur Schwerkraft hin zu erfahren. Vermehrte Angebote in diesem Bereich steigern häufig die Aufmerksamkeit und Wachheit. Bei Personen mit stereotypen Bewegungsmustern, die ja häufig vestibulären Charakter haben, kann es gelingen, die monotonen Muster aufzubrechen und damit eine gewisse Variation zu integrieren.

Basale Stimulation im Alltag

In großen Einrichtungen trifft man häufig die Situation an, dass Alltag und Förderung getrennt werden. Die Heilerziehungspflegerin, die auf der Gruppe arbeitet, ist zuständig für die Versorgung und allgemeine Betreuung, während die Förderung außerhalb der Gruppe von anderen „qualifizierteren Personen" durchgeführt wird. Dieser Ansatz ist mehr als fragwürdig, denn die Betreuerin auf der Gruppe hat meist die intensivere und bessere Beziehung zu den Heimbewohnerinnen und eine bessere Personenkenntnis, als von außen kommende Therapeutinnen. Weiterhin bietet, wie wir bereits mehrfach betont haben, der Alltag eine Fülle von Fördermöglichkeiten, die auch einen reellen Bezug zur Lebenswelt und Lebenssituation des Einzelnen bieten. Dies soll anhand von einem Beispiel verdeutlicht werden.

Pflegehandlungen spielen im Leben eines Menschen mit einer schwersten Behinderung eine große Rolle und sind außerdem äußerst zeitintensiv. So ist das Waschen und Baden für alle Beteiligten meist äußerst mühevoll und sehr zeitaufwendig. Häufig werden die Betroffenen darauf nicht vorbereitet, sie sind einer Fülle von unvorhersehbaren, rasch aufeinander folgenden Eindrücken ausgesetzt. Der Waschvorgang ist häufig von der Person abhängig, die ihn durchführt. Der Bewegungsablauf, die Reihenfolge und die Form des Kontaktes werden sehr unterschiedlich erlebt und fördern in einem hohen Maß die Desorientierung. Die genaue Vorgehensweise wird nicht abgesprochen, die Körperpartien werden nacheinander ohne System berührt, die Bewegungsabläufe sind eher zufällig.

Aufgrund der angespannten Situation oder des Zeitdruckes steigert sich noch das Tempo, das heißt die Pflegehandlungen werden unge-

heuer schnell vollzogen. Häufig führt noch die mangelnde Fachkenntnis (unausgebildete Betreuerinnen) beziehungsweise Personenkenntnis zu einer weiteren Zuspitzung der Situation. Personal- und Zeitmangel tun ihr Übriges.
Wie aber kann die Situation verändert, verbessert und dabei noch der Förderaspekt im Sinne der basalen Stimulation integriert werden? Bienstein und Fröhlich haben sich mit dieser Problematik ausführlich beschäftigt und zeigen folgende Alternativen:

(1) Zentraler Faktor ist die Zeit. So scheint es erforderlich, den Alltag so zu planen, dass deutlich Freiräume für pflegerische Aktivitäten entstehen. Das Bewusstsein, Zeit zu haben und nicht unter Druck arbeiten zu müssen, lässt beim Pflegenden eine andere Grundhaltung und Sichtweise entstehen.
(2) Zeit haben bedeutet aber auch, dass die Bewegungsabläufe langsam ausgeführt werden und der zu Pflegende in die Aktivität einbezogen wird (Körperführung). Wenn unserer Partnerin Zeit gegeben wird, die Reize zu integrieren, kann eine Veränderung ihrer Wahrnehmungssituation stattfinden. Der Einsatz von Körperführung bewirkt eine Aktivierung und ist zugleich eine Möglichkeit, die Individualität der Einzelnen (Intimzonen) zu respektieren und zu achten.
(3) Die Vorbereitung beziehungsweise Ankündigung jeder Pflegehandlung ist wesentlich, damit sich der zu Pflegende darauf einlassen kann. Sprachliche Ankündigung und Begleitung sind sinnvoll. Rituale geben dem Menschen Sicherheit. Ob dies in Form eines Fingerspiels, einer kurzen Handmassage oder ein kleines Spiel mit dem Wasser ist, ist vom Einzelnen abhängig.
(4) Damit die Partnerin die Berührungsreize in ein Körperschema integrieren kann, ist es zwingend notwendig, dass die Abfolge von immer wiederkehrenden Handlungen gleich ist. Das Eintreten von erwarteten Situationen (Handlungsabläufen) gibt ein hohes Maß an Sicherheit. Dabei erscheint uns eine individuelle Vorgehensweise entsprechend der Wahrnehmungssituation des Einzelnen notwendig zu sein. Der Einstieg kann zum Beispiel beim Waschen über die Hände erfolgen. Dabei kann die Hand in eine Schüssel mit warmem Wasser gelegt werden oder der nasse Waschlappen in die Hand gegeben werden. Dabei immer auf Reaktionen achten, Körperkontakt halten. Bei Kindern kann das in spielerische Form geschehen. Von der Hand geht die Bewegung über den Arm weiter zum Thorax, Gesicht, zweiter Arm und Hände, anschließend Beine und Füsse. Die genaue Vorgehensweise ist sehr von der körperlichen und geistigen Verfassung des Menschen abhängig.

Interessant ist dabei auch noch folgender Aspekt: Bewegungen, die gegen den Haarwuchs erfolgen, bewirken eine intensive Wahrnehmung und sind primär belebend und stimulierend. Erfolgen die Bewegungen mit dem Haarwuchs, so bekommt der Einzelne genaue Information über seine Körperform und sie wirken eher beruhigend. Sinnvoll ist auch der Einsatz eines Waschhandschuhes.
Der Zusatz von Bademitteln (Shampoo, Seife usw.) regt auch die Geruchswahrnehmung an (siehe Basale Stimulation in der Pflege).
(5) Zum Gelingen der Situation tragen aber auch optimale äußere Voraussetzungen bei. Eine höhenverstellbare Badewanne ist genauso wichtig wie ein beruhigender reizarmer Raum, zum Beispiel eine Holzdecke. Der Aufenthalt von weiteren Personen im gleichen Raum, das Durchqueren dieses Raumes durch andere Menschen und andere Störfaktoren sollten vermieden werden. Neben dem Baden und Waschen bieten sich vor allem auch das Fönen und das Eincremen des Körpers an. Eine anschließende Massage oder ein Durchbewegen kann ein sinnvoller Abschluss sein.

Praxis

Basale Bildung fängt bei der Betreuerin an. In der Erstbegegnung mit Menschen mit einer schweren Behinderung erleben wir uns oft hilflos. Kommunikation und Beziehungsaufbau sind scheinbar sehr schwierig, Alltagshandlungen und Handling sind von großer Unsicherheit geprägt. Um dies zu ändern, müssen wir uns erst über Selbsterfahrung der Welt des Menschen mit einer schweren Einschränkung annähern. Zweitens müssen wir die Wirkungen unseres Tuns zuerst am eigenen Körper spüren. Und so behutsam wie wir uns in der Praxis dem Menschen mit einer Behinderung annähern, führen wir auch den Lernenden an das Thema heran. Wir kennen auch hier nicht seine „Geschichte", seinen Bezug und seine Einstellungen zu seinem Körper. Freiwilligkeit ist oberstes Prinzip. Jeder soll selbstbestimmt handeln, ohne sich rechtfertigen zu müssen. Erfahrungen in vielen Seminaren zeigen, dass ein behutsames Vorgehen eine fruchtbare Vertrauensbasis schafft. Die nachfolgenden Praxisanregungen können in dieser Reihenfolge angeboten werden. In den Seminaren orientieren wir uns immer an den Teilnehmern. Manche Gruppen brauchen mehr Zeit, um sich anzunähern, während andere sich relativ schnell auf das Geschehen einlassen können. Wie intensiv die einzelnen Elemente besprochen und diskutiert werden, liegt einmal an der Gruppe. Die Leiterin muss zum anderen ihrerseits sensibel die Bedürfnisse der Teilnehmer erspüren und entsprechend handeln. Wichtig sind Pausen, denn diese Form der Begegnung und Berührung ist oft für viele Teilnehmer neu und bedarf der Verarbeitung. Nach intensiven „Übungen" (z.B. Passives Durchbewegen) mit hoher Konzentration brauchen die Teilnehmer Erholung.

Einführung und erste Kontaktaufnahme

Zum Ankommen legen sich alle Teilnehmer (TN) auf eine Isomatte. Nach einer Begrüssung kann der Leiter verschiedene Themen ansprechen, zum Beispiel, was habe ich in den letzten Tagen gemacht, hatte ich Urlaub oder war ich arbeiten? Waren es eher entspannende Tage oder hatte ich Stress? Was waren erfreuliche Ereignisse? Wie geht es mir jetzt? Oder die Gedanken gehen zu einem Menschen mit Behinderung, den ich betreue. Wie lebt er, was sind seine Ausdrucksmöglichkeiten, Vorlieben und Betätigungen, wo braucht er Assistenz und Hilfe? Was erlebe ich im Umgang mit ihm als schwierig, wo fühle ich mich überfordert, was möchte ich im Umgang mit ihm ändern? Welche Fragen bewegen mich bezüglich seiner Person?

Wir wollen uns zuerst mit unserem eigenen Körper beschäftigen, zum Beispiel, indem wir eine gedankliche Reise durch den Körper machen (wir überlegen, welche Körperteile den Boden berühren, welche nicht, und erfühlen so die Spannung in unserem Körper, s. Mall 1992, 45). Das Erleben des eigenen Körpers kann durch gewisse Techniken wie progressive Relaxation oder autogenes Training intensiviert werden. Dabei bietet die tiefenmuskuläre Entspannung (progressive Relaxation nach Jacobson) eine gute Möglichkeit, die Körperwahrnehmung und Entspannungsfähigkeit zu verbessern. Dabei werden verschiedene Muskelgruppen nacheinander angespannt, so dass ein intensives Körpergefühl entsteht. Diese Technik kann mit Elementen des autogenen Trainings kombiniert werden. Auch in der Psychomotorik werden im Rahmen von Körper/Leiberfahrungen viele Übungen angeboten (s. Kapitel 17).

Als nächstes wollen wir Veränderungen unseres Körpers wahrnehmen. Dazu nimmt jeder/jede eine individuelle Position, zum Beispiel Bauch-/Rückenlage, auf einer Isomatte ein. Wir hören jetzt in unseren Körper hinein, achten auf Herzschlag, Puls, Atmung usw. Was kann sich alles verändern? Bei welchen Gelegenheiten habe ich zuletzt Veränderungen gespürt? (Vielleicht bei dem Gedanken an einen bestimmten Menschen, bei körperlichen Anstrengungen, Erschöpfung, Freude, Anspannung.) Wir stehen jetzt auf und bewegen uns durch den Raum, dabei steigern wir unsere Bewegungsintensität, bis wir uns zum Schluss so schnell wie möglich im Raum bewegen. Wenn wir „völlig außer Atem sind“, legen wir uns auf eine Isomatte und beobachten wieder unsere Körper. Die Atmung ist wahrscheinlich sehr schnell und flach, das Herz „rast“. Wir können jetzt aber auch eine Veränderung beobachten: Je nach Fitness des Einzelnen wird sich die Atmung/Puls schnell zur Normalität verändern, bei körperlich nicht trainierten Menschen wird dieser Prozess länger dauern. Nach einem längeren Zeitraum vergleichen wir unsere jetzige „Verfassung“ mit der ganz zu Beginn der Übung gespürten. Bei der Reflexion ist es wichtig, dass Empfindungen der Einzelnen nicht gewertet, sondern unterschiedliche Äußerungen als Zeichen der Individualität gesehen werden.

Wir gehen zuerst langsam, dann eventuell etwas schneller durch den Raum, ohne die anderen Teilnehmer zu berühren. Jeder kann mit dem Tempo, aber auch mit Nähe und Distanz spielen, schauen, was ist mir angenehm.

Wie vorher, wir begrüssen uns nur über Blickkontakt. Wichtig alle TN wahrnehmen. Zum Blickkontakt kann noch ein deutliches mimisches Signal dazukommen.

Wir bewegen uns durch den Raum. Treffen wir auf einen anderen Teilnehmer, klatschen wir mit einer Hand oder beiden Händen ab. Oder wir benutzen andere Begrüssungsrituale wie „Give me five" usw. Aber alles auf die Hände bezogen. In diesem kurzen Kontakt erfahren wir schon einiges über die anderen Mitglieder der Gruppe, vor allem über ihren Krafteinsatz.

Wie vorher, jetzt begrüssen wir alle Teilnehmer per Handschlag – ohne ein Wort zu sprechen. Dabei versuchen wir den Händedruck des Einzelnen zu merken. Vielleicht ist die Größe/Form der Hand oder der Druck markant oder die Wärme/Kälte fällt uns auf. Individuell sind der Tonus und die Art des Händedrucks. Jetzt versuchen wir, die Hände der anderen wieder zu erkennen. Dazu stellt sich eine Teilnehmerin in den Raum und schließt die Augen. Nacheinander versucht sie jetzt, die anderen anhand des Händedrucks zu erkennen. Bei dieser Übung sollte die Gruppe nicht mehr als zwölf Mitglieder haben, eventuell in zwei Gruppen arbeiten. Es ist immer wieder erstaunlich, wie leicht manche Teilnehmer diese Aufgabe meistern.

Zum Händedruck kommt jetzt noch eine Zusatzbewegung, wie wir sie von einigen Menschen kennen. Wir berühren unsere Partnerin mit der zweiten Hand zum Beispiel am Oberarm, Schulter, Rücken. Oft empfinden wir diese zweite Berührung als unangenehm, weil der Gegenüber uns zu nahe kommt oder uns an Körperstellen berührt, die nicht öffentlich sind. Viele Omas machen sich bei ihren Enkeln unbeliebt, weil sie ungefragt die Kinder im Gesicht berühren („Streicheln").

Danach berühren wir mit unserer Hand den Partner an verschiedenen Körperstellen, zum Beispiel an der Schulter, am Gesäß, am Rücken, am Bauch, an der Wange, an der Nase, am Ohr oder in der Kniekehle. Vor der Berührung muss ich aber mein Gegenüber um Erlaubnis fragen.
Viele Teilnehmer verweigern selbstbestimmt das Ansinnen des Fragenden. Oder sie erleben diese Berührung als unangenehm. Hier kommt es eindeutig zu einer Verletzung der Intimzone. Welche Körperzonen von den Teilnehmern wie eingeschätzt werden, wird bei der nächsten Übung deutlich.

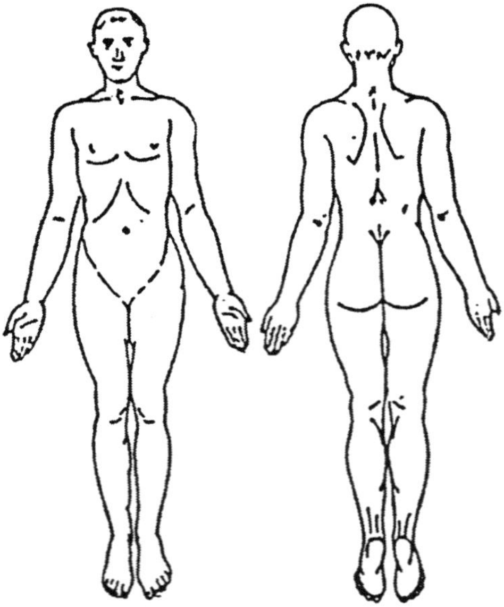

Abb. 59: Die Bereiche des Körpers (nach Bienstein/Fröhlich 2006, 134)

Sie sehen hier die Abbildung (59) eines menschlichen Körpers. Bitte zeichnen Sie in der Skizze mit vier verschiedenfarbigen Stiften, wo Sie sich von Menschen berühren oder nicht berühren lassen würden. Unterscheiden Sie vier Kategorien: 1. Welcher Bereich des Körpers ist der „öffentliche" Bereich, wo mich ziemlich alle Menschen berühren dürfen (z.B. Hände)? 2. Welche Partien meines Körpers bilden den „halböffentlichen" Bereich (z.B. Rücken)? 3. Welches Körpergebiet bildet den „privaten"Bereich, der zum Beispiel nur von meinen Familienangehörigen oder Freunden berührt werden darf (z.B. vorderer Thorax)? 4. Welche Körperpartien sind meine „intimen" Bereiche, die nur ich oder höchstens mir sehr nahestehende Menschen berühren dürfen (z.B. Genitalbereich, vorderer Halsanteil)?
Vergleichen Sie bitte nach dem Einzeichnen Ihre Zeichnung mit der anderen Personen. Wo gibt es Unterschiede? (nach Bienstein/Fröhlich 2006, 135f.)

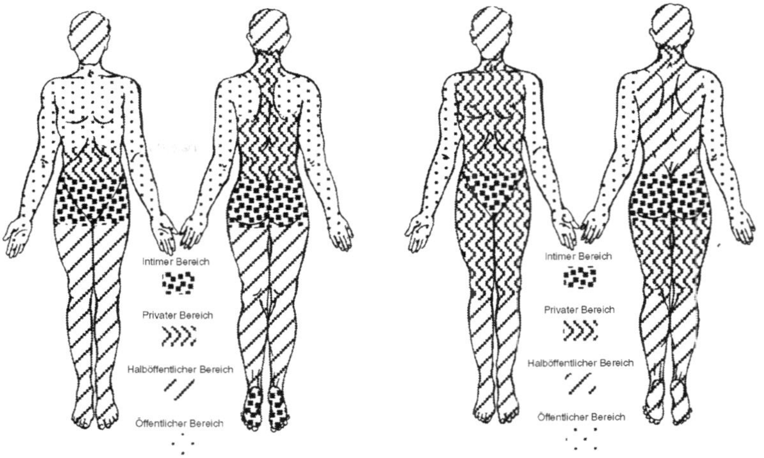

Abb. 60: Unterschiedliche Darstellungen der einzelnen „Körperbereiche“ durch Studierende

Diese Aufgabe sollte unbedingt mit einer Pause verbunden werden, da erfahrungsgemäß die TN unterschiedlich viel Zeit für diese Aufgabe brauchen. Um eine gewisse Anonymität zu ermöglichen, werden die fertigen Blätter (DIN A2) an der Wand aufgehängt und nach der Pause im Gesamten angeschaut. Die Einschätzung des eigenen Körpers hinsichtlich verschiedener Bereiche ist meist recht unterschiedlich. Einigermaßen einheitlich werden nur die öffentlichen und intimen Bereiche definiert. Wichtig ist, dass die Einschätzungen als individueller Ausdruck der eigenen Körperlichkeit definiert wird und keine Wertung erfolgt. Hier kann die Diskussion auch auf die tägliche Arbeit mit Menschen mit einer schweren Behinderung gelenkt werden.

Dialog

Wir gehen zu zweit durch den Raum, gleichen unser Tempo an und unterhalten uns. Ist die Geschwindigkeit meines Partners angenehm, geht er zu schnell oder zu langsam?
Die nächsten „Runden“ gehen wir Hand in Hand. Wie fühlt sich das an? In der täglichen Arbeit begleiten wir oft so auch erwachsene Behinderte (WfB), in der Stadt, beim spazieren gehen, usw.

Ein TN übernimmt jetzt langsam die Führung, baut sie aus und nimmt sie wieder zurück. Jetzt wechselt die Führung zum Partner. Dabei variieren wir jeweils das Tempo. Fast automatisch bewegt sich der Führende vor dem Partner, „zieht“ den anderen hinterher. Diese Situation kennen wir aus der Praxis. Die Gleichheit ist weg! Widerstand entwickelt sich.

Wir spielen eine Situation: Heilerziehungspflegerin begleitet einen Menschen mit Behinderung in die WfB. Sie hat es eilig!!!!
Hinterher Austausch: Was löst dies beim Menschen mit Behinderung aus? Gegenreaktionen der HEPin? Wie könnte die Situation enden?

Situation wie vorher. Der Mensch mit einer Behinderung hat Angst vor dem Meister in der Werkstatt. Je näher sie der Werkstatt kommen, umso langsamer wird er. Kurz vor der Werkstatt setzt er sich auf den Boden und weigert sich weiterzugehen. Die Heilerziehungspflegerin kennt das Problem aber nicht!
Wie geht’s weiter?
Hinterher Austausch über eventuell gefundene Lösungen. Sind diese Lösungen alltagstauglich? Was waren eventuell gelungene Interaktionen? Sind wir in den Dialog getreten und ist er gelungen?

Wir stehen unserer Partnerin frontal gegenüber und legen unsere Hände auf ihre Hände. Wir bewegen uns jetzt durch den Raum, ohne den Kontakt aufzugeben, wobei ein Partner auch die Augen schließen kann. Ohne ein Wort zu sprechen, wird die Partner nun durch den Raum geführt, dabei sollen alle Bewegungsrichtungen angeboten und eingefordert werden. Am Ende dieser Sequenz stehen die Partner eine Zeitlang still und lösen jetzt den Kontakt der Hände, drehen sich um die eigene Achse, nehmen den Kontakt wieder auf. Dies geschieht mit geschlossenen Augen.

Jeder sucht sich einen Partner, mit dem er sich Rücken an Rücken aufstellt. Beide bewegen sich jetzt (eventuell nach Musik), ohne den Kontakt aufzugeben. Als weitere Form soll nun versucht werden, dass die Partner sich gegenseitig ein Gefühl (z.B. „mir geht es gut“ oder „ich bin aufgeregt“) mitteilen sollen. Wichtig ist, dass ein intensiver Austausch zwischen den beteiligten Personen erfolgt, zum Beispiel, was haben die Bewegungen bei mit ausgelöst, welche Information konnte ich erspüren usw.

Während die vorherige Form einen festen Kontakt mit der Partnerin beinhaltete, soll nun die Form des Kontaktes und der Berührungsfläche verändert werden. Dazu kann die Aufgabe gestellt werden, dass jedes Paar nach eigenen Formen sucht, Körperkontakt aufzubauen und ihn wieder zu lösen. Entscheidend dabei ist, dass der Körperkontakt niemals ganz aufgegeben werden darf, sondern immer ein Berührungspunkt vorhanden sein muss. Es kann auch folgende Übungsform vorgegeben werden: Die Partner stehen Rücken an Rücken, die Hände sind dabei waagrecht ausgestreckt, die Berührungsfläche erstreckt sich vom Fingerrücken der einen Seite über den Arm, den Rücken, den Armen und den Fingerrücken der anderen Seite. Nun kann langsam dieser Kontakt abgebaut werden, indem sich die Partner voneinander wegdrehen und nur noch über ihre Fingerspitzen Kontakt halten und danach wieder den Kontakt auf der ventralen Seite ihres Körpers über die Fingerinnenseite, Unterarm, Oberarm, Brust, Oberarm, Unterarm, Hand und Fingerspitzen aufbauen. Diese Grundform gelingt manchmal leichter über das Medium Musik. Es muss aber auch deutlich gesagt werden, dass diese Form niemals eingefordert werden kann, sondern Anregung zu individuellen Lösungen bietet. Die meisten haben Erfahrung aus dem Bereich des Tanzens oder anderer Sportarten. Diese Aufgabe wird meist als sehr schwierig empfunden, denn sie beinhaltet ein hohes Maß an Abstimmung mit dem Partner. Häufig zeigen sich hier erste Grenzen. Diese Übung – Nähe und Distanz – muss ebenfalls zwischen den Partnern intensiv reflektiert werden.

Bei der folgenden „Spielform" sollen die Teilnehmer für die kommunikative Situation von stark eingeschränkten Menschen sensibilisiert werden.
Es ist eine Anlehnung an das wohl bekannte Pantomimenspiel. Eine Person versucht einen Begriff darzustellen und der Rest seines Teams muss ihn möglichst schnell raten.
In der Vorbereitung wird die Gruppe in zwei Halbgruppen, zum Beispiel sechs Personen aufgeteilt. Jede Gruppe muss nun sechs Begriffe aufschreiben, die die andere Gruppe erraten soll. Der erste Durchgang erfolgt nach bekanntem Muster. Beim zweiten werden dem Darstellenden die Augen verbunden, so dass er kein visuelles Feed Back hat. Aber er hört die Lösungsvorschläge und kann eventuell in die Richtung deuten, aus der annähernd richtige Antworten kommen.
Beim dritten Durchgang bleiben die Augen verbunden, aber sein Team muss die Lösungsvorschläge zum Beispiel an eine Tafel schreiben. Die andere Gruppe kommentiert jetzt diese Vorschläge mit einem hohen Summen bei fast richtigen Vorschlägen, liegen sie ganz falsch, wird tief gebrummelt. Im nächsten Durchgang fällt diese akustische Rückkopplung auch weg. Die vorgeschlagenen Lösungen werden von der anderen Gruppe mit Daumen oben gleich richtig, beziehungsweise fast richtig und Daumen unten für falsch kommentiert. Der Spieler hört also nur noch das Schreiben seiner Gruppe. Diese Spielform wird als sehr spannend empfunden. Je mehr Rückkopplungsmechanismen ausgeschaltet werden, desto schwieriger die Aufgabe. Haben Personen wenig Erfahrung oder können Begriffe nicht vielfältig darstellen, kommt es häufig zum Abbruch. Die Spieler setzen sich teilweise auf den Boden und stellen ihre Bemühungen ein. Spannend wird die Auswertung immer, wenn wir diese Spielform auf die Situation von sinnesbehinderten Menschen übertragen. Jetzt wird vielen Teilnehmern klar, in welcher schwierigen, ja teilweisen auswegslosen kommunikativen Situation sich viele schwer eingeschränkte Menschen befinden.

Die nächste Erfahrung erleben die TN in Dreier-Gruppen. Ausgangssituation ist: Ein TN bekommt eine Aufgabe, der zweite versucht die Situation aufzulösen und der dritte ist Beobachter. Jetzt werden nacheinander verschiedene Situationen aus der Praxis nicht sprechender Menschen nachgespielt. Nur über Ganzkörperbewegungen sollen die Probleme verdeutlicht werden. Die Darstellende liegt dabei auf einer Isomatte.

1. Aufgabe: Mir tut etwas weh, zum Beispiel Zahn- der Kopfschmerzen, Bauchweh usw.
2. Aufgabe: Ich möchte etwas im Raum ändern, zum Beispiel Fenster zu, Musik leiser.
3. Aufgabe: ambivalentes Verhalten, mal geht's mir gut, mal nicht!

Jeder übernimmt jede Rolle einmal. In der Reflexion gehen wir den einzelnen Situationen nochmals nach. Wie habe ich mich gefühlt, wenn mein Partner mich verstanden hat, wie konnte ich es ihm vermitteln? Wie ging es mir, als kein Verstehen möglich war? Woran ist es gescheitert? Warum konnte ich die Signale des spielenden Partners nicht entschlüsseln? Der Beobachter kann wichtige Beobachtungen einbringen. Was waren Zugänge, wo gingen die Gedanken in die falsche Richtung, welche Signale wurden übersehen???

Kreislauf primäre Kommunikation

Mall beschreibt die Aufnahme der Kommunikation als Kreislauf. Wie Zugänge erspürt und aufgenommen werden können, soll hier erfahren und erprobt werden. Die Teilnehmer gehen zu zweit zusammen, zwei Isomatten. Jeweils ein TN bekommt vom Leiter eine „Aufgabe", der andere soll durch behutsames Vorgehen Kommunikation aufbauen, eine Öffnung erreichen.
Partnerin eins liegt in einer geschlossene Körperposition (Embryohaltung), ihre Partnerin soll einen Zugang „suchen". Wenn der Zugang passt, kann sich die Partnerin öffnen. Hier gibt es keine Vorgabe!!
Beim zweiten Durchgang gelingt der Zugang nur, wenn die „suchende" Partnerin eine bestimmte Position, zum Beispiel einfach im Abstand von ca. 30 cm hinter den Partner legen und warten, einnimmt.

Der dritte Durchgang erfordert schon sehr viel Erfahrung und Einfühlungsvermögen. Aufgabe für Partner 1 ist, bei jeder Berührung zuerst den Tonus zu erhöhen, um ihn danach zu normalisieren!! Also zuerst Ablehnung und dann Zustimmung. Partnerin 2 darf also auch bei leichter taktiler Abwehr den Kontakt nicht sofort auflösen.
Die ersten beiden Formen werden von den Teilnehmerinnen oft sehr gut angenommen und sehr gefühlvoll gelöst. Sie erleben den Kreislauf der primären Kommunikation im gelebten Dialog. Aufgabe drei führt meist zu Diskussionen, Was ist taktile Abwehr? Wie muss sie berücksichtigt werden? Wie gehen wir damit um? Was bedeutet sie?

Wir bleiben paarweise zusammen. In der Praxis erleben wir häufig stereotype Muster im Sinne von Schaukeln des Oberkörpers, Bewegungen der Hände usw.
Eine Person bewegt sich in diesem bekannten Muster, der andere Partner versucht sich in unterschiedlicher Art und Weise anzunähern. Möglichkeiten wären die Bewegung (Schaukeln des Oberkörpers nach vorne) mit der Hand an der Schulter zu begleiten, oder selbst in die Bewegung gehen. Wir können den Partner auch in seiner Bewegung stoppen. Von allen Möglichkeiten wird diese die schlechteste sein.

Basale Kommunikation

Der Atemrhythmus ist ein zentrales Ausdrucksmittel eigener Befindlichkeit. Deshalb bedeutet eine Normalisierung der Atmung auch eine Verbesserung der eigenen Befindlichkeit. Deshalb wollen wir uns der Atmung annähern.
Wir bewegen uns im Raum und steigern langsam die Bewegungsintenstät, so dass sich unsere Atemfrequenz erhöht. Dann auf eine Isomatte legen, und die Veränderung des Atemrhythmus beobachten. Zur Verdeutlichung können wir ein Sandsäckchen oder Papierschiffchen auf den Brustkorb legen.

Jetzt beobachten wir wie sich unser Atemrhythmus wieder normalisiert. Wie lange dauert es? Wann fühle ich mich wieder wohl?
Zur Verdeutlichung der Atmung legen wir jetzt je ein Papierschiffchen auf unseren Brustkorb und auf den Bauch. Welches Schiffchen bewegt sich mehr?
Wir versuchen jetzt einmal die Bauchatmung, dann die Brustatmung zu intensivieren. Zum Schluss atmen wir wieder „normal", also ohne bewusst darauf Einfluss zu nehmen.
Die Beeinflussung der Atmung erzeugt eher ein Gefühl des Angespanntseins. Kurze Frage in die Runde: „Wie oft atmen wir in der Minute?" Wie und wann kann sich der Atemrhythmus verändern? Kurzer Austausch.

Eine Partnerin sitzt auf einem Stuhl. Die andere steht dicht dahinter und achtet darauf, wie sie steht, den Boden spürt, wie das Gleichgewicht ist. Dabei können die Augen geschlossen werden. Die Partnerin erspürt Sitzfläche und Rückenlehne des Stuhles, nimmt den Boden wahr, ebenso die Haltung des Kopfes, des Nackens, der Schultern und der Arme. Nun legt die hintere Partnerin die Hände auf die Schultern der anderen ab, lässt sie dort liegen und nimmt wahr, was die Hände erleben. Dabei achtet sie auch darauf, ob sie den Atemrhythmus der sitzenden Partnerin erspüren kann. Ist der Rhythmus der beiden gleich, ähnlich oder verschieden? Die sitzende Partnerin spürt ebenso ihren Empfindungen nach. Nach einiger Zeit lösen die Partnerinnen den Kontakt, nicht zu rasch, aber auch nicht zu zögerlich, um Zeit zum Nachspüren zu haben. Nun werden, ohne zu sprechen, die Positionen getauscht.
Was löst diese Berührung bei uns aus? Verändert sie etwas bei uns? Wie spüre ich den Atemrhythmus? Eindeutig oder muss ich mich ganz darauf konzentrieren. Passe ich mich im Rhythmus an? (vgl. Mall 2004, 57, verändert durch Autoren)

Eine Partnerin liegt auf dem Rücken, die andere kniet neben ihr, so dass sie die Hand ganz leicht auf den Bauch der liegenden Partnerin legen kann. Jetzt versucht sie wieder den Atemrhythmus zu erspüren.

Bei dieser Form kommt es leicht zu einer Beeinflussung der Partnerin. Deshalb sollten mindestens zwei bis drei Minuten Zeit gegeben werden, so dass die Partnerin sich an die Berührung gewöhnt und nicht mehr beeinflusst wird.
Wechsel. Jetzt wieder Austausch!

Bei dieser Übung gibt es die Rolle der aktiven und passiven Partnerin. Die aktive Partnerin setzt sich mit dem Rücken an die Wand, die andere setzt sich in ihren Schoß. Entscheidend dabei ist, dass jene, die an der Wand lehnt, bequem sitzt und sich nicht verspannt, wobei ein Knautschsack beziehungsweise ein mit Styroporkügelchen gefülltes Kissen oder ein Keil die Haltung erleichtern kann. Die Position, welche die beiden finden, kann dabei sehr unterschiedlich sein. Man kann sich auf den Boden setzen oder aber auf eine Therapierolle beziehungsweise auf die oberen beiden Teile eines Kastens. Die Position hängt wesentlich von der Größe und der Figur der beiden Partnerinnen ab. Entscheidend ist, dass die Vorderfrau eine sichere Position findet, so dass sie sich völlig loslassen kann. Die hintere Partnerin nimmt nun mit ihren Händen Kontakt auf, um so den Atemrhythmus noch deutlicher zu spüren. Die Hände der vorderen Partnerin können einbezogen werden. Dies kann in der Weise geschehen, dass ich eine Hand direkt auf den Bauch der anderen lege, ihre Hand dazwischen und meine andere Hand darauf lege. In der ersten Phase lassen wir jetzt einfach Zeit, uns aneinander zu gewöhnen. Danach versucht der aktive Partnerin, sich in den Atemrhythmus der anderen einzuschwingen. Mall beschreibt dies mit Hilfe eines Bildes: „Wenn ich jemanden auf der Schaukel in Schwung bringe, geht mein Impuls von mir weg. Ich warte, bis der andere zurückkommt, und gebe dann wieder den Impuls von mir weg. Ebenso gehe ich beim Atemrhythmus ins Ausatmen mit, lasse dem anderen Raum zurückzukommen, schaue auch für mich selbst, dass ich zurückkomme, und gehe wieder ins Ausatmen mit" (1992, 63). Mall betont, dass vor allem in Phasen des Umschwungs, vom Ein- ins Ausatmen und vom Aus- ins Einatmen kein Druck ausgeübt werden darf. Gelingt das Eintauchen in den Atemrhythmus nicht oder wird zu anstrengend, so kehrt die aktive Partnerin wieder zum ihrem eigenem Rhythmus zurück.

Nach einem Zeitraum von ca. fünf bis zehn Minuten lösen wir uns behutsam voneinander und wechseln die Position. Anschließend sollte den Teilnehmerinnen genügend Zeit gegeben werden, sich auszutauschen.
Zum Abschluss ist ein intensiver Austausch zwischen den Partnerinnen notwendig. Jetzt können Erklärungen abgegeben werden, Vermutungen geäußert und Gefühle beschrieben werden. Viele Teilnehmerinnen berichten, dass eine unbewußte Anpassung der Atemrhythmen stattfindet und dies als sehr angenehm empfunden wird. Manchmal sind die Rhythmen aber so unterschiedlich, dass jeder sich dann auf seine Atmung konzentriert. Die Rückmeldung ist deshalb so wichtig, weil mir die Partnerin ohne Behinderung genaue Informationen geben kann, die ich bei einer behinderten Partnerin, die nicht sprechen kann, häufig nur erahne (vgl. Mall 2004, 57). Weitere Übungsvorschläge bei Mall (2004): Kommunikation ohne Voraussetzungen.

Unterstützung der Atmung

Die Bedeutung des Atmens beziehungsweise des Atemrhythmus wird von allen Autoren (Fröhlich, Mall, Jörimann usw.) ausdrücklich betont. Bewegungsabläufe, die nicht den Rhythmus der Atmung berücksichtigen, werden als disharmonisch erlebt. Gelingt es uns, zum Beispiel Bewegungsabläufe im Einklang mit der Atmung anzubieten, so werden wir mehr Veränderung und größere Entspannung feststellen können. Bei der Unterstützung der Atmung liegt der Schwerpunkt bei der Ausatmung. Wird sie länger, wird auch die Einatmung tiefer, die Atmung wird gleichmäßiger.

Die Partnerin liegt auf dem Rücken und atmet bewusst über den Bauch. Ich lege meine Hände beziehungsweise meine Hand auf ihren Bauch, spüre beziehungsweise erspüre ihren Atemrhythmus und versuche mitzuatmen. Jetzt versuche ich die Ausatmungsphase zu unterstützen, indem ich leichten Druck auf die Bauchdecke ausübe, während ich in der Einatmungsphase die Hand leicht anhebe. Dadurch werden sowohl die Einatmungsphase wie auch das Ausatmen unterstützt. Außerdem wird die Atmung rhythmisiert und intensiviert.

Meine Partnerin liegt auf dem Rücken, ich sitze auf der Höhe der Hüfte über beziehungsweise neben ihr, ohne sie mit meinem Körpergewicht zu belasten. Ich fasse mit beiden Händen seitlich an den Brustkorb und versuche, die Ausatmungsphase durch einen leichten Druck zu unterstützen, während ich die Hände beim Einatmen leicht wegnehme.

Ich sitze an der Wand. Meine Partnerin sitzt direkt vor mir, ich nehme beide Hände und hebe die Hände in der Einatmungsphase nach oben, in der Ausatmungsphase nach unten. Auch auf diese Weise kann eine Unterstützung der Atmung erfolgen.

Atemstimulierende Einreibung (ASE)

Mein Partner sitzt mit freiem Oberkörper für diese Übung umgekehrt auf einem Stuhl. Der Oberkörper ist gegen die Stuhllehne mit einem Kissen oder Schaumstoff abgepolstert. Der aktive Partner steht hinter dem Sitzenden. Jetzt wird eine individuelle, warme Lotion (Wasser-in-Öl-Lotion) auf den Rücken aufgetragen (bei kalten Händen aufwärmen z.B. durch Reiben). Wir legen jetzt unsere Hände auf die Schultern unseres Partners und erspüren den Atemrhythmus. In die Ausatmungsphase fahren wir mit der ganzen Hand mit „viel“ Druck seitlich der Wirbelsäule Richtung Steiß und gehen dann nach außen Richtung Brustkorb. In der Einatmungsphase gleiten die Hände ohne Druck zurück zur Ausgangsposition.

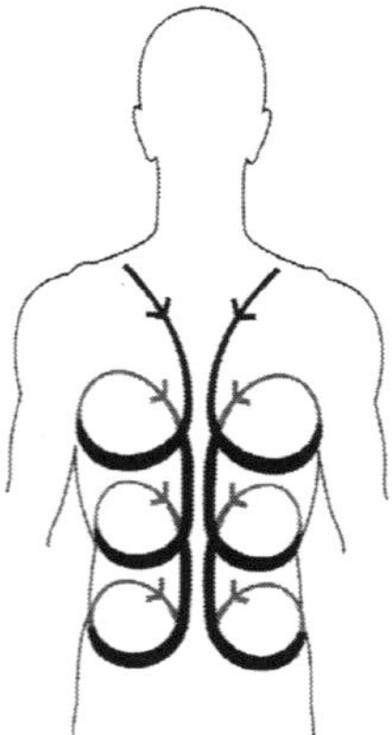

Abb. 61: Einreibungsverlauf der ASE (Bienstein/Fröhlich 2006, 177)

In der nächsten Ausatmungsphase gleiten die Hände ein kleines Stück weiter nach unten, dann wieder Richtung Brustkorb zur Ausgangsposition usw. Bienstein/Fröhlich beschreiben diese Technik als Kreise. Das heißt, die Hände kehren nicht zum Ausgangspunkt zurück, sondern kehren kreisförmig zur Wirbelsäule zurück. Der Ablauf wird ungefähr 5-8-mal wiederholt. Wichtig ist, dass wir uns an unserem eigenen Atemrhythmus orientieren, denn die „veränderte" Atmung des Menschen mit Behinderung soll sich ja normalisieren.
Nach unseren Erfahrungen wird oft mit zu wenig Druck gearbeitet. Die ASE muss gut angeleitet und „geübt" werden. Andererseits wird diese atemunterstützende Einreibung als sehr angenehm empfunden.
Bei bettlägerigen Personen wird eine 135 Grad Lagerung gewählt (vgl. Bienstein/Fröhlich 2006, 176).

Bei den atemunterstützenden Maßnahmen ist es absolut wichtig, zuerst mit meinem Gegenüber Kontakt aufzunehmen. Dann sollte der Atemrhythmus der Partnerin erspürt und mit dem eigenen verglichen werden. Die Dauer der Atemunterstützung sollte zu Beginn nicht mehr als fünf Minuten betragen. Fröhlich weist darauf hin, dass erst nach einer Gewöhnung der beiden Partnerinnen aneinander und erst mit zunehmender Sicherheit die Dauer verlängert werden kann. Voraussetzungen, damit diese Unterstützungsmaßnahmen gelingen können, sind eine störungsfreie Umgebung, eine sehr gute Beziehung, intensive Personenkenntnis und Sicherheit seitens der Ausführenden.

Die Sprache der Hände

Der Umgang mit den eigenen Händen ist sehr individuell und erfolgt meist intuitiv. Gewissen Menschen gibt man nur sehr ungern die Hand, da sie einem fast die Finger quetschen; bei anderen hat man das Gefühl, einen leblosen Gegenstand in der Hand liegen zu haben. Die Hände sind im Umgang mit und in der Betreuung und Förderung von Menschen mit einer schweren Behinderung ganz zentral. Deshalb sollte sich jeder, der mit Menschen mit einer schwersten Behinderung zu tun hat, darüber Gedanken machen, aber auch durch praktische Übungen lernen, die Hände gezielt und dosiert einzusetzen. Leboyer betitelt sein Buch, in dem es auch um die indische Babymassage geht, nicht umsonst mit „Sanfte Hände". Der erste Weg zu einem bewussten Umgang mit seinen Händen ist das Kennenlernen der eigenen Hände.

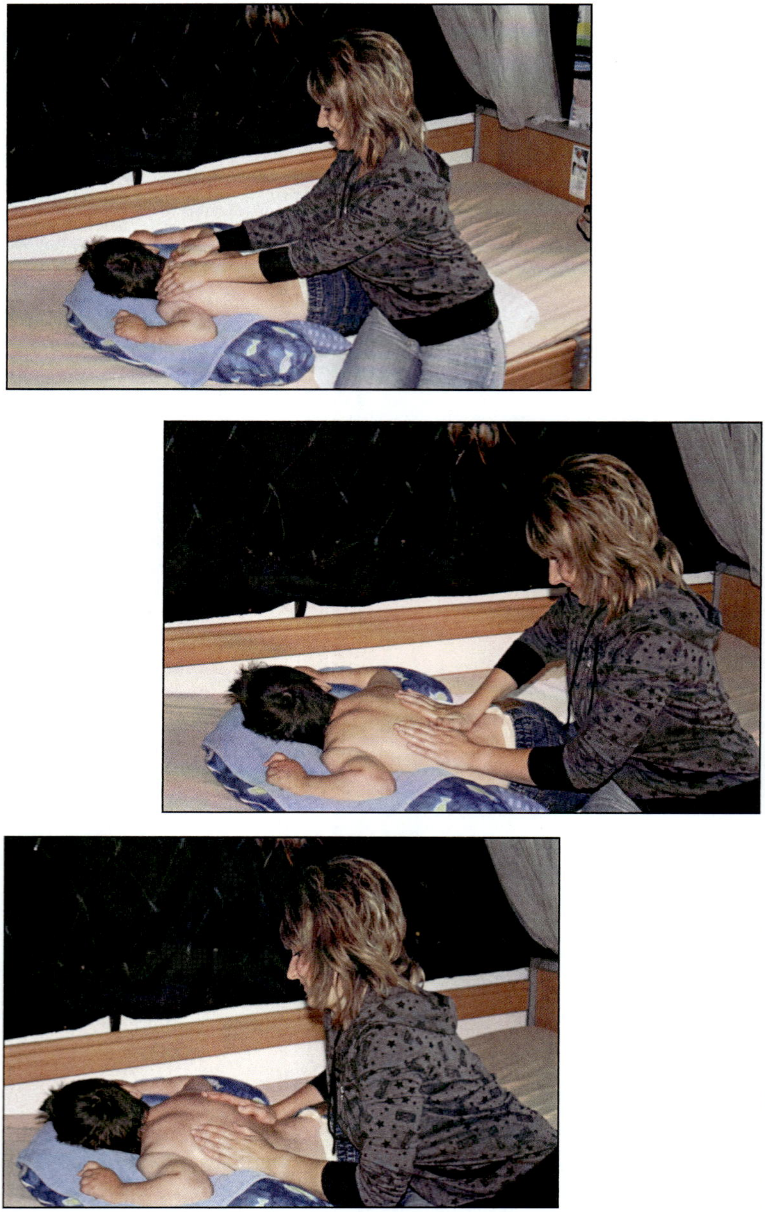

Abb. 62: Atemstimulierende Einreibung (ASE) Marvin und Caroline

Wir suchen eine bequeme Position auf und legen die Hände zum Beispiel auf unsere Oberschenkel. Wir betrachten jetzt unsere Hände, betrachten die Relationen der Hände, die Form, die Ausprägung der Gelenke, den Verlauf der Venen usw. Wir denken daran, was wir mit den Händen alles tun können, wo und wann wir sie einsetzen, zu welchem Zweck; wir denken, was uns an unseren Händen gut gefällt und erinnern uns an unsere letzte Verletzung, an die Schmerzen.

Wir nehmen die Hand unserer Partnerin und betrachten sie ausführlich. Danach beginnen wir die Hand kennenzulernen. Ausgehend vom Handgelenk versuchen wir übers Bewegen die Beweglichkeit der Hand zu erkunden. Dabei soll jede Bewegungsmöglichkeit erspürt, jedes Gelenk wahrgenommen und bewegt werden. Am Ende dieser Übungen soll die Hand als Ganzes erfahren werden, indem die Handinnen- und -außenseite als Ganzes berührt, ausgestrichen werden. Das Ganze kann auch in Form eine Handmassage erfolgen.

Vier Personen setzen sich in einen Kreis und vergleichen durch das genaue Abfühlen die Hände untereinander, bis Sie den Eindruck haben, Sie würden die Hände auseinanderhalten können. Lassen Sie sich von jedem Gruppenmitglied die Hand geben.
Nun schließt ein Gruppenmitglied die Augen. Geben Sie diesem immer eine andere Hand. Lassen Sie sie herausfinden, welche Hand sie gerade in den Händen hält. Jedes Gruppenmitglied sollte diese Übung wiederholen (vgl. Bienstein/Fröhlich 1991, 38).

Abb. 63: Wahrnehmung der Hände

Die Hände liegen auf unseren Oberschenkeln, und wir bauen jetzt Druck auf. Wir tun dies in unterschiedlicher Art und Weise, zum Beispiel indem wir die ganze Hand einsetzen oder nur die Fingerspitzen beziehungsweise nur die Finger oder die Handinnenfläche oder die Handballen. Daneben versuchen wir auch wahrzunehmen, was diese unterschiedliche Form der Berührung bei uns auslöst, ob die Berührungen eher als angenehm beziehungsweise unangenehm empfunden werden. Als nächster Schritt legt sich unsere Partnerin auf den Boden, und wir legen unsere Hände auf sie. Dabei setzen wir unsere Hände in der vorhin beschriebenen Art und Weise unterschiedlich ein, und die Partnerin soll erraten, welchen Teil der Hand wir bewusst eingesetzt haben. Zum Abschluss dieser Übung fassen wir verschiedene Körperteile, zum Beispiel Arme und Beine beziehungsweise den Kopf unserer Partnerin an und heben diese in unterschiedlicher Handhaltung hoch.

Der Druck mit den Handballen beziehungsweise mit der ganzen Hand wird meist als sehr angenehm empfunden. Die Berührung mit den Fingerspitzen eher als unangenehm, sie lösen Ausweichbewegungen aus. Häufig setzen wir die Fingerspitzen zum Anfassen und Heben ein, das Umfassen mit der ganzen Hand muss verdeutlicht werden.

Die Partnerin befindet sich in einer stabilen Seitenlage und ich berühre sie abwechselnd mit der ganzen Hand oder nur mit einer beziehungsweise zwei Fingerspitze(n).

Bewegen: Meine Partnerin steht vor mir und hat die Augen geschlossen. Ich lege meine Hände auf ihren Rücken/Schulter und versuche, sie durch meine Hände zu führen. Starker Druck bedeutet schnelles Gehen, sanfter Druck bedeutet, dass die Geschwindigkeit reduziert beziehungsweise gestoppt werden soll. Eine „fast wegnehmende Hand" signalisiert meiner Partnerin, dass sie rückwärtsgehen soll. Ist der Druck meiner rechten Hand stark, so geht sie nach rechts, dito auf der anderen Seite.

Es ist erstaunlich, wie gut die Führung über die Hände gelingen kann. Voraussetzung dafür ist ein Vertrauensverhältnis zu dem Führenden. Unsicherheit entsteht meist dann, wenn die Signale meines Partners nicht eindeutig sind.
Wir erleben unsere Hand als sehr komplexes Organ. Im Vergleich mit anderen Händen sehen wir die unterschiedliche Ausprägung der Hände. Wir erleben zierliche Hände mit langen Fingern, wir erleben Hände, die gekennzeichnet sind durch starke Knöchel, wir erleben Hände mit einer großen Beweglichkeit, Finger die fast in alle Richtungen gebogen werden können oder nur eingeschränkt beweglich sind. Deutlich wird aber auch, dass wir häufig nur die Fingerspitzen einsetzen und die ganze Hand beziehungsweise der Handballen eher in Hintergrund treten. Dabei werden die Fingerspitzen häufig als aktivierend empfunden; sie initiieren Bewegungen und haben Impulscharakter. Andererseits lösen schnelle punktuelle Bewegungen auch Schock aus, können zu Tonuserhöhungen führen. Insgesamt kann man sagen, dass

punktuelle Berührungen nur auf höherem Entwicklungsniveau sinnvoll sind. Berührungen mit der ganzen Hand werden eher als beruhigend empfunden; sie geben Sicherheit, der Muskeltonus entspannt eher. Gerade der bewusste Einsatz des Handballens wird häufig als sehr angenehm und entspannend erlebt.

Bewegungsangebote und Körper-/Leiberfahrung

Bewegung bedeutet Leben, Veränderung, Anregung. Dies geschieht zum Beispiel im Laufe eines Tages in sehr unterschiedlicher Art und Weise. Große Bewegungen, kleine Bewegungen, Lageveränderungen, Drehbewegungen usw. geben uns eine Vielzahl von Information und Stimulation. Geraten wir in eine monotone Situation, so sind wir in der Lage, dies selbst zu verändern. Spastizität oder Hypertonie, mangelnde Steuerungsfähigkeit und damit lange Bewegungslosigkeit bewirken bei Menschen mit einer schwersten Behinderung häufig eine unzureichende Ausdifferenzierung des Körperbildes. Durch die Gewöhnung an Reize (Habituation) erfolgt weiterhin ein Wahrnehmungsverlust. Grundsätzlich kann man annehmen, dass Menschen mit einer schweren Behinderung nicht in dem Maße ein Körperbild entwickeln, wie wir das tun, sondern eher ein anderes, nur schemenhaftes, undifferenziertes, unvollständiges, möglicherweise sogar grenzenloses Körperbild haben. Da der Körper aber die Realität eines Menschen widerspiegelt, ist es sinnvoll, hier den ersten Ansatz zu machen. Da die Wahrnehmungsfähigkeit häufig eingeschränkt ist, wenn wir einen erhöhten Muskeltonus antreffen, ist es sinnvoll, zuerst diesen Muskeltonus zu normalisieren, was auf ganz unterschiedliche Weise geschehen kann. Während der eine bei der Massage sofort entspannt, kann beim anderen das passive Bewegen und das Spiel mit der Spannung das Loslassen ermöglichen.

Zunächst einige Vorüberlegungen:
Da bei den Bewegungserfahrungen der ganze Körper des Menschen einbezogen werden soll, wird diese Form häufig als sehr anstrengend erlebt. Deshalb ist es unbedingt notwendig, gute Voraussetzungen zu schaffen. Die behinderte Partnerin sollte zumindest am Boden auf einer Matratze liegen; besser jedoch ist es, wenn ein höhenverstellbarer Tisch zur Verfügung steht. Wichtig ist, dass die Unterlage warm ist und dass Lagerungsmaterial, zum Beispiel Sandsäcke, zur Verfügung steht. Wenn die behinderte Partnerin sich in Rückenlage befindet, sollte man auf eine stabile Lagerung achten – eventuell mit einer Rolle in der Kniekehle und mit einem deutlichen Abschluss an den Fußsohlen. Die Bewegungsausführungen orientieren sich an den anatomischen Gegebenheiten der Gelenke und dem noch vorhandenen Bewegungsfreiraum. Beim Durchbewegen wird die Spannung akzeptiert, und es wird nicht versucht, sie zu überwinden. Wenn ich bemerke, dass sich Spannung aufbaut, gebe ich nach und komme wieder. Bewährt haben sich auch Bewegungsabläufe in kombinierter Form, zum Beispiel Kreisform.
Um Spannungen beziehungsweise Verspannungen unserer Partnerin wahrzunehmen, ist es entscheidend, dass wir über eine gute Wahrnehmung verfügen. Deshalb muss immer mit „offenen" Händen gearbeitet werden. Dies bedeutet, wir greifen nie fest zu und versuchen den Krafteinsatz unserer Hände auf ein Minimum zu dosieren. Wichtig ist hierbei auch, dass wir die entsprechenden Gelenke sichern. Beim Bewegen muss intensiv auf Impulse, Steuerungsansätze oder Spannungsveränderungen geachtet werden. Häufig gelingt es durch Aufbau von Spannung eine aktive Reaktion der Partnerin hervorzurufen. Voraussetzung dafür ist aber ein langsames, harmonisches und kontinuierliches Bewegen.

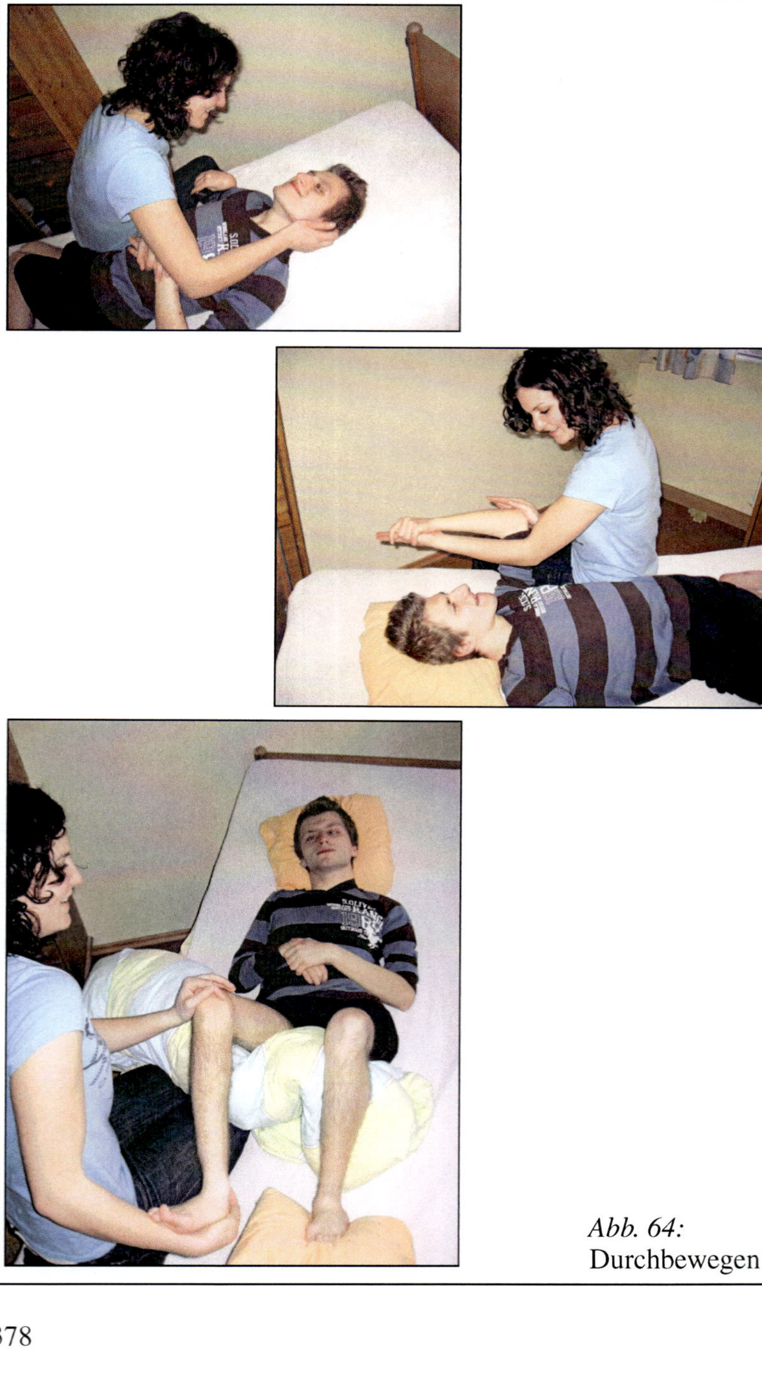

Abb. 64: Durchbewegen

Durchbewegen

Nach der Kontaktaufnahme, der Wahrnehmung der Individuallage beginnen wir mit einer Kontrolle der Lage des Kindes oder des Erwachsenen. Eine spannungsfreie und sichere Lagerung ist absolute Grundlage für das Gelingen. Andererseits sollte ich von beiden Seiten Zugang haben, die Arbeitshöhe angenehm sein. Zum Beispiel Oberschenkelhöhe.

Wir stehen jetzt seitlich vom unserer Partnerin. Eine Hand fasst unter die Schulter, direkt unter das Schulterblatt, die andere umfasst das Schultergelenk von oben. Mit leichtem Druck drücken wir die Schulter quasi in die untere Hand hinein. Dies erfolgt sehr vorsichtig. Danach ziehen wir die Schulter leicht nach außen und schieben sie dann in Richtung Wirbelsäule. Wir erweitern den Bewegungsraum, indem wir die Schulter in Richtung Kopf bewegen und dann Richtung Becken. Zum Schluss streben wir, wenn möglich, einen kreisförmigen Bewegungsablauf an. Wir fassen jetzt mit einer Hand in den Handteller und an das Ellbogengelenk. Der Oberarm wird jetzt kreisförmig bewegt, so dass die Schulter aktiviert wird. Wenn möglich, sollte die ganze Schulter in die Bewegung mitgenommen werden. Danach wird das Ellbogengelenk ebenfalls einbezogen. Dabei ist es wichtig, dass wir runde, weiche und harmonische Bewegungen anstreben. Danach bewegen wir das Handgelenk und die einzelnen Finger unseres Partners. Dabei muss der Oberarm eine sichere Unterlage haben. Jetzt wenden wir uns der anderen Seite zu und führen die Übungen in gleicher Weise durch (Symmetrie).

Wir greifen mit beiden Händen unter die Hüfte. Wir heben sie an und senken sie wieder ab, üben leichte Zug- und Druckbewegungen aus und erkunden den Bewegungsspielraum der Hüfte.

Jetzt fassen wir am Fußgelenk und eine Hand greift ans Kniegelenk. Wir bewegen jetzt das Bein ähnlich dem Gehmuster. Wichtig dabei ist, dass das Kniegelenk immer eine leichte Beugehaltung hat. Es darf niemals überstreckt werden. Das Bein wird jetzt Richtung Oberkörper hin bewegt, so dass im Oberschenkel Spannung spürbar wird. Die Hand in der Kniekehle wechselt dabei an die Seite oder hoch zur Kniescheibe. Der Bewegungsablauf wird jetzt erweitert im Sinne einer Abduktion, das heißt eines Wegführens, beziehungsweise einer Adduktion, das heißt eines Heranführens eines Gliedes zur Körpermitte bis hin zu einem kreisförmigen Ablauf. Dabei ist es wichtig, dass wir den Spannungszustand der

Adduktoren beachten, das heißt, den Oberschenkel nicht zu weit nach außen führen, sodass der Körper en bloc nachfolgt. Jetzt sichern wir das Kniegelenk mit einer Rolle und bewegen das Fußgelenk und die Zehen. Danach wenden wir uns dem anderen Fuß zu. Abschließend nehmen wir beide Beine und bewegen sie wie beim Gehen. Danach winkeln wir die Beine an, die Fußsohlen haben festen Kontakt mit dem Boden, und die Knie werden nach rechts und links bewegt. Die Bewegung zur Seite sollte wiederum nur in dem Maße erfolgen, wie es das Hüftgelenk zuläßt. Es soll keine Nachfolgereaktion des Körpers (En-Bloc-Reaktion) erfolgen. Wir fassen jetzt an den Unterschenkel des Partners und an die Fußsohle, beide Beine sind dabei leicht angewinkelt, und ziehen und schieben jetzt leicht den Körper des anderen. Gleiches kann man auch mit den Händen tun. Zum Schluss umfassen wir den Kopf mit beiden Händen, so dass sich quasi eine Halbschale bildet. Eine andere Möglichkeit wäre, mit einer Hand mehr von der Seite unter den Kopf zu gehen, jetzt beide Hände (Finger) ineinander zu verschränken, so dass der Kopf sicher in meinen Händen liegt. Die zweite Haltung hat den Vorteil, dass die Hand auf der Unterlage verbleiben kann und somit einen geringen Krafteinsatz erfordert. Wir bewegen jetzt den Kopf langsam zur Seite bis wir Spannung spüren, kehren zurück zur Mittellage und gehen auf die andere Seite. Nach zwei bis drei Wiederholungen heben wir den Kopf leicht an und senken ihn wieder ab. Bei all diesen Bewegungen kann ein leichter Zug ausgeübt werden, der meist als sehr angenehm empfunden wird (Selbsterfahrung!!). Wenn wir diese Bewegungsform abgeschlossen haben, wird der Kopf, wenn möglich, stabil in einer Mittellage gelagert.
Da bei diesem Vorgehen der Rumpf weitestgehend in den Hintergrund tritt, ist es sinnvoll, hier noch Wahrnehmungserfahrungen im Sinne einer Massage, zum Beispiel nach Jörimann, einzubinden, so dass ein komplettes Körperbild entstehen kann.
Für das Durchbewegen sollte immer genügend Zeit eingeplant werden, damit es in einer ruhigen und entspannten Atmosphäre geschehen kann. Eine Bewegungsbegleitung durch Singen oder Summen beziehungsweise Lautieren kann ebenfalls zu einer guten Atmosphäre beitragen und die Bewegungen unterstützen. Jeder von uns, der mit Menschen mit einer schweren Behinderung zu tun hat, hat sicherlich schon die Erfahrung gemacht, dass über Musik beziehungsweise Singen ein Zugang zum anderen oft erleichtert wird.

Mikrobewegungen

Bei Personen mit hypertoner Muskulatur und Kontrakturen treffen wir häufig nur noch auf einen geringen Bewegungsspielraum. Beim Bewegen des entsprechenden Körperteils, zum Beispiel des Armes oder Kopfes, spüren wir den Widerstand und halten in unserer Bewegung inne, gehen zurück und nähern uns erneut an. Diese kleinen, von außen kaum sichtbaren Bewegungen bezeichnet Fröhlich (1991) als Mikrobewegungen. Sie sind aber geeignet, den Bewegungsspielraum zu vergrößern und Spannungen zu lösen

Bewegungsmöglichkeiten bei Menschen mit einem erhöhten Muskeltonus

Bewegungen erscheinen dann fließend und harmonisch, wenn der Tonus der beteiligten Muskulatur normal ist. Ist aber zum Beispiel der Tonus der Beugungsmuskulatur deutlich erhöht, so kommt es zu Bewegungsmustern, wie wir sie von spastisch gelähmten Menschen kennen. Lösungsmöglichkeiten von spastisch gelähmter Muskulatur sollen hier am Beispiel der Arm- und Handmuskulatur gezeigt werden:

Wir fassen unsere Partnerin mit der einen Hand am Handgelenk beziehungsweise am Handrücken oder Handteller; die andere Hand stützt den Ellbogen. Jetzt soll zuerst der noch vorhandene Bewegungsfreiraum erspürt werden. Dann übt man einen leichten Zug beziehungsweise Druck aus, so dass die Muskeleinheit leicht gedehnt wird. Gibt man diesen Druck beziehungsweise Zug auf, so geht der Arm beziehungsweise Unterarm in die Ausgangsposition und darüber hinaus zurück. Dieses Spiel mit der Spannung ermöglicht es, den Bewegungsspielraum zu erweitern und Spannungen zu lösen. Man hat jetzt einen Bewegungsraum, der auch mit kreisförmiger Bewegung des Oberarms kombiniert werden kann. Sind der Ellbogen und das Schultergelenk gelöst, so kann zum Handgelenk übergegangen werden. Dabei ist es wichtig, dass die Stellung der Hand zum Unterarm hin beachtet wird. Ist zum Beispiel der Handteller zum Unterarm hin abgebeugt, so schafft man einen sicheren Halt beziehungsweise eine sichere Unterlage für den Unterarm. Jetzt streicht man über die Rückenseite zum Ellbogengelenk zurück, während man die verkürzte Unterseite Richtung Finger ausstreicht. Auf diese Art kann es gelingen, die Hand zu öffnen.

Dieser Prozess kann sehr langwierig sein und großes Einfühlungsvermögen verlangen. Je häufiger jedoch dieser Bewegungsansatz durchgeführt wird, umso leichter lassen sich die Spannungen lösen. Vor allem kann dieser Ansatz sehr gut in den Alltag integriert werden, denn bei jeder Situation des An- und Ausziehens muss der Arm bewegt werden. Gelingt es, hier den Arm zu lockern, so wird die Prozedur des An- und Ausziehens für alle Beteiligten erleichtert.

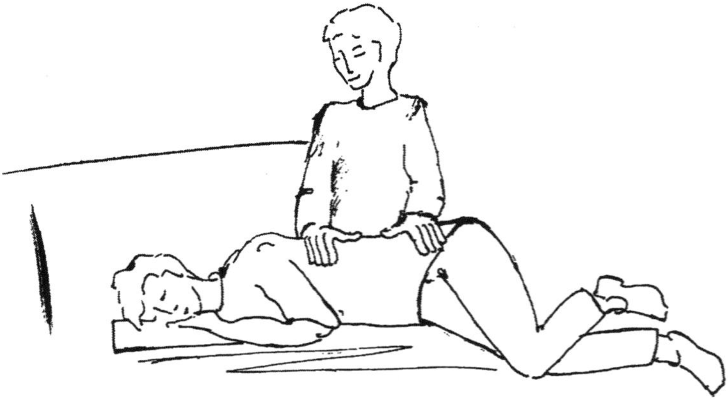

Abb. 65: Lockern in der Seitenlage

Fröhlich (2003, 225ff.) beschreibt auch eine Lockerungs- und Bewegungsform für Menschen mit einer schwersten Behinderung in der Seitenlage. Dabei sind die Beine angewinkelt, wenn möglich mit Halt gegen einen festen Widerstand, ein Kissen liegt zwischen den Knien. Die Hände sollten wenn möglich im Gesichtsbereich liegen. Der Kopf ist ebenfalls auf ein Kissen gebettet; wichtig dabei ist die Mittellage, so dass es nicht zu Überstreckungen des Kopfes kommt. Eine andere Möglichkeit der Stabilisierung der Seitenlage ergibt sich durch den Einsatz der sogenannten Lagerungsschlange. Um die Partnerin jetzt zu bewegen, setzen wir uns am besten hinter sie. Dabei umfasst die linke Hand das Becken, während die rechte Hand auf dem seitlichen Brustkorb direkt unter dem Arm liegt (ein Greifen an der Schulter ist nicht sinnvoll, da sie zu mobil ist). Wir beginnen nun mit vorsichtigen und kleinen Bewegungen, wobei beide Hände gleichzeitig in gleicher Richtung agieren. Diese Bewegung beginnt mit kleinen Schwingungen und weitet sich aus. Hat sich die behinderte Partnerin an diese Form gewöhnt, kann man eine weitere Variation einsetzen. Dabei wird die Hüfte mit der einen Hand leicht blockiert, während der Rumpf weiter bewegt wird. Damit ergibt sich eine leichte Dehnung der Seite. Eine Steigerung der vorherigen Form erreicht man dadurch, dass Hüfte und

Rumpf in unterschiedlicher Richtung bewegt werden. So zieht zum Beispiel die linke Hand das Becken heran, während die rechte Hand den Körper wegdrückt und umgekehrt. Dadurch erhalten wir eine Rotation zwischen Becken und oberem Thorax. Eine Lockerung und Entspannung ergibt sich häufig dann, wenn die Bewegungen im Einklang mit dem Atemrhythmus erfolgen. Dabei kann man in dieser Position die Atmung noch unterstützen, indem man in der Einatmungsphase die Schultern anhebt beziehungsweise leicht nach hinten oben zieht, während man mit der anderen Hand die Hüfte blockiert. Auf diese Weise erreicht man eine Erweiterung des Brustkorbes und damit tieferes Einatmen.
Bei dieser Form der Lockerung und Bewegung muss die körperliche Situation des Menschen mit einer schweren Behinderung beachtet werden. Bei einer starken Skoliose ist teilweise eine Körperseite überdehnt und eine verkürzt.

Eine Partnerin liegt in Rückenlage, der Körper ist dabei abgedeckt, ein Arm wird mit einer Stoffwindel bedeckt. Als erstes soll nun dieser Arm erforscht werden. Durch die Stoffwindel hindurch sollen der Oberarm, Bizeps und Trizeps, das Ellbogengelenk, der Unterarm, das Handgelenk, die Finger usw. erkundet werden. Als nächste Aufgabe soll der Arm in eine Stoffwindel gelegt werden. Er wird jetzt vom Boden leicht abgehoben und nach außen und innen bewegt. Als dritte Teilaufgabe wird der Arm vom Oberarm zu den Fingerspitzen hin ausgestrichen, und zwar immer so, dass die Windel um den Oberarm gelegt wird, der Arm umfasst und jetzt mit der Windel der Arm ausgestrichen wird.
Die früher eingesetzten und favorisierten Materialien wie Bürsten und Pinsel werden nicht mehr eingesetzt, da sie nur Berührungsstreifen auf den Körper zeichnen. Eine Vermittlung des Armes oder des Beines als Gesamtes ist mit diesen Materialien nur schwer möglich (vgl. Bienstein/Fröhlich 2006/56f.).

TN gehen zu zweit zusammen. Ein Teilnehmer liegt auf dem Boden. Der zweite Partner erhält von der Leiterin folgende Instruktionen:
Beim ersten Durchgang zu Beginn die Hand auf die Stirn der Partnerin zu legen, dann ohne den Kontakt aufzugeben über die rechte Gesichtshälfte mit viel Druck langsam Richtung Hals zu führen. Dann weiter zur Schulter, an der Seite weiter Richtung Becken und am Oberschenkel weiter zu den Zehen. Beim weiten Durchgang das gleiche, aber links.

Die auf der Isomatte liegenden TN erhalten folgende Informationen: Schließen Sie die Augen, bitte ganz auf sich konzentrieren. Wir nehmen jetzt einen fiktiven roten Stift und ziehen einen Linie entsprechend die gefühlte Körpermitte. Jetzt beginnt der Partner wie vorher beschrieben die rechte Körperseite „abzufahren“. Danach nehmen die liegenden Partner wieder in ihrer Vorstellung einen blauen Stift und ziehen eine Linie entlang der jetzt gefühlten Körpermittellinie. Bitte diese Vorstellung speichern. Der Partner wechselt auf die andere Seite und wiederholt die Bewegung. Dabei kann der Leiter die Bewegung sprachlich begleiten oder selbst ausführen. Bei beiden Möglichkeiten haben die Teilnehmer eine gute Orientierung. Jetzt sollen die Partner noch einmal eine Linie durch die Körpermitte ziehen (grüner Stift). Manchmal beauftrage ich auch ein oder zwei TN die Seite nicht zu wechseln.
Durch die intensive Berührung einer Körperseite verschiebt sich die Körperwahrnehmung. Die gefühlte Köpermitte verschiebt sich. Extrem wird dies empfunden, wenn die gleiche Seite zweimal „abgefahren“ wird. Jetzt kann die Situation von Menschen mit einer Halbseitenlähmung thematisiert werden.

Sonne und Regen, eine schöne Entspannungsübung wird zuerst ganz einfach durchgeführt. Eine Person liegt bäuchlings auf einer Isomatte. Vier weitere Personen knien neben diese Person. Jetzt beginnt die Geschichte. Bei Regentropfen trommeln die Finger der vier äußeren Personen leicht auf den Rücken, bei Wind streichen wir leicht über den Rücken usw. Bei einem zweiten Durchgang wird die eine Seite mit mehreren Tüchern abgedeckt, so dass eine unterschiedliche Wahrnehmung der Körperhälften erfolgt. Die Einschränkung kann unterschiedlich stark gestaltet werden. Diese Erfahrung ist für viele Teilnehmerinnen sehr interessant. Manche berichten, dass nach kurzer Zeit die Wahrnehmung bei der „eingeschränkten“ sich der anderen Seite anpasst.

Vibratorische Anregungen

Unsere Partnerin liegt bequem auf dem Rücken. Wir knien an den Füssen, nehmen diese hoch und legen ihre Fußsohlen auf unserer Brust. Dabei sind die Füsse leicht angewinkelt. Jetzt summen wir in unterschiedlichen Tonlagen. Die Vibrationen unseres Brustkorbes übertragen sich jetzt auf unsere Partnerin

Um den knöchernen Anteil des Skelettsystems erfahrbar zu machen, empfiehlt Fröhlich den Einsatz von kleinen Handmassagegeräten. Die Partnerin liegt in Rückenlage. Wir setzen uns ebenfalls und legen ihre Beine (eventuell nur ein Bein) auf unsere Oberschenkel. Jetzt haben die Beine eine bequeme Auflage. Wir nehmen ein Massagegerät und setzen dieses Massagegerät an verschiedene Punkte der Fersen und spüren über unsere Oberschenkel beziehungsweise unsere zweite Hand die Auswirkungen dieser Vibration. Diese kann bis zum Becken gehen. Diese Übung kann jetzt an mehreren Körperstellen durchgeführt werden.

Wir fassen jetzt mit beiden Händen um die Schultern der Partnerin und versuchen die Schultern in feinste und schnelle Vibrationen zu versetzen. Als weiteren Schritt versuchen wir jetzt die Vibration über den ganzen Körper auszudehnen, indem wir an den Schultern kleine Impulse geben und die Signale im optimalen Fall an den Zehenspitzen ankommen. Diese Übung kann auch von den Füssen her vollzogen werden. Dieses manuelle Geben von Vibrationen erfordert sehr viel Erfahrung und ist sehr anstrengend.

Viele diese Vorschläge sind als Erfahrung für den nichtbehinderten Lernenden gedacht. Andere wie zum Beispiel ASE können in den Alltag transferiert werden.
Eine schlichte Übernahme in die Praxis ist aber äußerst problematisch. Intensive Beobachtung, Beratung und Reflexion des Geschehens ist

von großer Bedeutung. Dies kann anhand von Videoaufzeichnungen, Beobachtern usw. geschehen. Eine Analyse, Auswertung und Besprechung der Praxissituationen ermöglichen ein besseres Eingehen auf die einzelne Person und geben Sicherheit im Handeln.
An dieser Stelle soll nochmals darauf hingewiesen werden, dass alle Praxisübungen zuerst an einem nicht behinderten Partner beziehungsweise an sich selbst durchgeführt und erlebt werden sollten. Denn der Mensch ohne Behinderung kann mehr Rückmeldung geben über den Ablauf, über den Druck meiner Hände, über die Stimmigkeit der Bewegung usw. Erst mit dieser Kompetenz sollte man sich dem behinderten Menschen nähern.
Basale Bildung ist kein Einzelaktion, sondern eine Grundhaltung. Erfahrungen aus der Praxis zeigen ungeahnte Veränderungen und Kompetenzerweiterungen. Bildung für alle beteiligten Menschen.

Literatur/Medien/Bildnachweis

Affolter, F. (2006): Wahrnehmung, Wirklichkeit und Sprache.Villingen-Schwenningen

Bentele, P. (1984): Motopädagogische Förderung von Menschen mit einer schweren Behinderung, in: Praxis der Psychomotorik, 2/94, S. 88–92

Bienstein, Chr./Fröhlich, A. (2006): Basale Stimulation in der Pflege. Düsseldorf

Fröhlich, A. (2003/1991): Basale Stimulation. Düsseldorf

Fröhlich, A. (Hrsg.) (1989): Kommunikation und Sprache körperbehinderter Kinder. Dortmund

Fröhlich, A. (Hrsg.) (1989): Kommunikation und Sprache körperbehinderter Kinder. Dortmund

Fröhlich, A. (Hrsg.) (1990): Lernmöglichkeiten – aktivierende Förderung für schwer mehrfach behinderte Menschen. Heidelberg

Fröhlich, A. (Hrsg.) (1993): Lebensräume. Luzern

Fröhlich, A. (Hrsg.) (1994): Wahrnehmungsstörungen und Wahrnehmungstraining bei Körperbehinderten. Heidelberg

Fröhlich, A. (Hrsg.) (1991): Pädagogik bei schwerster Behinderung, in: Handbuch der Sonderpädagogik, Bd. 12, Berlin

Fröhlich, A. (2007): Persönliche Mitteilungen

Fröhlich, A. Heinen, N./Lamers, W. (Hrsg.) (2001): Schwere Behinderung in Praxis und Theorie – ein Blick zurück und nach vorn – Texte zur Körper- und Mehrfachbehindertenpädagogik Band I

Fröhlich, A. Heinen, N./Lamers, W. (Hrsg.) (2003): Schulentwicklung – Gestaltungs(t)räume in der Arbeit mit schwerbehinderten Schülerinnen und Schüler – Texte zur Körper- und Mehrfachbehindertenpädagogik Band II

Fröhlich, A./Simon, A. (2004): Gemeinsamkeiten entdecken. Mit schwerbehinderten Kindern kommunizieren. Düsseldorf
Frucht, S. (2005): Progressive Muskelentspannung nach Jakobson, Anspannung – Entspannung. Alles fließt. München
Großmann, C. (1987): Basale Kommunikation als Grundlage der Erziehung schwer behinderter Menschen. Müllheim
Hedderich, I. (1992): Kommunikative Förderung von Kindern und Jugendlichen mit schwersten zerebralen Störungen, in: Geistige Behinderung, 3, S. 1–21
Jörimann. M. (1992): Persönliche Mitteilungen
Klauß, T./Lamers, W. (Hrsg.) (2003): ... alle Kinder alles lehren! Aber wie? – Theoriegeleitete Praxis bei schwer- und mehrfachbehinderten Menschen. Heidelberg
Leboyer, F. (2005): Sanfte Hände. München
Mall, W. (1985): Die Bedeutung der Wiederaufnahme der primären Kommunikationssituation als Basis zur Förderung schwer geistig behinderter Menschen, in: Zeitschrift für Heilpädagogik, 36. Jg., Beiheft 12, S. 24–32
Mall, W. (1984): „Basale Kommunikation" – ein Weg zum anderen, in: Geistige Behinderung, 1/84, S. 1–16
Mall, W. (1990): Kommunikation mit schwer geistig behinderten Menschen. Heidelberg
Mall, W. (2001): Basale Kommunikation – Sich begegnen ohne Voraussetzungen, in: Fröhlich, A./Heien, N./Lamers,W. (Hrsg.): Schwere Behinderung in Praxis und Theorie – ein Blick nach vorne. ORT S. 223–234
Mall. W. (2001): Was von diesen Menschen kommt, passt zu uns – Basale Kommunikation, in: Orientierung – 2/2001 S. 17–19
Mall, W. (2001): Das Lächelndes Herrn T. Basale Kommunikation bei Menschen im Wachkoma, in: „Wachkoma und danach" Zeitschrift des Vereins Schädel- und Hirnpatienten in Not e.V., Amberg 2/2001
Mall, W. (2004): Muss man Kommunikation erst lernen? Kommunikation ohne Voraussetzungen, in: VHN-Vierteljahresschrift für Heilpädagogik und ihre Nachbargebiete 73. Jg. 1/2004 S. 3–11
Mall, W. (2005): Ein Zugang, der bleibt – auch bei Wachkoma oder Demenz: Basale Kommunikation, in: Boenisch, J. Otto, K. (2005): Leben im Dialog, Unterstützte Kommunikation über die gesamte Lebensspanne S. 404–415
Pfeffer, W. (1983): Die Förderung schwerst geistig Behinderter auf der Grundlage der Entwicklung der sensomotorischen Intelligenz, in: Zeitschrift für Heilpädagogik, 34. Jg., Heft 6, S. 357–363
Pfeffer, W. (1988): Förderung schwer geistig Behinderter – Eine Grundlage. Würzburg
Schumacher, J. (1985): Schwerstbehinderte Menschen verstehen lernen, in: Geistige Behinderung, 1/1985, S. 1–20
Teegen, F. (1985): Verstärkte Atmung und seelisches Erleben, in: Petzhold, H. (Hrsg.): Leiblichkeit. Paderborn, S. 449–546
Wohlfahrt, R. (1985): Nonverbale Kommunikation, in: Geistige Behinderung, 4, S. 253–263

Medien

- **Basale Stimulation Videofilm**
  erhältlich über örtliche oder regionale Bildstellen für Schulen bzw. über Landesmedienzentrum Rheinland-Pfalz, Hofstr. 257, 56077 Koblenz
- **Basale Stimulation in der Pflege**
  erhältlich über Landesmedienzentrum Rheinland-Pfalz, Hofstr. 257, 56077 Koblenz
- **Frühe Erfahrungen – Erste Begegnungen**
  erhältlich über Penaten Infothek, Johnson & Johnson, Kaiserswerther Str. 270, 40474 Düsseldorf, Ca. 21 Min.
- **Basale Stimulation in der Altenpflege**, erhältlich über Vincentz-Verlag, Curt R., Schiffgraben 43, 30175 Hannover, 43 Min. –

Für Instrumente: Schlagwerk, Klangobjekte, Percussion, Bahnhofstr. 42, 73333 Singen/Fils

Bildnachweis: Alle Aufnahmen Peter Bentele

15 Lernen in der Wirklichkeit

Für Menschen mit einer intakten Wahrnehmung ist es nur sehr schwer vorstellbar, wie sich die Welt für Menschen mit Wahrnehmungsstörungen darstellt. Aufgrund vielfacher Erfahrungen gelingt es uns, komplexe Anforderungen zu meistern, uns in neuen Situationen zu orientieren und zurechtzufinden. Grundlage dafür ist eine rasche Be- und Verarbeitung der aufgenommenen Reize – das heißt ihre Selektion, die Trennung von Wichtigem und Nebensächlichem. Die Integration wichtiger Reize gelingt scheinbar mühelos.
Für Menschen, die Wahrnehmungsstörungen haben, stellt sich die Umwelt ganz anders dar. In vertrauter Umgebung und bei guter Verfassung scheint die Perzeption zu gelingen. Wie differenziert dabei die Umwelt durch die Einzelnen wahrgenommen wird, ist schlecht einzuschätzen. Vielfältige Erfahrungen, zum Beispiel die Orientierung in der eigenen Wohnung, ermöglichen ihnen ein unauffälliges Verhalten; in neuen und ungewohnten Situationen ist die Unsicherheit sehr groß, da die aufgenommenen Informationen beziehungsweise deren Verarbeitung ein unzureichendes Bild der Wirklichkeit wiederzugeben scheinen.
Das Maß an Schwierigkeiten bei der Bewältigung des Alltags zeigt sich sehr individuell. Auch Menschen mit einer intakten Wahrnehmung haben bei Stress, Müdigkeit, Krankheit usw. Probleme, die Wirklichkeit zu meistern, auch ihre Leistungen drohen dann zu zerfallen. Im Folgenden werden einige mögliche Verhaltensweisen von Personen mit Wahrnehmungsstörungen beschrieben (vgl. Affolter (2007, 97ff.). Da Wahrnehmungsstörungen sich sehr individuell äußern können und auch nur individuell zu beurteilen sind, bleibt unsere Schilderung notwendigerweise allgemein.

(1) Leistungen gelingen meist nur in klaren Situationen und im Rahmen von einfachen Beziehungen. Wenn zwei Leistungen beziehungsweise Gegenstände gleichzeitig in Beziehung gesetzt werden sollen, kommt es meist zu Problemen. Komplexe Leistungen können meist nicht erbracht werden.
(2) Bei komplizierteren Erklärungen wird oft nur die erste oder letzte Information wahrgenommen und mit einer Reaktion beantwortet.
(3) Wenn in einer Handlungsfolge Schwierigkeiten auftreten, beginnen diese Menschen immer wieder von vorne; sie können die Ursache des Problems nicht an der Stelle erkennen, wo es aufgetreten ist.

(4) Wenn Ursache und Wirkung ihres Handelns nicht den Vorstellungen entsprechen, sind wahrnehmungsgestörte Menschen meist ratlos oder reagieren mit unangepassten Betätigungen.
(5) Distanzen zu einem Gegenstand können schlecht eingeschätzt werden (mangelnde Figur-Grund-Unterscheidung).
(6) Bei Problemen geraten diese Menschen häufig in Panik und Aufregung, verspannen sich und versuchen, ihre Umwelt konstant zu halten (Ordnungszwang).
(7) Häufig benützen Menschen mit einer Wahrnehmungsstörung nur eine Hand und fassen den Gegenstand oft nur mit zwei Fingern (Pinzettengriff) an, das heißt, sie umfassen den Gegenstand nur kurz. Dabei erhalten sie nur unzureichende Informationen von der Umwelt.
(8) Die Kraftdosierung ist manchmal nicht adäquat ausgebildet. Wir erleben oft einen zu starken Krafteinsatz.
(9) Um Gegenstände zu erkunden und zu erforschen, wird zum Teil der Mund eingesetzt. An dieser Stelle sei erwähnt, dass dieses Verhalten als positiv zu werten ist, zeigt es doch die aktive Auseinandersetzung mit der Umwelt an; das wahrnehmungsgestörte Kind setzt genau die Mittel ein, die ihm die eindeutigsten Informationen liefern.
(10) Häufig werden isolierte Leistungen beherrscht, das heißt es sind durchaus Kompetenzen vorhanden, die jedoch nicht auf neue Situationen angewendet werden können.

Kommt zu einer Wahrnehmungsstörung noch eine geistige Behinderung hinzu, verschärft sich die Problematik, da in diesem Fall aufgrund eingeschränkter kognitiver Fähigkeiten oft das, was an Reizen aufgenommen wird, nicht integriert werden kann (vgl. Denkentwicklung nach Piaget). Die Orientierung in der Umwelt ist für die einzelne Person dann noch schwieriger. Das gleiche Problem findet sich oft bei Erwachsenen nach einem schweren Schädel-Hirntrauma.
Affolter führt diese möglichen Verhaltensweisen bei Menschen mit Wahrnehmungsstörungen darauf zurück, dass sie die zur Lösung der Probleme notwendigen Spürinformationen in der jeweils aktuellen Situation nur in ungenügendem Ausmaß wahrnehmen können. Diese unzureichende Integration der Reize bewirkt eine veränderte Auseinandersetzung mit der Umwelt. Erlebt der Mensch diese Umwelt häufig als chaotisch, nicht durchschaubar und beherrschbar, wird er eventuell seine Aktivitäten noch steigern – oder reduzieren. In beiden Fällen wird eine gezielte Umwelterfahrung immer schwieriger.

Problemlösendes Alltagsgeschehen (PLAG)

Wie bereits erläutert, verläuft die Entwicklung der Wahrnehmung nach einem bestimmten Muster. Dabei ist erstaunlich, dass die Entwicklung bei hörgeschädigten beziehungsweise blinden Kindern in gleicher, wenn auch zeitverzögerter Art verläuft, während sie bei Kindern mit Wahrnehmungsstörungen anders verläuft. Hier ist die Wahrnehmung im visuellen und auditiven Bereich meist normal, im taktil-kinästhetischen Bereich zerfallen aber häufig die Leistungen. Das bedeutet, wahrnehmungsgestörte Kinder versagen in der Ausführung alltäglicher Handlungsfolgen. Sie verfügen, wie bereits erwähnt wurde, nicht über die zur Lösung der Probleme notwendigen Spürinformationen in der jeweiligen Situation.

Warum aber kommt es gerade im Alltag zu diesen Problemen? Bietet nicht gerade der Alltag feste Strukturen, die Orientierung und Sicherheit gewähren? Bei genauerem Hinsehen wird jedoch deutlich, dass zwar ein fester Rahmen/ Rhythmus, zum Beispiel Essenszeiten, Arbeit/Freizeit, Schlaf-/Wachrhythmus usw., vorhanden ist, andererseits der Alltag ein breites Betätigungsfeld darstellt. Ständig wechselnde Situationen und Anforderungen erfordern ein hohes Maß an Kompetenzen. Morgens beim Anziehen zum Beispiel hängt die Auswahl der Kleidung ab von den Witterungsbedingungen, dem geplanten Vorhaben, der vorhandenen Kleidung (ein Teil davon ist ja schmutzig und steht deshalb nicht zur Verfügung) und den individuellen Wünschen und Vorlieben. Beim Frühstück wird wieder eine Reihe von Entscheidungen eingefordert. In der Schule wechseln die Situationen in kurzen Zeiteinheiten. Verschiedene Lehrerinnen unterrichten mit verschiedenen Methoden verschiedene Inhalte in verschiedenen Räumen. Der Freizeitbereich bietet ein hohes Maß an „Abwechslung“, Auswahlmöglichkeiten und damit an Variationen. Wechseln dann noch oft die Bezugspersonen, steht der Mensch mit einer Wahrnehmungsstörung vor einer unlösbaren Situation.

Der Alltag bietet aber für diesen Personenkreis auch ideale Voraussetzungen für eine Förderung. Die Förderung im Alltag beinhaltet Bewegungsabläufe, die für den Einzelnen eine Bedeutung haben. Felicie Affolter nennt das Lösen von Problemen im Alltag „Problemlösende Alltagsgeschehnisse“ (PLAG). Grundidee ist, Probleme im Alltag gemeinsam mit dem Menschen mit einer Wahrnehmungsstörung zu lösen, wobei entscheidend ist, dass die Lösung hauptsächlich von der betroffenen Person durchgeführt und erreicht wird, während die Partnerin begleitend unterstützt. Damit soll erreicht werden, dass sich der Mensch mit einer veränderten Wahrnehmung intensiv mit sich selbst

und seiner Umwelt auseinandersetzt und dabei die möglichen Lösungen als eigene Leistungen erleben kann. Voraussetzung dafür ist aber, dass er in der Handlung einen Sinn sieht, ein Ziel vor Augen hat, das zu erreichen für ihn lohnend ist. Ist dies gegeben, kann in einer Erstbegegnung auch geführt werden. Grundsätzlich ist eine gute und tragfähige Beziehung wichtig, damit die Interaktion erfolgreich verläuft. Gelingen viele dieser Situationen und wird dabei eine Vielzahl an Spürinformationen vermittelt, kann der Aufbau neuer Kompetenzen gelingen.
Ermöglicht werden soll dies durch das Führen oder Begleiten von Bewegung, wobei sich der Vorgang immer auf den ganzen Körper bezieht. Im Folgenden werden dafür die Begriffe Körperführung oder Führen verwendet.

Überlegungen zum Führen

Referenzebene

Zu Beginn des Führens stellen sich zuerst die Fragen: „Wo bin ich – wo ist die Umwelt, welchen Bezug habe ich zur Umwelt?" Beispiel: Auf einer Kindergruppe im Heim sitzen die Kinder am Tisch, um das Abendessen einzunehmen. Nach kurzer Zeit fällt das erste Glas um, das nächste Kind erschrickt, sein Besteck fällt auf den Boden. Bei dem Versuch, sich Apfelsaft einzuschenken, geht die Hälfte daneben, der Saft läuft einem anderen Kind auf die Hose. Dieses schreit und beginnt um sich zu schlagen, die Situation eskaliert. Was aber ist die Ursache? Betrachtet man die Sitzposition der Kinder, fällt auf, dass die Füsse keinen Kontakt mit dem Boden haben. Auch ist kein Kontakt mit der Rückenlehne möglich, da die Sitzfläche nicht dem Körpermaß der Kinder entspricht (Länge des Oberschenkels/Tiefe der Sitzfläche). Die Ellbogen und Unterarme liegen auf dem Tisch. Wenn ein Kind sich einen Gegenstand, zum Beispiel die Apfelsaftflasche, holen möchte, bleiben Unterarm/Ellbogen auf dem Tisch, daher streift der Ellbogen Gläser und andere Gegenstände, die dabei unter Umständen umfallen. Das Kind kann aber nicht anders handeln, da es diese beiden Bezugsebenen braucht, um überhaupt eine „sichere" Position zu haben. Eine Veränderung dieser instabilen Sitzpositionen ist notwendig, um die Situation zu entschärfen. Stühle, die in ihren Maßen den Körperrelationen der Kinder entsprechen, bewirken, dass die Füsse der Kinder einen festen Bezug zum Boden haben, die Rückenlehne gibt weiteren Halt. Jetzt braucht das Kind den Tisch nicht mehr als Bezugspunkt, die Hände werden frei zum Greifen, die Situation am Tisch kann sich entschärfen.

Abb. 66: Kinder suchen sich ihre Referenzebene selbst

Abb. 67: Und so sitzen sie aber besser

Für das Führen bedeutet das, dass vorher die Position der Beteiligten beachtet werden muss. Es muss eine stabile Unterlage und eine stabile Seite vorhanden sein. Diese Bezugsebenen werden auch als Referenzebenen bezeichnet, wobei der Mensch mindestens zwei Bezugspunkte/-ebenen aufbauen muss, um seine Raumlage zu definieren. Je weniger Bezugspunkte Menschen haben, desto unsicherer ist ihr Verhalten. Erst wenn genügend Bezugspunkte aufgebaut sind, kann eine aktive Auseinandersetzung mit der Umwelt geschehen. Dies gilt im Besonderen für Menschen mit einer Wahrnehmungsstörung (vgl. Affolter 2007, 122ff.).

Daraus ergeben sich für die Praxis wichtige Überlegungen:

(1) Bevor ich eine Bewegung beginne, untersuche ich die Stabilität der Unterlage und der Seite. Sitze ich zum Beispiel auf einem Stuhl an einem Tisch, so prüfe ich, ob meine Füsse festen Kontakt mit dem Untergrund haben, ob ich die Lehne des Stuhles spüren kann usw. Falls ja, kann ich meine Hände frei bewegen.
(2) Wann immer ich die Position meines Körpers verändere, benötige ich zusätzlich zur Unterlage, auf der ich stehe, einen weiteren stabilen Widerstand als Referenzebene für meine Körperbewegungen. Stehe ich zum Beispiel in der Küche, drücke ich meinen Körper an einen stabilen Seitenwiderstand, zum Beispiel an eine Tischkante; und jetzt kann ich die Hände ebenfalls frei bewegen. Der Aufbau von Bezugsebenen ist für die Bewältigung des Alltags entscheidend. Ist zum Beispiel die stabile Unterlage nicht vorhanden, wächst die Bedeutung eines stabilen Seitenwiderstands (deshalb bewegen sich manche Personen im Hallenbad nur am Rand entlang und halten sich mit den Händen am Beckenrand fest). Das heißt aber auch, dass die Gegenstände des Alltags, zum Beispiel Stühle, dem Körpermaß des Menschen angepasst sein müssen.
Bewegliche Referenzebenen wie der Handlauf bei einer Rolltreppe führen häufig zu panischen Reaktionen bei wahrnehmungsbeeinträchtigten Personen. Hier ist es wichtig, Kontakt mit Ihnen aufzunehmen, um Ihnen so Sicherheit zu geben.
(3) Wenn feste Bezugspunkte gegeben sind, kann die Hand beim Führen die Unterlage verlassen. Ein Führen „im freien Raum“ ohne Bezugspunkte verunsichert dagegen in hohem Maße.

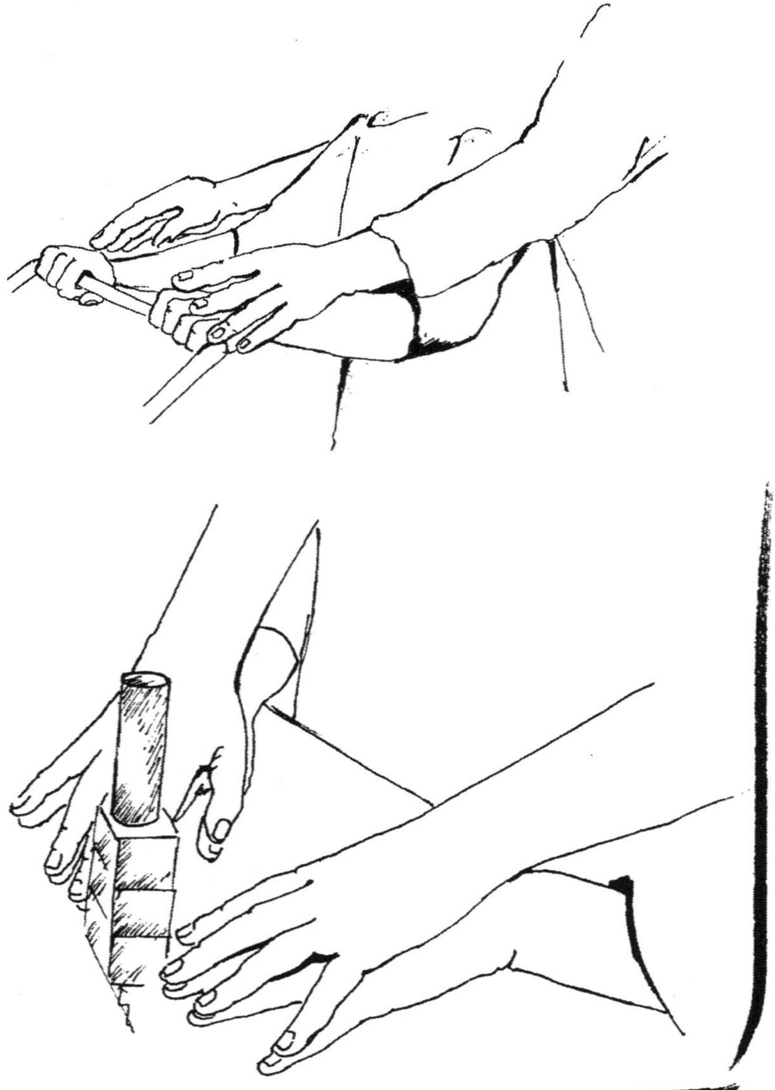

Abb. 68: Führen von hinten

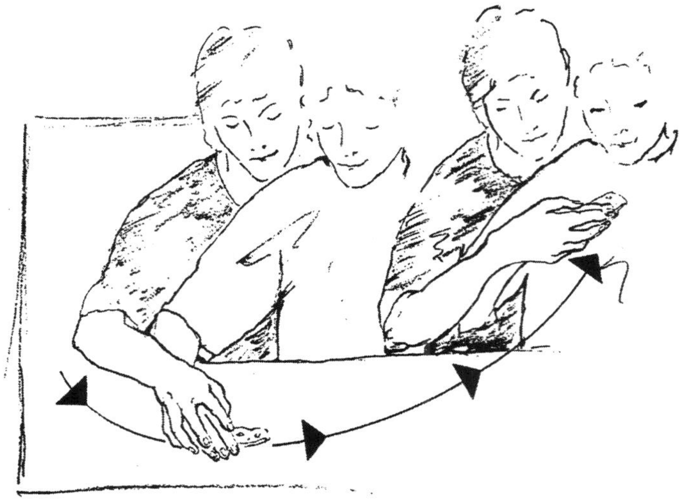

Abb. 69: Führen von hinten, der/die Führende sitzt leicht versetzt

Körperführung ist prinzipiell aus verschiedenen Positionen möglich. Für das Führen von hinten sprechen folgende Faktoren:
(1) Gleicher Blickwinkel und identischer Bewegungsablauf ermöglichen ein „harmonisches“ Führen.
(2) Das Gesichtsfeld der Geführten bleibt frei.
(3) Vermittlung von Spürinformationen: Der direkte und großflächige Körperkontakt der Führenden mit der Geführten ermöglicht eine Übertragung von Reizen, was im positiven Fall dazu führen kann, dass sich die entspannte Grundhaltung, die Ruhe der Führenden auf die Geführte überträgt. Voraussetzung dafür ist aber eine „innere Ruhe“ der Führenden. Ist diese nicht vorhanden, können sich Verspannung, Unruhe und Hektik ebenfalls übertragen.
(4) Das Erhalten von Spürinformationen: Über die große Wahrnehmungsfläche erfahre ich sehr viel über die aktuelle Verfassung der Geführten. Körperspannungen, vor allem auch Veränderungen der Körperspannung zeigen mir an, inwiefern sich die Geführte am Geschehen beteiligt.

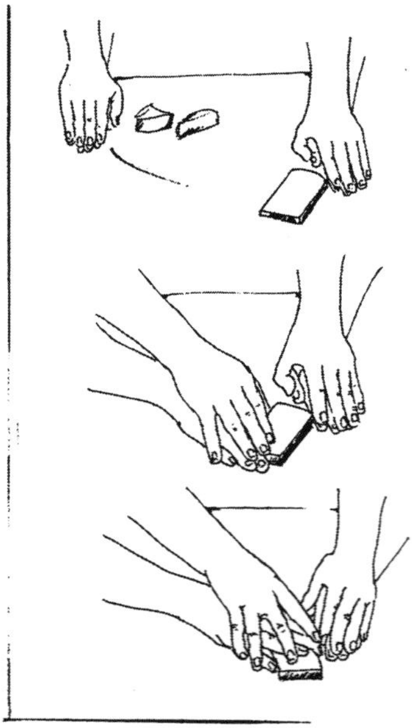

Abb. 70: Führen beider Hände

Beide Hände führen

Beim Führen beider Hände werden beide Gehirnhälften aktiviert, die Zusammenarbeit der beiden Gehirnhälften wird intensiviert, vor allem aber werden Verrechnungsprozesse des Gehirns ermöglicht. Würde man nur eine Hand führen, könnte die Geführte die Wirkung ihrer Handlungen nur schwer einschätzen, weil die Rückmeldung fehlt; so ermöglicht zum Beispiel nur der Einsatz beider Hände beim Zerreißen eines Kartons einen angemessenen Krafteinsatz. In bestimmten Situationen kann aber auch nur eine Hand geführt werden, zum Beispiel wenn die andere Hand Kontakt mit der Unterlage (Tisch) hat, kann beim Malen einhändiges Führen sinnvoll sein.

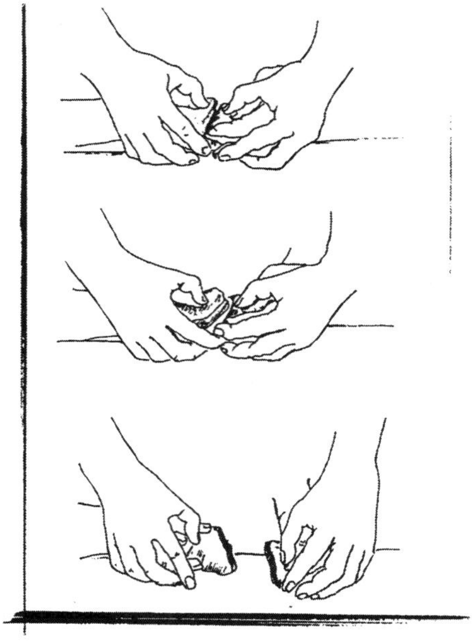

Abb. 71:
Auseinanderbrechen eines Gegenstandes über die Unterlage

In manchen Alltagssituationen, zum Beispiel wenn es die Körperrelationen es nicht zulassen, oder beim Sport (Rollen eines Balles) ist beidhändiges Führen auch oft nicht möglich.

Hand auf Hand, Finger auf Finger

Aufgrund der großen Wahrnehmungsfläche können Tonusänderungen bei der Geführten erspürt werden. Weiterhin ist es möglich, eine vorhandene Eigensteuerung wahrzunehmen und auszubauen und dadurch eine bessere Kraftübertragung und eine diffizile Führung zu ermöglichen. Das Greifen am Handgelenk ist grundsätzlich abzulehnen.

Benutzen von Gegenständen

Grundsätzlich gilt die Regel, Bewegungen des Körpers ohne Hilfsmittel zu üben, wobei neben den Händen auch der Mund, der Rumpf oder die Füsse eingesetzt werden. Erst wenn der direkte Einsatz des Körpers nicht die erhoffte Wirkung zeigt, werden Hilfsmittel eingesetzt.

Abbildung

Gelingt es zum Beispiel der Geführten nicht, einen Apfel mit der Hand in zwei Teile zu brechen, wird ein Hilfsmittel eingesetzt. Die direkte Auseinandersetzung mit dem Material ermöglicht wichtige Informationen über die Beschaffenheit. Auch über Gegenstände können Informationen aus der Umwelt wahrgenommen werden, wobei diese Informationen nicht so eindeutig und damit schwieriger einzuordnen sind.

Das Aufnehmen von Hilfsmitteln

Wir führen die Hand zum Gegenstand, legen die Handinnenflächen darauf, berühren, umfassen und ergreifen ihn. Gelingt das Ergreifen nicht, zum Beispiel, weil der Gegenstand zu klein ist (Messer), bewegen wir den Gegenstand über die Unterlage zur Tischkante, um ihn dann zu ergreifen. Die Bewegung geht dabei leicht vom Körper weg, was den Bewegungsablauf erleichtert.

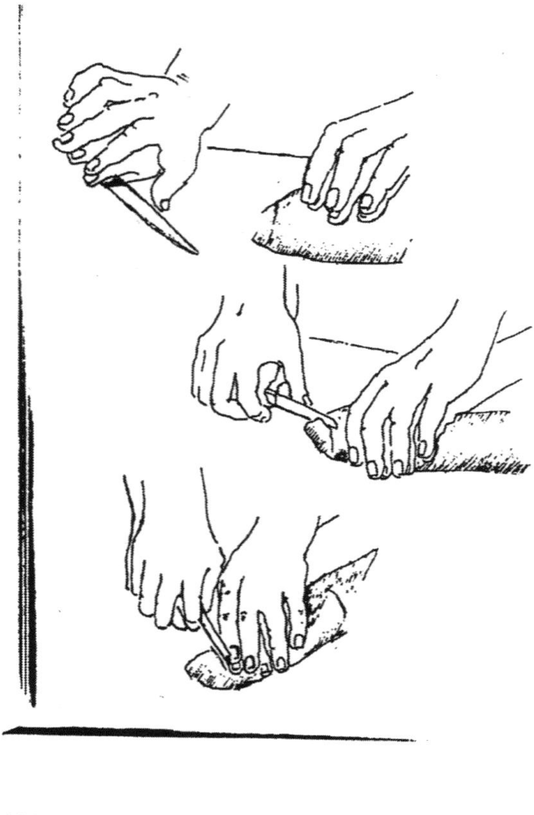

Abb. 72: Aufnehmen von Hilfsmittel

Das Ablegen von Gegenständen

Zunächst erspüren wir die Unterlage, legen zum Beispiel den ganzen Unterarm auf die Unterlage. Jetzt lösen wir den Kontakt (Hand auf Hand) und berühren das Handgelenk, den Unterarm, Oberarm und zum Beispiel Schulter. Durch diesen Wechsel der Informationsquellen verliert der Gegenstand in der Hand seine Bedeutung und kann losgelassen werden.

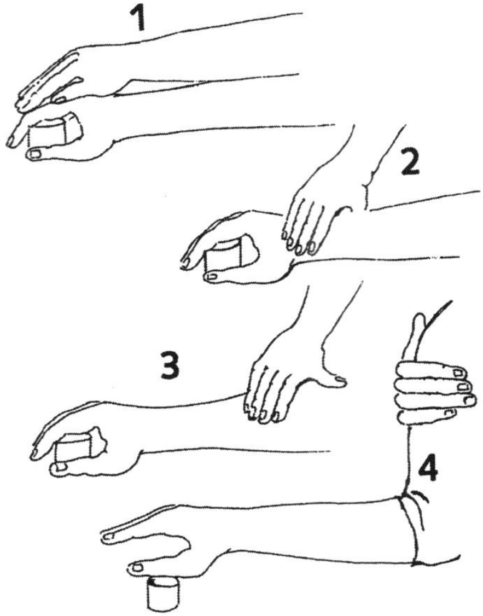

Abb. 73: Ablegen von Gegenständen

Führen und Sprechen

Die Vermittlung von Spürinformationen steht absolut im Vordergrund, die Geführte soll sich darauf konzentrieren. Aus diesem Grund wird während des Führens nicht gesprochen. Vor dem Führen jedoch wird das Geschehnis besprochen, nach Beendigung des Führens wird das gespürte Geschehen nochmals verdeutlicht. Je nach Kompetenz der Einzelnen kann dies mittels Sprache, Gestik, Gebärde, Bildern und Zeichnungen geschehen. Passiert beim Führen etwas Unerwartetes, kann das Führen unterbrochen werden, durch Sprechen die Spannung gelöst und das Führen neu begonnen werden.

Spontanes und geplantes Führen

Spontanes Führen

Geführt wird immer dann, wenn im Alltag Probleme auftauchen, zum Beispiel die Türklinge ist gegen einen Drehknopf ausgewechselt worden, so dass der Mensch mit einer Wahrnehmungsstörung nicht mehr in der Lage ist die Tür zu öffnen. Es wäre nun ein leichtes, dieses Problem für ihn zu lösen und damit seine Inkompetenz zu manifestieren (vgl. Affolter 2007, 190ff.).
Dieses Führen „so nebenbei" ist sehr wertvoll, da Probleme der alltäglichen Wirklichkeit gelöst werden, und braucht nur wenig Zeit, meistens die Zeit, die ich sowieso einsetzen müsste, um es zu tun.

Geplantes Führen

Im Alltag gibt es viele Situationen, in denen Körperführung auch gezielt eingesetzt werden kann, sei es nun bei der Essenszubereitung (z.B. Schneiden von Früchten), bei der Gestaltung des Wohnraumes (z.B. Umtopfen von Pflanzen) oder bei der Gestaltung eines festlichen Anlasses (gemeinsames Musizieren auf großen Trommeln). Vor allem bei der Körperhygiene kann durch Handführung die Intimsphäre und Individualität des Einzelnen geschützt werden, Bewegungsabläufe, die zur Gesunderhaltung des Einzelnen von großer Bedeutung sind, können geschult beziehungsweise erhalten werden.

Pausen beim Führen

Die Welt besteht aus Sehen und Hören; Spüren ist im Allgemeinen in den Hintergrund getreten. Aus diesem Grund ist Spüren/Führen sehr anstrengend; wir ermüden schnell (vgl. Affolter 2007, 269). Die Atempause soll von kurzer Dauer sein, gerade so lang, dass „aufgeatmet" werden kann. Wichtig dabei ist die stabile Referenzebene, damit der Erholungseffekt auch eintreten kann.
Eine Atempause erlaubt ebenfalls, die Spannung bei der Geführten zu spüren und eine Kontrolle der Positionen durchzuführen.
Die Unterbrechungspause gibt mir Zeit, mich zu entspannen, neue Kräfte zu sammeln. Dabei kann die Geführte Betätigungen ausführen, bei denen sie nicht geführt werden muss.

Bewegungsdynamik

Entscheidend ist das Spüren von Widerstandsveränderungen – deshalb führen wir langsam. Nur so kann der Geführte die Spürinformationen wahrnehmen und verarbeiten und, was wichtig ist, auch eine visumotorische Kontrolle aufbauen. Der Geführte soll die Aktionen mit dem Auge verfolgen.

„Kurzes" Führen

Wenn meine Partnerin im Bewegungsablauf innehält und nicht fortfährt, kann ein kurzer Impuls im Sinne eines kurzen Führens die Fortsetzung der Bewegung bewirken.

Kontakt aufnehmen und verabschieden

Die Kontaktaufnahme und das Verabschieden müssen eindeutig sein, weshalb sowohl beim Berühren als auch beim Lösen des Kontaktes ein eindeutiger Impuls gegeben werden muss.

Grenzen

Beim Führen können auch Probleme auftreten, die niemals ignoriert werden dürfen. Häufig ist der direkte Körperkontakt, die Nähe sowie die große Berührungsfläche ein Problem. Wenn wir im Alltag nicht über die Ruhe verfügen und uns hektisch in die Situation hineinbegeben, ist sie zum Scheitern verurteilt. Bei Personen mit autistischen Zügen ist die Körpernähe ein großes Problem und kann häufig nicht in diesem Maße eingefordert werden. Wichtig ist aber immer, dass das Ziel der Handlung klar ist und für die Einzelne lohnend erscheint. Trotzdem sollte die Nähe beim Führen immer sehr genau und kritisch reflektiert werden, um damit nicht Verspannungen und Ängste bei der Geführten auszulösen.
Wenn wir erwachsene Personen führen, ist häufig auch das Größenverhältnis ein Problem. Trotzdem sollte auf das Führen nicht verzichtet und in der Praxis nach alternativen Bewegungsabläufen (z.B. Führen von der Seite) gesucht werden.
Schwierig wird Führung, wenn wir bei der Geführten einen extrem hohen Muskeltonus antreffen. Ist aber die Bewegung auf ein Ziel ausgerichtet und damit für die Geführte sinnvoll, kann sich der Muskeltonus gerade durch das Führen normalisieren.

Einsatzmöglichkeiten

Die Körperführung ist nicht nur bei spezifischen Wahrnehmungsstörungen einzusetzen, sondern noch in anderen Bereichen. Wenn wir die Bewegungsstörungen eines Menschen mit einer starken spastischen Lähmung anschauen, kann hier eine Bewegungsbegleitung überschießende Bewegungsabläufe eingrenzen und damit zu einer Harmonisierung der Bewegung führen. Bei leichten spastischen Lähmungen kann geführt werden. Grundsätzlich hat Führung den Sinn, die Eigenaktivität des Einzelnen in den Vordergrund zu stellen. Bei der kompletten Versorgung von Menschen in Heimen kommt es immer wieder zu einer reduzierten Aktivität der Heimbewohnerinnen, die sich im extremen Fall so zeigt, dass sie im Bereich der Körperpflege keinerlei Aktivitäten mehr übernehmen, sondern nur noch alles passiv geschehen lassen. Führung ist immer dann sinnvoll, wenn Bewegungsabläufe unvollständig oder nur im Ansatz vorhanden sind. Durch häufiges Führen kann es zu einer Gewöhnung des Lernsystems an diesen Reiz kommen (Bahnung), wir haben die Chance, dass die Steuerung des Bewegungsablaufes im Laufe der Zeit von den motorischen Zentren des Gehirns selbst übernommen wird. Wenn es uns dann auch gelingt, die Fertigkeiten und Fähigkeiten in verschiedene Situationen des Alltages zu übertragen, so wird die Kompetenz zur Performanz, das heißt Leistungen sind in verschiedenen Situationen verfügbar.

Lernschritte

Die Begegnung mit der Umwelt vollzieht sich in mehreren Schritten.

Das Berühren

Beim Berühren von Gegenständen nimmt das Kind beziehungsweise der Erwachsene oft neue, unvertraute Spürinformationen wahr. Die Folge davon ist, dass der Körpertonus ansteigt, oft erfolgt eine brüske, zurückweichende Bewegung, die Augen blicken dabei meist weg (vgl. Affolter 2007, 194). Ein Kind oder ein Erwachsener auf dieser Stufe (Affolter bezeichnet solche Personen als schwer wahrnehmungsgestört), lässt sich aufgrund des erhöhten Muskeltonus nur sehr schwer führen.

Spüren und Vertrautwerden

Ist der geführten Person die Problemstellung (z.B. das Öffnen eines Glases) bewusst und erscheint das Ziel erreichbar und lohnend, so kann sich nach einer ersten Verspannung der Tonus normalisieren. Affolter schreibt dazu (2007, 195): „Fortgesetztes Berühren innerhalb eines ‚problemlösenden Geschehnisses‘ erlaubt das Vertrautwerden mit der gespürten Information; der Anteil an Unvertrautheit vermindert sich.“

Die Augen beginnen auf das Geschehen der Hand zu blicken. Dabei folgt der Blick der tätigen Hand noch mit Verzögerung, bei weiteren Wiederholungen wird sich aber die Dauer der Verzögerungen reduzieren. Damit wird die visuelle Information zu einer Spürinformation. Informationen werden komplexer wahrgenommen und verarbeitet, wir sprechen auch von der intermodalen Leistung „Spüren und Sehen".

Spüren und Schauen im Sinne einer serialen Organisation

Das Zusammenspiel von Auge und Hand wird intensiv; es erstreckt sich über einen gewissen Zeitraum. Weiterhin nimmt die Komplexität der Anforderungen zu, so dass zur Lösung eines Problems eine Reihenfolge von Betätigungen notwendig wird. Wir sprechen jetzt von einer serialen Organisation.

Das Gespürte wieder erkennen, Bewegungen fortsetzen und solche erwarten

Durch die aktive Auseinandersetzung mit der unmittelbaren Umwelt wiederholen sich Bewegungsabfolgen, wodurch Spürinformationen wieder erkannt werden können. Dieses Wiedererkennen gibt der Geführten Sicherheit, aus der heraus Bewegungen fortgesetzt und Aktionen selbstgesteuert durchgeführt werden. Die Führung kann langsam ausgeblendet werden, und damit ist ein hohes Maß an Handlungskompetenz erreicht. Durch diese Erfahrung entsteht aber auch eine Erwartungshaltung, Neugierde auf das, was passiert, da aufgrund der Erfahrung bekannt ist, dass noch etwas nachfolgen muss. Infolge der so erworbenen Handlungskompetenz kann sich jetzt die Einzelne aktiv mit ihrer Umwelt auseinandersetzen – und damit haben wir die Grundlage zu der weiteren Entwicklung von Motorik, Wahrnehmung, Sprache, Kognition.

Veränderungen

Was können wir an Veränderungen bei dem Einzelnen erwarten? Die erste Verhaltensänderung wird sein, dass – in einfacher Form – eine aktive Auseinandersetzung mit der Umwelt stattfindet, das heißt Gegenstände werden berührt und losgelassen, Türen auf- und zugemacht, Gewohnheiten bilden sich aus. Diese Gewohnheiten verlangen wenig Überlegung, Entscheidung, Auswahl oder Anpassung, und so erscheint das Verhalten dieser Personen häufig als stereotyp und monoton. Die Leistungen bleiben konstant, solange sich die Umwelt

nicht verändert. Verändert sich jedoch die Umwelt und nimmt die Komplexität einer Situation zu, zerfallen die Leistungen, das heißt die Performanz zerbricht. Piaget stellt der Gewohnheit die Operation gegenüber. Kennzeichen der Operation ist ihre Mobilität mit Umwegen, Umstellungen von Reihenfolgen und Betätigungen sowie Einbau von Neuem. Um Gewohnheiten zu durchbrechen und neue Kompetenzen zu vermitteln, muss ich während der geführten Problemlösungen Widerstandsinformationen vermitteln, wobei minimale Veränderungen meist ohne Wirkung bleiben, da nur maximale Widerstandsveränderungen entsprechend verarbeitet werden können. Affolter (2007, 162f.) beschreibt dies anhand eines Beispieles: Eine Frau hatte eine Hirnschädigung erlitten und war offenbar nicht mehr in der Lage, einfache Bewegungsabläufe des Alltags zu bewältigen. Durch eine Therapie sollten Bewegungsabläufe wie Äpfelschälen, Brotstreichen usw. geübt und wieder erlernt werden. Die Bemühungen blieben jedoch ohne Erfolg. Bei genauerer Analyse der Situation fiel auf, dass beim Schälen und Streichen nur minimale Widerstandsveränderungen auftreten, die zwar uns „gesunden“ Personen eine Einschätzung des Ablaufes erlauben, wahrnehmungsgestörten Personen hingegen zuwenig unterscheidbare Informationen liefern und damit keine Bedeutung haben. Affolter veränderte den Ablauf zum Beispiel beim Bestreichen eines Brotes in folgende Sequenzen: Brotscheiben in kleine Teile schneiden, mit dem Messer je ein Stück Butter abschneiden und auf ein Stück Brot drücken. Jetzt konnte der Bewegungsablauf von der Frau ausgeführt werden. Affolter erklärt dies damit, dass jeder Schnitt und jedes Drücken von kurzer Dauer und vor allem durch maximale Widerstandsänderungen gekennzeichnet war. Damit das Handeln für die Betroffenen beweglich und variabel wird, ist es wichtig, Ursache und Wirkung von Handlungen erfahrbar zu machen. Reines Schneiden mit der Schere bewirkt zwar das Trennen des Materials Papier; wird jedoch eine Milchtüte aufgeschnitten und dann Milch zum Trinken eingeschenkt, werden Zusammenhänge, die für den Einzelnen bedeutsam sind, erfahrbar gemacht.
Affolter (2007, 297) fasst zusammen: „Je umfassender die verinnerlichte gespürte Erfahrung mit Problemlösen der Alltagsgeschehnisse, desto besser werden die Ausführungen Wahrnehmungsgestörter: Sie werden beweglicher, angepasster. – Umwege werden eingebaut.“

Praxis:

Um das Führen in der Praxis richtig anwenden zu können, erfordert es ein hohes Maß an Übung und Selbsterfahrung. Im Folgenden werden noch einige Übungsmöglichkeiten aufgeführt:

(1) Wir setzen uns auf verschieden große Stühle, an verschieden große Tische, versuchen die stabile Unterlage und Seite wahrzunehmen und unser Körpermaß zu definieren.

(2) Eine Person setzt sich auf einen Tisch. Sie geht jetzt mit ihrem Oberkörper, ohne sich mit den Händen festzuhalten, nach vorne, hinten, links und rechts. Wir beobachten die Bewegungsdimension und – abläufe. Jetzt fixiert eine weitere Person die Beine der Testperson. Jetzt gleiche Aufgabe wie vorher. Wie haben sich die Bewegungsmöglichkeiten und Dimensionen verändert?

(3) Jetzt setzt sich eine Person auf den Stuhl. Wir schauen, ob er korrekt sitzt, ob die Füsse den Boden berühren, ob der Rücken Kontakt hat mit der Lehne. Wie ist die Oberfläche des Tisches beschaffen?

(4) Wir nehmen nun einige Klötze, Bauelemente, Spiele, Holzspiele zur Hand, um damit zu üben. Eine zweite Person stellt sich jetzt hinter den Vordermann (Sitzender) und legt seine Hände auf die Hände des Vordermanns, Hand auf Hand, Finger auf Finger, und schließt dann die Augen. Der Vordermann baut nun aus den Klötzen in einer langsamen Art und Weise Türme, Vierecke, Tunnels usw.

(5) Jetzt blendet der Vordermann die Führung langsam aus, der Hintermann öffnet die Augen und versucht, die begonnene Tätigkeit des Vordermannes weiterzuführen.

(6) Wir versuchen aus verschiedenen Positionen heraus zu führen; wir setzen uns dem zu Führenden gegenüber, an seine rechte, an seine linke Seite, übers Eck und versuchen jetzt Vor- und Nachteile der einzelnen Positionen selbst zu erfahren.

(7) Wir bieten gegensätzliche geführte Bewegungsabläufe an. Einmal versuchen wir, die Gegenstände über die Unterlage zu berühren, zu umfassen, zu bewegen. Als Gegensatz bewegen wir die Gegenstände, zum Beispiel Klötze, in der Luft von einem Ort zum anderen, ohne Rücksicht auf die stabile Unterlage. Eine weitere Möglichkeit ist es, Gegenstände über die stabile Unterlage aufzunehmen, sich dann leicht von der Unterlage zu lösen und den Gegenstand zu bewegen. Ist das Ziel erreicht, suchen wir wieder die stabile Unterlage.

(8) Wir führen unsere Partnerin nur eine Hand, die andere Hand liegt am Körper ohne Kontakt zur Bezugsebene. Zum Gegensatz führen wir beide Hände, beziehungsweise eine Hand liegt auf der stabilen Unterlage.

(9) Um den Einsatz von Kraft zu verdeutlichen, nehmen wir einen Teller, den wir am Rand mit einer Hand halten, und die andere Hand versucht diesen Teller wegzuziehen. Oder wir versuchen Zeitungen auseinanderzureißen, erst mit einer geführten Hand, dann beide Hände, einmal in der „Luft“, dann auf der stabilen Unterlage. Bei maximalem Krafteinsatz pressen wir Hände und Zeitung an unseren Bauch ... Wir benutzen nun Gegenstände des Alltags, wie zum Beispiel Äpfel, Brot, Brötchen, Früchte, usw.; wir versuchen, die Eigenschaften des Gegenstandes zu erfahren, aber auch die Veränderbarkeit des Gegenstandes, zum Beispiel beim Schälen einer Banane; wir versuchen, Äpfel auseinanderzubrechen, wir ziehen dabei den eigenen Körper mit ein. Sollte uns das nicht gelingen, werden Hilfsmittel eingesetzt.

(10) Wir nehmen wahr, wo ein Gegenstand, zum Beispiel ein Messer, liegt und bewegen unsere Hand dorthin, legen die Handinnenfläche darauf und greifen. Gelingt das nicht, ziehen wir die Hand leicht vom Körper weg zur Tischkante und greifen jetzt das Messer. Wenn wir den Gegenstand wieder ablegen wollen, erspüren wir zuerst die Unterlage, wechseln dann die Informationsquelle, indem wir andere Teile des Armes/der Schulter berühren, und lassen dann den Gegenstand los.

(11) Wir versuchen nun, in einem komplexen Bewegungsablauf verschiedene Dinge des Alltags durchzuführen, zum Beispiel Schneiden von Früchten, Bestreichen eines Brotes, aber auch Malen mit Fingerfarben, Kneten von Teig usw. Später werden auch weitere Alltagshandlungen wie zum Beispiel Waschen, Zähne putzen, Essen geben mit Körperführung geübt.

Für diese Übungskette ist es wichtig, dass meine Partnerin mir immer zurückspiegelt, was sie empfindet, während ich führe. Weiterhin ist es sehr interessant, verschiedene Personen in verschiedenen Situationen zu führen, um damit auch Möglichkeiten und Grenzen dieses Ansatzes zu erleben. „Führen ist keine Technik, sondern eine Kunst“ (Hofer 1994).

LITERATUR

Affolter, Felicie (2007): Wahrnehmung, Wirklichkeit und Sprache. Villingen-Schwenningen

Affolter, Felicie (1972): Aspekte der Entwicklung und Pathologie von Wahrnehmungsstörungen, in: Pädiatrische Fortbildung Praxis, Heft 34, S. 49–55

Affolter, Felicie (1972): Wahrnehmungsstörung, in: Das mehrfach behinderte, hörgeschädigte Kind, S. 94–115

Affolter, Felicie (1975): Wahrnehmungsprozesse, deren Störung und Auswirkung auf die Schulleistungen, insbesondere Lesen und Schreiben, in: Zeitschrift für Kinder- und Jugendpsychiatrie, Heft 2, S. 223–234

Haupt, U. (1996): Körperbehinderte Kinder verstehen lernen. Düsseldorf

Hofer, A. (1994): Persönliche Mitteilungen. St. Gallen

Horstmann, T. (2005). Die konduktive Förderung, in: Bundesverband für Körper- und Mehrfachbehinderte (Hrsg.): Kinder mit cerebralen Bewegungsstörungen, Düsseldorf

Pickenhain, L. (2000): Basale Stimulation Neurowissenschaftliche Grundlagen. Düsseldorf

Stemme, G./v. Eickstedt, D. (1998): Die frühkindliche Entwicklung, Vielfalt und Besonderheiten. Düsseldorf

16 Psychomotorik

Einleitung

Bewegung ist ein Kennzeichen menschlichen Lebens. Sie ist Voraussetzung für die Entwicklung des Menschen. Sie ist Grundlage für eine breite Entwicklung von Wahrnehmung, Kognition und Kommunikation, notwendig zur Bewältigung und Gestaltung unseres Alltages, Grundlage für Gesundheit und Wohlbefinden, Gegenstand und Mittel unseres Ausdrucksverhalten und nicht zuletzt Medium im emotionalen Bereich.

Die Entwicklung und Ausprägung der Motorik ist einerseits ein sehr individueller Prozess und andererseits von vielen Faktoren abhängig. An dieser Stelle sollen nur einige wichtige Faktoren, die die motorische Entwicklung beeinflussen, genannt werden.

Entwicklungsfördernd ist auf jeden Fall eine bewegungsfreundliche Umgebung. Erster Bewegungsraum ist der zur Verfügung stehende Wohnraum. Gibt es hier Bewegungs- und Spielmöglichkeiten für das Kind? Eignen sich die Untergründe zum Bewegen am Boden, kann das Kind irgendwo herunterspringen, usw.? Wichtig erscheint uns aber auch der Bezug der Eltern zu Bewegung. Sind sie selbst sportlich aktiv, bewegen sie sich draußen? Eine bewegungsanregende Umwelt ist natürlich sehr wichtig. Gibt es genügend Raum zum Spielen, Hüpfen, Balancieren, Rennen usw.?

Die Veränderung des Lebensraumes, zum Beispiel in den Städten, führt wesentlich dazu, dass die Entwicklung der Motorik gebremst beziehungsweise einseitig verläuft. Manche Bewegungsabläufe wie zum Beispiel Werfen, Rennen, sind aufgrund der Umweltbedingungen oft nur eingeschränkt möglich. Fordert man ein typisches Stadtkind auf, einen Ball zu werfen, kommt häufig ein reduzierter Bewegungsablauf wie beim Kugelstoßen zutage.

Elektronische Medien, zum Beispiel Fernsehen, Video, Computer usw. dominieren häufig im Leben eines Kindes. So werden viele Stunden des Tages mit diesen Medien verbracht. Die Auseinandersetzung mit dem eigenen Körper und die Förderung der motorischen Grundeigenschaften (z.B. Kraft, Ausdauer, Geschicklichkeit, Schnelligkeit usw.) und Fähigkeiten (z.B. Laufen, Balancieren, Werfen usw.) treten in den Hintergrund.

Ein nicht unwesentlicher Faktor scheint auch das emotionale Umfeld des Kindes zu sein. Sicherheit und Geborgenheit durch verlässliche Beziehungen ermöglichen ein offenes, aktives Zugehen auf die Umwelt. Findet ein Kind in seinem Umfeld zu wenig Sicherheit und Wärme, so wird es sich zurückziehen oder mit übersteigerter Aktivität reagieren. Häufig werden diese Kinder dann als ängstlich oder hyperaktiv bezeichnet.
Das Auftreten einer körperlichen oder geistigen Einschränkung hat einen starken Einfluss auf die motorische beziehungsweise die Gesamtentwicklung eines Menschen. Bei einer starken körperlichen Einschränkung gelingt das Aufrichten gegen die Schwerkraft oft nur mit Unterstützung. Für andere Personen ist Stehen und Gehen eine sehr anstrengende Leistung. Menschen mit spastischen Lähmungen sind in ihren Bewegungsausführungen unterschiedlich gehandicapt (beeinträchtigt). Deutlich wird, dass die Menschen unterschiedliche Erfahrungen mit ihrem Körper und der Umwelt machen. Erfahrungen, die sich deutlich von den unseren unterscheiden. Bewegungen sind oft sehr anstrengend, gelingen nur sehr unvollkommen, sind verlangsamt, manchmal auch schmerzhaft.
Auch das Auftreten von minimalen Entwicklungsverzögerungen beziehungsweise körperlichen Ungeschicktheiten hat im Kleinkindalter meist schon Konsequenzen. Das Kind spürt, dass es im Vergleich mit anderen Kindern oft mehr Schwierigkeiten beim Lösen von Aufgaben hat, sich ungeschickter anstellt und mehr Zeit braucht. Die Eltern fühlen dies, reagieren unsicher und verändern den natürlichen Umgang mit Ihrem Kind. Entweder stellen Sie erhöhte Anforderungen oder versuchen übertrieben, ihr Kind vor Gefahren zu schützen. Im Kindergarten und vor allem in der Schule kommt es zu vermehrten Vergleichen mit anderen Kindern und vor allem zu normierten Anforderungen an das Kind. Da es diese Anforderungen häufig, zum Beispiel im Spiel, nicht erfüllen kann, erfährt das Kind oft Misserfolg, Ausgrenzung und Spott. Aufgrund mangelndem Verständnis, Toleranz und oft geringer Kompetenz der Umgebung wird dem Kind dann häufig Faulheit, mangelnde Leistungsbereitschaft usw. unterstellt. Dadurch treten für das Kind doppelte Belastungen auf. Einmal die Probleme in seinem Wahrnehmungs- und Bewegungsbereich, zum anderen der psychische Druck seitens der Umgebung. Die Folge davon ist, dass das Kind ein verändertes Verhalten zeigt, die Beziehung zur Umwelt immer schwieriger wird, es sich von der Umwelt abwendet (Sekundärfolgen). Häufig wird das Kind mit folgenden Attributen, – „aggressiv, ängstlich, gehemmt, resignativ“ (vgl. Augustin 1990, 151) belegt.

Das Umfeld ist also überfordert und reagiert mit Ausgrenzungstendenzen. Was ist zu tun?
In den letzten Jahren hat sich sowohl in der Theorie als auch in der Praxis viel verändert. Konzepte und Handlungsansätze haben sich weiterentwickelt, sind in der Praxis verankert und theoretisch fundierter. Basale Bildung wurde bereits in Kapitel 13 ausführlich besprochen. Als weiteres Konzept hat sich vor allem die Psychomotorik etabliert und Eingang in der Ausbildung von sozialpädagogischen Fachkräften (Erzieherinnen, Heilerziehungspflegerinnen, Heilpädagoginnen, Sozialarbeiterinnen, Sonderpädagoginnen usw.) gefunden.

Blick in die Vergangenheit

Wer sich mit diesem Thema auseinandersetzt, wird zuerst auf den Begriff der Psychomotorik stoßen. Die Wechselbeziehung zwischen Psyche und Motorik wurde bereits im 19. Jahrhundert, vor allem in der Jugendpsychiatrie, erkannt. Die Rhythmiklehrerin Charlotte Pfeffer hat ca. 1941 diesen Begriff in die Pädagogik eingebracht, indem sie von psychomotorischer Erziehung und psychomotorischer Heilerziehung sprach. Kiphard prägte den Begriff der psychomotorischen Übungsbehandlung. In der westfälischen Klinik für Jugendpsychiatrie in Gütersloh begann Kiphard 1955 seine praktische Arbeit. Seine Grundidee war, „Behinderten, von Behinderung bedrohten, Andersartigen in Verhalten und Entwicklung einen Weg zu finden, der ihre Persönlichkeit entfalten und aufblühen läßt“ (Schäfer 1989, 19). Um das zu verwirklichen, bot Kiphard Übungen zur Schulung der Sinneswahrnehmungen und des Körperschemas an. Kiphards Geheimnis war aber seine Ausstrahlung, seine Empathie, seine Unbekümmertheit und Kompetenz. Durch zahlreiche Veröffentlichungen fanden diese psychomotorischen Übungsbehandlungen schnell Verbreitung und wurden von vielen Berufsgruppen angewandt.

Abb. 74: Jonny Kiphard und Peter Bentele in Ravensburg 2003

Seither ist dieser Ansatz weiter differenziert und theoretisch fundiert worden. Ein wichtiger Schritt in diese Richtung war 1976 die Gründung des Aktionskreises Psychomotorik, der sich zum Ziel setzte, die Arbeit von Kiphard weiter zu entwickeln und zu verbreiten.

Psychomotorik und Motopädagogik

Um die Ergebnisse der Praxis auch theoretisch zu untermauern, kam es zur Gründung eines neuen Fachgebietes, der Motologie.

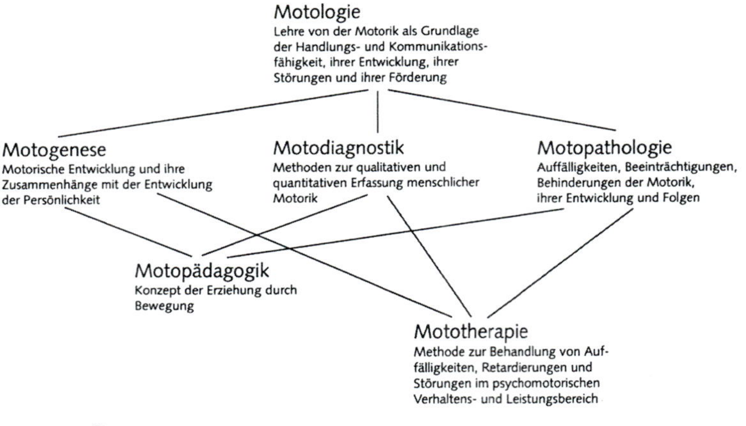

Abb. 75: Überblick über die Disziplinen der Motologie (Irmischer 1987, 7)

In diesem Zusammenhang wurde der Begriff „Motopädagogik" definiert als Konzept einer ganzheitlichen Persönlichkeitsbildung mittels motorischer Prozesse, in die die Wahrnehmung, die Bewegung, die Gefühle, die Kognition, die Interaktion und soziales Handeln eingebunden werden. Motopädagogik versteht sich als ein Teilgebiet der Pädagogik, vergleichbar mit der Freizeit-, Theater-, Behindertenpädagogik usw. Sie orientiert sich an den Teilgebieten und den Erkenntnissen der Pädagogik und bringt ihrerseits die Erkenntnisse in diese Disziplin ein, die den Aspekt der Bewegung zum Kern haben.
Der Begriff Psy*chomo*torik ist der Ursprünglichere. Er verdeutlicht die komplexen Zusammenhänge von Bewegung, innerem Erleben und Individualität. Der Begriff Homo (Mensch) steht im Zentrum, das bedeutet, dass das Kind, der Jugendliche, der Erwachsene beziehungsweise der alte Mensch als selbstbestimmte Individuum im Mittelpunkt des Geschehens stehen. Die Motorik ist als Medium menschlichen Handelns und Ausdruck zu begreifen.
Psychomotorik oder Motopädagogik, beide Begriffe werden verwendet, jeweils abhängig vom Verständnis dieses Ansatzes.
Wir favorisieren Psychomotorik, da wir unser Gegenüber als selbstbestimmtes, autarkes Individuum begreifen. Psychomotorik basiert nach unserem Verständnis auf Begegnung, Verstehen, gelungenen Dialogen und kommunikativen Situationen. Inhaltlich orientiert sich das psychomotorische Geschehen an den Bedürfnisse der beteiligten Menschen. Dabei spielen Elemente wie Wahrnehmen, Bewegen, Erleben, Bauen, Gestalten, Spielen, Fantasie, Ausdruck, aber auch Lernen eine zentrale Rolle.
Die Methode, also wie die Interaktion und das praktische Geschehen geplant, gestaltet und umgesetzt werden, hängt zentral von den Kompetenzen und Erfahrungen der beteiligten Menschen ab. Psychomotorik erlebt eine breite Anwendung, vom Säuglingsalter bis ins hohe Alter, bei Menschen mit und ohne Einschränkung. Damit wird auch klar, dass nur eine individuelle Vorgehensweise dem Einzelnen gerecht werden kann.

Inhalte der Psychomotorik

Bisher wurde das psychomotorische Geschehen in folgende Bereiche eingeteilt:

(1) bei den Körper-/Leiberfahrungen stehen die eigenen Erfahrungen, Erlebnisse, Emotionen bezüglich des eigenen Körpers im Vorder-

grund. Im Einzelnen bedeutet dies, den eigenen Körper wahrnehmen, erleben, kennen lernen und mit ihm umgehen zu können. Weiterhin sollen die Belastbarkeit, die motorischen und kognitiven Fähigkeiten richtig eingeschätzt werden. Über das Erleben des eigenen Leibes und den Erfahrungen mit der personalen Umwelt soll der Einzelne emotional-affektive Kompetenzen aufbauen.

(2) Materialerfahrung bedeutet, sich an die Umweltgegebenheiten anzupassen, die Umwelt in ihren physikalischen Eigenschaften erfassen, mit ihr umgehen und sie verändern zu können.

(3) Sozialkompetenz bedeutet, die eigene Identität im sozialen Kontext erkennen, sich in der Gemeinschaft erleben, sich an andere anpassen beziehungsweise abgrenzen zu können. Aufgrund dieser erworbenen Kompetenzen soll sich der/die Einzelne in seinem/ihrem sozialen Umfeld selbst verwirklichen können.

Diese formale Einteilung erscheint uns problematisch. Entwicklung kann nicht linear begleitet werden, sondern nur vernetzt. Menschen in ihren individuellen Lebenssituationen haben unterschiedliche Bedürfnisse. Handlungen implizieren immer alle Aspekte menschlichen Daseins.

Wir kennen aufgrund der Personenkenntnis die Bedürfnisse unseres Gegenüber, Themen, die gerade aktuell sind. So genießt ein Junge vestibuläre Reize. Schaukeln in jeder Form ist gerade sein Thema, ein anderes Kind sucht maximale Widerstände, rennt gegen alles, was Widerstand bietet. Andere Kinder sind intensiv am Bauen oder sind auf der Suche nach Interaktion. Erwachsene Menschen mit einer Behinderung wollen „Sport“ machen, also Badminton, Tischtennis oder Fußball spielen. Menschen im hohen Lebensalter suchen gemeinsame Betätigung, lieben zum Beispiel Bewegung und Musik.

Eins ist uns aber allen gemeinsam. Die Anregung der Sinne, die erfolgreiche Betätigung im Rahmen unserer Möglichkeiten, Interaktion und Kommunikation, Akzeptanz und Gemeinsamkeit.

Intentionen

Was wollen wir im psychomotorischen Geschehen erreichen?

Kiphard spricht von einer Entfaltung und Aufblühen der Persönlichkeit. Wir definieren Psychomotorik so:

In einer Atmosphäre der Wertschätzung und Akzeptanz sollen die Menschen sich als ursächlich, wirkungsvoll und selbstbestimmt erleben. Dadurch soll die Selbstbestimmung und das Selbstkonzept gestärkt werden, so dass die Menschen ein hohes Maß an Autonomie entwickeln.

Stundenaufbau

Der Aufbau einer psychomotorischen Stunde kann sehr unterschiedlich sein. Hier soll eine mögliche Struktur vorgestellt werden, nach dem Motto: „Nur wer eine Struktur hat, kann sie verlassen“:

Eingangsphase	– Platz im Raum – Begrüßung/Kontaktaufnahme/Namen – Zeichen vereinbaren – Regeln/Grenzen – Thema der Stunde – Leiterin zentrale Rolle
Extensive Phase (Aufwärmen, Austoben)	– Psychophysische Regulation – Bewegen, Spannung abbauen beziehungsweise aufbauen – Lauf- und Fangspiele – Leiterin macht mit – Beobachten – Individuelle Kontaktaufnahme – Dauer dieser Phase orientiert an den Bedürfnissen der TN – Situative Entscheidung
Intensive Phase	– Thema der Stunde (Bauen, Erleben, Fantasiegeschichten, Schaukeln, Bewegungsbaustelle usw.) – Leiterin beobachtet, hilft, organisiert, beteiligt sich aktiv nicht an der Gestaltung des Themas – Leiter ist verantwortlich für Rahmenbedingungen – Leiter kommunikationsorientiert
Entspannungsphase	– Zum Abschluss des Themas – Immer dann, wenn notwendig in der Stunde – Möglichst zum Thema

	– Wechsel der Aktivität/ Wechsel des Aktivitätsniveau – Leiterin initiiert und organisiert
Schlussphase	– Gemeinsamer Abschluss – Kommunikative Situation, Besprechung der Stunde/ einzelnen Situationen – Kein „Fishing for compliments“ – Absprachen nächste Stunde – Leiterin beendet Stunde

Eingangsphase:

Für Menschen mit einer Behinderung ist es oft sehr bedeutsam, dass äußere Zeichen und Strukturen klar die Situation definieren, eindeutig auf das Geschehen hinweisen. Deshalb ist es unserer Meinung nach unerlässlich, dass alle beteiligten Personen entsprechende „Sportkleidung“ anziehen. Dieses Umziehen ist ein wichtiger Übergang. Beim Umziehen erspüren wir die Stimmung des anderen, werden aktuelle Geschehnisse besprochen. Bei der Assistenz, zum Beispiel beim Anziehen, kann es zu einem ersten körperlichen Kontakt kommen. Sportkleidung schränkt uns in der Bewegung nicht ein und darf auch dreckig werden. Mit dem Betreten der Halle (Bewegungsraum) beginnt die eigentliche Stunde. Zur Begrüssung und weiteren Treffen während der Stunde sind zum Beispiel bei Kindern Isomatten ausgelegt oder bei Erwachsenen Langbänke, Kleinkästen usw. Der weitere Fortgang ist situationsabhängig. Hat die Heilerziehungspflegerin die „Sportlerinnen“ von der Wohngruppe aus begleitet, wird die „Begrüssung“ recht kurz gehalten. Wechseln in der Schule die Kinder den Raum und die Lehrerin oder kommen die Teilnehmerinnen einmal in der Woche zur Psychomotorik, ist die Begrüssung und Kontaktaufnahme mit jedem Einzelnen zentral wichtig. Jetzt wird auch kurz besprochen, was Inhalt der Stunde ist. Bevor es in die Bewegung geht, wird noch ein Zeichen fürs Zusammenkommen vereinbart, zum Beispiel wir treffen uns, wenn der Leiter in die Hände klatscht. Regeln müssen meist noch keine vereinbart werden, wenn in der Halle bereits Geräte stehen, muss der Umgang damit geklärt werden. Der Übergang zur extensiven Phase ist durch die Handlungserlaubnis, zum Beispiel jeder bewegt sich frei im Raum, gekennzeichnet.

In dieser ersten Phase nimmt die Leiterin (Psychomotorikerin, Heilerziehungspflegerin usw.) eine zentrale Rolle ein. Sie ist verantwortlich für die Vorbereitung des Raumes, Bereitstellen von Material usw. Weitere wichtiger Aspekte sind die Teilnehmerinnen in Empfang zu nehmen, jeden Einzelnen zu begrüssen und die Befindlichkeit der Einzelnen zu erspüren. Der Aufbau individueller Kommunikationsstrukturen und das Gelingen des individuellen Dialoges sind zentrale Geschehnisse.

Extensive Phase:

In der Extensiven Phase steht freies Bewegen im Vordergrund. Es gibt keine Bewegungsvorgaben beziehungsweise Bewegungseinschränkungen im Sinne von „Hüpfen auf einem Bein“. Jeder soll sich individuell bewegen, sein Tempo selbst bestimmen. Musik initiiert Bewegung, Medien wie Pezzybälle, Softbälle, Luftballons, Luftballons in Neoprenhüllen, Zeitungen, LKW-Schläuche, usw. motivieren zur Bewegung. Keine „harten“ Medien wie Fußbälle und Plastikbälle. Dabei sollen Teilnehmer mit viel Power Energien abbauen, ruhigere Teilnehmerinnen sollen aktiver werden. Alle Teilnehmerinnen sollen ein optimales „Aktivierungsniveau“ erreichen (Psychophysische Regulation). Bei erwachsenen Menschen mit einer geistigen Behinderung und teilweise körperlichen Einschränkung ist das in Bewegung kommen oft nicht so spielerisch einfach. Hier ist oft die „Unterstützung“ seitens der Heilerziehungspflegerin notwendig. Zu Beginn dieser Phase keine Intervallbelastung, zum Beispiel Fangspiele. Zuerst muss durch individuelles Bewegen der Kreislauf und der Gelenkstoffwechsel aktiviert werden. Kinder wollen oft zum Schluss dieser Phase noch ein Fangspiel. Warum nicht, jetzt ist der Körper bereit dazu!
Die Leiterin bewegt sich zusammen mit der Gruppe. Dabei nimmt sie mit jedem Teilnehmer nochmals individuell Kontakt auf, beobachtet die Gruppe. Die Dauer dieser Phase ist sehr unterschiedlich und ist von der Gesamtsituation abhängig. Mit einer gemeinsamen Besprechung wird in die nächste Phase übergeleitet.

Intensive Phase:

Das weitere Vorgehen hängt jetzt auch vom geplanten Thema ab.
1. Beispiel: In der letzten Stunde waren drei Bewegungsstationen aufgebaut. Schräge Ebene, Schaukel und Bewegungsbaustelle. Jetzt wollen zum Beispiel die Kinder unbedingt wieder eine Schaukel bauen, ein paar wollen klettern oder eine Höhle bauen. Jetzt wird die Umsetzung besprochen, die Gruppe aufgeteilt und „los geht's". Die Leiterin und Assistenten beraten die Kinder, unterstützen sie, stellen Material bereit. An der Sprossenwand werden Weichbodenmatten ausgelegt, Seile werden verspannt. Die Höhlenbauer gestalten mit Matratzen und Fallschirm verschiedene Höhlen.

2. Beispiel: Eine Gruppe geistig behinderter Kinder, die wenig Erfahrung bezüglich Bauen haben. Sie zeigen deutliche Vorlieben für maximale Widerstände. Jetzt werden drei Stationen aufgebaut, die diese Erfahrungen ermöglichen. Die Stationen sind vorher bildlich dokumentiert worden. Einmal wird eine Weichbodenmatte gegen die Sprossenwand gestellt und oben ein Glöckchen befestigt. Eine andere Gruppe baut mit Rollbrettern ein Gefährt und spannt ein Seil durch die ganze Halle. Jetzt können sie sich daran durch die Halle ziehen. Die dritte Gruppe stapelt die restlichen Matten und Matratzen zu einem Turm. Außen wird mit Matten gesichert. Hier sind die Vorgaben genauer, die Kinder lernen zu bauen.
Aufbauten beziehungsweise Gerätelandschaften sollten immer Erfahrungen im vestibulären, kinästhetischen und taktil/somatischen Bereich ermöglichen. Also Schaukeln, Springen, Rollen, Rutschen, Drehen, Wippen, Einwickeln usw. Viele Kinder lieben Höhlen, suchen Begrenzungen, möchten ihren Körper spüren. Wichtig ist, dass die Kinder/Jugendlichen oder Erwachsenen die Aufbauten verändern beziehungsweise Bewegungsanlässe selbst konstruieren können. Wichtig ist, Zeit einzuplanen zum Handeln und Spielen.

3. Beispiel: Eine Gruppe erwachsener geistig behinderter Personen will Badminton spielen. Wir spannen also ein farbiges Band längs durch die Halle, so dass alle Teilnehmerinnen gleichzeitig spielen können. Große Kegel können die Spielfelder verdeutlichen. Als Spielgeräte gibt es zum Beispiel Badmintonschläger, Tischtennisschläger, Speckbretter und verschiedene Bälle. Jetzt wählt jeder sein Spielgerät und einen Partner, das Spiel kann beginnen.

4. Beispiel: Die Halle ist leer, eine Grundschulförderklasse hat Psychomotorik. Beim freien Bewegen mit Chiffontüchern verkleiden sich die ersten Kinder. Daraus entwickeln sich verschiedene Rollen. Die einen möchten Prinzessin sein, die anderen coole Ritter. Da der Materialraum offen ist und die Kinder die Ausstattung kennen, entstehen aus Betttüchern, Schwungtüchern, Matten und Kästen Burgen, Schlafgemächer usw. Das Spiel geht weiter, der Ausgang ist offen.
Schon an diesen Beispielen erkennen wir die Bandbreite der Psychomotorik, sie ist so unterschiedlich wie ihre Teilnehmer.
Die Leiterin beobachtet das Geschehen, beantwortet Fragen, stellt Material zur Verfügung, assistiert, hilft auf Anfrage des Kindes. Sie beteiligt sich jedoch nicht inhaltlich am Spiel der Kinder.

Je nach Thema/Inhalt beteiligt sich die Psychomotorikerin unterschiedlich am Geschehen. Beim Aufhängen einer Schaukel „hilft" sie, indem sie den Kindern zeigt, dass zwei oder vier Stühle (Mattenwagen, Kleinkästen) ein guter Unterbau beim Befestigen sind. Sie unterstützt die Teilnehmerinnen, berät und ist Ansprechpartner. Grundsätzlich ist sie an der Gestaltung des Themas nicht aktiv beteiligt, außer das Kind braucht ihre Unterstützung. Wir kennen aber auch viele Menschen mit und ohne Behinderung, die viel Motivation, Unterstützung und Anregung brauchen. Durch lange Heimaufenthalte ist die Eigeninitiative verloren gegangen, Bewegungsfreude ist nicht wirklich ausgeprägt. Hier ist die Heilerziehungspflegerin mehr gefragt im Sinne von Initiieren, Motivieren, eventuell Vormachen usw.
Wichtig ist, das Ende dieser Phase anzukündigen. „Noch fünf Minuten" oder „bald müssen wir abbauen", ermöglicht dem Kind sein Spiel zu beenden, oder nochmals die schräge Ebene hinunterzurollen usw.
Der Übergang zur nächsten Phase erfolgt in Absprache mit den Kindern. Häufig wollen sie noch weiterspielen, nach anstrengendem Bauen und Toben ist Entspannung angesagt.

Entspannungsphase:
Entspannung meint nicht „ruhig liegen und gleichmäßig atmen“. Gemeint ist ein Aktivitätswechsel. Nach dem Toben im Ballbad liegen alle Kinder auf einer Isomatte und schauen nach oben. Zu ruhiger Musik fliegt ein Riesenluftballon im Raum, den die Kinder mit den Fingern leicht antippen. Nach einer Stunde mit Zeitungen werden alle Teilnehmer mit Zeitungen zugedeckt. Oder ein Teilnehmer rollt einen Igelball über den Rücken des anderen. Alle Teilnehmer liegen auf dem Trampolin und spüren den leichten Schwingungen des Tuches nach. Die Leiterin organisiert die Entspannung. Der Übergang sollte zügig erfolgen. Sie teilt Entspannungsmaterial aus, stellt eventuell Musik an, deckt die Kinder mit den Zeitungen zu, legt sich zur Gruppe.
Entspannung ist häufig in die Stunde integriert. Bei verschiedenen Aufbauten gibt es immer auch Angebote zum Entspannen zum Beispiel in der Schaukel, auf der Weichbodenmatte, auf dem Matratzenstapel usw. Immer wieder ist Entspannung Thema der Stunde. Einstieg mit einer schönen Geschichte, dann ein Besuch im Zoo (Rückenmassage) und zum Schluss Hände waschen (Handmassage).

Schlussphase:
Eine Stunde wird immer gemeinsam beendet. Organisationsform wie bei der Eröffnung. Kein „Fishing for compliments“ im Sinne von „Wie war's heute?“, sondern Frage an die Teilnehmer: „Was hat Euch/Dir heute gut gefallen“, „Was habt Ihr erlebt“, Was habt ihr gespielt“, usw. Die sprachliche Darstellung des Erlebten scheint uns zentral zu sein. Der Teilnehmer erfährt Wertschätzung durch die Gruppe und Leiterin, regt andere zum Reden an. Vielleicht ergeben sich Themen für die nächste Stunde? Oder die Psychomotorikerin fragt nach Wünschen für die nächste Stunde. Es ist wichtig, für diesen kommunikativen Abschluss Zeit einzuplanen. Bei Menschen, die sich sprachlich nur schwer oder gar nicht artikulieren können, machen wir häufig die Besprechung vor den Abbau der „Stationen“. Jetzt kann die Person auf die Frage: „Was hat dir am besten gefallen“ einfach zum Beispiel auf die schräge Ebene zeigen. So ist auch ihre Kommunikation erfolgreich. Die Leiterin kann durch stellvertretende Artikulation die analogen Aussagen sprach-

lich verdeutlichen. Bei der Planung der nächsten Stunde setzen wir Bildkarten ein. Möchte ein TN Trampolin springen, kann er auf die entsprechende Karte zeigen.
Jeder TN wird individuell verabschiedet. Die Leiterin beendet die Stunde.

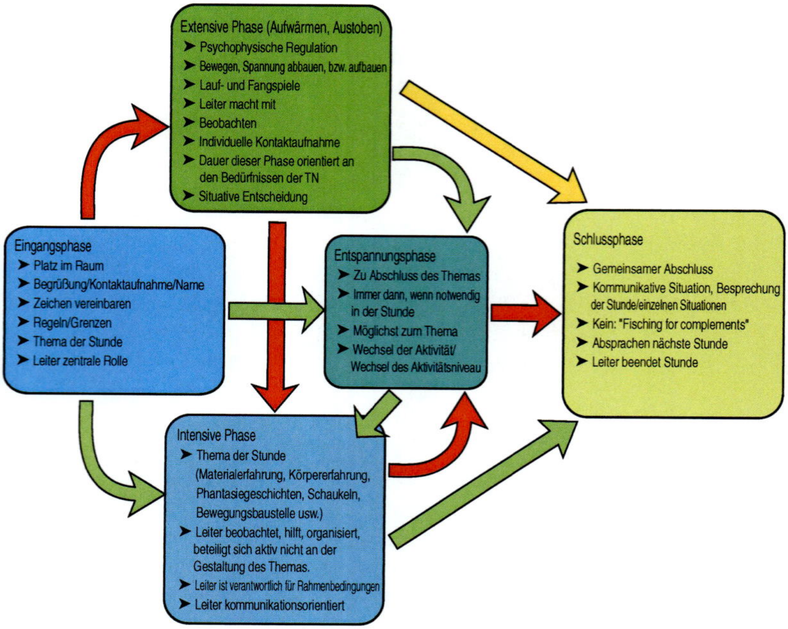

Abb. 76: Variable Phasen

Wie in der Abbildung dargestellt, kann der Verlauf einer Stunde sehr unterschiedlich sein. Die roten Pfeile zeigen einen „normalen" Ablauf einer Psychomotorikstunde an. Nach einer Eingangsphase und extensiven Phase kann auch gleich ein Übergang zur Entspannung oder gar zur Schlussphase erfolgen. Oder die extensive Phase erübrigt sich, da die Kinder gerade vom Toben im Garten kommen. Sind die Kinder müde und signalisieren den Wunsch nach einer „ruhigen" Stunde, so kann nach der Eingangsphase gleich in die Entspannung übergegangen werden. Bei solchen Stunden bleibt viel Zeit zur Kommunikation. Insofern sind ruhigere Stunden auch spannende Stunden.

(Vertiefende Literatur: Passolt, M./Pinter-Theiss,V. (2007): „Ich hab eine Idee“, Dortmund.)
Neben einem möglichen Stundenaufbau mit allen Varianten sollte die Psychomotorikerin weitere methodische Kenntnisse besitzen. Zum Beispiel: Welche Überlegungen zu Gestaltung und Verlauf sind noch wichtig?

Indirekte Methoden

Struktureller Rahmen

- ☑ Zu Beginn jeder Stunde ist die individuelle Kontaktaufnahme ganz wichtig. Jedes Kind/Teilnehmer soll von der Leiterin bewusst wahrgenommen und begrüsst werden. Hier gibt es Raum für Kommunikation. Individuelle Rituale verdeutlichen Akzeptanz und Empathie, bestärken den Einzelnen und erzeugen Motivation.
- ☑ Zu Beginn der Stunde treffen sich alle Teilnehmer an einer markierten Stelle, zum Beispiel in der Ecke des Raumes auf Isomatten (bekannter Anfang).
- ☑ Während der Bewegungsstunde ist dieser Platz immer wieder Treffpunkt, um sich zu besprechen. Er bietet aber auch Möglichkeit zum Ausruhen, Zuschauen und Beobachten.
- ☑ Kommunikative Signale bleiben immer gleich!
- ☑ Informationen zum Inhalt/Thema der Psychomotorikstunde. Jetzt können sich die Teilnehmerinnen auf das Geschehen einstellen, Wünsche und Anmerkungen einbringen, die Stunde gestalten. Bekannte Strukturen und Abläufe geben Sicherheit.
- ☑ Am Ende der Stunde: Absprachen für die nächste Stunde – Diese Vorgehensweise erzeugt eine überdauernde Motivation.

Methodenwechsel

Die Variation der Vorgehensweisen erzeugt Spannung und gewährleistet eine gute Einbindung der Kinder/Teilnehmer. Ein fortwährendes Vorgeben von Übungen wie im Sportunterricht erzeugt Langeweile; ein Wechsel zwischen gemeinsamen Absprachen, Experimentieren, Vorgaben und Freiraum bewirken eine interessante Stundengestaltung.

Variationen

Durch kleine Variationen kann das Thema Veränderung erfahren, die zu einer weiteren Beschäftigung motivieren kann. Beim Fahren auf den Rollbrettern ermöglicht die Hinzunahme von Seilen viele weitere Möglichkeiten mit dem Rollbrett. Kleine Veränderungen motivieren die Kinder zu einer längeren Auseinandersetzung mit dem Material, andererseits erfahren sie so die Vielzahl von Möglichkeiten, die ein Thema bietet. Dies bewirkt in der Folge, dass bei weiteren Begegnungen mit dem Gerät den Kindern eine Vielzahl von Variationen zur Verfügung steht, was wiederum ein komplexeres Geschehen ermöglicht. Variationen entstehen auch durch einen Wechsel der Sozialform. Kooperieren zwei, vier oder mehr Kinder oder Erwachsene miteinander, werden sich immer neue Dinge entwickeln.

Verändertes Aktivitätsniveau /An- und Entspannung

Bei Klettern über einen Mattenberg müssen alle Kräfte mobilisiert werden, beim Springen auf dem Trampolin muss man sich voll konzentrieren, danach folgt eine Phase der Erholung.
Beim Bauen eines Fahrzeuges wird geplant, diskutiert und gehandelt. Danach kann das Fahrzeug ausprobiert werden. Dazu muss einer schieben, der andere kann darauf fahren und das im Wechsel. Jeder kann seine Intensität, das Tempo und die Dauer selbst bestimmen.

Eigenständiges Handeln

Übergänge müssen so gestaltet sein, dass die Teilnehmer in Bewegung kommen. Dazu brauchen sie Handlungserlaubnis und -kompetenz. Handlungserlaubnis bedeutet, dass unser Gegenüber weiß, was er jetzt tun darf, zum Beispiel „Ihr könnt Euch jetzt frei in der Halle bewegen“. Handlungskompetenz meint zum Beispiel beim Aufbauen von Bewegungsstationen, welche Matte brauchen wir, wo in der Halle wird aufgebaut usw. Manchmal ist auch eine Hilfestellung notwendig. Diese begrenzen wir auf das Notwendigste, überlegen immer, wie kann die Teilnehmerin dies selbst tun. Brauchen wir einen Knoten, um eine Schaukel zu befestigen, dann zeigen wir ihn, üben diesen Knoten, so dass der TN ihn später selbst anwenden kann. Bewegungsideen nehmen wir wahr, verstärken sie, geben ihnen Bedeutung.
Bei Stationen erfolgt kein Wechsel nach Zeitvorgaben, sondern ein freier Wechsel. So können die Kinder individuell ihre Übungszeit gestalten und aus den angebotenen Möglichkeiten auswählen.

Vermittlung

Personenorientierte Vermittlung bedeutet sehr bildliche Sprache bei Kindern, angemessene Sprache bei Erwachsenen. Darstellung mit allen Sinnen heißt, beim Imitieren eines Flugzeuges muss auch „Krach“ in entsprechender Lautstärke dabei sein. Vorsicht bei zu starken auditiven Impulsen. Viele Kinder erschrecken zum Beispiel, wenn ein Luftballon „knallt“. Auch zu laute Musik stört viele Menschen. Psychomotorik sollte spannend sein. Ein Riesenluftballon fasziniert; ebenso Bälle, die ganz anders fliegen oder rollen als erwartet; eine neue schräge Ebene mit Folie; farbiges Wasser auf einer Folie, das bei viel Bewegung verschwindet.

Sachimmanente Methoden

Freiwilligkeit

Die Teilnahme ist absolut freiwillig. Dies bezieht sich sowohl auf die Stunden allgemein, als auch auf einzelne Sequenzen einer psychomotorischen Stunde. Nur in der Eingangs- und Schlussphase sind alle beteiligt. Weiterhin gilt, dass man nicht einfach den Raum verlassen kann oder andere in ihrem Tun stört, sondern vorher vereinbarte Regeln eingehalten werden müssen. Kinder, die eine Auszeit nehmen oder einfach nur mal zuschauen wollen, können sich auf die Isomatten setzen. So werden sie bei jeder neuen Besprechung/Zusammenkommen neu in die Gruppe aufgenommen. Das Kind/Teilnehmer soll in seiner Selbstbestimmung absolut ernst genommen werden.

Selbstbestimmung

Bei der Planung und Durchführung orientieren wir uns immer an den Stärken und Bedürfnissen der Kinder/Jugendlichen/Erwachsenen. Bewegungsstunden werden, wenn möglich, gemeinsam geplant und durchgeführt. Es besteht Entscheidungsfreiheit. Die Einzelne wählt selbst die Form der Ausführungen (den Schwierigkeitsgrad). Dabei steht die Eigenkontrolle und –verantwortung im Vordergrund. Die Handlungen des Einzelnen werden als persönliche Leistung akzeptiert und verstärkt. Nur über das Gelingen, den Erfolg, wird sich der Wunsch nach Wiederholung einstellen, eine intrinsische Motivation wird sich entwickeln. Ein Kind, das sich seiner Stärken bewusst ist, aber auch Sicherheit vor Bloßstellung hat, wird sich in das Geschehen

einbringen. Das Ergebnis einer solchen Vorgehensweise sind Kinder mit einem guten Selbstkonzept, die auch mal einen Misserfolg verarbeiten können.
Es ist wichtig, Zeit zu geben zum Planen und Handeln, für Problemlösungen, zum Wiederholen, zum Mut fassen, für Kommunikation.
Die Einbindung der Teilnehmerinnen ist wesentlich von den Voraussetzungen der Einzelnen abhängig. Bei vielen erwachsenen Menschen mit langjähriger Heimerfahrung ist die Artikulation der eigenen Bedürfnisse sehr gering ausgebildet. Für die Praxis bedeutet dies, dass bei diesem Personenkreis Bewegungsabläufe und Situationen anfänglich mehr durch die Leiterin der Gruppe angeboten werden müssen. Erst aufgrund neuer Erfahrungen und viel Bestärkung seitens der Heilerziehungspflegerin lässt sich eine Öffnung nach außen, sprich Artikulation von Bedürfnissen und Wünschen, erreichen. Dieser Prozess kann unter Umständen recht langwierig sein.

Bewusster und vielfältiger Umgang mit Material

Gemeinsamer Auf- und Abbau (z.B. von Gerätearrangements). Beim Transport, „Schleppen“ von Geräten, erfahren die Teilnehmer viel über die Beschaffenheit des Materials. Zum Beispiel Gewicht, Beschaffenheit der Oberfläche. Aber auch über eigene Stärken. „Hab ich ganz alleine geholt“.
Der Einsatz von Material sollte anregen, aber nicht überfordern. Dabei kann es sinnvoll sein, das Material zu begrenzen beziehungsweise gezieltes Angebot zur Verfügung zu stellen. Weiterhin soll eine breite Auseinandersetzung mit dem jeweiligen Material erfolgen, so dass die Bandbreite der Möglichkeiten sichtbar wird.

Kommunikationsorientiertes Vorgehen

Das psychomotorische Geschehen bietet eine Fülle von kommunikativen Anlässen. Sich mit anderen verständigen zu können, geübt zu sein in kommunikativen Geschehnissen, ist im Alltag von zentraler Bedeutung. Selbstbestimmung definiert sich über gelungene kommunikative Begegnungen. Nur über meine eigene Kommunikationskompetenz kann ich meine Bedürfnisse definieren. Nach einer Stunde auf dem Airtramp kam ein Kind, das erst vor wenigen Tagen nach Oberschwaben gekommen und der deutschen Sprache wirklich nicht mächtig war, auf den Psychomotoriker zu und rief mit glänzenden Augen so etwas wie „Eirtramp, Eirtamp“. Erst nachdem klar war, dass er in der nächsten Stunde wieder aufs Airtramp kann, verließ es die Halle.

Handlungs- und Spielsituationen werden also gemeinsam geplant und erörtert, Veränderungen angeregt und diskutiert, Stunden reflektiert, Gefühle angesprochen. Die kommunikative Aufarbeitung bewirkt einerseits eine Vertiefung des Bewegungserlebnisses, andererseits werden sprachliche Informationen, die gleich mit Handlungen verbunden werden, besser gespeichert. Werden Handlungen, Abläufe im Vorfeld sprachlich entwickelt, so ist dies eine optimale Plattform für die Entwicklung und Festigung sprachlicher Kompetenzen. Diese sehr allgemein formulierten Aussagen bedürfen hinsichtlich der praktischen Umsetzung einer Differenzierung. Eine gemeinsame Planung und Reflexion einer Stunde kann Kinder im Vorschulalter oder Menschen mit einer geistigen Behinderung überfordern, da das Geschehen meist recht komplex und damit nicht mehr durchschaubar ist. Bei der Informationsvermittlung ist darauf zu achten, dass die

Abb. 77: Gemeinsame Handlungsplanung

Informationen über mehrere Kanäle (auditiv, visuell, taktil-kinästhetisch) vermittelt werden, weil dies das Verständnis erhöht. Kommunikationsaufbau gelingt leichter, wenn der andere Bereitschaft dafür zeigt. Die Heilerziehungspflegerin sollte während der Stunde ansprechbar sein, eine offene Körperhaltung signalisiert Kommunikationsbereitschaft, ein bevorzugter Platz im Raum verdeutlicht dem

Gegenüber, wo sein Ansprechpartner zu finden ist. Ist die Leiterin immer unterwegs, fällt der Kontaktaufbau deutlich schwerer. Grundsätzlich ist es von zentraler Bedeutung, dem Gegenüber zu signalisieren, deine Äußerungen sind wichtig, ich freue mich über Gespräche, deine Aussagen haben Bedeutung und werden umgesetzt. Kommunikation braucht Wirkung. Unterstützt werden kann dieser kommunikative Aspekt durch Inhalte mit kommunikativem Charakter zum Beispiel Pantomime, Rollenspiel, Darstellendes Spiel usw.

Wahrnehmung und Beobachtung

Beobachten ist eine zentrale Aufgabe! Nur so erfahren wir etwas über unseren Gegenüber. Wer kooperiert mit wem? Welche Materialien bevorzugt der Teilnehmer? Welche Themen sind aktuell, was beschäftigt den Einzelnen? Wie lange beteiligt sich der Einzelne am Geschehen? Wie variabel ist er in seinen Bewegungsausführungen? Wie ist beziehungsweise wie verändert sich sein Aktivitätsprofil? So orientiert sich die Dauer der extensiven Phase an den Teilnehmern. Nur über Beobachtung wissen wir, wann die Phase beendet werden muss.
Wir achten aber auch auf unsere Befindlichkeit! Wie geht es uns? Sind wir gestresst oder entspannt? Was setzt mich unter Belastung, was entlastet mich? Meine Gelassenheit und Ruhe wird sich auf die Gruppe übertragen, wird ihr Sicherheit geben!

Allgemeine Prinzipien, Generalisierung, Persönlichkeit

Allgemeine Prinzipien aus der Bewegungslehre wie „vom Einfachen zum Schwierigen (Komplexen) „vom bekannten Bewegungsabläufen zu Neuen„– haben auch in der Psychomotorik ihre Gültigkeit.
Das Übertragen neu gelernter Fähigkeiten auf andere Situationen und damit die Erweiterung des Bewegungsrepertoires, die Förderung der Bewegungssicherheit sowie die Generalisierung von Grundbewegungsmustern fördern die allgemeine Handlungskompetenz. Grundmuster wie Laufen, Springen usw. lassen sich zum Beispiel leicht in Bewegungsgeschichten beziehungsweise Bewegungsparcours variieren.
Die Ausstrahlung, Begeisterungsfähigkeit, Fachkompetenz und das Einfühlungsvermögen der Psychomotorikerin sind mitentscheidend für das Gelingen psychomotorischer Begegnungen. Jeder, der einmal Jonny Kiphard erlebt hat, weiß, was die Ausstrahlung einer Persönlichkeit bewirken kann.

Gestaltungsprinzipien

Stunden können verschiedene Schwerpunkte haben. Beim Hallensnoezelen ist mehr das Thema Wahrnehmen im Vordergrund, bei einer Powerstunde eben Bewegung usw.

→ Bewegen
  Bewegen in allen Formen, also gehen, rennen, klettern, springen, rollen usw.

→ Wahrnehmen
  Wahrnehmung erfolgt über alle Wahrnehmungskanäle. Beispiele für die verschiedenen Bereiche:
  - taktiler Bereich
    - verschiedene Gegenstände ertasten,
    - Wahrnehmungsparcours,
    - Bauen,
    - Massagen, zum Beispiel mit Igelbällen oder sonstigen Massagegeräten usw.,
    - Sandwiches mit Weichbodenmatten, Gletscherspalte.
  - kinästhetischer Bereich
    - Sprünge aus verschiedenen Höhen,
    - Drehbewegungen usw.
  - visueller Bereich
    - Farbunterscheidungen zum Beispiel mit Teppichfliesen,
    - Anregungen mit Verdunklungen und Taschenlampen,
    - Gestaltung von Räumen mit Wolle, Bändern,
    - Abstimmung von Bewegung und Wahrnehmung (visumotorische Koordination).
  - auditiver Bereich
    - Bewegen nach Musik, Unterscheiden und Lokalisieren von Geräuschen, Lautieren, Singen, Gespräche usw.
  - gustatorischer Bereich
    - Unterscheidungen von verschiedenen Geschmacksqualitäten.
  - olfaktorischer Bereich
    - Unterscheidungen von verschiedenen Geruchsqualitäten.

→ Experimentieren
  Ausprobieren von unterschiedlichen Materialien, Geräten und Gerätekombinationen.

→ Bauen
  Viele Materialien (z.B. Schuhkartons, Reifen, Bretter, Kanthölzer, Rollbretter, Matten usw.) können dabei zum Einsatz kommen.

→ Gestalten
Bemalen von Schuhkartons, Gestalten von Bewegungslandschaften, Land-Art, Mandalas usw.
→ Erleben
Mit Rollbrettern eine schräge Ebene hinunterfahren, im Dunkeln sich bewegen, in einem großen Karton sitzen und auf einem Rollbrett bewegt werden.
→ Spielen
Mit einem selbstgebauten Schiff auf Eroberungsfahrt gehen, sich in verschiedenen Rollen einfinden,
der Wechsel dieser Gestaltungsprinzipien erzeugt Spannung und Abwechslung.
→ Entspannung

Handlungsmethoden und Regeln

Handlungen, die zwischen Menschen vermitteln, werden als Handlungsmethoden bezeichnet (siehe ausführlich Kapitel Didaktik). Entsprechend der Grundannahme der Psychomotorik, dass die beteiligten Menschen überwiegend selbstbestimmt und eigenständig handeln sollen, stehen natürlich „offene“ Handlungsmethoden im Vordergrund. Dazu zählen u.a. machen lassen, entdecken lassen, wählen lassen, beobachten, warten, bestärken, usw. Weitere Handlungsmethoden, die immer noch durch eine interaktive, offene Form gekennzeichnet sind:

Gemeinsames planen, Absprachen treffen, anbieten, Impulse geben, Aufgaben stellen, auffordern, mitmachen.
Methoden, die wenig Spielraum lassen, aber trotzdem zum Einsatz kommen, zum Beispiel auf dem Trampolin: Anweisung geben, verbale Aufforderung, Vormachen, Vorzeigen, Körperführung, Bewegungsbegleitung, gemeinsames Springen, Einteilen.
Zentrale Bedeutung haben kommunikative Handlungsmethoden: Mit Namen ansprechen, Sprache, Modulation, singen, zuhören, Blickkontakt, Mimik, Gestik, Berührung, Informationen über Medien, zum Beispiel Einsatz einer Handpuppe, Luftballon mit aufgemaltem Gesicht, Zeichen, stellvertretende Artikulation, zum Beispiel bei Personen mit Sprachproblemen und/oder starken Einschränkungen usw.

Regeln/Absprachen

→ Zeichen zum Zusammenkommen.
→ Treffpunkt/Platz zum Zuschauen, Ausruhen.
→ Raum nicht verlassen ohne Information.

→ Kein Material bei Besprechungen, außer zum Beispiel Matten, Teppichfliesen als Sitzunterlage.
→ Anweisung erst, wenn Gruppe vollständig ist.

Kommunikative Regeln

➢ Kommunikation braucht einen Rahmen.
➢ Wenn einer spricht, hören die anderen zu.
➢ Kurze, präzise Informationen.
➢ Organisationsrahmen löst sich erst auf, wenn alle Informationen erfolgt sind.
➢ Kommunikation braucht Wirkung, das heißt, eigene Anweisung auch umsetzen.
➢ Eindeutige Kommunikation wie „Ich möchte, dass Du herkommst!". Nicht „Isabelle, kommst Du her ... oder nicht?!"
➢ Einhaltung der Regeln.
Absprachen und Regeln müssen einfach eingehalten werden. Aussagen wie „Komm bitte her, wir machen jetzt was ganz Tolles" lösen die Regel auf und eröffnen unnötige Diskussionen.

Grundsätzliches

⊙ So wenig Regeln wie möglich.
⊙ Kommunikative Regeln immer beachten.
⊙ Weitere Regeln erst dann, wenn nötig.

Praktische Beispiele

Die Erfahrungen vieler psychomotorischer Begegnungen verdeutlichen, dass Angebote im Bereich vestibulärer, kinästhetischer und taktil/somatischen Wahrnehmung immer gern angenommen werden. Diese Wahrnehmungsbereiche spielen im ganzen Leben eine zentrale Rolle. Beim Ski- oder Snowboardfahren, Klettern, Wandern, Motorradfahren, auf dem Rummel oder bei einer Wellnesswoche, immer gibt es Nahrung fürs Nervensystem. Alle Menschen brauchen Anregung, jeder auf seinem individuellen, verarbeitbaren Niveau.

Hier einige ausgewählte Praxisbeispiele mit den Schwerpunkten vestibulärer, kinästhetischer und taktil/somatischen Anregung:

Gleichgewicht ist von der ersten Bewegung an zentral wichtig. Schaukeln, Springen, Drehen, Rollen usw.

Abb. 78: Aktivschaukeln

Hier sehen wir drei Aktivschaukeln; die junge Dame, die Kinder müssen sich im Gleichgewicht halten, jeweils in unterschiedlicher Form. Beim Bauen von Schaukeln müssen immer Berg- oder Statikseile benutzt werden. Springseile und sonstige Hanfseile dürfen nicht benutzt werden. Schaukeln sollten höhenverstellbar gebaut werden, so dass sie immer dem Gewicht und den Körpermaßen der Person angepasst werden kann. Bei der ersten Reifenschaukel ist die Höhe so eingestellt, dass das Kind sich selber „anschieben", aber bei angezogenen Beinen frei schaukeln kann. Die Höheneinstellung erfolgt über eine Rebschnur, befestigt mit einem Prussikknoten. Neben Schläuchen können auch Gurte, Seile oder einfache Bettbezüge, gefüllt mit Steoroporkügelchen, Papier, Luftballons, kleine Bälle usw. verwendet werden.

Abb. 79: Drei Schaukeln, die eher zum Genießen einladen

Eine besonders angenehme Schaukel ist die Reifenschaukel. Gebaut mit vier stabilen Holzreifen bietet sie Platz für eine erwachsene Person oder vier Kinder. Für Menschen mit einer schweren Einschränkung kann die Matte noch ausgepolstert werden. Über ein Seil kann sich die Schaukelnde selbst Impulse geben. Die gleiche Schaukel kann auch am Boden benutzt werden. Mit einem Schwungtuch abgedeckt, wird sie zur „Wackelhöhle". Die große Mattenschaukel (Bild unten links) wird direkt an den Seilen, nicht an den Holzringen eingehängt.
Durch Veränderung des Untergrundes ergeben sich viele vestibuläre und kinästhetische Reize. Matten jeglicher Art, Schaumstoffteile, alte Matratzen, Luftpolsterfolien, Schuhkartons usw. stellen einfache Reize dar. LKW-Schläuche sind eine größere Herausforderung. Zur Sicherung sollte von der Decke ein Seil hängen. Jetzt kann man zwischen den Reifen, auf den Reifen gehen und springen. Oder man benutzt die Reifen als Trampolin, wobei hier jeder Reifen unterschiedlich Widerstand bietet. Kinästhesie pur.

Abb. 80: LKW-Schläuche

Eine bewegliche Matte eignet sich für viele unterschiedliche vestibuläre Impulse. Menschen mit einer starken körperlichen Einschränkung werden auf der Matte individuell gelagert. Oder eine Bezugsperson liegt mit auf der Matte und ist im engen Kontakt. Das gibt noch mehr

Sicherheit und Vertrauen. Jetzt wird die Matte von den anderen sanft vor und zurück bewegt, später in Kreisbewegungen. Die Reize müssen sehr dosiert sein, da die Personen mit einer stark eingeschränkten Beweglichkeit wenige Erfahrungen mit solchen Reizen haben. Die bewegliche Matte kann aber auch schnell und wild bewegt werden. Eine Herausforderung für uns alle.

Abb. 81: Bewegliche Matte

Größere Raumerfahrungen sind möglich, wenn man unter die Matte Rollbretter legt. Jetzt ist sanftes Fahren im Raum möglich, aber auch das schnelle Abstoppen zum Beispiel gegen eine andere Weichbodenmatte. Bewegliche Matten ermöglichen also eine Vielzahl von Bewegungserfahrungen.

Jede Psychomotorikerin kennt den Reiz einer schrägen Ebene. Gebaut wird sie mit drei bis vier Langbänken, eingehängt an der Sprossenwand. Die untere Matte wird dabei quer gelegt und mit Seilen an der Sprossenwand befestigt. Danach wird die obere eingelegt. Die Matten dürfen nicht an den Laschen befestigt werden, da sie dieser Belastung nicht standhalten und ausreißen. Die Matten können gegen das Wegrutschen auch mit Kästen oder Barren gesichert werden. Kasten und Barren werden dabei mit Matten abgesichert. Schräge Ebenen können auch mit Kästen, Tischen und Bretter oder mit Matratzen gebaut werden. Auf jeden Fall rechts und links mit Matten oder Personen absichern. Abbildung 82 zeigt die Aufbauphase, deshalb keine seitliche Mattensicherung. Durch die schräge Ebene wird erst vielen Personen das Rollen um die Körperquerachse ermöglicht. Denken wir zum Beispiel an körperbehinderte Menschen, die die Bewegung zwar initiieren, aber auf einer horizontalen Ebene nicht zu Ende führen können. Auch Rotationen um die Körperquerachse gelingen leichter. Weitere Bewegungsmöglichkeiten brauchen nicht beschrieben werden, sie ergeben sich von alleine.

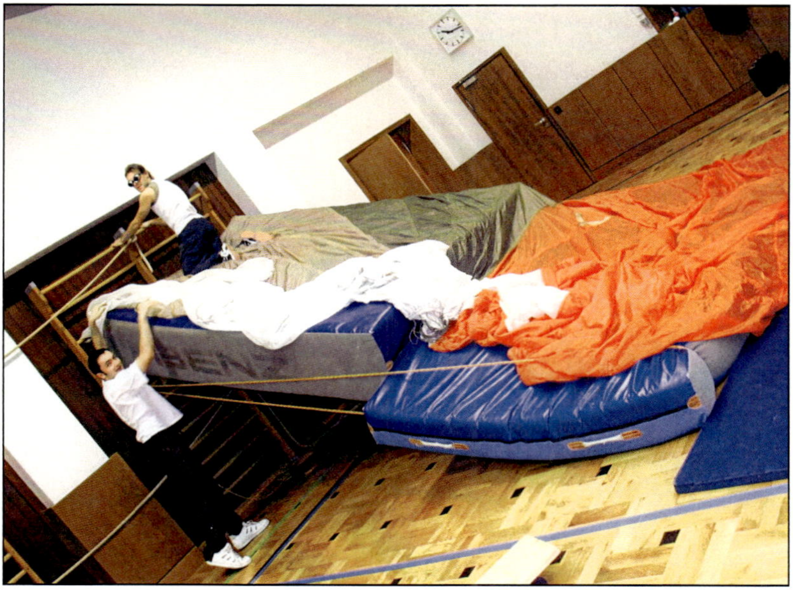

Abb. 82: Schräge Ebene

Als letztes Beispiel noch das Trampolin. Es gibt viele anregende Medien und Geräte in der Psychomotorik, aber das große Trampolin hat wohl den größten Aufforderungscharakter. Springen, Drehen und Landungen in verschiedenen Positionen sind Bewegungen, die jeder mit dem Trampolin assoziiert. Aber auch Menschen mit starker körperlicher Einschränkung können tuchnah elementare Erfahrungen erleben. Immer wieder faszinierend ist das Springen mit Menschen im Rollstuhl. Entweder wir bauen eine Rampe (s. Bild) und fahren aufs Trampolin, oder die Person wird ohne Rollstuhl zum Beispiel auf einem Teppich die Rampe hochgezogen. Dabei bekommt die Rollstuhlfahrerin ein Seil in die Hand und kann so im Rahmen ihrer Möglichkeiten mithelfen.

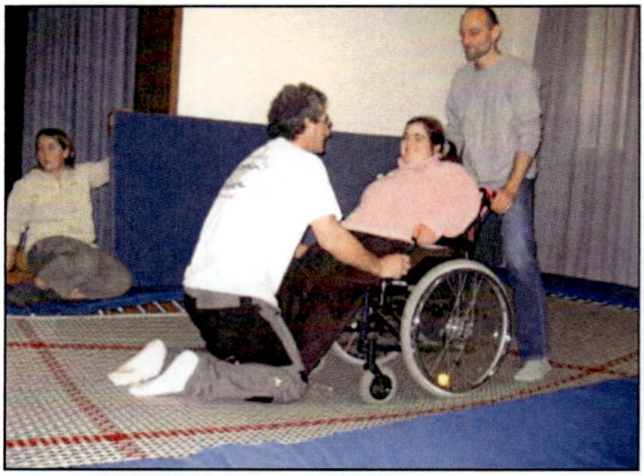

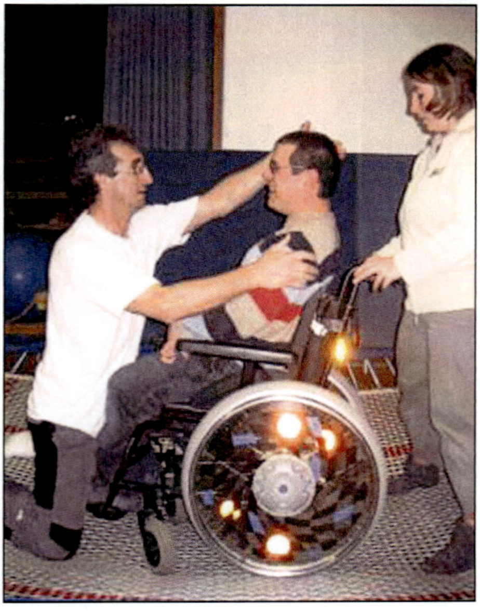

Abb. 83: Trampolin

Auf dem Trampolin sichert eine Person den Rollstuhl an den Griffen, die zweite kniet frontal vor dem Rollstuhlfahrer. Nach dem „Aufstieg“ gibt es zuerst eine Phase der Beruhigung und Orientierung. Auch für Rollstuhlfahrer ist der Untergrund zuerst mal ungewohnt und es bedarf einer Phase der inneren Stabilisierung. Wichtig ist, jetzt die Position des Rollstuhlfahrers genau zu überprüfen. Er muss fest in seinem Rollstuhl sitzen und festgeschnallt sein. Danach wird, wenn nötig, der Körper ausgerichtet. Eine „gerade“ Oberkörper- und Kopfposition wären ideal. Ansonsten muss der Körper/Kopf während des Springens stabilisiert werden. Mit leichten Schwingungen leiten wir die Bewegung ein. Dabei immer wieder das Tuch ausklingen lassen, schauen, wie reagiert der Mensch im Rollstuhl. Mit der Zeit können wir die Bewegung intensivieren, eventuell bis wir „fliegen“. In einer zweiten Phase nehmen wir die Person aus dem Rollstuhl heraus, zum Beispiel unter Zuhilfenahme eines großen Balls, und legen ihn aufs Tuch. Jetzt sind neue Erfahrungen möglich. Wichtig ist, die Lage optimal zu stabilisieren, entweder mit Lagerungsmaterial, Schaumstoffelementen oder Personensicherung. Je nach Wunsch beziehungsweise körperlichen Möglichkeiten kann jetzt in verschieden Positionen geschwungen werden. Häufig ist das Drehen in Bauchlage nur mit einer Rolle möglich. Über eine Rolle ist der Transfer zurück in den Rollstuhl möglich. Die liegende Partnerin wird dabei durch eine seitliche Rotation über die Körperlängsachse auf die Rolle gelegt. Der Körper wird aufgerichtet, so dass die Person auf dem Tuch kniet. Durch seitliches Verlagern des Oberkörpers (Absicherung und Unterstützung durch die Heilerziehungspflegerin) können jetzt die Beine nach vorne gebracht werden. Mit Unterstützung kann die Person jetzt aufstehen und wieder in den Rollstuhl sitzen. Kenntnisse von Bewegungsabläufen aus der Kinästhetik erleichtern das Handling.

Text

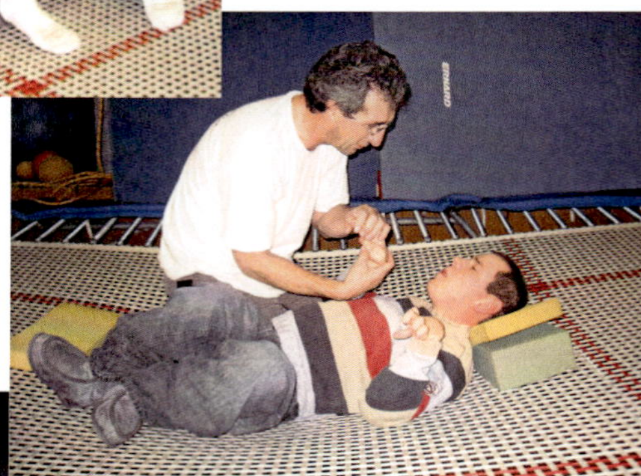

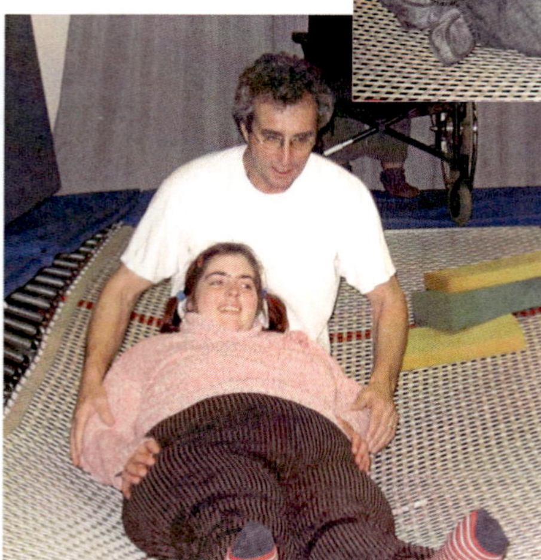

Literatur/Fortbildung/Fotonachweis

Aucouturier, B./Lapierre. A. (1982): Bruno. München
Bauer, J. (2006): Prinzip Menschlichkeit. Hamburg
Bauer, J. (2006): Warum ich fühle, was du fühlst. München
Bentele, P. (2004): Psychomotorik im Kindergarten, in: Köckenberger, H./ Hammer, R.: Psychomotorik, Dortmund
Fischer, K. (2001): Einführung in die Psychomotorik. Weinheim
Flehmig, I. (1990): Normale Entwicklung des Säuglings und ihre Abweichungen. Stuttgart
Heisel, A. (2008): Schaukeln, Seilbrücken, Hangeln und Co. Dortmund
Keller, R./Fritz, A. (1995): Auf leisen Sohlen durch den Unterricht. Schorndorf
Kiphard, E. J. (2007): Motopädagogik. Dortmund
Kiphard, E. J. (2007): Mototherapie I. Dortmund
Kiphard, E. J. (2007): Mototherapie II. Dortmund
Knauf, K. (2002): Praktische Aspekte der Arbeit mit mehrfachbehinderten Menschen an Beispielen aus dem Bereich der Hallenangebote, in: Kapustin, P./Kuckuck, R./Scheid, V.: Bewegung und Sport bei schwer- und mehrfachbehinderten Menschen. Aachen
Köckenberger, H.(2007): Bewegungsspiele mit Alltagsmaterial. Dortmund
Kuntz, S./Voglsinger, J. (Hrsg.) (2004): Humor, Phantasie und Raum in Pädagogik und Therapie. Dortmund
Lensing-Conrady.R. (2001): Von der Heilsamkeit des Schwindels. Dortmund
Lüpke V. H./Voß, R. (1997): Entwicklung im Netzwerk. Pfaffenweiler
Mertens, K. (2007): Snoezelen – Eine Einführung in die Praxis. Dortmund
Miedzinski, K./ Fischer, K. (2006): Die Neue Bewegungsbaustelle. Dortmund
Passolt, M./Pinter-Theiss,V.(2007): „Ich hab eine Idee“. Dortmund
Scheid, V. (Hrsg.)(2002): Facetten des Sports behinderter Menschen. Aachen
Schraag, M./ Durlach, F.-J., Mann, Ch. (1996): Erlebniswelt Sport. Schorndorf
Stäbler, M. (2006): Bewegung, Spiel und Spaß auf dem Trampolin. Schorndorf
Zimmer, R (1999): Handbuch der Psychomotorik. Freiburg i. Br.

Fortbildung

Die „Deutsche Akademie für Psychomotorik“ (Fortbildungsakademie des Aktionskreis Psychomotorik) bietet eine Vielzahl interessanter Fortbildung an.
Informationen: Aktionskreis Psychomotorik e.V., Geschäftsstelle, Kleiner Schratweg 32, 32657 Lemgo, Tel.: 05261/72321,
www.dakp.de
Institut für Bewegungsbildung und Psychomotorik (IBP) München
www.ibp-psychomotorik.de
Institut für soziale Berufe, Ravensburg, Bereich Fortbildung
www.ifsb.rv.schule-bw.de

Fotos: Alle Bilder Peter Bentele

Die Autoren

Peter Bentele: Dozent für die Lernbereiche Didaktik und Praxis der Heilerziehungspflege, Psychomotorik und für die Begleitung der fachpraktischen Ausbildung am Institut für soziale Berufe Ravensburg.

p.bentele@ifsb-rv.de

Thomas Metzger: Stellvertretender Schulleiter der Fachschule für Sozialwesen der Fachrichtung Heilerziehungspflege am Institut für Soziale Berufe Ravensburg. Dozent für die Lernbereiche Pädagogik/ Heilerziehung, Didaktik und Praxis der Heilerziehungspflege und für die Begleitung der fachpraktischen Ausbildung der Heilerziehungspflege.

t.metzger@ifsb-rv.de

Anschrift: Institut für Soziale Berufe Ravensburg
Kapuzinerstr. 2
88212 Ravensburg

Theodor Thesing
Betreute Wohngruppen
und Wohngemeinschaften
für Menschen mit geistiger Behinderung
LAMBERTUS